KB117274

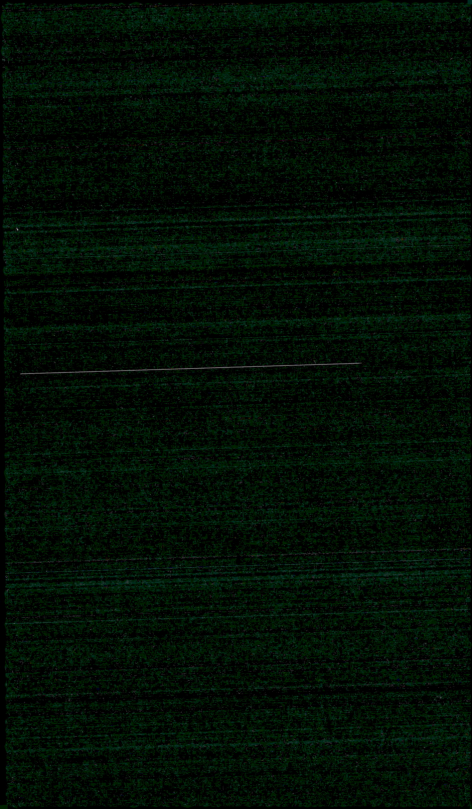

미래가 불타고 있다

미래가 불타고 있다
기후 재앙 대 그린 뉴딜

나오미 클라인 지음 이순희 옮김

일러두기
● 본문 각 장 뒤에 실린 미주는 원주이고, 각주는 모두 옮긴이주이다.

이 책은 실로 꿰매어 제본하는 정통적인 사철 방식으로 만들어졌습니다.
사철 방식으로 제본된 책은 오랫동안 보관해도 손상되지 않습니다.

차례

프롤로그 우리는 들불이다 ················7

1 구멍이 뚫린 세계 ················ 77

2 자본주의 대 기후 ················ 99

3 지구공학 시험대에 오른 바다 ················143

4 정치 혁명만이 유일한 희망이라고 과학이 말할 때 ········151

5 기후의 시간과 영원한 현재 ················163

6 혼자 힘으로 세계를 구하겠다는 생각은 버려라 ········175

7 과격해진 교황청? ················187

8 온난화 세계에서 자행되는 타자화의 폭력 ················203

9 도약의 시대: 무한의 이야기를 끝내자 ················229

10 벼락치기로 쓴 뜨거운 지구 이야기 ·····················259

11 연무의 계절 ·····················281

12 생존과 파멸을 가르는 역사적인 순간 ·····················317

13 문제는 인간 본성이 아니라 자본주의다 ·····················331

14 푸에르토리코 재앙의 원인은 자연이 아니다 ·····················345

15 그린 뉴딜의 성패는 운동의 힘에 달렸다 ·····················353

16 그린 뉴딜의 예술 ·····················371

에필로그 그린 뉴딜의 골자 ·····················383

감사의 말 ·····················399

출판 크레디트 ·····················403

찾아보기 ·····················405

옮긴이의 말 ·····················409

프롤로그
우리는 들불이다

2019년 3월 중순 어느 금요일. 이곳저곳의 학교에서 아이들이 작은 시냇물 흐르듯 밀려 나왔다. 무단결석이라는 금지된 행위에 참여하고 있다는 흥분과 반항심에 들떠 재잘거리는 모습이었다. 작은 시냇물들은 커다란 대로로 밀려들었고, 이곳에서 표범 무늬 레깅스, 단정한 교복 등 각양각색의 차림으로 구호를 외치며 재잘거리는 어린이들과 10대들의 또 다른 흐름과 합쳐졌다.

작은 시냇물들은 곧 강을 이루었다. 이날 밀라노에서는 10만 명이, 파리에서는 4만 명이, 몬트리올에서는 15만 명이 시위에 참여했다.

파도를 이룬 인파 위로 판지로 만든 팻말들이 까닥거렸다. 〈제2의 행성은 없다! 우리 미래를 태워 없애지 마라! 우리 집이 불타고 있다!〉

훨씬 복잡한 내용의 플래카드도 눈에 띄었다. 뉴욕에서는 한 여자아이가 호박벌과 꽃, 정글에 사는 동물을 묘사한 멋진 그림을 치켜

들고 있었다. 멀리서 보면 학교에서 생물 다양성을 주제로 만든 프로젝트처럼 보였지만, 가까이서 보니 여섯 번째 대멸종을 개탄하는 글이 있었다. 〈기후 변화 때문에 곤충의 45퍼센트가 사라졌다. 최근 50년 사이에 동물의 60퍼센트가 멸종했다.〉 그림 중앙에는 빠른 속도로 모래가 흘러내리는 모래시계가 그려져 있었다.

사상 최초의 전 세계 동시 기후 파업이었다. 여기 참가한 청소년들은 배움을 통해 알게 된 것을 급진적인 행동으로 표출하고 있었다. 아이들은 그림책과 교과서, 막대한 예산이 투입된 다큐멘터리 영화 속에서, 수만 년 된 빙하와 황홀한 빛을 내뿜는 산호초, 특이한 모습의 포유류 등 우리 행성의 수많은 경이로운 존재들을 배웠다. 그런데 이 아이들은 이 존재를 알게 됨과 거의 동시에, 선생님이나 형제자매, 그리고 다큐멘터리 영화 후속편을 통해서 이 경이로운 존재 가운데 상당수가 이미 사라졌고 자신이 서른 살이 되기 전에 많은 생물이 멸종 목록에 오르리라는 것을 알게 되었다.

그러나 학습을 통해 얻은 기후 변화 관련 지식이 이 청소년들이 학교를 벗어나 집단 행진에 참여하게 이끈 유일한 요인은 아니었다. 이들 중에는 기후 변화의 현실 속에 살아가는 아이도 많았다. 남아프리카공화국 케이프타운의 입법부 건물 밖에서는 수백 명의 젊은 이들이 선출된 지도자들을 향해 화석연료 사업 신규 승인을 중단하라고 외쳤다. 꼭 1년 전에 극심한 가뭄이 인구 400만 명의 이 도시를 덮쳐 주민 4분의 3이 수도꼭지를 열어도 물 한 방울 얻을 수 없을 거라는 불안감에 떨어야 했다. 이 나라 신문 1면에는 「케이프타운에 다가오는 〈데이 제로day zero〉의 가뭄」이라는 표제가 자주 등장한다.

이 아이들에게 기후 변화는 책에서 읽은 이야기도, 먼 곳에서 벌어지는 무서운 일도 아니었다. 기후 변화는 목마름과 마찬가지로 눈앞에 닥친 다급한 문제였다.

태평양 섬나라 바누아투의 기후 파업에서도 상황은 마찬가지였다. 이곳 주민들은 해안 침식이 계속될 거라는 불안감 속에서 살아간다. 이 섬과 이웃한 솔로몬 제도에서는 해수면 상승으로 이미 작은 섬 다섯 개가 사라졌고, 여섯 개의 섬이 더 사라질 가능성이 높다. 「목소리를 높여라! 해수면 상승은 싫어!」 학생들이 구호를 외쳤다.

뉴욕에서는 수십 개 학교, 만여 명의 아이들이 콜럼버스서클 교차로에 집결한 뒤 〈돈이 중요하냐, 우리가 죽을 판에!〉라고 외치며 트럼프타워를 향해 행진했다. 10대 후반의 젊은이들은 2012년 초대형 허리케인 샌디가 자신들이 사는 해안 도시를 강타했을 때의 기억을 생생히 간직하고 있었다. 「집에 물이 들어찼어요. 너무 무서웠어요.」 샌드라 로저스가 말했다. 「그 일을 겪은 뒤로 열심히 공부를 했어요. 학교에서는 이런 건 가르쳐 주지 않거든요.」

푸에르토리코 출신 주민들도 뉴욕 시위에 대거 참여했다. 계절에 맞지 않게 유난히 따뜻한 날이었다. 아이들 몇몇은 2017년에 허리케인 마리아 때문에 피해를 입었고 아직도 고통받는 친척들과 친구들을 생각하며 푸에르토리코 깃발을 몸에 두르고 있었다. 당시 푸에르토리코에서는 강풍으로 기간 시설이 완전히 파괴되어 약 3천 명이 목숨을 잃었고, 많은 지역이 1년 가까이 전기와 물을 공급받지 못했다.

샌프란시스코의 분위기도 뜨거웠다. 기후 파업에 참가한 1천 명이 넘는 학생들은 인근에 들어선 오염 산업 때문에 만성 천식에 시달리고 있다는 이야기, 기후 파업이 시작되기 두세 달 전에 산불 연기가 베이에어리어 지역을 뒤덮어 천식이 훨씬 심해졌다는 이야기를 나누었다. 퍼시픽노스웨스트에서 열린 기후 파업 시위에서도 비슷한 증언이 나왔다. 이곳에서는 기록적인 규모의 산불이 발생했고, 그 연기가 두 해 여름이 지나가도록 햇빛을 완전히 가렸다. 북쪽 국경 너머 밴쿠버에서는 젊은이들이 얼마 전에 시의회를 압박하여 기후 비상사태를 선포하게 만드는 데 성공했다.

1만 1,200여 킬로미터 떨어진 인도의 델리에서는 기후 파업에 나선 학생들이 일상이 되어 버린 대기 오염 속에 흰 마스크를 쓴 채 〈우리 미래를 팔아넘기다니, 그깟 돈 때문에!〉라고 외쳤다. 인터뷰에서 학생들은 2018년에 400명 이상의 목숨을 앗아 간 케랄라 홍수 이야기를 했다.

석탄으로 벌어들이는 돈에 혼을 빼앗긴 오스트레일리아의 자원부 장관은 〈시위에 참여해서 얻게 되는 가장 좋은 점은 자신도 실업자가 될 수 있다는 깨달음이다〉라고 말했다. 이런 와해 공작에도 아랑곳하지 않고 시드니, 멜버른, 브리즈번, 애들레이드를 비롯한 많은 도시에서 젊은이 15만 명이 광장으로 모여 들었다.

오스트레일리아의 젊은 세대는 모든 게 정상인 척하고 살 수 있는 처지가 아니다. 2019년 초 사우스오스트레일리아 포트오거스타시의 온도는 섭씨 49.5도까지 치솟았고, 살아 있는 생명체가 만들어 낸 세계 최대의 자연 구조물인 그레이트배리어리프의 절반이 거대한 수중 무덤으로 변했다. 기후 파업이 시작되기 몇 주 전 빅토리아주에서는 크고 작은 산불이 대형 화재로 번지면서 수천 명의 이재민이 발생했고, 태즈메이니아주에서는 세계적으로 독특한 생태계를 간직한 오래된 아한대 다우림이 산불로 파괴되었다. 2019년 1월에는 극단적인 온도의 조합이 널을 뛰듯 요동쳤고, 온 국민이 부실한 물 관리 때문에 죽은 물고기 수백만 마리로 뒤덮인 달링강의 충격적인 모습에서 헤어나지 못하고 있었다.

기후 파업 조직에 앞장섰던 열다섯 살의 노스라트 파레하는 정치인들을 향해 이렇게 외쳤다. 「당신들은 우리의 미래를 완전히 짓밟고 있다. 우리는 더 나은 미래를 원한다. 투표조차 할 수 없는 젊은 사람들은 결국 당신들의 무대응의 결과를 떠안고 살아가야 한다.」

모잠비크에서는 학생들의 기후 파업을 찾아볼 수 없었다. 세계적으로 기후 파업이 진행되고 있던 3월 15일, 아프리카 역사에 손꼽히는 초강력 사이클론 이다이의 충격에 온 나라가 찢겨지고 있었다. 사이클론이 쏟아낸 물 때문에 많은 사람들이 나무 꼭대기로 대피했고, 1천 명이 넘는 사상자가 발생했다. 그리고 6주 후 사이클론이 남긴 파괴의 잔해가 치워지기도 전에 또 다른 기록적인 사이클론 케네스가 모잠비크를 강타했다.

지구 어느 곳에 살고 있든 젊은 세대는 한 가지 공통점을 안고 있다. 이들은 세계적인 규모의 기후 붕괴를 미래의 위협이 아니라, 생생한 현실로 체험하는 첫 세대다. 기후 붕괴는 몇몇 불운한 특정 지점만이 아니라 모든 대륙에서, 대부분의 과학 모델들이 예측했던 것보다 훨씬 더 빠른 속도로 진행되고 있다.

해수면 온도는 불과 5년 전에 유엔이 예측한 수치보다 40퍼센트나 더 빠른 속도로 상승하고 있다. 2019년 4월에 『환경 연구 통신 *Environmental Research Letters*』에는 저명한 빙하학자 제이슨 박스Jason Box의 연구 팀이 진행한 북극 상태에 대한 포괄적인 연구가 발표되었다. 이에 따르면 북극에서는 다양한 형태의 얼음이 아주 빠른 속도로 녹아내리면서 〈북극의 생물물리학 시스템이 20세기와는 전혀 다른 추세로 전례 없는 변화를 겪고 있고, 그 충격이 북극 안에서만이 아니라 북극 너머로까지 확산되고 있다〉.

2019년 5월 유엔의 생물 다양성과 생태계 서비스에 관한 정부 간 과학 정책 플랫폼의 보고서는 세계 전역에서 야생 생물이 놀라울 정도로 빠르게 사라지고 있고, 100만 종의 동식물이 멸종 위기에 처해 있음을 강조했다. 〈우리 인간을 비롯한 모든 생물종의 삶을 지탱하는 생태계의 건강이 그 어느 때보다 빠른 속도로 나빠지고 있다.〉 이 플랫폼 의장 로버트 왓슨Robert Watson은 이렇게 말했다. 〈우리는 세계적인 차원에서 경제와 생계, 식량 안보, 건강, 그리고 삶의 질을 보장해 온 기반 자체를 갉아먹고 있다. 우리에겐 지체할 겨를이 없다. 지금 당장 행동에 나서야 한다.〉

미국 학생들은 유치원 때부터 〈적극적인 총격 대피 훈련〉을 받는데, 요즘에는 전 세계 많은 학생들이 산불 연기 때문에 학교 휴업 조치가 내려져 학교에 가지 못하거나, 허리케인 기습에 대비해 피난 가방을 싸는 법을 배운다. 과테말라에서는 수많은 아이들이 가뭄이 길어져 생계 수단을 잃은 부모를 따라 집을 떠나고, 시리아에서도 가뭄이 길어지면서 발발한 내전 때문에 수많은 아이들이 원치 않는 피난길에 오르고 있다.

많은 정부와 과학자들이 기후 붕괴의 위험을 막기 위해 온실가스 배출량을 줄이자는 내용의 공식적인 회합을 시작한 뒤로 무려 30년이라는 세월이 흘렀다. 그 긴 세월 동안 우리는 〈아이들〉과 〈손자들〉과 〈앞으로 태어날 미래 세대〉를 위해 행동하자는 호소를 수도 없이 들어왔다. 이들을 위해서 신속히 움직이고 변화를 수용해야 할 책임이 우리에게 있다는 이야기도 자주 들었다. 이들을 보호하는 것이야말로 우리의 가장 신성한 의무인데, 그 의무를 다하지 못하고 있다는 경고 또한 되풀이해서 들었다. 이들의 안전한 미래를 지키기 위해 행동하지 않으면 이들로부터 혹독한 비판을 듣게 될 거라는 예상도 했다.

그런데 이런 식의 모든 감정적인 호소는 전혀 효과를 보지 못했다. 이런 호소는 지금 우리 모두가 겪고 있는 기후 붕괴를 막을 과감한 조치를 시행했어야 했던 정치인들과 이들을 재정적으로 후원하는 기업들에게는 전혀 먹히지 않았다. 1988년에 여러 정부들이 회의를 시작한 이후로 지금까지 세계 이산화탄소 배출량은 오히려 40퍼센트 넘게 늘어났고, 지금도 계속 늘고 있다. 우리가 산업적인 규모로 석탄을 태우기 시작한 이후로 우리 행성의 온도는 1도가량 상승했고, 이런 추세가 계속된다면 지구 평균 온도는 이번 세기가 끝나기 전에 4도가량 상승할 것이다. 대기 중 이산화탄소 농도가 이만큼 높았던 때에는 지구상에 아예 인간이 존재하지 않았다.

자식들, 손자들, 앞으로 태어날 세대라고 우리가 되는 대로 불러대는 이들은 과연 누구인가? 이들은 단순히 수사적 표현 속에만 존재하는 게 아니다. 이들은 지금 자신의 안전을 지키기 위해 이야기하고 외치고 기후 파업을 벌이고 있다. 이 아이들은 경이로운 동물과 자연의 불가사의를 자연스럽게 사랑하게 되고 이것들이 빠르게 사라질 수 있음을 확인하면서 급부상한 국제적인 청소년 운동의 일원으로, 경이로운 동물과 자연의 불가사의를 모두 아우르는 지구 생태계의 일원으로 서로를 강력하게 옹호하고 있다.

예상했던 대로, 아이들은 이처럼 위험하고 자원이 고갈된 세계를 자신들에게 물려주게 될 것을 뻔히 알면서도 행동하기를 거부했던 사람들과 기관들에게 도덕적 책임을 묻고 있다.

이 아이들은 여덟 살짜리 아이도 쉽게 이해할 수 있는 기초적인 과학을 부정하고 신이 나서 지구를 달구어 대는 모든 지도자들(미국의 도널드 트럼프와 브라질의 자이르 보우소나루, 오스트레일리아의 스콧 모리슨 등)의 부도덕성을 꿰뚫어 보고 있다. 앞서의 지도자들에 못지않게 이들의 혹독한 비판을 받게 될 사람들은 또 있다. 입으로는 파리 기후 협정을 존중하고 〈지구를 다시 위대하게〉 만들자고 열정적이고 감동적인 연설을 하면서, 돌아서서는 생태계 붕괴를 극단적으로 몰아붙이는 거대 화석연료 기업들과 거대 농산물 기업에게 보조금과 지원금, 그리고 사업 허가를 계속해서 쏟아붓는 지도자들(프랑스의 에마뉘엘 마크롱 대통령, 캐나다의 쥐스탱 트뤼도 총리 등)이다.

세계 전역의 젊은이들이 기후 위기의 비밀을 만천하에 폭로하고, 기후 비상사태의 현실에 제대로 대응하지 않는 어른들 때문에 나날이 사라져 가는 미래에 대한 절절한 동경심을 토로하고 있다.

바로 이것이 청소년 기후 운동의 힘이다. 권위에 의존하는 많은 어른들은 권위주의적이고 복잡하기 짝이 없는 언어를 사용하면서 책임을 모면하려고 하지만, 청소년들은 지금 이 순간이 더할 나위 없이 중요한 순간이라는 것을 외면할 줄 모른다. 이들은 충만한 삶을 누릴 근본적인 권리를 위해 싸우고 있음을 이해하고 있다. 기후 파업에 참가한 열세 살의 알렉산드리아 비야세뇨르는 〈재난에 쫓겨 다니지〉 않는 삶을 위해 싸우겠다고 말했다.

2019년 3월 15일, 주최 측 추산으로 125개국 약 2,100곳에서 청소년 기후 파업이 일어났고, 청소년 160만 명이 참가했다. 이처럼 엄청난 성과를 거둔 청소년 운동은 8개월 전 스웨덴 스톡홀름에 사는 열다섯 살 소녀로부터 시작되었다.

그레타의 초강력 파워

그레타 툰베리, 이 소녀의 이야기에는 생명이 살아갈 수 있는 미래를 지키기 위해 우리가 해야 할 바에 대해서 중요한 교훈이 녹아 있다. 추상적인 개념의 〈미래 세대〉를 위한 미래가 아니라 오늘날 함께 살아가는 수십억 명의 미래를 지키기 위해서 우리가 해야 할 바에 대해서 말이다.

그레타는 여덟 살 무렵에 기후 변화에 대해 배우기 시작했다. 생물종이 사라지고 빙하가 녹아내리고 있다는 이야기를 책과 다큐멘터리를 통해서 들었다. 아이는 기후 변화 이야기에 깊이 빠져들었다. 화석연료 연소와 육류 위주의 식습관이 지구의 안정을 깨뜨리는 중요한 원인임을 알게 배웠다. 우리의 행동과 행성의 반응 사이에는 시간적 지체가 있으며, 지구는 이미 우리가 어떤 행동을 한다 해도 결코 돌이킬 수 없는 심각한 온난화의 경로에 들어섰음을 알게 되었다.

그레타는 한 살 두 살 나이를 먹고 더 많은 것을 배워 가면서, 우리가 현재 경로를 그대로 유지할 경우 2040년, 2060년, 2080년 무렵에 지구가 도달하게 될 급격한 변화 경로에 대해 과학계가 예측한 내용을 알게 되었다. 아이는 이런 변화가 자신의 삶에 어떤 영향을 미칠지 속으로 헤아려 보았다. 자신이 겪게 될 충격, 자기 주변에서 일어날 수 있는 죽음, 영원히 사라지게 될 생명체들, 그리고 자신이 아기를 낳을 경우 그 아이에게 떠안겨질 공포와 궁핍까지.

한편으로 그레타는 기후과학자들로부터 이런 최악의 상황이 피할 수 없는 결론이 아니라는 사실도 알게 되었다. 스웨덴 같은 부자 나라들이 온실가스 배출을 매년 15퍼센트씩 줄이는 등 당장 급격한 조치를 시행한다면 자기 세대는 물론 다음 세대 역시 안전한 미래를 누릴 가능성이 크게 늘어난다는 사실을 알게 되었다. 그렇게만 한다면 빙하를 지킬 수 있고 많은 섬나라들을 구할 수 있으며, 수억 혹은 수십억 사람들을 삶의 터전에서 몰아내는 혹독한 흉년을 막을 수 있다.

그레타는 곰곰이 따져 보았다. 「이 모든 게 사실이라면, 우리는 다른 모든 걸 젖혀 두고 먼저 이 이야기를 해야 하지 않을까? 화석연료를 태우는 것이 우리의 존재 자체를 위협할 정도로 나쁜 일이라면, 어째서 예전과 다름없이 계속해서 화석연료를 태우는 걸까? 왜 아

16

무런 규제도 하지 않을까? 왜 법으로 금지하지 않을까?」

그레타는 도무지 이해가 가지 않았다. 정부들은, 특히 풍부한 자원을 가진 나라들은 10년 안에 급속한 전환을 이루기 위해 솔선해야 마땅하다. 그래야만 그레타가 20대 중반이 될 즈음에 소비 패턴과 물리적 기간 시설에 근본적인 변화가 이루어질 수 있을 터였다.

그러나 그레타의 조국 스웨덴 정부는 기후 지도자를 자처하면서도 필요한 속도보다 훨씬 더디게 움직이고 있었고, 세계 온실가스 배출량은 계속해서 늘어나고 있었다. 모두 제정신이 아니었다. 세상이 불타고 있는데도, 사람들은 유명인들을 두고 쑥덕공론이나 하고, 유명인을 모방한 자신의 모습을 사진으로 남기거나 하고, 꼭 필요한 게 아닌데도 새 차와 새 옷을 사고 있었다. 마치 불길을 잡을 시간이야 얼마든지 남아 있다는 듯이 말이다.

열한 살 무렵, 그레타는 깊은 우울증에 빠졌다. 모든 학생이 똑같기를 기대하는 학교 시스템에서 특이한 아이라는 것도 그레타의 우울증 발병과 관련이 있었다(〈나는 뒤쪽에 있는, 눈에 띄지 않는 소녀였다〉). 하지만 그레타를 깊은 슬픔과 무력감에 몰아 넣은 것은 빠른 속도로 악화되는 지구의 상태, 또한 이와 관련해서 많은 일을 할 수 있는 권한을 가졌으면서도 아무것도 하지 않는 사람들이었다.

그레타는 말하기를 멈추고 먹는 것도 멈추었다. 병은 점점 깊어졌다. 결국 선택적 함묵증, 강박 신경증, 그리고 자폐증의 일종인 아스퍼거 증후군 진단이 나왔다. 마지막 진단이 나온 덕분에 주위 사람들은 그레타가 기후 변화와 관련하여 배운 것을 또래들보다 훨씬 더 걱정하고 더 마음에 담아 두는 까닭을 이해할 수 있었다.

자폐증을 가진 사람들은 문자에 집착하는 경향이 있고, 그래서 종종 인지부조화(머리로 아는 것과 실제로 하는 행동 사이의 괴리)에 대처하는 데 문제를 겪는다. 자폐증의 범주에 속하는 많은 사람들은 주위 사람들의 사회적 행동을 능숙하게 모방하지 못하고 심지어는 그런 행동 자체를 아예 의식하지 못해 자신만의 독특한 길을 구축하는 경향이 있다. 특정한 관심 영역에 대단히 깊은 관심을 기울이고, 그 영역에 대한 관심을 접어 두지 못해(심리학에서 흔히 말하는 구획화라는 방어기제를 사용하지 못해) 어려움을 겪는 경우가 많다. 그레타는 〈우리 같은 사람들에게는 거의 모든 것이 흑 아니면 백이다. 우리는 거짓말하는 데 서투르고, 다른 사람들이 즐기는 사교적인 게임에 참여하는 걸 좋아하지 않는다〉라고 말한다.

　그레타와 같은 진단을 받은 사람들은 이런 특성 때문에 종종 과학 분야와 고전 음악 분야에서 뛰어난 기량을 발휘한다. 레이저처럼 예리한 주의력이 기후 붕괴 문제에 꽂힌 순간, 그레타는 이 문제에 완전히 압도되어 공포감과 슬픔으로부터 스스로를 보호할 수 없었던 것 역시 이런 특성 때문이다. 그레타는 기후 위기가 뜻하는 바를 남김없이 파악하고 체감했으며 한시도 그 문제를 잊어버릴 수 없었다. 게다가 사회적 교류의 폭이 훨씬 넓은 아이들은 자신의 삶에 포함되는 다른 사람들(학교 친구, 부모, 교사)이 기후 위기에 관심을 덜 보이는 것을 상황이 그리 나쁘지 않으니 안심해도 된다는 사회적 신호로 받아들인다. 그레타는 그러지 못했다. 주변 사람들의 무관심한 모습에 그레타의 공포감은 더욱 깊어졌다.

　그레타와 그 부모의 말을 들어보면, 아이가 위험한 우울증에서 벗어날 수 있었던 결정적인 계기는 지구의 위기에 관해 배운 것과 자신과 가족의 생활 방식 사이의 인지부조화를 줄일 방법을 찾아낸 데 있었다. 아이는 동물성 식품을 먹지 말자고, 최소한 육류만큼은 절대로 먹지 말자고, 비행기 여행도 절대로 하지 말자고 부모를 설득했다(유명한 오페라 가수인 아이의 어머니에게 이것은 엄청난 희생을 의미했다).

이 가족이 생활 방식을 바꾼 덕분에 대기로 배출되지 않은 탄소의 양은 극히 미미했다. 그레타도 그 점을 잘 알고 있었지만, 지구의 위급한 상황을 조금이나마 반영하는 생활 속 실천을 하자고 가족을 설득한 경험 덕분에 정신적 중압감을 조금이나마 덜 수 있었다. 작은 실천이긴 하지만 적어도 자기 가족만큼은 모든 게 정상인 것처럼 살고 있지 않으니 말이다.

하지만 그레타가 이뤄 낸 가장 중요한 변화는 동물성 식품 안 먹기와 비행기 안 타기를 실천한 것이 아니었다. 그는 정상적인 생활이 곧바로 재앙으로 이어지는 상황에서 모든 게 정상인 것처럼 행동하기를 당장 멈춰야 한다는 걸 세계에 알려야겠다고 생각했다. 영향력 있는 정치인들이 기후 변화를 막기 위한 비상 행동에 나서게 하고 싶다면, 이런 비상사태를 반영하는 행동을 해야겠다고 생각했다.

이렇게 해서 열다섯 살 그레타는 모든 게 정상인 상황이라면 모든 아이가 마땅히 해야 하는 일, 어른이 되어 맞이하게 될 미래를 준비하는 일을 하지 않기로 결심했다. 바로 학교 가는 일을 거부하기로 결심했다.

그레타는 이런 의문을 품었다. 〈아무도 미래를 구하기 위한 행동에 나서지 않아 얼마 안 있어 미래가 사라질지도 모르는데, 어째서 우리는 그런 미래를 위해 공부를 해야 할까? 정치인들과 사회가 학교 시스템의 최상에 있는 과학자들이 확인해 주는 가장 중요한 사실들을 무시하는 마당에, 그런 학교 시스템 안에서 사실들을 배우는 게 무슨 의미가 있을까?〉

새 학년이 시작된 2018년 8월, 그레타는 학교에 가지 않았다. 학교 대신에 손수 〈기후를 위한 등교 거부〉라고 써서 만든 표지판을 들고 스웨덴 의사당 앞으로 갔다. 아이는 금요일마다 의사당 앞에서 한나절을 보냈다. 처음에는 양 갈래로 땋은 갈색 머리에 중고 옷가게에서 산 파란색 후드 티셔츠를 입은 소녀에게 아무도 눈길을 주지 않았다. 스트레스에 찌든 사람들이 자신의 양심을 휘저어 놓을까 무서워 걸인을 외면하는 것처럼 말이다.

그레타의 돈키호테식 1인 시위는 차차 언론의 주목을 끌었고, 몇몇 학생들과 어른들이 손수 만든 표지판을 들고 그레타가 있는 곳을 찾아오기 시작했다. 얼마 후에는 연설 요청이 이어졌다. 그레타는 처음에는 곳곳의 기후 집회에서 연설했고, 다음에는 유엔 기후 회의, 유럽연합 의회, 테드 스톡홀름 강연장, 바티칸의 광장, 영국 의회에서 연설했다. 심지어는 스위스 다보스에서 열리는 세계경제포럼에도 초청받아 부와 권력을 쥔 사람들 앞에서 연설했다.

연설할 기회가 있을 때마다, 그레타는 짧고 꾸밈이 없고 몹시 매섭게 발언했다. 아이는 폴란드 카토비체에 모인 기후 변화 협상 참가자들 앞에서 이렇게 말했다. 「사실을 있는 그대로 말하지 못하는 여러분은 아직 성숙하지 못한 겁니다. 우리 아이들에게 부담을 떠넘기기까지 하잖아요.」영국의 하원 의원들에게는 이렇게 물었다. 「여러분, 제 영어 알아들을 수 있으신가요? 마이크 소리는 잘 들리세요? 여러분이 제 말을 제대로 듣고 있는지 걱정이 되는군요.」

그레타는 다보스 포럼에서 부와 권력을 가진 사람들로부터 희망을 심어 주어 고맙다는 말을 들었을 때, 이렇게 대꾸했다. 「제가 원하는 건 여러분의 희망이 아닙니다. 저는 여러분이 극한 공포에 빠지길 원합니다. 제가 날마다 느끼는 공포감을 여러분도 느끼길 원합니다. 저는 여러분이 행동에 나서길 원합니다. 저는 여러분이 직접 위기에 몰린 사람처럼 행동하기를 원합니다. 저는 여러분이 자기 집에 불이 났을 때 하듯이 행동하길 원합니다. 집이 불타고 있는 게 사실이니까요.」

그 자리에 모인 최고경영자와 유명인, 정치인들을 향해서, 기후 변화를 인류 보편의 근시안적 태도가 낳은 문제인 것처럼 이야기하는 사람들을 향해서, 그레타는 이렇게 쏘아붙였다. 「모두에게 잘못이 있다면, 어느 누구도 탓할 수 없겠죠. 그런데 분명 누군가는 잘못이 있어요. 몇몇 사람, 몇몇 기업, 특히 몇몇 정책 결정권자들은 엄청난 돈을 계속 벌어들이기 위해 얼마나 귀중한 가치를 희생시키고 있는지 정확히 알고 있습니다.」그레타는 잠시 말을 멈추고 호흡을 가다듬은 뒤 말을 이었다. 「그리고 저는 오늘 이곳에 모인 많은 사람들이 여기에 포함된다고 생각합니다.」

다보스 포럼에 대해 그레타가 날린 가장 날선 질책은 무언의 행동이었다. 그레타는 주최 측이 제안한 5성급 호텔 투숙을 거절하고 영하 18도의 혹한에 텐트를 치고 노란 침낭 안에 몸을 묻고 잤다. 〈저는 난방 장치를 좋아하지 않아요)라고 그레타는 내게 말했다.

회의장을 가득 메운 정장 차림의 어른들이 특이한 예술 공연을 본 듯이 손뼉을 치고 스마트폰으로 사진을 찍어 댈 때면, 이따금 그레타의 목소리에서 떨림이 느껴졌다. 그러나 그의 깊은 상실감과 공포감, 자연 사랑에는 늘 흔들림이 없었다. 그레타는 2019년 4월 유럽 의회 의원들 앞에서 감동적인 연설을 한 뒤 이렇게 말을 맺었다. 「진심으로 부탁드립니다. 제발 이 일에 실패하지 마세요.」

그레타의 연설은 그 우아한 방에 모인 정책 결정권자들의 행동에 큰 변화를 불러일으키진 못했다. 하지만 그 방 밖에 있는 많은 사람들의 행동에는 엄청난 변화를 불러왔다.

이글거리는 눈빛의 소녀를 담은 영상이 바이러스처럼 퍼져 나갔다. 이 아이는 생명체로 가득 찬 우리 행성에 〈불이 났어요!〉라고 외침으로써 수많은 사람에게 자신감을 심어 주었고, 이들은 자신의 감각을 믿고, 굳게 닫힌 문 틈으로 밀려드는 연기 냄새를 맡기 시작했다.

그레타의 영향력은 여기서 그치지 않았다. 기후 변화에 대한 집단적인 무대응을 보며 삶의 의욕을 잃었노라고 울먹이는 그레타의 연설을 들으면서 다른 사람들 역시 내면에서 생존 욕구의 불길이 이는 것을 자각했다. 그레타의 또랑또랑한 목소리는 많은 사람들이 시간이 얼마 남지 않았다는 과학계의 경고가 울려 대는 여섯 번째 대멸종의 시대를 살아가면서 마음속에 억눌러 왔던 원초적인 공포심을 일깨웠다.

세계 곳곳의 어린이들은 그레타의 행동에 영감을 받아 자발적으로 등교 거부 행동을 조직하고 나섰다. 기후 행진에서 많은 아이들이 그레타가 했던 가장 날선 말 〈나는 당신들이 극심한 공포에 빠지길 원한다. 우리 집이 불타고 있다〉를 인용한 플래카드를 치켜들었다. 독일 뒤셀도르프에서는 대규모 등교 거부 시위에 참가한 학생들이 양 갈래 머리를 늘어뜨리고 이맛살을 찌푸린 그레타를 형상화한 지점토 인형을 치켜들고 있었다. 그레타는 세계 전역의 분개한 아이들의 수호성인 같은 존재로 부상했다.

별로 눈에 띄지 않던 여학생에서 전 세계인의 양심의 목소리로 변신하기까지, 그레타는 남다른 길을 걸어왔다. 자세히 들여다보면, 이 소녀가 걸어온 길에는 우리 모두의 안전을 지키기 위해 해야 할 일에 대해 많은 교훈이 담겨 있다. 그레타가 제기한 가장 중요한 요구는 자신이 가족과 함께하는 생활 속 실천을 인류 전체가 하자는 것이었다. 즉 기후 위기의 긴급성에 대해 우리가 아는 바와 우리의 행동 방식 사이의 간극을 좁히자는 것이다. 우리는 무엇보다도 먼저 기후 위기를 비상사태로 규정해야 한다. 이 위기를 비상사태로 규정해야만, 비상사태에 마땅히 갖춰야 할 준비를 할 수 있으니 말이다.

한 마디로, 그레타는 보통의 정신 구조를 가진 우리에게 자신을 더 닮으라고 당부하고 있다. 비범한 집중력과는 거리가 먼 데다 도덕적 모순을 안고도 무리 없이 살아갈 수 있는 우리에게 필요한 것은 그레타를 닮는 것이다. 그게 그레타가 말하는 요점이다.

비상시가 아닌 정상적인 시기라면 합리화, 구획화, 그리고 쉽게 관심을 돌리는 정신적 능력이 중요한 방어기제다. 이 세 가지 심리적 방어기제 덕분에 우리는 힘든 하루하루를 버틸 수 있다. 부지불식간에 동료들과 역할 모델들의 행동을 지켜보며 어떤 생각을 해야 하고 어떤 행동을 해야 하는지 확인하는 것 역시 일상을 영위하는 데 큰 도움이 된다. 우리는 이런 사회적 단서들을 이용해서 친구를 사귀고 응집력 있는 공동체를 구축해 나간다.

그러나 기후 붕괴의 현실에서는 이런 특성들이 우리의 집단적 파멸의 원인이 된다. 절대로 안심해서는 안 되는 순간에도 마음에서 불안감을 몰아내고, 절대로 한눈을 팔아서는 안 되는 순간에도 엉뚱한 곳에 한눈을 팔고, 마땅히 양심의 가책을 느껴야 하는 순간에도 양심을 가슴 깊이 묻어 두고 있으니 말이다.

또 다른 요인도 있다. 우리가 기후 붕괴에 진지하게 대응하기로 마음을 먹는다면 경제의 거의 모든 측면에서 변화가 일어날 것이다. 그런데 수많은 강력한 이해관계자들, 특히 화석연료 기업들은 기존 경제 질서가 그대로 유지되기를 원한다. 이들은 지구 온난화의 현실에 관해 허위 정보 흘리기, 의도적인 초점 흐리기, 노골적으로 거짓말 하기 등의 활동에 10년 넘게 자금을 대주고 있다.

그 탓에 대부분의 사람들은 기후 변화에 대해 우리 마음과 머리가 말하는 것에 관한 사회적 확인을 받고자 주위를 둘러볼 때 여러 가지 모순된 신호와 마주친다. 결국 대부분의 사람들이 걱정하지 말라고, 과장이라고, 더 중요한 문제들이 무수히 많다고, 관심을 기울여야 할 좋은 일들이 무수히 많다고, 무슨 수를 써도 상황은 달라지지 않을 거라는 속삭임에 넘어간다. 우리가 도파민을 분출시킬 새로운 경험을 찾아 디지털 세계 속을 쉴 새 없이 돌아다니게 만들 기발한 도구를 찾는 일에 우리 시대 최고의 지성들이 막대한 에너지를 쏟아붓고 있는 판에, 평범한 사람들이 문명의 위기를 헤쳐 가보자고 애를 쓰는 게 무슨 소용이 있겠느냐는 속삭임에 넘어간다.

상황이 이렇다 보니 기후 위기는 대중의 상상 속에서, 심지어는 기후 붕괴를 걱정하는 사람들의 상상 속에서조차 특이한 자리를 차지한다. 우리는 곤충 대량 멸종 소식을 다룬 기사와 바다 얼음이 녹으면서 쉴 곳을 잃은 바다코끼리들이 절벽에서 떨어지는 동영상을 빠른 속도로 퍼 나르다가도, 순식간에 관심을 돌려 온라인 쇼핑에 열을 올리고 트위터나 인스타그램에 올라온 스위스 치즈 이야기에 열중한다. 우리는 공포감을 이용하는 오락물 좀비 영화를 넷플릭스에서 내려받아 몰아 보기를 하면서, 어차피 미래는 파멸로 끝날 텐데 피할 수 없는 운명을 피하려고 아등바등할 이유가 없다는 무언의 확신을 다지기도 한다. 돌이킬 수 없는 티핑 포인트가 우리 코앞에 다가와 있다는 걸 충분히 이해하는 신중한 사람들조차 이 위기를 비상사태로 취급해야 한다고 주장하는 이들을 경솔하고 비현실적인 사람이라고 규정한다.

그레타는 이렇게 말한다. 〈나는 자폐증을 앓는 우리가 정상이고, 그렇지 않은 사람들이 비정상이라고 생각한다.〉 그리고 쉽게 집중력을 잃지 않는 태도나, 합리화가 주는 안도감에 안주하지 않는 태도가 오히려 도움이 된다고 덧붙였다. 〈온실가스 배출 중단이 필요한 상황이라면, 무조건 배출을 중단해야 한다. 내게 있어 그것은 흑 아니면 백이다. 생존이 걸린 문제에서 이도저도 아닌 중간 영역은 있을 수 없다. 우리는 문명을 계속 유지하느냐 마느냐의 갈림길에 서 있다. 우리는 변해야만 한다.〉 자폐증을 안고 사는 것은 결코 쉬운 일이 아니다. 자폐증을 안고 사는 사람은 〈학교와 직장, 지분거리는 사람들과 끊임없는 싸움을 벌여야 한다. 그러나 적절한 상황에서 적절한 조절이 이루어진다면, 자폐증은 오히려 강력한 힘을 발휘한다〉.

2019년 3월에 세계를 놀라게 한 청소년 시위의 물결은 단지 한 아이의 독특한 세계관이 불러일으킨 결과가 아니다. 그레타는 청소년의 미래를 보호하지 못한 또 다른 정책 실패에 항의했던 청소년들의 시위에 큰 자극을 받았다고 말한다. 2018년 2월 플로리다주 파클랜드의 어느 학교에서 무차별 총기 난사로 열일곱 명이 목숨을 잃은 뒤 이 학교 학생들이 총기 소유에 대한 규제 강화를 요구하는 시위를 벌였다. 그레타는 이 시위가 전국적인 등교 거부 시위의 불꽃을 댕겼다는 점을 눈여겨보았다.

그레타는 기후 위기의 긴급성을 알아차리고 명철한 판단력을 발휘해 〈불이야!〉라고 외친 최초의 인물이 아니다. 이 경고음은 수십 년 전부터 되풀이해서 울려 댔다. 해마다 열리는 유엔 기후 변화 정상회담에서도 관행처럼 되풀이되었다. 그런데 이 회담에서 맨 처음 경고음을 낸 건 필리핀과 마셜 제도, 남수단 출신의 유색인이었다. 그 때문인지 이 경고음은 잠깐 동안 화젯거리가 되었다가 기억에서 사라졌다. 청소년 기후 시위는 다양한 배경을 가진 수천 명의 학생 지도자들과 교사들, 그리고 지원 조직들이 일구어 낸 성과이며 이미 여러 해 전부터 많은 사람들이 기후 위기에 대한 경고음을 울려 왔다고 그레타는 말한다.

영국의 기후 시위대가 내놓은 선언문에는 이런 구절이 있다. 〈그

레타 툰베리가 불씨였다면, 우리는 들불이다.〉

 15년 전 허리케인 카트리나의 기습 직후에 허리 높이까지 물이 차오른 뉴올리언스에서 취재 활동을 한 후로, 나는 인간의 기본적인 생존 본능의 발동을 가로막는 것이 무엇인지 알아내려고 노력해 왔다. 우리가 사는 집이 불타고 있는 게 분명한데도 어째서 이렇게 많은 사람들이 아무런 대응도 하지 않는 걸까? 나는 이 질문을 탐구하는 한편으로 기후 위기의 심각성에 대응하는 집단적 행동의 밑거름이 되기 위해 책을 쓰고 영화를 만들고 수차례 강연을 하고 〈도약 The Leap〉이라는 조직의 창설에 참여했다.
 내가 맨 처음으로 확인한 것은 우리가 어떻게 이처럼 위태로운 상황에 봉착하게 되었는가를 설명하는 주류 이론들의 부실함이었다. 주류 이론들의 설명에 따르면, 우리가 행동하지 못하는 이유는 정치인들이 짧은 선거 주기 안에 갇혀 있어서, 혹은 기후 변화가 너무 멀리 동떨어진 일처럼 여겨져서, 혹은 기후 변화를 막는 데 너무 큰 비용이 들어서, 혹은 청정 기술이 아직 등장하지 않아서라고 한다. 각각의 설명은 어느 정도 일리가 있긴 했지만 시간이 갈수록 타당성을 잃어 갔다. 위기는 결코 멀리 있지 않았다. 위기는 우리 문 바로 앞에까지 와 있었다. 태양광 전지 가격이 폭락해 이제는 화석연료 가격과 맞먹을 정도가 되었고, 청정 기술과 재생 에너지 산업은 석탄, 석유, 가스 산업보다 훨씬 많은 일자리를 만들어 내고 있다. 엄청난 소요 비용의 측면에서 보면, 기후를 위한 전환에는 재원이 거의 투입되지 않는 동안에도, 여전히 끝이 나지 않는 전쟁과 은행 구제금융,

화석연료에 대한 보조금으로 수조 달러가 투입되고 있다. 기후 전환에는 더 많은 재원이 투입되어야 한다.

이 책은 내가 10년 동안 써온 장문의 기사와 논평, 그리고 대중 강연 원고를 묶은 것이다. 다양한 장벽들에 대한 나의 탐색 과정이 오롯이 담겨 있다. 경제적 장벽과 이데올로기 장벽에 대해서도 다루지만, 땅과 가장 밀착해서 살아가는 사람들과 땅과 어우러져 살아가는 특정한 사람들의 권리에 관련된 깊이 있는 이야기들, 그리고 서구 문화의 토대를 이루는 이야기들과 관련된 여러 가지 장벽들에 대해서도 다룬다. 여기 실은 글들은 대부분 앞서 말한 서술들과 이데올로기들, 경제적 이권 세력을 전복하는 성과를 거둘 수 있는 대응 방식, 각각 이질적인 것처럼 보이는 위기들(경제적·사회적·생태적 위기, 민주주의의 위기)을 문명의 변혁이라는 공통된 이야기로 묶어 하나의 대응 방식을 제시하는 이야기로 귀결된다. 오늘날 이런 종류의 대담한 비전은 〈그린 뉴딜〉이라는 기치 아래 제시되고 있다.

나는 이 글들을 집필한 순서대로 배치하되, 글을 쓴 연월을 서두에 표기하기로 방침을 정했다. 같은 주제가 이따금 되풀이되는데, 이런 구조는 나의 생각을 세상에 내놓아 점검하고 기후 정의 운동에 몸담은 세계 각지의 수많은 친구 및 동료와 협력하여 일하는 과정에서 나의 분석이 진화해 왔음을 반영한다. 후반부에 배치한 그린 뉴딜에 관한 글들은 상당히 확장된 내용이지만, 나머지 글들에 대해서는 수정하고 싶은 부분이 있어도 거의 손을 대지 않았고, 집필 시기를 분명히 밝히고 추가하고픈 내용은 미주와 덧붙이는 말에 담았다.

집필한 순서대로 글을 배치하면 한 가지 큰 장점이 있다. 몇 년에 걸쳐서 쓴 글들을 차례대로 배열한 덕에, 우리가 일상적으로 넘겨 버리는 위기가 실제로는 아주 빠른 속도로 진행되고 있다는 것을 확인할 수 있다. 이 글들이 쓰인 몇 년 사이에도 북극 해빙이 빠른 속도로 녹아내리고 산호초가 대량으로 사멸하는 등 지구는 돌이킬 수 없는 훼손을 입었다. 우리 가족의 고향인 브리티시컬럼비아주 서쪽 해안에서는 장엄한 생태계 전체를 지탱하는 태평양 연어의 특정한 종들이 사라지고 있다.

지난 10년 동안 정치적 지형 역시 급격한 변화를 거쳐 왔다. 세계 전역에서 점점 더 난폭해지는 골수 우파가 다시 고개를 들면서 소수 민족, 소수 종교, 소수 인종에 대한 혐오를 부채질하며 세력을 확장해 가고 있다. 점점 늘어 가는 난민들을 향한 외국인 혐오를 조장하기도 한다. 나는 지구의 기후 변화 추세와 정치적 추세가 치명적인 대화를 나누고 있다고 확신한다.

각 글의 집필 날짜를 짚어 보노라면, 나는 기후 시위에 나선 어느 학생의 손 팻말에 그려져 있던 모래시계가 머리에 떠오른다. 고정된 범위 안에서 순환하는 움짤 영상 속에서라면, 집에 불이 붙어도 어느 정도까지 진행되고는 다시 잦아들기 때문에 언제까지나 멀쩡히 서 있겠지만, 그것은 현실이 아니다. 집에 불이 번져 가는데도 우리 사회가 마땅히 해야 할 일을 하지 않는다면 집은 틀림없이 무너지고 만다. 집에 큰불이 나면 갈수록 불길의 온도가 치솟고, 결코 복원할 수 없는 가장 중요한 골조부가 완전히 불타 재로 변한다. 그러면 영원히 되돌릴 수 없다.

이 책에서 내가 가장 크게 강조하는 부분은 흔히 영어권이라고 표현되는 국가들(미국, 캐나다, 오스트레일리아, 영국)과 유럽 내 비영어권 국가들에 관한 내용이다. 여기에는 어느 정도 우연적 요인도 작용하고 있다. 미국은 내가 지금 거주하면서 활동하는 곳이고, 캐나다는 내 삶의 상당한 시간을 보낸 곳이며, 오스트레일리아와 영국, 서유럽의 여러 국가는 내가 기후 변화와 관련한 논의와 활동에 참여하고 있는 곳이다.

그러나 내가 이 나라들에 초점을 두는 데는 중요한 이유가 있다. 나는 이 나라들의 정부가 중요한 기후 행동과 관련해서 유난히 적대적인 태도를 취하는 까닭을 밝히기 위해 지속적인 노력을 기울여 왔다. 세계 대부분의 지역에서는 인간의 활동이 위험한 지구 온난화를 야기하고 있다는 기본적인 사실이 논란의 여지가 없는 명백한 진실로 받아들여지고 있지만, 이 나라들에서는 이 기본적인 사실을 부정하는 사람들이 여전히 인구의 상당한 비율을 차지하고 있다(다행히도 이 비율은 점점 낮아지고 있다).

버락 오바마 집권기의 미국과 쥐스탱 트뤼도 집권기의 캐나다에서는 노골적인 부정론이 후퇴하고 진보적인 환경주의 시대가 열리기 시작했지만, 이 정부들이 화석연료 채취 전선의 확장을 중단하고 기존 생산량을 줄여야 한다는 압도적인 과학적 증거를 받아들인다는 건 여전히 기대하기 어려운 일이다. 오스트레일리아는 이미 상당한 부를 쌓았음에도 불구하고 기후 위기 대응을 외면한 채 석탄 생산 대폭 확대 정책을 밀어붙이고 있고, 캐나다는 앨버타 타르샌드 생산에 대해 같은 정책을 취하고 있다. 미국은 바켄 유전과 프래킹, 심해 시추와 관련해 같은 정책을 펴면서 세계 최대의 석유 수출국으로 자리 잡았고, 영국은 지진과의 관련성을 입증하는 증거들과 격렬한 반대를 무릅쓰고 프래킹 허용 법제화를 추진하고 있다.

이런 상황이 벌어지는 이유를 밝히기 위해서, 이 책에서 나는 이 나라들이 근대 자본주의를 낳은 세계적인 공급망 구축 과정에서 의지해 왔던 구체적인 방법들을 탐구한다. 근대 자본주의는 기후 위기를 일으킨 핵심 원인인 무한한 소비와 생태학적 고갈을 근간으로 삼은 경제 체제다. 이 이야기는 아프리카에서 강탈해 온 사람들과 원주민들로부터 강탈해 낸 땅에서 시작한다. 이 나라들은 이 두 가지 잔혹한 수탈의 관행에 의지해서 벌어들인 엄청난 수익으로 여유 자본과 동력을 마련하고 화석연료가 주도하는 산업혁명의 시대를 열었고, 동시에 인간에 의한 기후 변화의 서막을 열었다. 이런 과정은 시작 단계부터 의사과학과 백인 우월주의와 기독교 우월주의 이론을 필요로 했다. 작고한 정치 이론가 세드릭 로빈슨Cedric Robinson은 이런 본질을 꿰뚫어 보고, 이런 불길들이 한곳으로 수렴하면서 탄생한 경제 시스템인 만큼 〈인종 자본주의〉라고 부르는 게 합당하다고 주장했다.

인간을 아무 제약 없이 착취하고 함부로 대해도 되는 자본가의 자산으로 취급하는 관행을 합리화하는 이론들 옆에는 자연(숲, 강, 땅, 육상 동물과 수생 동물) 역시 똑같은 자산으로 취급하는 관행을 정당화하는 이론이 있었다. 숲과 강과 바다에 있는 모든 것을 보호하고 복원하는 방법과 관련해서 인류가 천 년 넘게 축적해 온 지혜를 깡그리 밀어낸 자리에, 자연을 통제하는 인간의 능력은 무한하며 결과에 대한 두려움 없이 자연으로부터 뽑아낼 수 있는 부의 규모도 무한하다는 새로운 사고방식이 들어섰다.

영어권 국가들에게 자연이 무한하다는 사고방식은 결코 부수적인 것이 아니다. 그것은 국가적 서사의 근간을 이루는 신화다. 유럽 사람들은 미국, 캐나다, 오스트레일리아의 모태가 되는 땅들에 처음 도착한 순간부터, 막대한 천연자원을 품은 이 땅들이 천연자원 고갈이 임박한 식민 본국의 땅을 대신할 제2의 영토라고 상상했다. 그들의 머릿속에서 이 땅들의 가치는 딱 거기까지였다. 무궁무진한 〈신세계의 발견〉은 신이 내린 결핍의 유예였다. 〈뉴〉잉글랜드, 〈뉴〉프랑스, 〈뉴〉암스테르담, 〈뉴〉사우스웨일스의 탄생은 앞으로도 유럽 사람들이 영원히 천연자원의 고갈을 겪지 않을 것임을 입증하는 확실한 증거였다. 만에 하나 이 새로운 영토에서 자원이 고갈되거나 인구 밀도가 높아지면 다시 새로운 개척지로 이동해 〈새로운〉 신세계라고 명명하고 자국의 영토라고 주장하면 그만일 것이다.

이 책에서 나는 이런 상상력이 빚어낸 원죄와 기후 위기의 관련성을 다양한 각도에서 탐구할 것이다. 멕시코만을 뒤덮은 BP(브리티시 페트롤륨) 사의 기름 때문에 생태계에서 벌어진 검은 죽음, 프란치스코 교황 휘하의 교황청이 주창한 〈생태적 회심〉, 트럼프 집권기 미국에서 번성하는 〈원하는 대로 뽑아내는 문화〉, 과거 제임스 쿡 선장의 배(개조된 석탄 바지선)가 돌아다니던 해역에서 빠른 속도로 사멸해 가는 그레이트배리어리프 등을 탐구한다. 또한 나는 무너지는 이 신화들이 교차하는 현실을 밝히고자 시도한다. 자연은 무한히 수탈하고 함부로 대해도 되는 대상이 아님을 스스로 드러내고 있고, 영어권 국가들에서는 이런 식민주의 서사의 가장 추하고 폭력적인 요소들이 놀라운 속도로 다시금 고개를 들고 있다. 이런 요소들은 백인 기독교 우월주의와 관련되어 있다. 백인 기독교 우월주의는 백인 기독교인들이야말로 우월한 존재라고 자칭하면서 야만적이고 잔혹한 방식으로 인간에 서열을 매긴 뒤 열등하다고 분류한 사람들에게 잔인무도한 폭력을 가할 권리가 있다고 주장한다.

나는 이 나라들에게 우리 생태계를 붕괴시킨 모든 책임을 돌리려는 게 아니다. 결코 그렇지 않다. 우리가 직면한 위기는 세계적인 위기이며, 이 나라들 이외에도 많은 나라들이 같은 시기에 생태계를 무분별하게 오염시켜 왔다(너희도 석유를 펑펑 뽑아 써! 아니면 중국이나 인도의 배출량이 폭증하는 걸 구경만 하든가, 딱 이런 식으로 말이다). 하지만 기후 붕괴의 가속화는 이 책에서 다루는 나라들에서 탄생한 고도의 소비 생활 양식이 세계적으로 확산되고 안착하면서 빚어진 직접적인 결과이며, 이 두 현상은 같은 시기에 일어났다. 이 나라들은 수 세기 동안 대량의 온실가스를 내뿜어 온 만큼, 유엔 기후변화협약에서 약속한 대로 개발도상국들보다 앞장서서 배출량 감축에 솔선해야 할 의무가 있다. 미국의 공직자들이 2003년 이라크 침공 당시에 자주 말하던 대로 〈우리가 망가뜨린 건 우리가 책임진다〉라는 원칙을 준수할 의무가 있다.

민중의 비상사태

하지만 위기가 계속 깊어져 감에 따라, 깊이 있는 무언가도 역시 바뀌어 가고 있다. 그것도 놀랄 만큼 빠른 속도로. 이 글을 쓰는 지금, 불타오르는 것은 우리 행성만이 아니다. 아래로부터 민중의 비상사태를 선포하고 나선 사회 운동들 역시 불타오르고 있다. 우리는 들불처럼 번져 가는 학생들의 기후 파업뿐 아니라, 멸종 저항 운동의 확산을 목격하고 있다. 폭발적으로 성장한 이 운동은 런던 중심가 곳곳에서의 대규모 점거 시위와 비폭력적인 직접 행동, 시민 불복종의 물길을 열어 놓았다. 멸종 저항 운동은 기후 변화를 비상사태로 규정하고, 기후과학이 요구하는 대로 100퍼센트 재생 에너지로의 신속한 전환과 시민 회의 등 민주적 통로를 통한 전환 이행 계획을 시행할 것을 정부에게 요구하고 있다. 2019년 4월 멸종 저항 운동의 극적인 행동이 있은 지 며칠 만에 웨일스와 스코틀랜드는 〈기후 비상사태〉를 선포했고, 곧이어 영국 의회도 야당의 압력에 밀려 같은 결정을 내렸다.

같은 시기에 미국 워싱턴에서는 선라이즈 무브먼트가 영향력 있는 민주당 의원 낸시 펠로시의 의원실을 점거하면서 정치 무대에 혜성처럼 등장했다. 2018년 중간 선거에서 민주당이 하원을 탈환한 지 일주일 만이었다. 선라이즈 활동가들은 축하의 말 따위에 시간을 낭비하지 않고 기후 비상사태에 대응할 계획을 세우지 못하는 민주당을 질타했다. 이들은 의회를 향해서 대공황기의 빈곤과 더스트볼* 지역의 생태계 붕괴를 해결하기 위한 다양한 정책들의 종합 패키지인 프랭클린 루스벨트의 뉴딜 정책에 맞먹는 수준의 속도와 범위로 탈탄소화 경로를 즉시 시행할 것을 요구했다.

나는 작가이자 조직 활동가로서 오랫동안 국제적인 기후 운동에

* Dust Bowl. 1930년대 초 북미 평원 지대에서는 과도한 경작으로 인한 토양 침식에 가뭄이 겹치면서 모래 폭풍이 발생해 심각한 생태 재앙이 일어났다.

참여해 왔다. 2014년 40만 명이 참가한 뉴욕 기후 행진을 비롯해서 수많은 대규모 행진과 집단행동에 동참했다. 주요 유엔 기후정상회의(2009년 코펜하겐 회의, 2014년 파리 회의)를 취재하고 회의에도 참석해서 많은 나라들이 인류의 생존을 위협하는 도전에 대응해 역량을 발휘하겠다는 고귀한 약속을 하는 장면을 목격했다. 나는 또한 기후 활동 단체인 350.org의 이사로 활동하면서 화석연료 투자 철회 운동의 불꽃을 댕기는 데 참여했다. 이 운동은 2018년 12월 현재 8조 달러 규모의 투자 자산을 가진 주체들로부터 화석연료 회사들에 대한 투자금을 회수하겠다는 약속을 이끌어 냈다. 나는 송유관 신설을 막기 위한 여러 운동에도 참여해 왔고, 그중 일부 운동에서 성과를 거두기도 했다.

지금 우리가 목격하고 있는 기후 행동은 이런 역사에 근간을 두면서도 완전히 새로운 걸음을 내딛고 있다. 앞서 이야기한 행동 중에는 대규모 행동이 많긴 했지만, 여전히 자칭 환경 운동가들과 기후 운동가들이 활동의 중심을 이루고 있었다. 활동 참여자가 이 범주를 넘어서는 경우도 있긴 했으나, 특정한 행진이나 송유관 싸움에 대한 일회성 참여를 넘어서 대중적 참여가 지속적으로 이루어지는 경우는 거의 없었다. 기후 운동의 영역 밖에서는 여전히 지구 위기 대응 문제가 여러 달이 지나도록 묻힌 채 다루어지지 않거나, 중요한 선거 국면에서는 거의 언급되지 않았다.

지금 우리 앞에는 완전히 다른 순간이 열리고 있다. 이유는 두 가지다. 하나는 점점 고조되는 위기감이 불러일으킨 변화이고, 다른 하나는 전혀 새롭고 낯선 기대감이 불러일으킨 변화다.

기후과학의 급진적인 영향력

선라이즈 활동가들이 유력한 하원 의장 후보 낸시 펠로시 의원실 점거 농성을 벌이기 한 달 전에, IPCC(유엔 기후 변화에 관한 정부 간 협의체)는 창립 이후 31년간의 활동 중에서 최고의 영향력을 발휘하는 보고서를 발표했다.

이 보고서는 지구 온도 상승을 섭씨 1.5도 이하로 억제하자는 약속이 품은 함의에 대해서 조사했고, 지구 온도가 이미 약 1도 상승한 것만으로도 각종 재해가 심각해지고 있음을 고려할 때 1.5도 이하로 온도 상승을 억제하는 것이 대재앙을 예방할 수 있는 최선의 경로임을 밝혔다.

하지만 이 목표를 이행하기는 대단히 어려울 것이다. 유엔 세계기상기구에 따르면, 지금 세계는 이번 세기 말에 3~5도가량의 온난화에 도달하는 경로를 걷고 있다. IPCC의 저자들이 확인한 바에 따르면, 지구 온난화를 1.5도 이하로 억제할 수 있는 적기를 놓치지 않고 우리 경제의 배를 돌려 세우려면 12년 안에, 이 책이 출간되는 시점 (2019)에서는 11년 안에 세계 온실가스 배출량을 절반으로 줄이고 2050년까지 탄소 배출량을 순제로로 만들어야 한다. 한 나라만이 아니라 주요 경제 국가들 모두가 이 경로를 따라야 한다. 대기 중 이산화탄소 농도가 이미 안전한 한계를 훌쩍 뛰어넘었기 때문에, 세계는 이 농도를 급격히 떨어뜨려야만 한다. 실효성이 입증되지 않은 고비용의 탄소 포집 기술을 써서든, 탄소를 격리시키는 식물 수십억 그루를 심는 식의 전통적인 방법을 써서든, 기필코 줄여야 한다.

탄소세 등의 단일한 기술 관료적 접근 방식이 일정한 성과를 낼 수는 있겠지만, 그것만으로는 목표를 달성할 수 없다고 이 보고서는 밝히고 있다. 이 목표를 달성하려면, 우리 사회는 에너지 생산 방식과 식량 생산 방식, 수송 방식, 건물 건축 방식과 관련해서 계획적이고 즉각적인 변화를 이루어야 한다. 보고서 요약문의 첫 문장을 인용하자면, 지금 우리에게 필요한 것은 〈사회의 모든 측면에서의 신속하고 광범위하고 전례 없는 변화〉다.

이 보고서는 충격적인 내용을 알려 준 최초의 기후 보고서가 아니다. 또한 존경받는 과학자들의 급격한 배출량 감축을 촉구하는 확고한 주장을 담은 최초의 연구서도 아니다. 내 책꽂이는 이런 주제의 연구서들로 가득하다. 그러나 그레타 툰베리의 연설이 그랬듯이, 전면적인 사회 변화가 필요하다는 IPCC 보고서의 엄중한 경고와 이에 대응할 시간이 촉박하다는 언급은 이전의 다른 어떤 것과도 비교할 수 없을 만큼 대중의 마음에 깊이 꽂히고 있다.

이런 성과는 대부분 이 보고서의 출처와 관련이 있다. 각국 정부들은 1988년에 지구 온난화의 위협을 확인하기 위해 처음으로 모였다. 그 후 유엔은 정책 입안자들에게 가장 신뢰할 수 있는 정보를 제공할 목적으로 IPCC를 설립했다. 이를 위해서 IPCC는 최고의 연구들을 종합해 내놓은 예측을 내놓되 많은 과학자들의 검토를 거치고 정부들의 승인까지 받지 않으면 이 예측을 공식 발표할 수 없도록 방침을 정했다.

이처럼 지난한 과정을 거치는 탓에, IPCC의 예측은 대단히 보수적이며 대체로 위험성을 과소평가하는 경우가 많다고 알려져 있다. 100여 명의 저자들과 편집가들이 6천여 개의 연구를 종합해 작성하는 이 보고서는 지금 우리에게 확고한 용어를 써서 말한다. 정부들이 스스로 내놓은 배출량 감축 약속을 적극 이행하는 데 소극적으로 나선다면, 해수면 상승에 따른 해안 도시들의 수몰과 산호초의 완전한 소멸, 가뭄으로 인한 식량 위기의 만연 등 파국적인 결과를 맞게 될 거라고 말이다.

이런 결과가 닥치는 걸 막으려면 현재 고등학생들이 서른 살이 되기 전에 세계 온실가스 배출량을 절반으로 줄여야 한다. 이런 감축 이행 여부는 이들의 인생 전반을 좌지우지하는 중요한 문제인데도 이런 결정은 이들 중 대부분이 투표권조차 가지고 있지 않은 시점에 내려지고 있다.

2019년에 대규모의 공격적인 기후 시위가 잇따라 분출한 것은 이런 배경에서다. 기후 파업과 시위에서 우리는 〈남은 시간은 12년뿐이다〉라는 말을 되풀이해서 들었다. IPCC 보고서의 명료한 표현과 전례 없는 기상의 직접적이고 반복적인 체험 덕분에, 기후 위기에 대한 우리의 인식이 달라지고 있다. 점점 더 많은 사람들이 이 싸움은 〈지구〉라는 관념적 실체를 위한 싸움이 아니라, 우리 자신의 생명을 지키기 위한 싸움이라는 것을 깨닫고 있다. 우리에게 남은 시간은 12년뿐이다. 아니 이제는 11년뿐이다. 그리고 곧 10년으로 줄어들 것이다.

그린 뉴딜을 향하여

내가 이 책을 내게 된 데는 IPCC 보고서에 못지않게 강력한 동기를 부여한 또 다른 요인이 있었다. 아니 어쩌면 훨씬 더 중요한 요인

일지도 모르겠다. 이 책의 부제에 밝혀 놓은 대로 미국 및 전 세계의 수많은 지역에서 제기되고 있는, 기후 위기에 대응하기 위해 전면적인 그린 뉴딜 정책을 시행하라는 요구가 그것이다. 그린 뉴딜은 아주 간단한 아이디어다. 과학자들이 요구하는 속도와 규모로 우리 사회의 기간 시설을 변화시키는 과정은 인류 앞에 100년에 한 번 일어날까 말까 하는 기회를 열어 놓는다. 바로 다양한 전선에서 대다수의 사람들을 곤경에 빠뜨리고 있는 경제 모델을 개조할 수 있는 기회를 말이다. 우리 지구를 망가뜨리고 있는 요인들은 임금 정체, 심화되는 불평등, 공공 서비스의 부실화, 사회적 결속력의 붕괴 등을 통해서 사람들의 삶의 질까지 파탄 내고 있다. 이런 근본적인 힘에 맞서 도전하는 것이야말로 서로 맞물린 여러 가지 위기를 동시에 극복할 수 있는 최고의 방법이다.

우리는 기후 위기에 대처하는 과정에서, 전 세계에 수억 개의 좋은 일자리를 창출하고, 체계적으로 배제되어 온 지역 사회와 국가에 투자하고, 보편적인 의료와 보육을 보장하고, 그 밖에 더 많은 것들을 할 수 있다. 이런 전환이 이루어지면, 생명을 부양하는 지구 시스템을 보호하고 복원하면서 동시에 이 시스템에 의존하는 사람들의 권리를 존중하고 그들의 필요를 충족시키는 경제가 구축될 것이다. 이런 전환은 또한 형태는 훨씬 더 불규칙하지만 이런 경제에 못지않게 중요한 성과를 향해 나아갈 것이다. 지금 우리는 무엇을 믿을 수 있는지, 무엇이 사실인지에 관한 생각조차 거의 공유하지 못하고 밀봉된 정보 거품들로 쪼개져 있다. 그린 뉴딜은 보다 원대한 집단적인 목적에 대한 인식, 우리 모두가 함께 노력하고 있는 구체적인 목표들의 조합에 대한 인식을 우리 사회에 주입할 수 있을 것이다. 세부적으로야 다르지만 규모 면에서 보면, 그린 뉴딜은 프랭클린 루스벨트의 뉴딜 정책에서 영감을 받은 것이다. 당시의 뉴딜은 대공황이 몰고 온 경제 붕괴와 빈곤 문제에 대응해 단기간에 강도 높은 정책과 공공 투자를 진행했으며, 사회보장법과 최저임금법, 은행 규제, 농촌 지역에 대한 전기 공급, 도시에 대한 저비용 주택 공급, 더스트 볼로 황폐화된 지역에 20억 그루 이상의 나무 심기 및 토양 보호 사업을 실시했다.

그린 뉴딜 방식의 전환을 위해 제안된 다양한 계획들이 지향하는 미래는 까다로운 전환 작업이 요구되는 미래다. 여기에는 낭비성 소비를 억제하는 정책 외에도 노동자들에게 여가와 예술을 즐길 시간, 적정한 비용으로 쉽게 이용할 수 있는 대중교통과 주거를 제공하고, 인종과 성별에 따른 현격한 소득 격차를 개선하고, 교통 혼잡과 소음과 오염으로 인한 고충을 겪지 않는 도시 생활을 누리게 하는 등 노동자들의 일상생활과 관련한 수많은 개선 정책이 포함된다.

IPCC의 1.5도 보고서가 나오기 훨씬 전부터, 기후 운동은 정치인들이 실패했을 때 우리가 직면하게 될 위험한 미래에 주의를 기울였다. 우리는 최근의 과학이 내놓은 무서운 예측을 많은 사람들에게 알리고 공유했다. 우리는 송유관, 가스전 및 탄광 신설에 반대했고, 대학, 지방 정부 및 노동조합이 이런 사업을 추진하는 기업들에게 기금과 연금을 투자하는 것에 반대했으며, 기후 변화를 거부하는 정치인과 입으로는 정의를 외치면서 불의를 행하는 정치인들을 규탄했다. 모두 중요한 일이었고, 지금도 여전히 중요한 일이다. 하지만 우리가 이런 경고음을 울렸을 때, 어떤 종류의 경제와 사회를 구축해야 하는가에 관심을 기울였던 것은 비교적 작은 규모의 〈기후 정의〉 운동뿐이었다.

그런데 2018년 11월, 그린 뉴딜이 정치적 토론의 장에 진입하면서 운동의 흐름에 획기적인 전환이 일어났다. 2018년 중간 선거 직후에, 선라이즈 무브먼트에 소속된 젊은이 수백 명이 〈우리에겐 좋은 일자리와 살기 좋은 미래를 누릴 권리가 있다〉라는 문구가 적힌 셔츠를 입고 의사당에 늘어서서 그린 뉴딜의 시행을 요구하는 구호를 외쳤다. 드디어 기후 운동이 외쳐 온 수많은 〈부정〉에 대응하는, 원대하고 대담한 〈긍정〉이 등장한 것이다. 그린 뉴딜은 우리가 전면적인 변혁을 수용할 때 어떤 세계가 펼쳐질지에 대한 이야기와 그 세계에 도달하는 방안에 대한 계획을 다루고 있다.

그린 뉴딜의 기후 변화에 대응하는 근본적인 접근 방식은 새로운 것이 아니다. 이런 종류의 〈기후 정의〉 운동(좀 더 포괄적인 〈기후 행동〉과는 다른 개념이다)은 중남미와 미국의 환경 정의 운동에 근원을 둔 것으로 이미 여러 해 전부터 지역 차원에서 시도되어 왔다. 또한 그린 뉴딜의 개념은 세계 전역의 일부 소규모 녹색당의 강령에 이미 포함되어 있다.

나는 『이것이 모든 것을 바꾼다: 자본주의 대 기후』(2014)라는 책에서 이런 종류의 종합적인 접근 방식을 깊이 있게 탐구했다. 그 책에서 사용했던 역사적인 선례는 기후 협상에 참가한 볼리비아 대표 앙헬리카 나바로 야노스의 발언에서 인용한 것이다. 야노스는 2009년 유엔 기후 정상회의에서 다음과 같은 비판적인 연설을 했다.

「우리는 역사상 유례를 찾아볼 수 없을 만한 대규모 계획을 시행해야 합니다. 한 마디로 지구를 위한 마셜 플랜을 시행해야 합니다.」 그는 제2차 세계 대전 직후 미국이 소련의 부상에 두려움을 느껴 유럽의 방대한 지역을 재건하는 것을 도와주었던 사례를 언급한 뒤 말을 이었다. 「우리는 이 계획을 통해 사상 최대 규모의 자금 조달과 기술 이전을 조직해야 합니다. 온실가스를 감축하는 동시에 삶의 질을 향상시키기 위해, 모든 나라에서 기술적인 약진을 이루어야 합니다. 이제 우리 앞에 남은 시간은 딱 10년뿐입니다.」

우리는 어설픈 땜질 처방과 부정을 거듭하면서 이 발언이 나온 때로부터 꼬박 10년의 시간을 날려 버렸다. 우리는 그 10년 사이에 사라져 버린 자연의 경이와 그로 인해 파괴된 생명체와 삶의 터전을 다시는 되찾지 못할 것이다. 나바로 야노스를 비롯한 볼리비아 사람들은 인구 230만 명의 거대 도시 라파스에 신선한 물을 공급하는 웅장한 빙하가 놀라운 속도로 줄어드는 것을 목격하고 있다. 2017년에 저수량이 현저하게 감소하자 볼리비아 의회는 사상 처음으로 물 배급 법안을 발의했고, 전국에 비상사태가 선포되었다.

그러나 잃어버린 10년은 나바로 야노스의 통찰력 있는 주장의 유효성에 흠집을 내는 것이 아니라, 오히려 강화하고 있다. IPCC 보고서는 지구 온도 0.5도 상승을 허용하느냐 피하느냐가 수억 명의 목숨을 좌지우지한다는 사실을 분명히 밝히고 있으니 말이다.

10년 전에 이 주장이 나온 이후로 변화가 일고 있다. 예전에는 사회 운동과 작은 나라 정부들이 이런 요구를 내놓아도 그 외침은 정치적 공동으로 빨려들어 흔적도 없이 사라졌다. 지구상에서 손꼽히는 부유한 나라의 정부들 중에서 기후 위기를 비상사태로 다루는 접근 방식을 채택할 의지를 가진 정부는 단 한 곳도 없었다. 이들이 내놓은 것은 시장 경제에 맡기고 낙수 효과를 기대하자는 주장뿐이었다. 그런데 경제 침체가 시작되면서 그나마 별 효과를 내지 못하던 낙수 효과는 아예 사라져 버렸다.

지금은 사정이 다르다. 미국, 유럽, 그 밖의 여러 지역에서는 일군의 정치인들이 기후 위기의 긴급성을 정책으로 전환하고 우리 시대의 여러 가지 위기들을 연관시켜 해결하려 노력하고 있다. 현재 가장 눈에 띄는 사람은 스물아홉 살에 최연소 여성 하원 의원이 된 알렉산드리아 오카시오코르테스Alexandria Ocasio-Cortez다.

그린 뉴딜의 도입은 그가 계속 견지해 온 정견의 일부였다. 〈스쿼드squad〉라고 불리는 젊은 여성 의원 모임에 속한 몇몇 의원들, 특히 디트로이트의 라시다 틀라입, 보스턴의 아야나 프레슬리가 당선 직후부터 〈그린 뉴딜〉이라는 대담한 계획을 지지하겠다고 약속했다.

중간 선거 직후 선라이즈 무브먼트 회원 수백 명이 워싱턴에서 점거 시위를 벌였을 때, 이들 새내기 의원들은 멀찍이 떨어져 지켜보는 게 아니라 이들에게 힘을 보탰다. 라시다 틀라입은 집회에서 연설을 하고 원기를 돋우라고 사탕을 나눠 주었다. 오카시오코르테스는 낸시 펠로시 의원실 점거 현장을 찾아가 응원의 메시지를 전했다.

「지구와 우리 세대와 우리의 미래를 구하기 위해 자신의 모든 것을 건 여러분 한 사람 한 사람이 무척 자랑스럽습니다.」 오카시오코르테스는 〈의회에 들어오기까지의 나의 여정은 스탠딩 록에서 시작되었습니다〉라고 덧붙이면서 스탠딩 록 수족이 이끄는 송유관 건설 반대 시위에 참여한 경험을 계기로 의회에 진출할 결심을 하게 되었다고 밝혔다.

3개월 뒤 오카시오코르테스는 의사당 앞에 서서 매사추세츠주 상원 의원인 에드 마키와 함께 그린 뉴딜을 지지하는 공식 결의문을 발표했다. 그린 뉴딜 개혁의 골자를 요약한 내용이었다. 이 결의안의 서두에는 충격적인 학계의 연구와 IPCC 보고서가 밝힌 촉박한 시간 제약에 대한 언급과, 미국이 이번 세기 중반까지 세계 배출량 순제로를 달성한다는 목표에 부합하기 위해서는 급진적인 감축 계획을 채택해 온실가스 배출량 순제로를 10년 안에 달성해야 한다는 내용이 있었다.

이 결의문은 이런 전면적인 전환의 일환으로 재생 에너지 전환, 에너지 효율 향상, 청정 운송 수단에 대대적인 투자를 할 것을 요구한다. 또한 탄소 배출이 많은 산업에서 녹색 산업으로 이직하는 노동자들에게는 적정한 임금과 복지 혜택을 보장해야 하며, 일자리를 원하는 모든 사람들에게 일자리를 보장할 것을 요구한다. 또한 오염 산업이 배출하는 독성 물질 때문에 피해를 입은 지역 사회(원주민과 유색 인종이 많이 거주하는)에 대해서는 이들이 전환 과정에서 혜택을 받고 지역 차원에서 전환 과정을 입안할 수 있도록 도와야 한다고 주장한다. 여기에 그치지 않고, 이 결의문은 민주당 내 민주사회주의자들의 핵심 주장인 무상 의료와 무상 보육, 무상 대학 교육의 시행까지 포괄하고 있다.

이전의 표준에 따르면, 이 강령은 충격적일 정도로 대담하고 진보적이다. 이 강령은 특히 젊은 유권자들로부터 큰 추진력을 얻으면서, 순식간에 민주당 의원들의 성향을 분별할 수 있는 리트머스 시험지로 부상했다. 민주당 대선 후보 경선이 한창이던 2019년 5월, 버니 샌더스, 엘리자베스 워런, 카말라 해리스, 코리 부커, 커스틴 질리브랜드 등의 유력한 대선 주자들이 이 강령을 지지한다는 입장을 밝혔다. 또한 상하원 의원 105명으로부터 공개적인 지지를 받았다.

그린 뉴딜의 이런 부상은 현재 미국 내에 IPCC의 목표를 충족할 수 있는 정치 강령은 물론이고, 그 강령을 법률로 전환하는 확실한 (승산이 낮긴 하지만) 경로 역시 존재한다는 것을 의미한다. 이 계획은 매우 간단하다. 첫째, 민주당이 예비 선거에서 그린 뉴딜의 강력한 지지자를 대선 후보로 선출한다. 둘째, 민주당이 2020년에 백악관과 하원, 상원을 장악한다. 셋째, (루스벨트 대통령이 취임 직후 〈첫 100일〉 동안 뉴딜 정책을 밀어붙여 의회에서 15개 주요 개혁 법안을 통과시켰던 것처럼) 새 행정부는 구성 첫날에 그린 뉴딜 정책을 발표한다.

IPCC 보고서가 세계의 관심을 집중시킨 요란스러운 화재 경보였다면, 그린 뉴딜은 화재 안전 및 예방 계획의 출발점이다. 우리는 이제껏 맹렬히 타오르는 불에 물총 쏘기 훈련이나 시키는 식의 단편적인 접근법을 숱하게 보아 왔지만, 그린 뉴딜은 확실하게 불을 끌 수 있는 종합적이고 총체적인 계획이다. 이 아이디어가 전 세계에 확산된다면, 우리는 실제로 맹렬히 타오르는 불을 끌 수 있을 것이다. 이 아이디어는 이미 전 세계로 확산되고 있다.

2019년 1월 정치 연합체인 〈유로피언 스프링European Spring〉 (DiEM25라는 프로젝트의 파생 조직으로, 나는 이곳에서 고문을 맡고 있다)이 〈유럽을 위한 그린 뉴딜〉을 제시했다. 급속한 탈탄소화의 의제를 좀 더 폭넓은 사회적·경제적 정의의 의제와 연결시킨 포괄적이고 세밀한 계획이었다. 〈그린 뉴딜은 세계적인 생태 전환을 가속하기 위한 녹색 산업에 대한 투자, 조세 피난처라는 오명을 씻을 수 있는 확실한 조치, 인도적이고 효과적인 이민자 정책, 유럽 대륙의 빈곤 문제를 해결할 수 있는 명확한 계획, 노동자 협약과 유럽 여성 인권 협약 등을 포괄한다. 이런 점에서 그린 뉴딜은《시장 말고 다른 대안은 없다》라는 독단적인 논리를 부수고 유럽 대륙의 희망에 다시 불을 붙이길 원하는 모든 사람들이 믿고 의지할 수 있는 문서다〉라고 이 연합체는 밝혔다.

캐나다에서는 그린 뉴딜을 요구하기 위해 여러 조직의 광범위한 연합체가 꾸려졌고, 그린 뉴딜을 정치 강령에 포함시킨 신민주당 New Democratic Party의 지도자도 함께 이 연합체에 참여했다. 영국에서도 비슷한 상황이 펼쳐지고 있다. 이 글을 쓰는 지금 야당인 노동당은 미국에서 논의되고 있는 것과 유사한 그린 뉴딜식의 강령 채택 여부를 둘러싸고 강도 높은 협상을 벌이고 있다.

2018년에 부상한 다양한 버전의 그린 뉴딜 사이에는 공통점이 있다. 이전의 정책들이 기존 시스템이 받는 타격을 최소화하기 위해 고안된 인센티브들을 약간 수정한 것이라면, 그린 뉴딜 접근법은 주요 운영 체제를 업그레이드하는 것, 다시 말해 우리가 주역이 되어 소매를 걷어붙이고 과업을 완수하는 것이다. 시장은 이 비전에서 배역을 맡기는 하지만 결코 주역이 아니다. 주역은 민중이다. 이 비전에서는 새로운 기간 시설의 건설에 나설 노동자들과, 깨끗한 공기와 신축 녹색 주택과 저비용(혹은 무상) 대중교통의 혜택을 원하는 주민들이 주역이 될 것이다.

이런 변혁적인 플랫폼을 옹호하는 사람들에게는 흔히 기후 위기보다 사회주의 혹은 반자본주의 의제에 훨씬 관심이 많고 기후 위기를 이용해 이런 의제들을 진척시키려 하는 자들이라는 꼬리표가 따라붙곤 한다. 이런 비난에 대한 나의 반응은 단순하다. 나는 성인이 된 후로 줄곧, 현재의 경제 체제가 무자비한 이윤 추구를 위해서 사람들의 삶과 환경을 파괴해 온 무수히 많은 방법들에 도전하는 운동에 참여해 왔다. 20년 전에 출간한 첫 저서 『노 로고 *No Logo*』에서 나는 기업의 세계화로 인해 인간과 생태계가 치러야 하는 희생에 대해 다루었다. 나는 인도네시아의 열악한 노동 현장에서 10대 여자아이들이 우리가 쓸 기계를 만들기 위해서 기계 취급을 받으며 일하는 모습을 보았고, 니제르 삼각주의 유전에서는 석유와 석탄, 금속을 캐내느라 산과 숲이 쓰레기 더미로 변하는 것을 보았다.

이런 관행이 떠안긴 고통스럽고 치명적인 충격을 부정할 수 없게 되자, 이런 충격은 시스템이 막대한 부를 창조해 내는 과정에서 빚어지는 불가피한 희생이라는 단순한 논리가 나왔다. 이 논리는 시스템이 만들어 낸 막대한 부는 결국에는 아래로 흘러 내려와서 지구촌 모든 사람들의 삶을 향상시킬 수 있다고 주장한다. 그러나 실제로는 노동자 착취와 산과 강에 대한 극심한 훼손 과정에서 드러나는 생명 경시 의식이 아래로 흘러 내려와 지구 전체를 집어삼키고 있을 뿐이다. 비옥한 땅은 염분 농도가 높은 사막으로 변해 가고, 아름다운 섬들은 깨진 돌무더기로 변해 가고, 활기 넘치던 산호초는 생명력과 색상을 빼앗긴 채 죽어가고 있다.

단도직입적으로 말하면, 나는 시장에서 비롯해서 갈수록 국지화하는 위기들(나는 여러 해 동안 저술을 통해서 이 위기들에 대해서 다루어 왔다)이 기후 위기와 무관하다고 보지 않는다(물론 기후 위기는 인류에게 허용된 유일한 행성을 위기로 몰아넣고 있다는 점에서, 위기의 규모와 범위 면에서 현격한 차이가 있다). 때문에 나는 인간 존중의 경제 모델로의 전환을 기필코 이뤄 내야 한다는 절박감을 늘 느껴 왔다. 그런데 지금은 이런 절박감이 훨씬 더 강해졌다. 지금 우리는 상상할 수 없을 만큼 많은 생명을 잃지 않으려면 당장 경로를 바꿔야 하는 마지막 순간을 살아가고 있으니 말이다.

그렇지만 나는 모든 기후 정책이 자본주의 해체를 겨냥하는 것이어야 하며, 그렇지 않은 정책은 무조건 버려야 한다(이런 주장을 펼치는 사람도 있다)고 생각하지는 않는다. 우리는 온실가스 배출량을 감축하기 위해서 가능한 모든 행동을, 그것도 지금 당장 실행에 옮겨야 한다. 그러나 IPCC가 단호하게 확인하고 있듯이, 전면적인 경제적·사회적 변화를 기꺼이 수용하지 않는 한 우리는 결코 온실가스 감축을 달성할 수 없다.

역사에서 얻는 교훈과 경고

온실가스 감축 전문가들 사이에서는 기후 위기를 해결하기 위해서 요구되는, 경제 전체를 아우르는 전면적인 전환 방식의 내용을 구상하는 데 어떤 역사적 선례가 도움이 되는가를 둘러싸고 오래도록 논쟁이 이어지고 있다. 많은 사람들이 단호하게 루스벨트의 뉴딜 정책 쪽에 손을 든다. 뉴딜은 한 사회의 기간 시설과 지배적인 가치관이 10년이라는 짧은 기간 동안에 어떻게 근본적인 변화를 이룰 수 있었는가를 확인할 수 있는 사례다. 또한 뉴딜은 놀라운 성과를 거두었다. 미국에서 뉴딜이 시행되었던 10년 동안 1천만 명 이상이 정부에 직접 고용되었고, 대부분의 농촌 지역에 전기가 공급되었고, 수십만 개의 건물과 구조물들이 신축되었고, 23억 그루의 나무가 식재되었고, 800개의 주립 공원이 신설되었고, 수십만 개의 공공 예술 작품이 탄생했다.

이 시기에 숨 가쁘게 진행되었던 공공 투자는 대공황 때문에 파탄났던 수백만 가구를 가난에서 벗어나게 하는 즉각적인 성과뿐 아니라, 수십 년째 이어져 온 해체 시도를 견디고 지금까지 존속하고 있는 확고한 유산을 남겼다. 이해를 돕기 위해, 역사학자 닐 메이어Neil Maher의 『자연의 뉴딜Nature's New Deal』에 나오는 짤막한 묘사를 인용해 보자.

지금 우리는 공공 산업 진흥국이 닦아 놓은 도로를 이용하는 차편으로 아이들을 학교에 데려다 주고, 공공 공사 관리국이 세운 학교와 도서관에서 책을 대출해 오고, 테네시강 유역 개발공사가 세운 댐에서 흘러 내려온 물을 마신다. 이를 비롯한 모든 뉴딜 프로그램들은 (……) 자연 환경을 극적으로 변화시켰다. 이런 프로그램들은 미국 정치권에도 변화를 몰고 왔다. 뉴딜을 경험한 미국 국민 대중 사이에서 루스벨트의 자유주의 복지국가에 대한 지지도가 상승했기 때문이다.

또 어떤 사람들은 기후 위기 대응에 요구되는 변화의 규모와 속도를 짐작할 수 있는 유일한 선례로 제2차 세계 대전 때의 대규모 동원을 꼽는다. 당시 서구 열강들은 히틀러와 독일에 맞서 싸우기 위해 제조업 부문과 소비 양식의 대전환을 시행했다. 눈이 팽팽 돌 정도로 급격한 변화였다. 공장들은 개조되어 배와 비행기, 무기를 생산했다. 시민들은 군대가 쓸 식량과 연료를 마련하기 위해 생활 방식을 완전히 바꾸었다. 영국에서는 필수적인 목적 이외의 자동차 운행이 거의 중단되었다. 1938년부터 1944년 사이 미국과 캐나다에서는 대중교통 이용량이 각각 87퍼센트, 95퍼센트나 늘었다. 1943년 미국에서는 2천만 가구(미국 인구의 5분의 3)가 승리의 텃밭을 가꾸었고, 그해 미국에서 소비된 채소의 42퍼센트가 이 텃밭에서 수확되었다.

어떤 사람들은 제2차 세계 대전 이후에 이루어진 재건, 특히 서부 유럽과 남부 유럽을 위한 일종의 뉴딜 계획인 마셜 플랜을 제2차 세계 대전 당시에 기울였던 노력보다 더 좋은 선례로 꼽는다. 미국 정부는 사회주의에 대한 지지도 상승을 막아 줄(또한 미국의 수출 시장을 팽창시키는 효과를 낳을) 혼합 경제를 재건하기 위해 수십억 달러를 투자했다. 결과적으로 국가에 의한 직접적인 일자리 창출, 공공 부문에 대한 막대한 투자, 독일 기업에 대한 보조금 지급, 강성 노조에 대한 지원이 이어졌다. 이런 노력은 미국 정부가 시행한 가장 성공적인 외교 정책으로 평가받았다.

각각의 선례는 눈에 띄는 약점과 모순을 안고 있다. 〈참여 과학자 모임Union of Concerned Scientists〉은 미군을 단일 조직으로서는 〈세계에서 석유를 가장 많이 소비하는 조직〉으로 꼽는다. 인류와 자연, 민주주의에 파괴적인 희생을 안긴다는 점에서 전쟁은 결코 사회 변화의 모범이 될 수 없다. 게다가 기후 위기는 진격하는 나치 군대만큼 위험한 존재로 여겨지지는 않을 것이다. 물론 우리가 적기를 놓쳐서 그 어떤 행동을 해도 아무런 성과를 거둘 수 없는 지경이 된다면 이야기가 달라지겠지만 말이다.

　전시의 대규모 동원과 전후의 대대적인 재건 노력이 엄청난 파급력을 미쳤던 것만은 틀림없지만, 이런 노력은 대단히 중앙 집중적이고 하향식으로 진행된 변화였다. 만일 중앙정부가 통제하는 이런 식의 기후 위기 대응 방식을 따른다면, 몇몇 거물들의 손에 권력과 부를 더욱 집중시키는 몹시 부패한 정책들의 발흥과 조직적인 인권 탄압을 예상해야만 한다. 이는 전쟁과 경제적 충격, 극단적인 기상 사태가 일어난 후에 발흥하는 재난 자본주의를 다룬 저서에서 내가 반복적으로 추적해 온 현상이다. 기후 변화 쇼크 독트린은 현존하는 현실적인 위험이다. 이 책에서 나는 이런 위험의 첫 징후들에 대해서 다룬다.

　뉴딜 정책 역시 완전히 이상적인 선례라고 할 수 없다. 뉴딜의 프로그램과 보호 조치는 대부분 밀고 당기는 사회 운동과의 관계 속에서 입안되었음에도, 전시의 조치들과 마찬가지로 위에서 아래로 시달되는 방식으로 시행되었다. 그러나 뉴딜은 미국을 경제 불황에서 건져 낸다는 애초의 주목표를 달성하지 못했고, 관련 프로그램들은 백인 남성 노동자들에게 유리한 방향으로 지나치게 치우쳐 있었다. 흑인이 다수를 이루는 농업 노동자 부문과 가정 내 노동자 부문, 수많은 멕시코 이민자들이 내쳐졌다(약 100만 명에 이르는 멕시코 이민자들이 1920년대 후반과 1930년대에 추방당했다). 시민자연보호단*은 흑인 참가자들에 대한 차별을 일삼았고, 여성 참여를 금지했다(딱 한 곳의 야영지만 예외였는데, 그곳에서 여성들은 식품 저장법을 비롯한 가사 훈련을 받았다). 원주민들은 뉴딜 프로그램 덕분에 약간의 혜택을 받긴 했지만, 대규모 기간 시설 사업과 일부 자연 환경 보전 사업 때문에 토지에 대한 권리를 침해당했다. 뉴딜의 구제 기관들은 특히 남부 주들에서 실업에 시달리는 아프리카계 미국인 가구와 멕시코계 미국인 가구에 대해 편파적인 대우를 시행해 악명이 높았다.

오카시오코르테스와 마키가 작성한 그린 뉴딜 결의문은 앞서 말한 불공정의 반복을 막기 위한 계획을 입안하는 데 상당한 노력을 기울이고 있다. 이 결의문은 〈원주민과 유색 인종 공동체, 이민자 공동체, 공업 쇠퇴 지역의 공동체, 인구 과소 지역의 공동체, 빈민, 저소득 노동자, 여성, 노인, 무주택자, 장애인, 청소년에 대해서 현재 시행되고 있는 차별을 근절하고, 앞으로 예상되는 차별을 예방하고, 과거에 이루어졌던 차별을 바로잡는다〉는 것을 핵심 목표로 꼽는다. 하원 의원 아야나 프레슬리는 보스턴의 주민 회관에서 이렇게 말했

* Civilian Conservation Corps. 미국 대공황으로 인한 실업 구제책으로 청년들을 모아 꾸린 조직. 조림, 산불감시, 산림 휴양 공간 조성 등 산림 사업에 투입되었다. 이 조직은 1933년부터 9년간 운영되었고, 총 300만 명이 이 조직에 참여했다.

다. 「이것은 과거의 뉴딜을 바로잡을 수 있는 기회이자 (……) 경제 변혁을 이룰 수 있는 기회입니다.」

뉴딜과 마셜 플랜 등의 모든 역사적 선례들이 지닌 가장 큰 한계는 대도시 외곽 지역의 무계획적인 팽창과 일회용품 소비 팽창 등을 대대적으로 확산시켰다는 점인데, 이런 생활 방식이야말로 오늘날 기후 위기의 핵심적 요인이다. IPCC의 충격적인 보고서가 명시적으로 밝혔듯이, 〈인류 역사에는 필수적으로 요구되는 전환이 사회 경제적으로 지속 가능한 방식으로 시행된 전례가 없다〉. 온실 가스 세계 배출량의 현저한 감소는 대공황기와 소련 붕괴 직후에만 이루어졌고, 급속한 사회 변혁을 촉발했던 전쟁들은 인도주의적 재앙과 동시에 생태학적 재앙을 불러왔다는 것이 보고서의 주장이다.

내 입장을 밝히자면, 앞서 말한 역사적 선례들이 예외 없이 한계를 지니고 있지만 각각의 선례를 연구하고 언급하는 것은 여전히 유용하다. 각각의 선례는 정부들이 이제껏 기후 붕괴에 대처해 온 방식과 뚜렷이 대비되는 면모를 지니고 있다. 최근 25년 사이에 기후 붕괴에 대응해 복잡한 탄소 시장이 구축되었고, 소액의 탄소세를 부과하는 방식, 화석연료의 종류를 석탄에서 가스로 바꾸는 방식, 에너지 효율이 높은 전구와 가전제품의 구매를 촉진하기 위한 다양한 인센티브 방식이 도입되었다. 기업들은 우리가 비용 상승 부담을 감수할 의사가 있다면 더 생태 친화적인 대안들을 선택하겠다는 제안을 내놓고 있다. 그러나 지금 기후 붕괴를 막기 위해서 요구되는 신속한 전환을 감당할 만큼 재생 에너지 부문에 대대적인 투자를 하는 나라는 독일, 중국 등 일부에 지나지 않는다.

훨씬 적극적인 규제를 도입하는 전환이 서서히 이루어지고 있는 나라들도 있다. 물론 이는 거의 예외 없이 사회 운동의 강력한 압력이 이룬 결과다. 몇몇 나라와 주, 지역들은 프래킹에 의한 가스 채취의 금지나 일시 중단을 법제화했다. 뉴질랜드 정부는 해양 석유 시추에 대한 추가 면허를 승인하지 않겠다고 발표했다. 노르웨이 정부는 2025년까지 내연기관 자동차 판매를 금지하겠다는 계획을 발표했다. 이런 적극적인 조치가 다른 나라들에게까지 확산된다면 틀림없이 전기 자동차로의 전환을 가속화하는 동력이 될 것이다. 그러나 부유한 나라의 정부들은 과도한 소비를 억제하거나 화석연료 기업들에게 자신들 때문에 빚어진 위기를 수습하는 데 필요한 비용을 부담시키는 정책을 공론화하려는 의지를 전혀 보이지 않고 있다.

상황이 다르게 펼쳐졌다면 어떻게 되었을까? 최근 40년 동안 경제의 흐름을 살펴보면, 공공 부문의 체계적인 약화와 규제 기구 해체, 부유층 세금 인하, 필수적인 서비스의 민영화가 두드러진다. 그 사이에 노동조합의 힘은 현저히 약화되었고 대중은 학습된 무기력에 빠져들었다. 아무리 큰 문제에 맞닥뜨려도 문제의 근원을 바로잡으려는 노력은 그만두고, 시장이나 박애자본주의를 펼치는 억만장자들에게 문제 해결을 위임하고 방해가 되지 않게 물러서 있는 것이 최선이라는 이야기를 우리는 되풀이해서 듣고 있다.

이것이 1930년대부터 1950년대까지 시행되었던 역사적 선례들이 여전히 유용하다고 말하는 중요한 이유다. 이 선례들은 심각한 위기에 또 다른 대응 방식으로 접근하는 것이 늘 가능했고, 지금도 여전히 가능하다는 것을 상기시킨다. 그 30년 사이에 발생한 몇 번

의 집단적 위기 상황에서 실행되었던 대응 방식은 소비자 개개인에
서부터 노동자, 대규모 제조업체, 모든 차원의 정부 조직에 이르기
까지 사회 전 부문을 뚜렷한 공동 목표 아래 조직해 심도 깊은 변화
과정에 동원하는 것이었다.

과거의 문제 해결자들은 단 한 방에 문제를 해결할 수 있는 〈마법
의 탄환silver bullet〉 혹은 〈킬러 앱〉*을 찾지 않았다. 또한 어설픈 미
봉책을 쓰거나 시장의 낙수 효과가 문제를 해결해 주기를 기다리지
않았다. 각각의 역사적 선례에서, 정부들은 공공 기간 시설에 의한
직접적인 일자리 창출, 산업 계획, 공적 재원 조달에 이르기까지 강
력한 정책 수단들을 동시에 연속해서 전개했다. 이 역사적인 선례들
에서 확인할 수 있듯이, 아무리 촉박한 위기 상황에서도 야심 찬 목
표와 강력한 정책 메커니즘이 서로 보조를 맞춘다면 사회의 거의 모
든 측면을 변화시킬 수 있다. 오늘날의 기후 붕괴와 관련해서도 마
찬가지로 말할 수 있다. 사회 변혁을 이뤄 내지 못하는 것은 선택에
따른 결과일 뿐, 인간 본성에서 빚어진 필연적인 결과가 아니다. 컬
럼비아 대학교와 미국 항공우주국 고다드 우주 연구소에서 일하는
기후과학자 케이트 마블Kate Marvel은 이렇게 말한다. 〈우리는 결코
파멸하지 않는다. 우리 스스로 파멸을 선택하지 않는 한.〉

이 모든 선례들은 우리에게 중요한 일깨움을 준다. 모든 세부 사
항을 알아야만 행동을 시작할 수 있는 것은 아니다. 과거 모든 역사
적 동원 사례들은 출발 시점에서 수많은 실책과 임기응변 그리고 경

* killer app. 기존의 사회 구조나 산업을 변화시키고 시장을 재편하면서, 여기에
적응하지 못하는 모든 것을 도태시키는 위력적인 기술을 말한다.

로 수정을 거쳤다. 또한 나중에 살펴보겠지만, 가장 진보적인 대응을 이끌어 낸 요인은 순전히 조직화된 사람들의 끈질긴 압력이었다. 가장 중요한 것은 지금 당장 행동하는 것이다. 그레타 툰베리의 말처럼 〈비상사태를 비상사태처럼 취급하지 않는 한, 우리는 결코 비상사태를 해결할 수 없다〉.

그렇다고 해서 녹색 외피를 두른 뉴딜 정책이나 태양광 전지를 장착한 마셜 플랜만으로 충분하다는 이야기는 아니다. 우리에게 필요한 것은 완전히 새로운 본질과 성격을 지닌 전환이다. 우리에게 필요한 것은 고도로 중앙 집권적인 뉴딜 정책과 독점적인 수력 발전과 화석연료 발전이 아니라, 가능한 한 지역 사회 소유가 보장되는 분산형 풍력 및 태양광 발전이다. 우리에게 필요한 것은 전후에 이루어졌던 백인 거주지 중심의 무계획적인 대도시 확장과 인종 분리형 도시 거주지 사업이 아니라, 유색인 공동체의 민주적 참여 속에 미관을 고려해 건설되는 인종 통합형 무탄소 도시 주택이다. 우리는 뉴딜 시대의 시민자연보호단의 사례처럼 군대와 연방 기구에 자연 보호 활동을 통제할 권한을 넘겨주는 게 아니라, 원주민과 농장과 목장을 소규모로 운영하는 농목업인 공동체, 지속 가능한 어업을 하는 어민 공동체에게 힘과 자원을 이양해 이들이 수십억 그루의 수목 식재, 습지 복원과 토양 재생 사업을 주도할 수 있게 해야 한다.

또한 우리는 기후 위기를 비상사태로 규정하자는 입장을 견지하되, 이런 비상사태를 예외 상태로 만들려는 강력한 이권 세력의 시도를 끊임없이 경계해야만 한다. 대중의 공포심과 공황을 이용해서 어렵게 획득한 대중의 권리를 후퇴시키고 자신들에게 수익이 돌아오는 거짓 해법을 밀어붙이려는 시도를 차단해야 한다.

다시 말해 우리는 지금껏 한 번도 해보지 않은 일을 해내야만 한다. 또한 그 일을 해내기 위해서는, 로널드 레이건 전 대통령이 〈가장 위험한 아홉 개 영어 단어는 이것이다. 《나는 정부 공무원이고, 나는 당신을 도우러 이곳에 왔다I'm from the government and I'm here to help》라고 선언한 이후로 심하게 훼손된 희망과 자신감을 되찾아야 할 것이다. 우리는 집단적인 변화를 신속하게 이루어 낸 역사적 기억을 되새김으로써 그 속에서 솟구치는 영감과 정신을 번쩍 들게 하는 경고를 뽑아내야 한다.

우리가 반드시 기억해야 하는 1930년대와 1940년대의 교훈을 요약하면, 시스템의 위기가 정치적·이데올로기적 진공 상태를 빚어낼 때 활로를 찾는 것은 그린 뉴딜과 같은 인도적이고 희망적인 아이디어들만이 아니라는 것이다. 난폭하고 사악한 아이디어들 역시 활로를 찾는다. 이것이 2019년 3월 15일 최초의 세계적인 등교 거부 시위를 무시무시한 힘으로 관통했던 진리다.

에코 파시즘의 유령

그날 뉴질랜드 크라이스트처치에서도 기후를 위한 학교 파업이 시작되었다. 정오 무렵 소란스레 재잘거리는 학생들이 학교 밖으로 쏟아져 나왔고, 대열 곳곳에는 기후 행동의 새로운 전기를 열자는 팻말이 솟아 있었다. 〈나는 나를 지탱해 주는 지구를 위해 나섰다!〉와 같이 재치 있고 열정적인 문구도 있었고, 〈지구를 깨끗하게 지키자. 지구는 천왕성이 아니다!〉라는 평범한 문구도 있었다.

오후 1시 무렵, 2천여 명의 아이들이 도심의 커디드럴 광장으로 모여들었다. 아이들은 광장에 설치된 임시 무대와 기증받은 음향 시스템 주위에 모여 연설과 음악을 들었다.

그곳에는 다양한 나이의 학생들이 모여 있었다. 뉴질랜드 원주민인 마오리 학생들이 다니는 한 학교에서는 전교생이 등교를 거부하고 시위에 참석했다. 행사 준비에 참여한 열일곱 살의 미아 서덜랜드는 내게 이렇게 말했다. 「크라이스트처치 사람들이 자랑스러워요. 모두들 용감무쌍하잖아요. 등교 거부는 쉬운 일이 아니에요.」 그 행사의 절정은 크라이스트처치 기후 파업을 처음으로 제안한 열두 살의 루시 그레이가 만든 노래 「일어나!」를 군중이 한목소리로 불렀을 때였다고 미아는 말했다. 「모두들 아주 행복한 표정이었어요.」 미아는 OECD 국가 중에서 청소년 자살률이 가장 높은 나라에서 이런 일은 좀처럼 보기 드물다고 말했다.

야외 활동을 좋아하는 미아가 기후 붕괴 문제를 걱정하기 시작한 것은 자신이 소중히 여기는 자연의 여러 부분들이 기후 붕괴 때문에 심각한 충격을 받고 있다는 사실을 알고 나서였다. 미아는 해수면 상승과 사이클론의 파괴력 강화로 태평양에 있는 모든 국가가 위험에 처해 있으며, 기후 붕괴가 곧 인권의 문제임을 깨달았다. 「뉴질랜드에 사는 우리는 태평양 제도 공동체의 일원이죠. 모두 우리 이웃이에요.」

그날 광장에 나온 사람은 학생들만이 아니었다. 몇몇 정치인과 시장도 그곳에 있었다. 하지만 미아를 비롯한 행사 주최자들은 정치인들에게 연설할 기회를 주지 않았다. 이날은 아이들의 말에 정치인들이 귀를 기울여야 하는 날이었다. 미아는 행사 진행을 맡아 동료 학생들이 무대로 나와 연설을 하도록 격려했고, 여러 번 되풀이해서 학생들을 무대로 맞이했다.

미아가 마지막 발언을 하려고 마음을 가다듬고 있을 때, 한 친구가 팔을 당기며 말했다. 「이제 끝내야 돼. 지금 당장!」 미아는 어리둥절해졌다. 너무 시끄러웠나? 하지만 이건 우리 권리잖아! 바로 그때 경찰관 하나가 무대로 올라와 미아의 손에서 마이크를 낚아챘다. 경찰관의 목소리가 광장에 울려 퍼졌다. 「모두들 당장 해산하세요. 집으로 돌아가요. 학교로 돌아가요. 헤이글리 공원에는 절대로 가서는 안 됩니다.」

학생들 200~300명이 시청까지 행진을 계속하기로 했다. 미아는 얼떨떨한 상태에서 버스를 타러 가던 중, 불과 10분 거리에서 총격 사건이 일어났다는 기사를 스마트폰으로 읽었다.

기후 파업에 참가한 청소년들은 몇 시간 뒤에야 총격 사건의 전모를 파악할 수 있었다. 경찰관이 알누르 모스크 근처에 있는 헤이글리 공원에 절대로 가지 말라고 한 까닭도 알게 되었다. 학생들이 기후 파업을 벌이던 바로 그때, 뉴질랜드에 거주하던 스물여덟 살의 오스트레일리아 남성이 차를 몰고 알누르 모스크로 가서 금요기도 중인 사람들에게 무차별 총격을 가했다. 그는 6분 동안 대학살극을 벌인 후, 태연하게 자리를 옮겨 다른 모스크로 이동해서 광란의 학살을 계속했다. 그날 이 총기 난사 사건으로 50명이 숨지고, 세 살배기 아이를 포함해 49명이 중상을 입었으며, 후송되었던 부상자 한 명은 몇 주 후에 사망했다. 현대 뉴질랜드 역사상 가장 많은 사망자를 낸 학살이었다.

　살인범이 여러 소셜 미디어에 공개한 성명서와 무기에 새겨 놓은 글에는 비슷한 학살을 자행한 사람들에 대한 존경심이 표현되어 있었다. 2011년 오슬로 도심 테러와 노르웨이 여름 캠프 학살 사건(77명 사망), 2015년 사우스캐롤라이나주 찰스턴 소재 에마누엘 아프리칸 감리교 성공회 학살 사건(9명 사망), 2017년 캐나다 퀘벡 모스크 학살 사건(6명 사망), 2018년 미국 피츠버그 트리오브라이프 사원 학살 사건(11명 사망) 등등. 이 모든 학살 사건의 범인들과 마찬가지로 크라이스트처치 총격범은 〈백인 학살white genocide〉이라는 개념에 강박적인 집착을 보이고 있었다. 백인 학살이란, 백인이 다수를 차지하는 국가에서 유색인 인구가 점점 느는 상황에서 백인들이 느끼는 위협을 일컫는다. 그 살인자는 이런 상황을 이주해 온 〈침입자들〉의 탓으로 돌렸다.

　크라이스트처치 참사는 갈수록 노골적으로 심해지는 극우 혐오 범죄의 일환이었다. 그러나 이 학살에는 몇 가지 특이점이 있었다. 하나는 살인자가 인터넷 맞춤용 구경거리로 학살을 계획하고 실행에 옮겼다는 점이다. 그는 광란의 학살을 시작하기 전에 온라인 커뮤니티 에잇챈8chan 게시판에 〈이제 따분한 게시물 올리기는 그만두고, 현실 속의 노력을 올려야 할 때다〉라고 밝혔다. 그는 마치 다중 살인을 많은 사람들이 기다리는 특별히 충격적인 밈*인 것처럼 표현했다. 당시 살인범은 머리에 카메라를 달아서 상상 속의 팬들에

　* meme. 문화 유전자. 이 글에서는 인터넷에서 유행해 많은 사람들이 공유하는 사진이나 동영상 또는 메시지를 의미한다.

60

게 자신의 공적에 대해 설명하며 페이스북과 트위터와 유튜브(「자, 이제 파티를 시작해 보자고」)를 통해 살인 장면을 생중계했으며, 학살을 하는 와중에도 인터넷 유머를 늘어놓기까지 했다. 그는 〈친구들, 명심해. 퓨디파이*를 구독하라고〉라고 말했는데, 이것은 유튜브의 톱스타를 미끼로 이용하려는 전략이었다.

그의 동영상이 생방송으로 흘러나올 때 시청자들은 경찰에 신고하기는커녕 오히려 그를 응원했다. 이모티콘과 나치와 관련된 만화 밈을 분수처럼 쏘아 올렸고, 〈자식, 잘 쏘는데〉 하는 응원 댓글을 달았다. 마치 1인 사격 게임을 관전하고 있는 듯한 반응이었다. 그 살인자가 살인 행각을 벌이기 전에 성명서에서 비디오 게임에서 영감을 받았다고 빈정거렸던 점을 생각하면, 시청자들의 반응과 그의 반응 사이에는 유사점이 있다. 그는 체포된 뒤에도 이런 식의 분위기를 계속해서 이어 갔다. 살인자는 첫 법정 출두 때 카메라를 향해서 손으로 〈오케이〉 신호를 만들어 보였다. 이 신호를 쓰는 사람은 모두 정체를 숨기고 있는 백인 우월주의자인가라는 어리석은 논쟁을 불러일으키려는 계산된 행동이었다.

이 살인은 모든 단계에서 인터넷과 모바일 폰을 통해 살해 영상을 일파만파로 퍼뜨릴 작정으로 실행에 옮겨진 것이었다. 그의 계획은 영락없이 들어맞았다. 총격범 지지자들은 쥐를 가지고 노는 고양이처럼 페이스북과 유튜브, 레딧을 비롯한 여러 사이트의 검열 담당자들과 관리자들을 궁지로 몰아넣었다. 유튜브가 나중에 밝힌 바에 따

* PewDiePie. 공포 게임과 액션 게임을 소재로 1억 명 이상의 구독자를 보유한 유명한 유튜버.

르면, 그 살인 동영상은 살인 행각 직후 24시간 동안 1초에 한 번씩 유튜브에 올라왔다고 한다.

한 마디로 크라이스트처치 학살은 자신이 벌인 〈현실 속의 노력〉을 게임처럼 즐기고 퍼뜨리자는 살인자의 노골적인 지시 탓에 엄청난 영향력을 발휘했다. 미디어를 통해 충격적일 만큼 널리 확산된 학살의 영향력은 그 끔찍한 범죄가 빚어낸 참혹한 현실, 즉 총탄에 찢긴 사람들과 가족을 잃은 슬픔에 넋이 나간 유족들, 그리고 세상 어느 곳도, 신성한 기도의 공간조차도 안심할 수 있는 곳이 아니라는 공포의 메시지를 받은 무슬림 공동체의 현실과 극명한 대조를 이루었다.

이 학살은 또한 같은 시각에 완전히 다른 목적을 위해 청소년들이 기후 파업을 벌이던 현실과 비통할 만큼 뚜렷한 대조를 이루었다. 살인범이 신이 나서 사실과 허구와 음모 사이의 경계를 넘나들면서 진실을 가짜뉴스처럼 취급하고 있을 때, 기후 파업에 나선 학생들은 대기에 쌓인 온실가스와 탄소 발자국, 멸종의 가속화 같은 풀기 어려운 현실들이야말로 중요한 문제라고 외쳤고, 정치인들을 향해서 말과 행동 사이의 엄청난 간극을 메울 것을 요구했다.

그레타 툰베리는 많은 청소년들에게 자신이 우리 시대 역사에서 차지하는 중요성을 깨닫고, 자신의 가슴에 깃든 극심한 공포감을 묻어 두는 태도에서 벗어나서, 모든 청소년의 권리를 위해 평화롭게 일어설 수 있도록 도왔다. 크라이스트처치의 살인범은 아무래도 상관없다는 듯한 태도를 보였지만, 극단적인 폭력을 사용해 모든 범주의 사람들로부터 인간다움을 말살했다.

그 끔찍한 사건이 일어나고 6주 후에 나는 미아 서덜랜드를 만나 이야기를 나누었다. 미아는 그때까지도 여전히 기후 파업을 생각하면 늘 학살 사건이 떠올라 힘들어하고 있었다. 미아의 기억 속에서는 그 둘이 하나로 뒤섞여 있었다. 미아는 속삭임에 가까운 소리로 내게 말했다. 「그 둘이 동떨어진 것이라고 생각하는 사람은 아무도 없을 거예요.」

가까운 곳에서 두 가지 충격적인 사건이 일어나면, 사람의 마음은 보통 두 사건 사이에서 실제로는 존재하지 않는 연결 고리를 찾으려고 한다(이런 현상을 아포페니아apophenia라고 한다). 그런데 사실상 두 사건 사이에는 연결 고리가 있었다. 기후 파업과 학살 사건은 동일한 역사적 요인에서 유래한 완전히 상반된 반응이라고 할 수도 있다. 크라이스트처치 살인자는 백인 우월주의에 사로잡힌 대량 살인범들로부터 영감을 받았다고 공개적으로 밝혔지만, 그에게는 그들과 분명히 구분되는 특성이 있다. 크라이스트처치 학살자는 자신이 〈민족주의 환경 파시스트ethno-nationalist eco-fascist〉라고 밝혔다. 장황하고 두서없는 성명서에서 그는 자신의 행동을 변형된 환경주의로 표현하고, 이민자 증가에 대해 격렬한 반감을 표현하면서 〈유럽으로의 이민 행렬은 환경을 놓고 벌이는 싸움이다〉라고 주장했다.

분명히 말하지만, 이 살인범은 환경을 걱정하는 마음에 그런 행동을 한 게 아니다. 그의 동기는 인종 혐오였다. 하지만 생태 위기가 인종 혐오를 북돋우는 데 한몫을 했던 것은 사실이다. 우리는 지금 이 순간에도 생태 위기가 세계 각지의 무력 분쟁에서 증오와 폭력을 부추기는 불쏘시개 역할을 하는 현실을 똑똑히 목격하고 있다. 생태 위기에 대처하는 방식과 관련해서 우리 사회 내부에 중요한 변화가 일어나지 않는 한, 앞으로 우리는 이런 식의 백인 우월주의 환경 파시즘, 풀어 말하면 기후 위기를 빚어낸 집단적인 책임에 부응해 행동하지 않는 것을 합리화하는 포악무도한 사고방식이 훨씬 더 자주 준동할지도 모른다. 이것이 현실이 될까 봐 나는 몹시 불안하다.

이런 상황이 비롯된 주요 원인은 지구 온난화가 미치는 복잡한 파급력이다. 기후 위기를 빚어낸 책임을 따지면 압도적 책임이 있는 것은 가장 부유한 사회 계층이다. 세계 온실가스 배출량의 약 50퍼센트가 세계 인구 중 상위 10퍼센트의 부자들이 만들어 낸 것이고, 세계 배출량의 약 70퍼센트가 상위 20퍼센트의 부자들에게서 비롯한 것이다. 그런데 이렇게 배출된 온실가스로 인한 충격은 가난한 사람들에게 가장 먼저 가장 심한 피해를 입히고 있으며 갈수록 많은 사람들을 삶의 터전에서 밀어내 이주하게 만든다. 2018년 세계은행 연구에 따르면 2050년 무렵에는 기후 변화로 인한 곤경 때문에 사하라 이남 아프리카, 남아시아, 중남미에서 1억 4천만 명 이상이 살던 곳을 떠날 것이라고 추정한다(이마저도 보수적인 추정치라고 보는 사람이 많다). 대부분의 사람들이 자기 나라 안에서 이동할 것이고, 특히 이미 인구 과밀화로 인해 극심한 곤경에 처해 있는 도시와 빈민가로 흘러들 것이다. 또 더 나은 삶을 위해 다른 나라로 이주하려는 사람도 많을 것이다.

기본적인 인권 보장을 핵심적인 도덕 원칙으로 삼는 세계에서라면, 다른 사람들이 만들어 낸 위기로 애꿎은 피해를 본 희생자들은 으레 공정한 보상을 받는다. 공정성의 원칙은 여러 가지 형태를 취할 것이고, 또 그래야만 한다. 무엇보다도 상위 10~20퍼센트의 부자들은 과학기술이 허용하는 한 최대한 빨리, 온실가스 배출량을 줄여 점점 심화되는 기후 위기의 근본적인 원인을 제거해야 한다(이것이 그린 뉴딜의 기본 전제다). 또한 앞서 말한 볼리비아 기후 협상 대표가 10년 전에 제안했던 〈지구를 위한 마셜 플랜〉에도 귀를 기울여야 한다. 이를테면 글로벌 사우스*에 자원을 제공해 공동체들이 극한의 날씨에 대비해서 자체 역량을 강화하고, 청정 기술을 이용해 가난에서 벗어나고, 자신들의 생활 방식을 보전할 수 있도록 도와야 한다.

보전이 불가능한 경우, 예컨대 땅이 너무 메말라서 작물을 재배할 수 없거나 해수면의 급속한 상승으로 땅을 이용할 수 없게 된 사람들이라면 누구나 이동의 자유와 안전을 추구할 권리를 보장받아야 한다. 따라서 우리는 안전한 삶을 찾아 이주한 사람들에게 도착 즉시 안정적인 보호 시설과 지위를 보장해 줄 의무가 있다. 많은 것을 잃고 심한 고통을 겪는 사람들에게 우리는 훨씬 더 많은 것을 나누어 줄 의무가 있다. 우리는 그들에게 친절과 보상을 베풀고, 진심 어린 사과를 해야 마땅하다.

한 마디로 기후 붕괴는 보수적인 사람들이 가장 혐오하는 분야에서의 청산을 요구한다. 즉, 부의 재분배, 자원 공유와 배상의 시행을 요구한다. 이 점을 훤히 꿰뚫어 보는 극우파가 점점 늘면서 이런 조치의 시행을 막기 위해 여러 가지 왜곡된 논리들을 개발하고 있다.

* 아시아, 아프리카, 남미 등지의 개발도상국.

첫 번째 단계는 〈사회주의 음모〉라고 외치면서 무턱대고 현실을 부정하는 것이다. 우리는 꽤 오랫동안 이 단계에 머물러 있다. 2011년 노르웨이 여름 캠프에서 총기를 난사했던 반사회적 인격 장애자 안데르스 브레이빅 역시 이런 입장을 밝혔다. 브레이빅은 백인들의 서구 문화를 약화시키는 요인으로 이민뿐 아니라 유럽과 영어권 국가들에 대한 〈기후 부채〉 청산 요구를 꼽았다. 그는 「초록은 새로운 빨강이다 — 환경의 탈을 쓴 공산주의를 막아라!」라는 제목으로 발표한 성명서에서 몇몇 저명한 기후 변화 부정론자의 주장을 인용하면서, 기후 재원을 마련하자는 요구는 미국과 유럽권 국가들이 이룬 자본주의와 성공을 〈응징하려는〉 시도이며, 기후 행동은 〈새로운 탈을 쓴 부의 재분배〉라고 주장했다.

당시에는 기후 변화를 부정하는 것이 실행 가능한 전략처럼 보였을지 모르지만, 9년(그중 여섯 해가 지구 역사상 가장 더운 해 10위 안에 들어간다)이 지난 지금은 그 전략의 유효성이 크게 떨어졌다. 그렇다고 기후 변화 부정론자들이 갑자기 마음을 바꿔 국제적으로 합의된 기후 위기 대응을 수용하지는 않을 것이다. 오히려 이들은 진짜로 격변하는 미래가 펼쳐질 것임을 깨닫고, 앞서 말한 크라이스트처치 살인범이 옹호하는 흉악한 세계관으로 갈아탈 가능성이 높다. 그렇기 때문에 백인 비율이 높은 부유한 나라들은 국경을 강화하고 백인 기독교인이라는 정체성을 더욱 공고히 다지고 일체의 〈침입자〉들을 상대로 전쟁을 벌이고 있는 것이다.

이들은 기후과학을 부정하는 전략에서 돌아서서, 탄소 배출의 역사적 책임이 가장 큰 나라들이 온난화로 인해 가장 큰 타격을 입고 있는 유색인들에게 빚을 지고 있다는 개념 자체를 부정하고 나설 것이다. 이를 부정하는 근거로 동원될 논리는 단 하나, 기독교를 믿지 않는 유색인은 백인 기독교인에 비해 별 볼일 없는 존재이며 위험한 침략자라는 논리다.

유럽과 영어권에 속하는 대부분의 지역에서는, 이미 이 논리를 공고히 다지는 작업이 막힘없이 진행되고 있다. 유럽연합과 오스트레일리아, 미국은 모두 일종의 〈저지를 통한 예방〉을 이민 정책의 기본 원칙으로 삼고 있다. 저지를 통한 예방이란, 난민들에게 몹시 냉담하고 잔인한 처우를 시행해 궁지에 몰린 사람들이 안전을 찾아 국경을 넘으려는 계획을 단념하게 만들겠다는 잔혹한 논리다.

이런 논리 때문에, 살길을 찾아 떠난 난민들이 지중해에서 익사하거나 험준한 애리조나 사막에서 탈수증으로 죽어가고 간신히 살아남은 난민은 고문이나 다름없는 환경에 던져진다. 유럽 해안으로 들어오려는 난민들은 리비아의 수용소나 오스트레일리아 인근 섬의 임시 수용소, 아동용 감옥으로 둔갑한 텍사스의 휑뎅그렁한 월마트로 보내진다. 이탈리아에서는 항구로 들어오려고 시도하는 난민들이 상륙 불허 조치, 또는 납치와 다름없다는 법원 판례까지 나온 바 있는 구조선 내 억류 조치에 직면한다.

캐나다 총리는 자국에 들어온 난민들을 환대하며 모스크를 방문하는 사진을 트위터에 올리지만, 정작 캐나다 정부는 국경에 병력을 배치하고 〈안전한 제3국 협정〉의 올가미를 조이는 일에 막대한 신규 투자를 하고 있다. 이 협정은 트럼프 정부의 미국을 〈안전한〉 나라라고 규정하고 미국에서 넘어오려는 난민들이 캐나다의 공식적인 국경 교차점에서 보호를 요청할 수 없도록 규정하고 있다.

유럽과 영어권 전역에서 시행되는 국경 강화 조치의 목적은 너무나 분명하다. 아무리 비참하고 심각한 목숨의 위협을 받더라도 원래 살던 곳을 떠나서는 안 된다는 확신을 심어 주는 것이다. 이런 세계관에서 보면, 긴급한 사태는 사람들이 겪는 고통이 아니라 그런 고통에서 벗어나려는 불편한 욕망이다.

트럼프가 크라이스트처치 대학살이 일어나고 몇 시간 만에 극우 폭력의 급속한 확산을 대수롭지 않은 문제로 취급한 뒤 곧바로 미국 남부 국경을 넘는 난민들의 〈침입〉과 최근의 〈국가 비상사태〉 선언으로 화제를 돌린 것 역시 이런 세계관에서 비롯한 것이다. 트럼프의 국가 비상사태 선언은 수십억 달러의 자금을 국경 방벽 건설 재원으로 확보하려는 의도에서 나온 것이었다. 3주 뒤 트럼프는 트위터에 〈우리 나라는 만원이다!〉라고 썼다. 이탈리아 내무부 장관 마테오 살비니도 트럼프의 뒤를 따랐다. 난민 구조 선박이 도착했다는 소식에 그는 트위터에 〈우리 항구는 쭉 닫혀 있었고 지금도 닫혀 있다〉라고 썼다.

탐사 보도 기자인 무르타자 후세인Murtaza Hussain은 크라이스트처치 살인범의 성명서에는 결코 사소하게 넘길 수 없는 아이디어들로 가득 차 있다고 강조했다. 후세인에 따르면, 살인범의 말은 〈명료하면서 동시에 몸서리가 날 정도로 친숙하다. 난민들을 침입자로 취급하는 그의 표현은 미국 대통령과 유럽의 극우 지도자들의 표현과 동일하다. (……) 그의 과격성의 원천이 무엇일까라는 궁금증에 대한 답은 이미 만천하에 나와 있다. 그것은 바로 무슬림을 비롯한 소

수 집단이라면 무조건 비난을 퍼붓는 우리 언론 매체들과 정치권이다.〉

기후 야만주의

대규모 이주를 야기하는 동인은 전쟁과 집단 폭력, 성폭력, 그리고 깊어지는 빈곤이다. 한 가지 분명한 것은, 기후 붕괴가 이런 모든 종류의 위기를 더욱 심화시키고 있으며 온난화가 심해질수록 다른 위기 역시 심화될 것이라는 점이다. 그런데도 지구상에서 가장 부유한 나라들은 위기를 해결하기 위해 돕기보다는 모든 전선에서 위기를 심화시키기로 작정한 것 같다.

이 나라들은 가난한 나라들이 극단적인 기상 현상으로부터 자국민을 보호할 역량을 강화할 수 있도록 새로운 형태의 의미 있는 원조를 제공하는 데 아무런 기여도 하지 않고 있다. 극심한 빈곤과 채무에 시달리는 모잠비크가 사이클론 이다이의 공격으로 만신창이가 되었을 때, 국제통화기금이 제공한 1억 1800만 달러는 무상 지원이 아니라 반드시 갚아야 하는 차관이었다. 주빌리 부채 캠페인 Jubilee debt campaign은 이 조치에 대해 〈국제 사회의 폐단을 입증하는 충격적인 지표〉라고 설명했다. 한 술 더 떠서, 2019년 3월 트럼프는 과테말라, 온두라스, 엘살바도르에 제공하고 있는 지원금 7억 달러를 축소하겠다고 발표했다. 원래 이 지원금 중 일부는 가뭄에 시달리는 농민들을 돕는 용도로 배정되어 있었다. 이처럼 재원 조달의 우선순위를 바꾸려는 노골적인 조치는 또 있었다. 허리케인 시즌이 시작되는 2018년 6월에 미국 국토안보부는 국내 자연 재해에 대응하는 업무를 맡은 연방재난관리청에 배정되었던 1천만 달러를 이민 세관단속국으로 돌려 이민자 구금 용도로 쓰게 했다.

의심할 여지없이 이것은 기후 야만주의의 시작을 알리는 신호탄이다. 정치의 급격한 변화가 일어나지 않는 한, 그리고 우리 정치를 좌우하는 근본적인 가치관의 급격한 변화가 일어나지 않는 한, 부유한 나라들은 점점 심해지는 기후 붕괴에 대해 야만적인 방식으로 〈적응〉해 갈 것이다. 이 나라들은 지구상의 수많은 인구에 대한 책임을 저버리는 가공할 만행을 정당화하기 위해, 인간 생명의 가치에 서열을 매기는 유독한 이데올로기가 거침없이 활개를 치게 놓아 둘 것이다. 이 유독한 이데올로기는 국경에서 난민을 상대로 시행되는 잔혹한 대우에서 시작해 사회 전체를 감염시킬 것이다.

이런 우월주의 사고방식은 새로운 것이 아니라, 영어권 국가들의 법적 토대에 깊이 아로새겨져 있는 것이다. 대표적인 것이 기독교에 의한 발견주의 원칙*과 테라 눌리우스**이다. 이런 사고방식의 힘은 어떤 부도덕한 행위가 이데올로기적 정당화를 필요로 할 때마다 우리 역사 전반에 걸쳐서 성쇠를 되풀이해 왔다. 노예제와 토지 강탈, 인종 분리를 합리화할 필요가 있을 때마다 이런 유독한 사상들은 맹렬하게 세력을 뻗어 갔고, 기후 대응에 대한 비협조적인 태도와 자국 국경에서의 야만적인 행위를 정당화할 필요가 생긴 오늘날에도

---

* Doctrine of Christian Discovery. 기독교인인 유럽의 탐험가들이 발견한 땅과 수역에 대해 그들의 절대적인 권리를 인정하는 이론.

** terra nullius. 〈주인 없는 땅〉이라는 뜻의 라틴어. 어떤 국가의 주권도 미치지 않는 영토에 대해서는 먼저 차지하는 자가 소유권을 갖는다는 이론.

다시금 세력을 뻗어 가고 있다.

우리 시대에도 이런 잔혹성은 급속히 팽창하면서 심각한 파급력을 발휘하고 있다. 이런 잔혹성이 그대로 방치될 경우 집단의식에 미칠 장기적인 피해 역시 이루 말할 수 없이 심각해질 수 있다. 일부 정부들이 기후 변화를 부정하고 있고 또 다른 정부들이 입으로는 기후 변화에 대응하고 있다고 말하면서도 기후 변화로 인한 파급 효과를 막기 위해 국경을 요새화하는 현실의 배후에는 중대한 근원적인 문제가 놓여 있다. 이미 펼쳐지고 있는 험난하고 불안한 미래에, 우리는 어떤 사람이 될 것인가? 우리는 남은 자원을 함께 나누고 서로를 돌보려고 노력할까? 아니면 남은 자원을 몽땅 자기 몫으로 챙겨 쌓아 둔 채 다른 사람의 진입을 일체 봉쇄하고 〈자기 자신〉만을 돌보려고 할까?

해수면이 상승하고 파시즘이 세력을 키워 가는 이 시기에, 우리는 이처럼 엄중한 선택에 직면해 있다. 물론 우리는 최고조에 이른 기후 야만주의의 길 말고도 여러 가지 다른 경로를 선택할 수도 있다. 이미 심각한 위기에 처해 있음을 생각하면, 우리는 결코 쉬운 길을 선택해서는 안 된다. 우리가 가야 할 길은 탄소세나 배출권 거래보다 훨씬 더 강력한 조치다. 우리가 가야 할 길은 오염과 빈곤과 인종 차별과 식민주의와 체념, 이 모든 것에 동시에 맞서는 총력전이다.

무엇보다도 아무런 잘못도 없이 가장 취약한 처지로 떠밀린 사람들을 점점 더 잔혹하게 희생시키는 미래를 피하고자 한다면, 우리는 기필코 기후 위기의 책임이 가장 큰 강력한 상대들과 정면 대결을 벌일 불굴의 용기를 확보해야 한다. 화석연료 부문과의 정면 대결은 상상하기 힘들 만큼 버거워 보일 수도 있다. 이 부문은 기후 활동가들을 옭아매는 혹독한 법률을 제정하기 위해 정치인들에게 로비를 하고 공공재인 전파를 오염시키는 광고에 쏟아부을 수 있는 막대한 부를 보유하고 있다. 하지만 이 부문은 겉보기와 달리 다양한 형태의 압력에 아주 취약하다.

지난 5년간 기후 정의 운동의 핵심 전략은 인류 문명을 위태롭게 하는 활동을 통해 부정한 수익을 올리는 화석연료 기업들의 부도덕성을 널리 알리는 것이었다. 이 전략은 수백 개의 기관들로부터 화석연료 기업의 주식을 매각하겠다는 약속을 이끌어 냈다. 최근에는 선라이즈 무브먼트를 비롯한 다양한 그룹들이 선출직 정치인들로부터 〈화석연료 기업의 돈을 절대로 받지 않겠다〉는 서약을 받아 내는 활동에 집중하고 있고, 민주당 지도부 자리를 노리는 정치인들 가운데 절반 이상이 즉시 이에 서명하겠다고 동의했다. 만일 여당이 화석연료 산업으로부터의 기부금 수수나 화석연료 산업의 로비스트와의 만남을 금하는 조치를 채택한다면, 이 산업이 정책 결정에 미치는 영향력은 크게 약화될 것이다. 또한 예전에 언론 매체의 담배 광고가 금지되었을 때 그랬던 것처럼, 대중적 압력과 정부의 규제 조치에 떠밀린 언론 매체들이 화석연료 기업의 광고를 중단한다면 이 산업의 막대한 영향력은 훨씬 더 약화될 것이다.

논쟁을 왜곡시키는 잘못된 정보가 줄어들고 석유 산업과 국가 간의 확실한 분리가 이루어진다면, 이 부도덕한 부문을 신속하게 틀어잡기 위한 강력한 규제의 시행은 훨씬 더 용이해질 것이다. 모든 채광 기업들은 〈키우지 않으면 죽는다〉라는 기조를 고수할 때에만 살아남을 수 있다. 이들은 투자자들에게 현재만이 아니라 먼 미래까지도 자사 상품의 수요가 높을 거라는 확신을 지속적으로 심어 주어야만 한다. 그렇기 때문에 모든 화석연료 기업의 가치 평가에서 핵심적인 변수는 현재 진행 중인 사업뿐 아니라 석유와 가스 비축 매장량, 즉 앞으로 수십 년 후에 개발할 목적으로 찾아내서 구입을 완료한 석유·가스의 매장량이다.

워싱턴에 소재한 〈오일 체인지 인터내셔널Oil Change International〉의 사무총장 스티븐 크레츠만에 따르면, 100퍼센트 재생 에너지로 신속하게 전환하기 위해 탐사 및 시추 사업에 대한 신규 허가가 중단되면 곧바로 투자자의 이탈이 시작될 것이다. 〈이런 식으로 화석연료 산업을 재정적, 정치적으로 제재하면, 이 산업이 가장 집요하게 설파해 왔던 《우리는 이 산업 없이는 버틸 수 없다》라는 신화가 무너질 것이다. 이 신화는 거짓이다. 진실은 이 산업이 우리 없이 버틸 수 없다는 것이다. 향후 10년 동안 우리가 필요로 하는 진정한 기후 대응 지도자는 이 산업에 대한 일체의 허가(사회적·정치적·법적)를 철회하고, 이 산업의 팽창을 신속히 저지하고, 이 산업의 노동자들과 이 산업 때문에 가장 큰 고통을 받는 공동체들에게 공정한 기회를 보장하는 방식으로 향후 수십 년에 걸쳐서 이 산업의 생산량 감소를 관리할 용기를 갖춘 사람이어야 한다.〉 또한 정부는 이 기업들 일부를 인수해 남아 있는 이윤이 투자자의 주머니에 들어가는 대신에, 토지 및 수질 복원과 노동자 연금에 투입되도록 보장할 필요가 있다. 요컨대 지금 필요한 것은 지난 반세기 동안 많은 분야를 좌지우지해 온 자유시장 근본주의와의 단호한 결별이다.

우리는 기후를 위한 등교 거부 시위를 통해서 많은 젊은이들이 이런 깊은 변화를 맞이할 준비가 되어 있음을 확인하고 있다. 이들은 여섯 번째 대량 멸종이 자신들에게 떠안겨진 유일한 위기가 아니라는 것을 잘 알고 있다. 이들이 자라나는 세상은 시장 유포리아*의 잔해만 남은 세상이다. 생활수준이 끝없이 향상될 거라는 꿈은 무너지고, 갈수록 심해지는 긴축과 경제 불안만이 가득한 세상이다. 또한 한때는 무한한 연결과 공동체의 무한 확대의 알고리즘, 그리고 아무런 난관이 없는 미래를 그렸던 기술 낙관주의가 질투의 알고리즘과 기업의 끊임없는 감시, 나날이 심해지는 온라인 여성 혐오와 백인 우월주의 중독증으로 모습을 바꿔 가고 있는 세상이다.

그레타 툰베리는 말한다. 〈기후 변화에 대해 온전히 알게 되면 누구나 새로운 정치가 필요하다는 것을 깨닫게 된다. 우리에겐 새로운 경제학이 필요하다. 극히 제한되어 있고 빠르게 줄어드는 탄소 예산을 근거로 모든 걸 입안하는 그런 경제학이 필요하다. 하지만 그것만으로는 충분하지 않다. 우리에겐 완전히 새로운 사고방식이 필요하다. (……) 우리는 경쟁을 멈춰야 한다. 우리는 서로 협조하면서 이 행성에 남은 자원을 공평하게 나누는 일을 당장 시작해야 한다.〉

우리의 집이 불타고 있다. 전혀 놀랄 일이 아니다. 우리의 집은 거짓 약속과 미래의 편익에 대한 경시, 그리고 희생자들 위에 세워져 어차피 처음부터 무너지게끔 설계되어 있었다. 집 안에 있는 걸 모두 다 구해 내기엔 시간이 너무나 촉박하다. 하지만 아직까지는 서

---

* market euphoria. 시장 상황이 계속 좋을 거라고 생각하고 시장 심리가 과도한 안도감과 희열감에 빠지는 것을 말한다.

로를, 그리고 수많은 종들을 구해 낼 만한 시간 여유가 있다. 어서 불을 끄고 그 자리에 전혀 다른 집을 짓자. 예전만큼 화려하진 않더라도, 안식처와 돌봄의 손길을 필요로 하는 모두가 들어갈 수 있는 집을 짓자.

이번만큼은 전 세계를 아우르는, 모든 사람을 위한 그린 뉴딜을 구축하자.

1
구멍이 뚫린 세계

해저에 난 그 구멍은 기술과 관련된 사고, 또는 기계 고장 이상의 의미를 지니고 있다. 그 구멍은 지구라는 살아 있는 유기체의 몸에 난 깊은 상처다.

2010년 4월 20일, 멕시코만에서 BP사의 딥워터호라이즌 시추선이 폭발했다. 이 시추선은 해저에 어느 누구도 시도해 보지 않은 깊이까지 구멍을 내 석유를 시추하던 참이었다. 격렬한 폭발로 열한 명의 직원이 목숨을 잃었고, 유정 입구 막음 장치가 깨져 나가면서 해저에서 엄청난 양의 원유가 용솟음치며 걷잡을 수 없이 쏟아져 나왔다. 유정 입구를 막으려는 수많은 시도가 실패로 돌아간 끝에, 7월 15일에야 간신히 유정 입구가 봉인되었다. 그사이에 유출된 원유의 양은 400만 배럴, 미국 영해에서 일어난 최대 규모의 원유 유출 사고였다.

2010년 6월

주민 회의에 참석하러 모인 사람들은 BP사와 연방정부에서 나온 신사들을 공손하게 대하라는 말을 귀가 따갑게 들어온 참이었다. 이 훌륭한 분들이 화요일 밤에 바쁜 일정을 쪼개 도착한 곳은 루이지애나주 플라커민즈 패리시에 있는 어느 고등학교 체육관이었다. 이곳은 미국 역사상 최대 규모의 환경 재앙의 여파로 습지 구석구석까지 흑갈색 독성 물질이 파고드는 피해를 입은 수많은 연안 공동체 중 하나였다.

「발언을 하실 때는 듣는 분 입장을 배려해서 말씀해 주시기 바랍니다.」질의응답 시간 직전에, 의장이 마지막으로 당부했다.

대부분 어민 가족들로 이루어진 청중은 한동안 놀라운 자제력을 발휘했다. 이들은 싹싹한 BP사의 홍보 담당자 래리 토머스의 말에 진득이 귀를 기울였다. 그는 어업 손실 보상 청구를 처리하는 일에 〈더 좋은 성과를 내기 위해〉 최선을 다하고 있다고 말한 뒤, 몹시 무뚝뚝해 보이는 하청업자에게 세부 사항에 대한 설명을 넘겼다. 사람들은 환경보호청 공무원의 이야기에도 끝까지 귀를 기울였다. 그 공무원은 원유 유출 지역에 대량으로 살포된 화학 유화제는 절대적으로 안전하다고 말했지만, 주민들은 언론 보도를 통해 그 화학 유화제가 부실한 안전성 검사를 거쳤을 뿐 아니라 영국에서는 사용이 금지된 것이라는 사실을 이미 알고 있었다.

청중의 인내심이 바닥을 드러내기 시작할 즈음에, 해안 경비대장 에드 스탠튼이 세 번째 발언자로 연단에 섰다. 그는 청중을 안심시키려고 〈BP사가 완벽하게 오염을 처리하는지 해안 경비대가 철저히 확인하겠습니다〉라고 말했다.

「문서로 밝히시오!」 누군가가 외쳤다. 에어컨은 자동 운전 정지 모드에 들어간 상태였고, 버드와이저 상표를 단 음료도 다 떨어져 가고 있었다. 맷 오브라이언이라는 새우잡이 어민이 마이크로 다가섰다. 「이 따위 이야긴 더 이상 들을 필요가 없습니다.」 그는 엉덩이에 손을 얹은 자세로 선언했다. 그들이 어떤 장담을 늘어놓던 간에 주민들은 전혀 관심이 없었다. 맷이 덧붙였다. 「우리는 당신들 말은 믿지 않아요!」 이 말에 주민들이 큰 환호성을 울렸다. 오일러스Oilers(애석하게도 그 고등학교 미식축구 팀의 이름이다)가 터치다운 득점을 올렸을 때나 터져 나올 법한 환호성이었다.

주민들은 속이 뻥 뚫리는 기분이었다. 몇 주 동안 주민들은 워싱턴과 휴스턴, 그리고 런던에서 날아오는 격려의 말과 호언장담 공세에 시달려 온 터였다. 텔레비전을 켤 때마다 〈제대로 처리하겠다〉라고 엄숙히 약속하는 BP사의 최고경영자 토니 헤이워드의 모습이 나왔다. 때로는 오바마 대통령이 나와 〈멕시코만 연안을 예전보다 더 나은 모습으로 개선할 것〉이고, 〈이곳은 이번 위기가 발생하기 전보다 훨씬 더 건강한 곳이 될 거라고 확신한다〉며 큰소리를 쳤다.

모두 그럴듯한 말이었다. 하지만 섬세한 화학적 성질을 지닌 습지와 밀접한 관계를 맺으며 생계를 꾸려 가는 주민들에게는 하나같이 터무니없는 소리, 실망스럽기 짝이 없는 헛소리였다. 습지에서 자라는 풀의 밑동에 배어든 기름은 어떤 기적의 기계나 화학 약품을 동원한다 해도 완전히 제거할 수 없다. 식물이 자라지 않는 수역의 수면에 뜬 기름이야 걷어내면 되고 모래사장에 엉긴 기름도 긁어내면 되지만, 습지에 스며든 기름은 걷어낼 도리가 없으니 습지 생태계는 서서히 죽어갈 수밖에 없다. 습지를 번식지로 이용하는 헤아릴 수 없이 많은 종들(새우, 가재, 굴, 물고기)의 어린 개체들 역시 독성 물질에 노출되어 죽어갈 것이다.

이런 일은 이미 벌어지고 있었다. 그날 낮에 나는 작은 보트를 타고 인근 습지를 둘러보았다. 두꺼운 면과 망사를 이용해 띠 형태로 만든 흰색 방제용 흡착포가 둘러쳐진 곳에서 물고기들이 펄떡이며 뛰어올랐다. 물고기 몸에 더러운 기름띠가 둘러진 모습이 마치 올가미에 걸려 있는 것처럼 보였다. 바로 가까이에서는 붉은깃찌르레기가 기름에 젖은 2미터 높이의 갈대 줄기 끝에 앉아 있었다. 죽음이 갈대 줄기를 타고 천천히 기어오르고 있었다. 작은 새는 도화선에 불이 붙어 곧 폭발하게 될 막대형 다이너마이트 위에 앉아 있는 형국이었다.

칼날처럼 길고 날카로운 잎을 가진 그 식물 자체도 위태로웠다. 기름이 습지 깊은 곳까지 스며들면 땅 위로 솟은 줄기는 물론 뿌리까지 죽인다. 갈대 뿌리는 습지의 흙을 단단히 뭉쳐 주어 녹색 습지가 미시시피강 삼각주와 멕시코만으로 쓸려 들어가는 걸 막아 준다. 따라서 습지가 기름에 오염된 플라커민즈 패리시 같은 지역들은 어획량에 타격을 입을 뿐 아니라 카트리나 같은 태풍의 강도를 줄여 주는 중요한 물리적 장벽을 잃을 위험에 처해 있다. 한 마디로 모든 것을 잃게 될 수 있다는 이야기다.

오바마 정부의 내무부 장관은 파괴된 생태계를 〈복원해 원상회복하겠다〉고 약속했는데, 과연 생태계가 원상회복되기까지 시간이 얼마나 걸릴까? 먼 미래에라도 원상회복의 가능성이 있는지 확실치 않다. 적어도 가까운 미래에는 그럴 가능성이 전혀 없다. 1989년 엑손발데스 유조선 사고를 겪은 알래스카 어장은 아직도 완전히 회복되지 않았고, 일부 어종은 완전히 자취를 감추었다. 정부에서 일하는 과학자들의 추정에 따르면, 현재 멕시코만 연안 해역에는 엑손발데스 사고 때 유출된 양에 버금가는 대량의 기름이 나흘에 한 번꼴로 흘러들고 있다. 1991년 걸프 전쟁 당시 발생한 원유 유출까지 고려하면 사태는 훨씬 더 심각해진다. 당시 페르시아만에 쏟아부어진 원유의 양은 1100만 배럴로 추정되는데, 이는 사상 최대의 원유 유출로 평가된다. 만에 유출된 기름은 습지로 흘러들어 고여 있다가, 게들이 파놓은 구멍을 타고 습지 깊은 곳까지 스며들었다. 이곳에서는 기름 제거 작업이 전혀 진행되지 않았던 점을 고려하면 완벽한 비교는 될 수 없지만, 이 재앙이 발생하고 12년 뒤에 수행된 연구에 따르면 기름에 오염된 해안 습지와 맹그로브 숲의 거의 90퍼센트가 여전히 심각한 피해를 입고 있다고 한다.

원상회복이 어렵다는 것을 우리는 잘 알고 있다. 멕시코만 연안은 〈원상회복〉이 되기는커녕 점점 줄어들 가능성이 높다. 이곳의 물과 하늘의 생물 다양성은 현재보다 훨씬 줄어들 것이고, 많은 공동체가 거주하는 물리적 공간 역시 침식으로 인해 줄어들 것이다. 또한 멕시코만 연안의 전설적인 문화는 더욱 위축되고 쇠퇴해 갈 것이다. 연안에서 활동하는 어민들은 단순히 식량만 모으며 살아가는 게 아니다. 이들은 가족의 전통, 요리, 음악, 예술, 그리고 곧 사라질 위기에 처한 언어들을 비롯해 복잡한 네트워크를 지탱하고 있다. 이들은 습지의 흙을 지탱하는 갈대와 비슷한 역할을 하고 있다. 어업이 쇠퇴하면 이런 독특한 문화의 기반이 무너진다. (BP사는 원상회복에 한계가 있음을 잘 알고 있다. BP사가 마련한 〈멕시코만 지역 원유 유출 사고 대응 계획〉은 관계자들에게 〈재산, 생태계, 또는 그 밖의 어떤 것이 정상으로 회복될 것이라는 약속〉을 하지 말라고 구체적으로 지시하고 있다. BP사의 관계자들이 늘 〈제대로 처리하겠다〉라는 소탈한 말을 즐겨 쓰는 데는 이런 이유가 있다.)

허리케인 카트리나가 미국 인종 차별의 현실을 가리던 베일을 걷어 올렸다면, BP사의 원유 유출 참사는 훨씬 더 깊이 숨겨진 현실을 가리던 베일을 걷어 올린 셈이다. 아무리 재간이 뛰어난 인간도 우리가 무심코 건드리게 된 무시무시하고도 복잡하게 얽힌 자연의 힘을 통제하기에는 역부족이라는 사실이 만천하에 드러났다. BP사는 자신들이 뚫어 놓은 지구의 구멍을 막지 못한 채 몇 주를 허송했다. 우리 정치 지도자들은 어종들에게 살아남으라고 명령할 수 없고, 돌고래들에게 떼죽음을 하지 말라고 명령할 수 없다. 아무리 많은 보상금도 뿌리 뽑힌 문화를 되돌려 놓을 수 없다. 우리 정치인들과 기업의 지도자들은 인간이 자연 앞에 무력하다는 진실을 받아들이지 않고 있지만, 줄곧 의지해 온 공기와 물, 생계수단이 오염되는 현실을 겪고 있는 사람들은 환상에서 빠르게 깨어나고 있다.

「모든 것이 죽어가고 있어요.」 주민 회의가 마무리될 무렵에 한 여성이 입을 열었다. 「이곳 연안이 회복력이 있어서 곧 회복될 거라는 걸 어떻게 장담하죠? 여기 있는 어느 누구도 이곳의 만에서 무슨 일이 벌어질지 알 수 없잖아요. 당신들은 실제로는 아무것도 모르면서 뻔뻔스러운 얼굴로 여기 앉아서 모든 걸 다 아는 사람처럼 행세하고 있군요.」

멕시코만 연안 위기는 부패와 규제 완화, 화석연료 중독 등 많은 것이 얽혀 벌어진 일이다. 하지만 그 이면에 숨어 있는 핵심 원인은 딱 하나다. 그것은 바로 우리 문화가 펼치는 몹시 위험한 주장, 즉 우리 인간은 자연에 대한 완벽한 지식과 통제력을 가지고 있고 따라서 인간을 부양하는 자연 시스템에 끼치는 위험을 최소화하면서 자연을 근본적으로 조작하고 개량할 수 있다고 보는 관점이다. 그러나 BP사의 원유 참사를 통해서 드러난 바와 같이, 자연은 가장 정교한 수학적·지질학적 모델들이 상상하는 것 이상으로 예측 불가능한 존재다. 의회 증언에서 BP사의 최고경영자 헤이워드는 이 위기에 대응하기 위해 〈최고의 지성과 최고의 기술적 기량이 투입되고 있으며〉, 〈1960년대 우주 사업을 제외한다면, 전시가 아닌 때에 이보다 더 큰 기술적 기량을 가진 팀이 대규모로 꾸려져 한곳에 투입되는 상황을 상상하기는 어렵다〉라고 말했다. 그러나 지질학자 질 슈나이더만Jill Schneiderman이 〈판도라의 우물〉이라고 묘사한 재앙 앞에서, 이들은 주민 회의에 모인 성난 군중을 마주한 사람들과 똑같이 행동하고 있다. 그들은 뭔가를 아는 듯이 행동하고 있지만, 실제로는 아는 것이 전혀 없다.

BP의 비전 선언문
자연을 우리 인간이 마음대로 뜯어고칠 수 있는 기계라고 보는 생각은 인류 역사에서 비교적 최근에 형성된 자만심이다. 환경사학자 캐럴린 머천트Carolyn Merchant는 파격적인 저서 『자연의 죽음*The Death of Nature*』(1980)에서, 1600년대까지는 지구가 살아 있는 존재로, 대개는 어머니의 모습으로 여겨졌다는 사실을 짚었다. 세계 각지의 원주민들과 마찬가지로, 유럽인들 역시 이 지구가 생명을 불어넣는 힘뿐 아니라 격분의 감정을 지닌 살아 있는 유기체라고 믿었다. 이런 까닭에 땅을 헤쳐 광물을 캐내는 행동을 포함해서 〈어머니〉를 변형하거나 훼손하는 행동을 금지하는 강력한 규범이 있었다.

1600년대에 과학 혁명이 진행되던 중에 자연의 미스터리 중 일부(결단코 전부가 아니다)가 밝혀짐에 따라, 지구에 대한 은유에 변화가 일어났다. 이제 자연은 신비로움이나 신성 따위가 깃들지 않은 단순한 기계로 취급되기 시작했고, 자연을 이루는 구성 요소들을 댐으로 가로막고 땅을 헤쳐 캐내고 개조하는 행동은 아무 탈 없이 할 수 있는 일이 되었다. 이따금 자연이 여성으로 묘사되기도 했지만, 이것 역시 쉽게 길들이고 정복할 수 있다는 의미에서 쓰인 표현일 뿐이었다. 프랜시스 베이컨 경은 『학문의 존엄성과 성장에 관하여』(1623)라는 저서에서 이런 새로운 사회 기풍을 깔끔하게 요약했다. 그는 〈자연은 기술과 인간의 손에 의해 통제되고, 성형되고, 새로워지는 것〉이라고 썼다.

이 글은 BP사의 비전 선언문으로도 어울릴 것 같다. BP사는 〈에너지 프런티어〉라는 사업에 대담하게 진입한 뒤 메탄을 생산하는 미생물을 합성하는 사업에 손을 댔고 〈새로 연구할 영역〉은 지구공학이 될 거라고 발표했다. 당연한 일이지만, BP사는 멕시코만에 있는 티버 유정에서 제트기의 순항 고도에 맞먹을 만큼 해저 깊은 곳까지 파내려 가서 〈석유 가스 산업 역사상 가장 깊은 곳에〉 유정을 뚫었다고 자랑했다.

이 기업의 상상력 속에는 생명과 지질학의 기본 구성 요소들을 개조하려는 이런 실험들이 잘못 틀어지면 어떤 일이 일어날지 예상하고 대비해야 한다는 생각은 아예 들어설 여지가 없었다. 모든 사람이 똑똑히 확인했듯이, 딥워터호라이즌 시추선이 폭발한 뒤에도 BP사는 이런 상황에 효과적으로 대응하기 위한 시스템을 구축하지 못했다. BP사 대변인 스티브 라인하트는 사고 시 유출 차단용 돔을 해안에 미리 준비해 두지 않은 이유에 대해서 〈이런 일이 벌어질 거라곤 아무도 예견하지 못한 것 같다〉라고 말했다. BP사는 폭발 방지기가 고장 나는 건 〈상상할 수 없는 일〉이라고 여겼으니 당연히 대비를 할 이유도 없었을 것이다.

실패 가능성을 배제하는 이런 태도는 최고경영자에게서 나온 것이 틀림없다. 1년 전 BP사의 최고경영자 헤이워드는 스탠퍼드 대학원생들을 만난 자리에서, 자신은 책상에 〈절대로 실패하지 않을 거라는 걸 안다면 나는 무엇을 할까?〉라고 적힌 명판을 놓아두었다고 말했다. 그 문구는 진취성을 고취하는 점잖은 구호가 결코 아니었다. 그것은 BP사와 그 경쟁사들의 현실적인 행동 양식을 정확하게 기술한 표현이었다. 최근에 있었던 의회 청문회에서 매사추세츠주 하원 의원 에드 마키는 석유 및 가스 회사 대표들이 자원을 배분하는 흥미로운 방식을 두고 그들을 집중 추궁했다. 그들이 3년 동안 〈석유와 가스의 신규 탐사에 투자한 금액은 390억 달러였지만, 연구 개발과 사고 예방 및 유출 사고 대비에 대한 한 해 평균 투자액은 고작 2천만 달러였다〉.

투자 우선순위가 이렇게 결정되는 형국이니, 후일 재앙의 씨앗이 될 딥워터호라이즌 유정 탐사와 관련해서 BP사가 연방정부에 제출했던 최초의 탐사 계획서에서 그리스 비극에서 흔히 다뤄지는 인간의 오만함이 느껴지는 것도 어느 정도 이해가 간다. 이 계획서에는 〈위험이 거의 없다〉는 구절이 다섯 번이나 나온다. 유출이 발생하더라도 〈이미 입증된 장비와 기술〉 덕분에 부정적인 영향은 미미할 거라고 자신 있게 예측했다. 이 계획서는 자연을 충분히 예측할 수 있고 고분고분 잘 따르는 손아래 동료 혹은 하청업자 수준으로 취급하면서, 만에 하나 유출이 발생한다 해도 〈해수에 섞인 기름은 해류와 미생물에 의해 분해되어 완전히 제거되거나 배경 농도 수준으로 성분이 희석될 것〉이라고 시원스레 설명한다. 어류에 미치는 영향에 관해서는 〈어패류 성체에게는 유출된 기름을 피해 갈 능력과 탄화수소를 대사할 수 있는 능력〉이 있기 때문에 〈치사량에 미치지 않을 것〉이라고 한다(BP사의 논리에 따른다면, 유출된 기름은 수중 생물에게 대단히 심각한 위협이라기보다는 맘껏 먹어도 되는 뷔페 식사인 셈이다).

또 하나 압권인 구절이 있다. 만에 하나 대형 유출 사고가 발생한다 해도 회사는 신속하게 대응(!)할 준비가 되어 있고, 〈시추선에서 해안까지는 거리가 멀어서〉(약 77킬로미터) 〈기름이 해안에 닿거나 영향을 미칠 위험이 거의 없다〉는 대목이다. 한 마디로 어이가 없는 주장이다. 멕시코만은 허리케인은 물론이고 시속 70킬로미터 이상의 강풍이 자주 발생하는 곳인데도 BP사는 밀물과 썰물, 해일 등 바다의 능력을 얕잡아 보고 기름이 고작 77킬로미터 거리를 이동하지 못할 거라고 판단했다(폭발로 떨어져 나간 딥워터호라이즌 시추선의 파편은 무려 306킬로미터 떨어진 플로리다 해변까지 쓸려 갔는데 말이다).

BP사로부터 이런 계획서를 받아 든 상대가 자연이 이미 인간의 힘에 정복되었다는 열정적인 믿음을 가진 정치 계층이 아니었다면, 이런 식의 부실한 행동은 결코 현실화될 수 없었을 것이다. 공화당 의원 리사 머코스키는 이런 면에서 남다른 열정을 가진 사람이었다. 이 알래스카주 상원 의원은 석유 산업이 제출한 4차원 탄성파 반사법 영상 자료에 경이로움을 느낀 나머지, 심해 시추 기술이 세심하게 통제된 인공기술의 절정에 도달했다고 선언했다. 이 의원은 상원 에너지 위원회에서 〈기술을 이용해 수천 년 전에 형성된 자원을 환경적인 면에서 안전한 방법으로 탐사할 수 있게 되었으니 디즈니랜드보다 더 좋은 세상이다〉라고 말했다.

2008년 5월 이후, 공화당은 무조건 유정을 뚫자는 정책을 견지해 왔다. 유가가 전례 없이 급등하자, 보수파인 뉴트 깅리치는 〈여기를 뚫어, 지금 당장 뚫어, 기름 값 떨어지게!〉라는 슬로건을 내놓으면서 〈지금 당장〉에 방점을 찍었다. 대단한 인기를 얻은 이 캠페인은 신중함과 연구와 계획적인 행동의 가치를 부정하는 구호였다. 깅리치의 논리에 따르면, 석유와 가스가 있을 만한 곳이라면 로키 산맥의 셰일암이나 북극권 국립 야생 보호구역이나 심해 그 어디에라도 시추공을 박는 것이야말로 유가를 낮추고 일자리를 늘리고 아랍권에 한

방 먹일 수 있는 확실한 방법이었다. 이런 일석삼조의 이득이 바로 눈앞에 있는데 환경에 신경을 쓰는 건 유약한 행동이었다. 〈앨라배마, 미시시피, 루이지애나, 텍사스 사람들은 석유 굴착기가 멋지다고 생각한다〉라고 미치 매코널 상원 의원도 거들었다. 2008년에 공화당 지도부는 전당대회에서 〈뚫어, 자기야, 뚫어〉라는 슬로건을 내걸 만큼 국내산 화석연료 생산을 열광적으로 지지했다. 한창 기세가 등등하던 그때, 누군가 그곳에 착암기를 들여놓았더라면 공화당 사람들은 당장 행사장 바닥에 구멍을 뚫었을지도 모른다.

오바마 대통령은 결국 두 손을 들고 말았다. 일이 꼬이려고 그랬는지, 공교롭게도 딥워터호라이즌호가 폭발하기 딱 3주 전에 대통령은 심해 시추 금지 보호 지역들을 개방하겠다고 발표했다. 그는 심해 시추가 생각보다 위험하지는 않다고 설명했다. 「일반적인 평가에 따르면, 요즘 사용하는 원유 굴착 장비는 원유 유출을 야기하지 않습니다. 이 장비는 아주 선진적인 기술을 사용합니다.」 하지만 이 말은 세라 페일린의 마음을 흡족하게 하지 못했다. 일부 지역에 대해서는 시추 전에 사전 조사를 더 강화하겠다는 오바마 정부 계획에 대해 전 알래스카 주지사 세라 페일린은 이렇게 비웃었다. 「아이고, 여러분. 이 지역들은 명이 다할 때까지 연구 대상으로 남겠군요.」 딥워터호라이즌호 폭발 사고가 나기 열하루 전에, 뉴올리언스에서 열린 남부 공화당 지도자 회의에서 그가 말했다. 「뚫자고요, 자기야, 뚫어요, 뜸 들이지 말고요. 자기야, 뜸 들이는 건 싫어요!」 뒤이어 열렬한 환호성.

BP사의 최고경영자 헤이워드는 의회 증언에서 이렇게 말했다.

「우리 회사를 비롯한 산업계 전체가 이 끔찍한 사건을 통해서 배워 갈 것입니다.」 이 엄청난 재앙이 BP 경영진과 〈지금 당장 뚫어〉파에게 겸허한 태도를 심어 주었을 거라고 생각하는 사람도 있을 것이다. 하지만 그런 조짐은 전혀 보이지 않는다. 이 재앙이 발생한 후 기업과 정부의 대응 방식에는 여전히 폭발 사고를 야기한 원천인 오만함과 지나치게 낙관적인 예측이 만연해 있었다.

헤이워드는 이렇게 말했다. 「멕시코만은 대단히 큰 바다입니다. 유출된 기름과 우리가 투입하는 유화제의 양은 바다의 전체 크기에 비하면 티끌에 불과합니다.」 한 마디로 바다는 너끈히 버틸 수 있으므로 걱정할 것 없다는 말이다. 그런가 하면 존 커리 대변인은 〈자연은 이런 상황에 도움을 주는 특성이 있으므로〉 배고픈 미생물들이 수권에 유입된 기름을 남김없이 분해할 거라고 주장했다. 그러나 자연은 그의 주장을 따르지 않고 있다. 심해에 뚫린 기름 구멍은 BP사가 시도한 모든 유출 차단 노력을 물거품으로 만들었다. 〈덮개 씌우기 방식〉도, 〈차단 돔 방식〉도, 〈정크 샷 방식〉도 실패로 끝났다. 폭발 사고가 발생한 지 3개월 만에야 유정 입구는 간신히 봉인되었다. 해풍과 해류는 BP사가 설치한 기름 흡착포까지 소용없게 만들었다. 「우리가 그 사람들에게 말했죠. 기름이 흡착포를 타고 넘거나 흡착포 밑으로 넘어갈 거라고요.」 루이지애나 굴 채취 어민 협회 회장인 바이런 엔칼레이드가 했던 말은 현실이 되었다. BP사의 정화 작업을 면밀히 추적해 온 해양생물학자 릭 스타이너Rick Steiner는 〈설치된 흡착포의 70~80퍼센트가 아무런 기능도 하지 못하고 있다〉라고 주장했다.

논란이 많은 화학적 유화제도 투입되었다. BP사는 전매특허나 다름없는 〈문제될 게 뭐가 있어?〉라는 태도를 견지하며 130만 갤런이 넘는 유화제를 살포했다. 플라커민즈 패리시 주민 회의에서 격분한 어민들이 주장했던 대로, 사전 테스트는 거의 실시되지 않았고, 전례를 찾아볼 수 없을 만큼 엄청난 양의 유화제를 머금은 기름이 해양 생물에게 어떤 영향을 미칠지 연구된 바도 거의 없다. 더구나 수면 아래에까지 퍼져 있는 기름과 화학물질의 독성 혼합물을 정화시킬 방법 역시 존재하지 않는다. 물론 빠르게 번식하는 미생물이 수중에 퍼진 기름을 먹어치우긴 한다. 하지만 그 과정에서 물에 녹아 있는 산소까지 흡수해서 해양 생태계를 파괴하는 새로운 위협이 된다.

심지어 BP사는 기름 범벅이 된 해변과 새들의 모습을 담은 충격적인 영상이 재난 지역 밖으로 퍼져 나가는 것을 막으려는 터무니없는 시도를 했다. 내가 실제로 겪은 일이다. 내가 방송사 직원과 함께 배를 타고 오염 지역을 돌아보고 있을 때 다른 배 한 척이 다가오더니, 그 배에 있던 선장이 우리에게 물었다. 「BP사 직원인가요?」 우리가 아니라고 하자, 뭍에서 멀리 떨어진 바다인데도 그는 대뜸 〈그럼 여기 있으면 안 됩니다〉라고 말했다. 물론 이 강압적인 전술은 BP사가 썼던 모든 전술이 그랬듯이 전혀 통하지 않았다. 사방천지가 기름투성이였으니 말이다. 「우리는 공기가 어디에서 흘러와서 어디로 가는지 알 수 없고, 물이 어디에서 흘러와서 어디로 가는지 알 수 없습니다.」 환경 보호 활동가 데브라 라미레즈에게서 직접 들은 말이다. 이것은 그가 배기가스를 뿜어내는 석유화학 공장 열네개에 둘러싸인 루이지애나주 모스빌에 살면서 이웃집으로 차례차례 병이 퍼져 가는 걸 보면서 배운 교훈이었다.

거듭되는 부정의 물살은 여전히 잦아들 기미가 보이지 않는다. 루이지애나주의 정치인들은 오바마의 심해 시추 잠정 중단 조치를 두고 어업과 관광업이 위기에 처한 상황에서 유일하게 버티고 있는 중요 산업을 죽이는 행위라고 비난했다. 페일린은 페이스북에 〈인간이 벌이는 모든 시도에는 당연히 위험이 따른다〉라는 글을 올렸고, 텍사스 공화당 하원 의원 존 컬버슨은 BP사가 낸 참사를 〈통계적으로 이례적인 일〉이라고 표현했다. 그러나 반사회적 인격 장애에 가장 가까운 반응을 내놓은 것은 워싱턴의 노련한 논객인 르웰린 킹이었다. 그는 대규모 공학기술이 안고 있는 위험에 지레 겁을 먹을 것이 아니라 〈해저의 뚜껑을 열어젖힐 정도로 대단한 기계를 만들 능력이 있다는 사실에 경의를 표해야 한다〉라고 주장했다.

출혈을 막아라

다행스럽게도 많은 사람들이 이 재앙에서 전혀 다른 교훈을 얻고 있다. 많은 이들이 자연을 개조하는 인간의 능력에 매료되기보다는, 인간의 개입으로 터져 나오는 강력한 자연의 힘 앞에서 인간이란 얼마나 무력한 존재인가를 통감하고 있다. 또 다른 교훈도 있다. 우리는 해저에 뚫린 이 구멍이 단순히 공학기술적 실수나 기계 고장으로 인한 사고를 넘어서는 함의를 품고 있음을 깨닫고 있다. 이 구멍은 지구라는 살아 있는 유기체의 몸에 난 끔찍한 상처다. BP사의 수중 촬영 시스템을 통해서 많은 사람들이 우리 행성이 속에 든 것을 마구 쏟아 내는 광경을 하루 24시간 내내 실시간으로 볼 수 있었다.

〈물 지킴이 연합Waterkeeper Alliance〉에서 일하는 환경 보호 활동가 존 와튼은 이 참사가 발생한 초기에 하늘에서 기름 유출 지역을 내려다본 몇 안 되는 민간인 목격자 중 한 명이다. 해안 경비대는 유출된 기름을 〈무지갯빛 광택〉이라고 점잖게 표현한다. 그러나 그는 걸쭉한 붉은 기름띠를 촬영한 뒤에 〈바다가 피를 뿜는 것 같습니다〉라고 토로했다. 이것은 많은 사람들이 공통적으로 느꼈던 감정이다. 이런 인상을 받았다는 언급은 수많은 대화와 인터뷰에서 되풀이된다. 뉴올리언스에서 환경 보호 변호사로 활동하는 모니크 하든은 이 재앙을 〈기름 유출 사고〉라고 불러선 안 된다며, 이 표현 대신 〈우리는 심한 출혈을 하고 있다〉라는 말을 쓴다. 〈출혈을 막아야 한다〉라는 표현을 쓰는 사람들도 있다. 나 역시 그런 체험을 했다. 미국 해안 경비대와 함께 딥워터호라이즌호가 침몰한 바다 위를 날고 있을 때, 나는 물결이 떠밀리면서 만들어진 소용돌이 모양의 기름띠가 동굴 벽화와 놀라울 정도로 닮았다는 느낌에 숨이 멎는 듯한 충격을 받았다. 마치 눈을 위로 치켜뜬 채 깃털에 덮인 허파로 가쁜 숨을 헐떡이는 선사시대 새의 모습 같았다. 그것은 지구의 심부에서 올라오는 메시지였다.

여기에 멕시코만 연안에서 일어난 사고의 가장 특이한 반전이 있다. 그것은 지구가 기계가 아니라는 사실을 우리에게 알리려는 메시지다. 400년 동안 죽어 있는 존재로 대접받아 온 지구는 루이지애나를 뒤덮은 무수한 죽음 속에서 비로소 살아 있는 존재라는 게 부각되고 있다.

기름이 생태계를 잠식해 가는 과정을 뒤따라가는 경험은 그 자체로 심층 생태론 단기 집중 강좌다. 우리는 날마다 지구의 고립된 한 구석에 국한된 것처럼 보이는 끔찍한 문제가 대다수 사람들이 상상조차 하지 못한 경로를 통해 만방으로 퍼져 나간다는 것을 점점 절감하게 된다. 첫날에는 그 기름이 쿠바까지, 다음에는 유럽까지 갈 수 있다는 걸 알게 된다. 그다음 날에는 대서양 한구석에 있는 캐나다 프린스에드워드섬 어민들이 자신의 생계원인 참다랑어가 기름으로 뒤덮인 멕시코만 수역에서 태어나 수천 킬로미터를 헤엄쳐 온다는 사실 때문에 노심초사하고 있다는 소식을 듣는다. 또한 우리는 멕시코만 연안 습지가 수많은 철새들이 머물렀다 떠나는 항공 요지라는 것도 배운다. 110종의 명금류와 미국에 서식하는 수금류의 75퍼센트가 이곳의 습지를 기착지로 이용하고 있다니 철새들은 죄다 그곳을 찍고 간다고 말할 만하다.

나비 한 마리가 브라질에서 날개를 파닥이는 것만으로도 텍사스에서 토네이도가 일어날 수 있다는 난해한 카오스 이론을 귀로 듣는 것과 카오스 이론이 바로 눈앞에서 전개되는 것을 지켜보는 것은 차원이 전혀 다르다. 캐럴린 머천트는 이 교훈을 이렇게 표현한다. 〈BP사는 갖은 곤경을 겪고 나서야 능동적으로 움직이는 자연의 힘을 가둘 수 없다는 점을 비로소 확인했다.〉 생태계 안에서는 예측 가능한 결과가 나오는 경우는 이례적이고, 〈예측할 수 없는 혼란스러운 사건〉이 늘 일어난다. 며칠 전에 BP사의 선박 한 척에 벼락이 떨어져 유출공 막기 시도가 중단된 적이 있었다. 또한 허리케인이 BP사가 만든 유독성 혼합액에 어떤 영향을 미칠지는 아무도 예상할 수 없다.

여기서 반드시 짚어야 할 점이 있다. 깨우침에 이르는 이 특별한 여정에는 특이한 반전의 상황이 있다. 미국 사람들은 다른 나라에 폭격을 가할 때에야 비로소 그 나라 위치를 알게 된다는 말이 있다. 지금 우리는 자연에 독을 퍼붓고 나서야 자연의 순환 시스템에 대해 알아 가고 있다.

1990년대 후반 콜롬비아 오지에 사는 한 원주민 집단은 영화 「아바타」 속 상황과 거의 흡사한 분쟁에 휩싸이면서 세계의 헤드라인을 장식했다. 안데스 운무림 안 오지에 사는 우와족은 자신들의 영토에 석유 시추공을 박겠다는 옥시덴털 석유 회사의 계획이 나오자 그 계획이 실행에 옮겨질 경우 절벽에서 뛰어내려 집단 자살을 하겠다고 밝혔다. 우와족 원로들은 석유가 〈루리아〉의 일부분이며 〈어머니 지구의 피〉라고 설명했다. 이들은 자신들을 비롯한 만물의 생명이 〈루리아〉에서 나오기 때문에 석유를 뽑아내면 자신들이 파멸할 거라고 믿는다(옥시는 결국 애초에 생각했던 매장량에 미치지 못한다면서 시추 계획을 철회했다).

거의 모든 원주민 문화가 바위, 산, 빙하, 숲 등 자연계에서 살아가는 신과 정령에 관한 신화를 가지고 있다. 과학 혁명 이전의 유럽 문화 역시 마찬가지였다. 콩코디아 대학의 인류학자 카트자 네베스Katja Neves는 이런 관습이 실용적인 목적에 따른 것이라고 지적한다. 지구를 〈신성한〉 존재로 여기는 것은 우리가 완전히 이해하지 못하는 힘과 마주쳤을 때 취하는 겸손한 자세다. 우리는 신성한 것을 대할 때 신중한 태도를 갖추어야 한다. 심지어 외경심까지도 품어야 한다.

많은 이들이 이 교훈을 받아들인다면, 그 결과는 대단한 파급력을 지닐 것이다. 연안 시추에 대한 대중의 지지는 급격한 하락세로 접어들어 〈지금 당장 뚫어〉 광풍이 절정에 달했을 때에 비해 무려 22퍼센트나 줄었다. 그러나 이 추세가 완전히 기세를 잃은 것은 아니다. 여전히 많은 사람들이 기발한 신기술이 나오고 엄격한 규제 조치들이 신설된 덕분에 북극해 시추는 완벽한 안정성을 확보했다고 주장한다. 얼음이 덮인 곳에서의 원유 제거 작업은 멕시코만에서의 작업과는 비교할 수 없을 만큼 훨씬 더 복잡할 텐데 말이다. 하지만 우리는 이번에는 그런 설득에 예전처럼 쉽게 넘어가지 않을 것이고, 몇 안 남은 보호구역들을 상대로 예전처럼 성급하게 도박을 하지도 않을 것이다.

지구공학도 마찬가지다. 기후 변화 협상이 더디게 진행되고 있는 만큼, 우리는 오바마 정부의 에너지부 과학 담당 부장관인 스티븐 쿠닌 박사로부터 더 많은 이야기를 듣게 될 것이다. 그는 황산염과 알루미늄 입자를 대기에 살포하는 등의 기술적 묘책을 이용해서 기후 변화 추세를 막을 수 있다((이 방책은 흠잡을 데 없이 안전하다. 마치 디즈니랜드처럼!))고 주장하는 대표적인 사람 중 하나다. 그는 한때 BP사에서 수석 과학자로 일했고, 사고 발생 불과 15개월 전까지 BP사의 심해 시추 안전 책임과 관련한 기술을 감독하고 있었다. 아마도 우리는 이번에는 이 유능한 박사님이 지구를 상대로 물리학적·화학적 실험을 하도록 내버려 두지 않겠다는 선택을 할 것이다. 그 방법 대신 소비를 줄이고 재생 에너지로 전환하는 길을 선택할 것이다. 재생 에너지의 장점은 실패를 하더라도 그 여파가 크지 않다는 데 있으니 말이다.

이 재앙의 가장 긍정적인 파급력은 풍력과 같은 재생 가능한 에너지원의 급속한 팽창과 과학계가 제시한 사전 예방 원칙을 최대한도로 수용하는 것이다. 헤이워드의 〈절대로 실패하지 않을 거라는 걸 안다면〉이라는 신조의 정반대가 사전 예방 원칙이다. 사전 예방 원칙에 따르면, 〈어떤 활동이 환경이나 인간의 건강에 해를 끼칠 위험이 있을 때〉 우리는 실패할 가능성이 있거나 실패할 확률이 높은 활동을 하듯이 조심조심 발을 내디뎌야 한다. 어쩌면 우리는 헤이워드에게 보상금 지급 수표에 서명하는 책상에 두고 보라고 〈모든 걸 다 아는 것처럼 행동하네. 뭣도 모르면서〉라는 내용의 새 명판을 안길 수 있을지도 모른다.

덧붙이는 말

내가 이 보고서를 쓰기 위해 멕시코만 연안을 방문했을 때는 유출이 여전히 진행 중이었고, 장기간 지속되는 영향들은 대부분 알려지지 않은 상태였다. 9년이 지난 지금, 몇몇 끔찍한 예측이 옳았다는 것이 입증되었다. 국립야생생물연맹의 연구에 따르면, 사고 후 여러 해 동안 임신한 남방 큰돌고래 중 4분의 3이 독자적 생존 능력을 가진 새끼를 낳지 못했다고 한다. 여러 보고서에 따르면, 2015년까지 유출된 기름 때문에 많은 수의 돌고래를 포함해서 최소한 5천 마리의 포유류가 목숨을 잃었다고 한다.

그 밖에도 사고의 여파로 80억 개가 넘는 굴과 2조에서 5조 마리에 이르는 어린 물고기들이 사라졌다. 자연자원보호협회(NRDC)의 2015년 보고서에 따르면, 이 사고로 수산업 분야는 연간 약 2억 4700만 달러의 손실을 입었다. 이 협회의 또 다른 보고서에 따르면, 내가 만난 어민들이 걱정했던 대로 2010년 산란기에 멕시코만의 참다랑어 치어 중 약 12퍼센트가 기름에 오염되었고, 이 어종에게 끼친 장기적 영향에 대해서는 아직도 밝혀진 바가 없다.

내 눈으로 직접 보았던, 기름을 머금은 갈대 위에 앉아 있던 새들의 운명도 평탄치 않았을 것이다. 2013년에 시행된 루이지애나 주립대학의 연구에 따르면, 사고 후 기름에 오염되지 않은 습지에서는 참새 둥지의 약 50퍼센트가 남아 있었지만, 기름에 오염된 습지에서는 남아 있는 참새 둥지가 5퍼센트에 불과했다. 멕시코만 연구 이니셔티브의 조사에 따르면, 해안에서 약 1미터 떨어진 곳에서 자라는 습지 식물이 파괴되었고, 많은 양의 기름이 해저 퇴적물 깊숙한 곳까지 파고들었다가 2012년에 발생한 허리케인 하비의 강한 위력에 퇴적물이 뒤집어지면서 수중으로 배출되었다고 한다. 플로리다 주립대학교의 2017년 연구에 따르면, 이 사고로 영향을 받은 연안 퇴적물에서는 생물 다양성이 무려 50퍼센트나 감소했다고 한다.

2

자본주의 대 기후

집단행동을 비난하고 완전한 시장 자유주의를 숭상하는 신념 체계는, 위기를 빚어내고 심화시키는 시장의 힘에 대한 엄격한 규제와 전례 없는 규모의 집단행동을 필요로 하는 문제와 결코 조화를 이룰 수 없다.

2011년 11월

네 번째 줄에 앉아 있던 한 남자가 질문을 했다.

그는 리처드 로스차일드라고 이름을 밝힌 뒤 자신은 지구 온난화 방지 정책이 〈미국 중산층 자본주의에 대한 기습〉이라고 판단해서 메릴랜드주 캐럴카운티의 의원 후보로 나섰다고 말했다. 그는 워싱턴 매리엇 호텔에 모인 토론자들에게 이렇게 물었다. 「지구 온난화 반대 운동은 겉으로는 환경을 내세우지만 뱃속에는 빨간 마르크스의 사회경제 이론을 가득 품은 녹색 트로이 목마가 아닐까요?」

이곳은 허틀랜드 연구소Heartland Institute가 주최한 제6차 기후 변화 국제 컨퍼런스 석상이었다. 인간의 활동이 지구 온난화를 불러온다는 과학계의 강력한 이론에 반대하는 사람들의 대표적인 모임에서, 이 질문자는 은유적인 표현을 썼다. 독일 중앙은행 대표자 회의에서 그리스 사람들을 믿을 수 있겠느냐고 묻는 것과 마찬가지로, 본질적으로 질문이 아니라 가치 판단을 품은 수사적인 표현이었다. 하지만 토론자들은 기회를 놓치지 않고 질문자의 판단이 옳다며 맞장구를 쳤다.

〈경쟁 기업 연구소Competitive Enterprise Institute〉의 수석 연구원이자 성가신 소송과 〈정보 자유법〉을 이용한 〈낚시질〉로 기후과학자들을 괴롭히는 일이 주특기인 크리스 호너가 마이크를 끌어당겼다. 「여러분은 이게 기후 문제라고 생각하실 겁니다. 그렇게 생각하는 사람이 많지요. 하지만 그건 합리적인 생각이 아닙니다.」 나이에 비해 흰 머리가 많아 앤더슨 쿠퍼와 닮아 보이는 호너는 솔 앨린스키를 상기시키는 말을 자주 들먹였다. 「이건 기후 문제가 아닙니다. 자유로운 사회에서는 지구 온난화 반대 운동이 요구하는 바를 실현할 수 없어요. (……) 따라서 그들은 방해가 되는 성가신 자유를 제거하는 것을 첫 번째 목표로 삼습니다.」

기후 변화가 미국의 자유를 훔치기 위해 동원된 술책이라는 주장은 허틀랜드의 기준에 비추어 보면 온건한 편에 속한다. 이틀간의 컨퍼런스에서는 갖은 이야기가 나온다. 지자체별로 식물 연료 생산 시설 건설을 지원하겠다는 오바마의 선거 공약을 일컬어 〈모든 집 뒷마당에 무쇠 용광로〉를 놓겠다는 마오쩌둥의 계획에 비유하는 사람(케이토 연구소의 패트릭 마이클스)도 있었고, 기후 변화를 〈위장한 국가사회주의〉라고 주장하는 사람(전 공화당 상원 의원이자 은퇴한 우주비행사 해리슨 슈미트)도 있었으며, 환경주의자들을 가리켜 수많은 사람들을 희생 제물 삼아 기우제를 지내던 아즈텍족의 사제에 비유하는 사람(부정론자들이 자주 찾는 웹사이트 클라이미트데포ClimateDepot의 편집가 마크 모라노)도 있었다.

하지만 대부분은 네 번째 줄에 앉은 캐럴카운티 의원의 의견과 대동소이했다. 한 마디로 기후 변화는 자본주의를 폐기하고 〈생태 사회주의〉를 도입할 목적으로 고안해 낸 트로이 목마라는 것이었다. 요컨대 연사로 나선 래리 벨이 자신의 저서 『변조된 기후Climate of Corruption』에서 요약한 내용이 그대로 되풀이되고 있었다. 〈[기후 변화는] 환경과는 별 관계가 없으며, 세계적인 규모의 부의 재분배를 도모하기 위해 자본주의에 족쇄를 채우고 미국인의 생활 방식을 변화시키려는 의도에서 나온 것이다.〉

이 컨퍼런스에 참석한 사람들은 기후과학에 대한 자신들의 부정이 데이터를 해석하는 관점의 현격한 차이에서 비롯한 것이라는 듯 위장하고 있었다. 모임을 조직한 사람들은 권위 있는 컨퍼런스라는 인상을 주기 위해 이 모임을 〈과학적 방법론의 복원을 위한 모임〉이라고 명명하고 〈기후 변화 국제 컨퍼런스International Conference on Climate Change〉라는 명칭까지 갖다 붙였다. 약자로 표기하면 ICCC인데, 기후 변화와 관련해 수천 명의 과학자들과 195개국 정부가 협력하여 움직이는 국제적인 조직이자 유엔 산하 기구인 〈기후 변화에 관한 정부 간 협의체Intergovernmental Panel on Climate Change〉(IPCC)의 약자와 철자 하나만 다르다. 그러나 허틀랜드 컨퍼런스에서 나오는 각종 반박들은 이미 오래전에 부당하다고 결론이 난 낡은 이야기들이다. 게다가 여러 발언자의 의견 사이에 모순점이 있는데도 그걸 해명하려는 시도는 아예 없었다(실제로 온난화가 진행되고 있다는 건가, 아니면 온난화가 진행 중이긴 하지만 그게 문제가 되지는 않는다는 건가? 그리고 온난화가 진행되고 있는 게 아니라면, 태양의 흑점이 지구 온도를 올리고 있다는 따위의 이야기는 왜 하는가?).

사실 화면에 기온 그래프가 나오는 동안 거의 중년들로 이루어진 방청객 가운데 몇몇은 조는 것처럼 보였다. 인기 스타(C급 참가자들 말고, 모라노와 호너 같은 A급 이데올로기 전사들)가 무대에 나서는 순간에만 사람들은 생기가 돌았다. 이 모임의 본질적인 목적은 강경한 기후 변화 부정론자들에게 환경주의자들과 기후과학자들을 공격할 때 써먹을 만한 수사학적 무기들을 제공하는 데 있었다. 이곳에서 처음 등장한 발언들은 〈기후 변화〉 또는 〈지구 온난화〉라는 문구가 포함된 기사와 유튜브 영상에 달리는 댓글 창을 빽빽이 채우고, 수백 명의 우익 평론가들과 정치인들(릭 페리와 미셸 버크먼 같은 공화당 대통령 후보에서부터 리처드 로스차일드 같은 카운티 의원에 이르기까지)의 입을 통해 퍼져 나간다. 토론회 막간에 진행된 어느 인터뷰에서 허틀랜드 연구소장 조지프 바스트는 〈이 컨퍼런스에 참석하는 사람들이 제공하는 정보와 기획을 토대로 수천 개의 기사와 특집, 연설이 퍼져 나간다〉라며 공치사를 했다.

〈자유 시장주의 해결책을 장려한다〉는 목적으로 시카고에서 창립된 허틀랜드 연구소는 2008년 이후로 해마다 두 차례씩 컨퍼런스를 열고 있다. 이들의 전략은 제대로 먹혀드는 듯 보였다. 첫날 일정이 끝날 무렵, 마크 모라노(그는 존 케리의 2004년 대선 캠페인을 무력화하는 데 한몫했던 〈스위프트 보트 참전 용사회Swift Boat Veterans for Truth〉 이야기를 특종 보도하면서 유명해졌다)는 청중에게 여러 가지 성과를 소개했다. 「미국 상원에서 기후 변화 법안, 폐기되었죠! 코펜하겐에서 열린 유엔 기후 변화 정상회의, 실패로 끝났죠! 기후 변화 운동, 자멸했습니다!」 기후 변화 활동가들이 했던 자기비판의 발언 두세 개를 스크린에 내보내면서, 그는 〈경축할 일이죠!〉라며 청중을 부추겼다.

풍선이나 색종이 조각이 쏟아져 내리진 않았지만, 영락없는 경축의 자리였다.

중대한 사회적 쟁점들과 정치적 쟁점들에 관한 여론의 변화는 대부분 아주 더디게 진행된다. 급격한 변화가 일어나는 것은 극적인 계기가 있을 때뿐이다. 그런데 여론 조사 기관들은 최근 4년 동안 기후 변화에 대한 인식의 변화가 나타난 것을 보고 무척 놀랐다. 해리스 여론 조사 기관에 따르면, 화석연료를 계속 사용하면 기후에 영향을 미칠 거라고 믿는 미국인이 2007년 71퍼센트에서 2009년 51퍼센트로 감소했고, 2011년 6월에는 44퍼센트(절반에도 못 미치는 수준이다)로 나타났다. 영국과 오스트레일리아에서도 비슷한 추세였다. 〈신문과 언론을 위한 퓨 리서치 센터〉의 여론 조사 책임자 스콧 키터에 따르면, 미국에서 나타난 이런 결과는 〈최근 이루어진 여론 조사 역사에서 손꼽을 만큼 급격한 변화다〉[1].

이보다 훨씬 놀라운 사실은 이러한 변화가 정치 스펙트럼의 한쪽 끝에서만 일어나고 있다는 점이다. 2008년까지만 해도 미국 양당은 표면적으로나마 기후 변화 문제를 현안으로 삼았다(그해에 공화당의 핵심 인물 뉴트 깅리치는 민주당의 낸시 펠로시와 함께 텔레비전 특별 프로그램을 진행했다). 그러나 이런 시대는 완전히 막을 내렸다. 현재 자칭 민주당 지지자들과 진보주의자 가운데 인간의 활동이 기후 변화의 원인이라 믿는 비율은 70~75퍼센트를 웃돈다. 해마다 조금씩 변동하지만, 2001년 이후로 약간 상승한 수치다. 이와 대조적으로 공화당 지지자 사이에서, 특히 티파티 구성원 사이에서는 학계의 중론을 인정하지 않는 비율이 압도적으로 높다. 일부 지역에서는 자칭 공화당 지지자들 중 기후 변화를 인정하는 비율은 고작 20퍼센트 남짓인 곳도 있다.[2]

또 하나 주목할 점은 감정의 강도 면에서의 변화다. 한때 기후 변화는 거의 모든 사람들이 걱정된다고 말하던 문제였다(그렇다고 크게 걱정하는 문제까지는 아니었다). 요즘 기후 변화는 미국인들의 정치적 관심사에서 맨 마지막에 놓인다.[3]

그런데 요즘 공화당 지지자 가운데는 기후 변화 문제에 강박이라고 할 만큼 열정적인 관심을 쏟는 집단이 있다. 물론 이들의 관심은 기후 변화 문제란 전구를 교체하고 소비에트식 임대주택에 거주하고 SUV 자동차를 포기하라고 자신들을 죄어치기 위해 진보 진영이 이용하는 〈사기극〉이라고 폭로하는 일에 집중되어 있다. 이들 우파의 신념 체계에서 기후 변화 부정은 세금 인하, 총기 소유, 낙태 반대만큼이나 중요한 문제로 자리 잡았다. 많은 기후과학자들이 생명의 위협을 받고 있다고 밝힌다. 심지어 어느 누구에게도 피해를 주지 않는 에너지 절약 등을 주제로 글을 쓴 사람들도 같은 일을 겪는다. 에어컨의 문제점을 짚은 책을 쓴 스탠 콕스Stan Cox가 누군가로부터 받은 편지에는 이런 내용이 있었다. 「내 집 냉방 장치를 넘보다니, 내 목숨이 붙어 있는 한 절대로 안 돼!」

이처럼 문화 전쟁의 강도가 높아진 것은 나쁜 소식이다. 어떤 사람의 정체성과 관련된 의견에 도전하는 경우, 그때 제시되는 사실과 주장은 인신공격과 다름없는 것으로 여겨져서 비판에서 쉽게 벗어날 수 있기 때문이다(부정론자들은 〈회의적인〉 입장에 동조하는 과학자들의 주도 아래 보수적인 억만장자 코크 형제로부터 일부 재정 지원을 받아 가며 지구 온난화가 현실임을 확인하는 새로운 연구를 묵살할 방법을 찾아내기까지 한다).

이런 강렬한 감정이 미치는 영향은 공화당 대표를 선출하는 선거에서 여실히 드러난다. 텍사스 주지사 릭 페리는 산불이 크게 번지고 있는 자신의 출신지 텍사스주에서 대선 경선 캠페인을 벌이던 시기에, 기후학자들이 〈자신의 프로젝트로 거액이 굴러 들어오도록〉 하기 위해 자료를 조작하고 있다고 주장해 선거 캠프로부터 극찬을 받았다. 한편 기후과학을 일관되게 옹호해 온 유일한 후보 존 헌츠먼은 일찌감치 경선에서 하차해야 했다. 또한 미트 롬니가 경선에서 살아남을 수 있었던 데는 기후 변화를 인정하는 과학계의 합의를 지지해 오던 기존의 입장을 철회한 것이 한몫을 했다.

그러나 기후 변화를 음모론으로 몰아가는 우파의 영향력은 공화당의 울타리를 뛰어넘는다. 민주당원들은 대부분 무당파 성향의 유권자들이 등을 돌릴까 봐 겁이 나서 이 주제에 대해 입을 다물고 있다. 언론계와 문화 산업도 같은 노선을 취한다. 2007년 아카데미 시상식에서는 유명인사들이 하이브리드 자동차를 타고 나타났다. 같은 해에 『배너티 페어』는 연례 환경 특집호를 발행하기 시작했고, 미국의 3대 텔레비전 방송사는 기후 변화를 다룬 프로그램 147개를 방송했다. 그런데 그것으로 끝이었다. 2010년에 주요 방송사들이 방영한 기후 변화 관련 프로그램은 32개에 불과했다. 아카데미 시상식에는 호화로운 리무진이 당당하게 되돌아오고 있고, 〈연례〉로 발행하겠다던 『배너티 페어』의 환경 특집호는 2008년 이후로 발행되지 않는다.

전 세계가 여름마다 전례 없는 자연 재해와 기록적인 무더위를 겪으면서 역사상 가장 뜨거운 10년으로 기록된 2010년대가 저물어 가는 지금도, 이 불안한 침묵은 계속된다. 그런가 하면 화석연료 산업은 육지에서 가장 더럽고 가장 큰 위험을 안고 있는 원천에서 석유, 천연가스, 석탄을 캐내기 위한 새로운 기간 시설에 수십억 달러 규모의 투자를 서두르고 있다(70억 달러가 소요되는 키스톤 XL 송유관은 세간의 이목이 가장 집중된 사례일 뿐이다). 관련 업계는 기후 변화에 진지하게 대응하기 위한 법제화가 이루어질 가능성은 거의 없다고 보고 앨버타주 타르샌드와 보퍼트해, 펜실베이니아주 가스전, 와이오밍주와 몬태나주의 채탄광에 거액을 투자하고 있다.

이런 사업들이 추진되어 탄소가 대기 중으로 배출된다면 파국적인 기후 변화가 시작될 가능성이 급격히 높아질 것이다(미국 항공우주국의 제임스 핸슨은 앨버타 타르샌드에 매장된 원유를 전부 뽑아내는 것만으로도 〈사실상 게임 끝〉이라고 말한다).

이 모든 상황은 기후 운동의 맹렬한 재기가 필요하다는 것을 의미한다. 이를 현실화하기 위해서는 좌파가 우파에게서 배워야 한다. 부정론자들은 기후 변화 문제를 경제와 연관시켜 세력을 키워 왔다. 그들은 기후 변화 대응 행동이 일자리를 없애고 물가를 치솟게 해서 자본주의를 파괴한다고 주장한다. 그러나 〈월가 점령〉 시위에 참여했던 사람들 대다수가 고용 불안과 과도한 채무가 자본주의의 본질이라고 주장하고 있고, 이런 주장에 동의하는 사람들이 빠르게 늘고 있다. 따라서 우파가 내세우는 경제적 논리를 허물어뜨릴 기회는 충분하다. 이를 위해서는 기후 위기의 진정한 해법이야말로 더 공정하고 훨씬 더 성공적인 경제 시스템, 즉 뿌리 깊은 불평등을 해소하고, 공공 영역을 강화·탈바꿈시키고, 좋은 일자리를 풍족하게 제공하고, 기업 권력을 엄격하게 규제하는 경제 시스템을 구축할 수 있는 최상의 기회임을 설득력 있게 입증해야 한다. 또한 기후 행동이 진보주의자가 지지하는 훌륭한 대의들의 기나긴 목록에 있는 하나의 사안일 뿐이라는 생각에서 완전히 벗어나야 한다. 기후 부정론은 이미 우파의 정체성이 걸린 핵심 사안이 되었으며, 현존하는 돈과 권력 시스템을 방어하려는 논리와 떼려야 뗄 수 없는 관계를 맺고 있다. 그렇다면 진보주의자는 기후 변화라는 과학적 현실을 중핵으로 삼아 무절제한 탐욕이 빚어내는 위험과 현실적인 대안을 마련해야 할 필요성을 논리적으로 입증해 내야 한다.

언뜻 보기에 이런 변혁 운동을 일으키는 것은 어려워 보이지만, 실제로는 그렇지 않을지도 모른다. 허틀랜드 연구자들 입장에서 보면, 기후 변화가 과학적인 현실이라면 사실상 좌파 혁명을 피할 도리가 없다. 바로 이 점 때문에, 이들은 기후 변화의 현실 자체를 부정하기로 단호히 결심한 것이다. 어쩌면 우리는 이들의 이론에 좀 더 신중하게 귀를 기울여야 할지도 모른다. 우리가 아직도 간과하는 점을 이들은 제대로 이해하고 있는 건지도 모르니까.

기후 변화가 좌파의 음모라는 부정론자들의 판단은 실제로 이들이 사회주의자들의 은밀한 음모를 알게 되어 내린 판단이 아니다. 이들은 기후과학자들의 주장대로 세계 온실가스 배출량의 대대적이고 신속한 감축 목표를 실현하려면 어떤 일들이 이루어져야 하는지 면밀하게 고찰했고, 이 목표를 실현하려면 경제 및 정치 시스템이 자신들이 견지하는 〈자유시장〉 신조와 정반대되는 방식으로 근본적으로 재편되어야만 한다는 결론을 내린 것이다. 영국의 블로거이자 허틀랜드 단골 강연자인 제임스 델링폴은 이렇게 말한다. 〈현대의 환경주의는 좌파들이 선호하는 여러 가지 대의(부의 재분배, 세금 인상, 정부 개입의 확대, 규제)를 진전시키는 데 효과적이다.〉 허틀랜드 연구소장 바스트는 훨씬 노골적이다. 〈좌파에게 기후 변화는 완벽한 도구다. (……) 기후 변화를 인정할 경우 우리는 좌파가 원하는 모든 것을 무조건 시행해야 한다.〉

바로 이 대목에서 나는 불편한 진실과 마주친다. 이들의 말이 엉터리가 아니라는 점이다. 다음 논의로 넘어가기 전에 내 입장을 분명히 밝혀 두겠다. 세계의 기후과학자들 중 97퍼센트의 의견에 비추어 보면, 기후과학과 관련한 허틀랜드의 판단은 완전히 엉터리다.

화석연료 연소와 삼림 벌채로 인해 대기 중에 방출되는 온실가스 때문에 지구 온도는 이미 올라가고 있다. 2010년대를 마감하기 전에 완전히 새로운 에너지로 전환하지 않는다면, 우리는 고통으로 가득 찬 세계에서 살게 될 것이다.

하지만 과학적으로 입증된 사실들이 빚어낼 정치적 파급력 이야기가 나오면, 구체적으로 말해서 우리의 에너지 소비 행태뿐 아니라 우리 경제 시스템의 근간을 이루는 논리에 근본적인 변화가 일어나야 한다는 이야기가 나오면, 일부 환경 전문가들은 매리엇 호텔에 모였던 사람들보다 훨씬 더 강력하게 반대를 하고 나설지도 모른다. 많은 환경 전문가들이 지구 온난화가 초래할 파국을 묘사하고 나서 곧바로 〈친환경〉 제품을 사서 쓰고 오염 배출권을 사고파는 시장을 만들기만 하면 재앙을 피할 수 있다고 우리를 안심시키고 있으니 말이다.

우리가 날마다 뿜어내는 대량의 탄소를 지구 대기가 안전하게 흡수할 수 없다는 사실은 훨씬 더 큰 위기에 딸린 하나의 증상일 뿐이다. 훨씬 더 큰 위기는 우리 경제 모델의 토대를 이루는 가장 중요한 허구, 즉 자연은 무한하고 우리는 앞으로도 필요한 것을 더 풍족하게 찾아낼 수 있으며 어떤 자원이 고갈된다면 그 자원 대신 자연에서 무한대로 뽑아낼 수 있는 다른 자원으로 갈아탈 수 있다는 허구에서 비롯한 것이다. 우리가 자연적인 재생 능력으로는 감당할 수 없을 정도로 과도하게 이용해 온 것은 비단 대기만이 아니다. 우리는 해양과 담수, 상층토, 다양한 종의 생물 역시 똑같이 취급해 왔다. 기후 위기가 제기하는 근본적인 문제는 바로 우리와 자연과의 관계에 지배적인 영향을 미쳐 온 팽창주의와 채취주의 사고방식이다. 우리가 한계를 넘어서까지 자연을 쥐어짜고 있음을 보여 주는 수많은 과학 연구들은 녹색 제품과 시장 기반의 해법들에 안주할 것이 아니라, 새로운 문명 패러다임으로 전환해야 한다고 역설한다. 즉 우리는 자연 위에 군림하는 태도가 아니라 자연 재생 주기를 존중하고 인간 지능의 한계와 자연의 한계를 세심하게 헤아리는 태도를 근간으로 삼는 패러다임으로 전환해야 한다.

크리스 호너는 허틀랜드 참가자들 앞에서 〈기후 변화는《쟁점》이 아니다〉라고 말했는데, 어떤 면에서 보면 정확한 지적이었다. 사실 기후 변화는 결코 쟁점이 아니다. 기후 변화는 메시지다. 서구 문화가 가장 소중히 여겨 온 많은 아이디어들이 더 이상 살아남을 수 없음을 알리는 메시지다. 계몽주의의 진보 이념 아래서 성장한 까닭에 자연의 한계를 넘어서지 않도록 자신의 야망을 통제하는 것에 익숙하지 않은 모든 이에게, 기후 변화란 대단히 도전적이고 놀라운 사실이다. 우파 신자유주의자는 말할 것도 없고 좌파 국가주의자에게도 마찬가지다.

허틀랜드 참가자들은 미국 사람들에게 기후 행동에 대한 공포를 불어넣기 위해 공산주의의 망령을 불러내길 좋아한다(허틀랜드 컨퍼런스 단골 강연자인 전 체코 대통령 바츨라프 클라우스는 지구 온난화를 막으려는 시도가 〈사회 전체를 통제하려는 공산주의 중앙 정책 기획자들의 야심〉과 닮은꼴이라고 말했다). 실상은 그렇지 않다. 사실 소비에트 시대의 국가사회주의는 기후에 재앙을 안겼다. 베를린 장벽이 무너지기 전까지 체코와 러시아의 1인당 탄소 발자국 수치는 영국, 캐나다, 오스트레일리아보다 훨씬 더 높았다. 어떤 이는 눈부시게 팽창하는 중국의 재생 에너지 프로그램을 중앙 통제 정권만이 온실가스 감축 성과를 낼 수 있다는 주장의 근거로 꼽지만, 중국의 중앙 통제 경제는 환경에 심각한 악영향을 미치는 초대형 댐과 초고속도로, 그리고 석탄을 주축으로 하는 채취주의 기반 에너지 사업 등 자연을 상대로 총력전을 펼치는 도구로 이용되고 있다.[4]

물론 기후 위기에 대응하기 위해서는 모든 수준에서 산업 통제 계획과 정부의 강력한 개입을 시행하려는 의지가 필요하다. 그러나 가장 효과적인 기후 해법은 정부 개입을 통해 권력과 통제권을 체계적으로 지역 사회에 분산시키고 위임하는 방식이다. 지역 사회가 통제하는 재생 에너지, 생태 농업, 사용자들에게 숨김없이 해명할 수 있는 운송 시스템이 대표적인 사례다.

허틀랜드 지지자들이 이런 상황을 두려워하는 건 당연하다. 앞서 말한 새로운 시스템을 갖추려면 우선 30년 넘게 세계 경제를 지배해 온 자유시장 이데올로기를 분쇄하는 것이 필수 전제가 될 테니 말이다. 다음으로는 기후 관련 의제가 공공 기간 시설, 경제 계획, 기업 규제, 국제 무역, 소비, 세금 등 여섯 개 분야에서 어떤 의미를 가지는지 살펴보는 폭넓은 관점을 갖추는 것이 필수적이다. 허틀랜드 컨퍼런스 참가자들을 비롯한 극우 이론가들의 입장에서 보면, 이런 변화가 빚어낼 결과는 지성 분야의 천지개벽이나 다름없다.

1. 공공 부문의 복원과 재창조

재활용, 탄소 상쇄 활동, 전구 교체 활동이 여러 해 동안 진행되어 왔지만, 이런 개인의 행동이 기후 위기의 적절한 대응책이 될 수 없다는 것은 누가 봐도 분명한 사실이다. 기후 변화는 집단적인 문제이며, 집단행동으로 풀어야 할 문제다. 집단행동이 필요한 핵심 분야 중 하나가 온실가스 대량 감축 사업에 대한 대규모 투자다. 대표적인 것이 어디에나 설치되고 누구나 부담 없는 비용으로 이용할 수 있으며 심지어는 무료로 제공되기도 하는 지하철, 전차, 경전철 시스템이다. 또한 이런 교통 노선 가까이에 마련된 에너지 효율이 높고 주거비 부담이 적은 주택, 재생 가능한 에너지를 수송하는 스마트 전력망, 그리고 우리가 이용하는 방법이 실행 가능한 최선의 방법인가를 점검하기 위한 연구 활동에도 대규모 투자가 이루어져야 한다.

민간 부문은 이런 서비스들 중 대부분을 제공하는 데 적합하지 않다. 이런 서비스들은 대규모 선행 투자를 필요로 한다. 또한 누구나 이용할 수 있는 서비스로 만들고자 한다면 수익을 전혀 내지 못하는 사업이 될 수도 있다. 하지만 이런 서비스가 공익에 기여한다는 것만큼은 의심할 여지가 없다. 따라서 이런 서비스는 공공 부문이 담당해야 한다.

전통적으로 공공 부문을 지키기 위한 싸움은 한계 없이 지출하기를 바라는 무책임한 좌파와, 우리가 경제적 능력을 넘어서서 살아간다는 걸 알고 있는 실리적인 현실주의자들 사이의 갈등으로 여겨진다. 그러나 기후 위기의 심각성은 근본적으로 새로운 개념의 현실주의와 한계에 대한 아주 색다른 이해의 필요성을 제기한다. 정부의 예산 적자는 우리가 생명과 관련된 복잡한 자연 시스템 내에서 빚어낸 결손만큼 위험하지는 않다. 이런 한계를 존중하는 방향으로 우리 문화를 변화시키기 위해서는 우리가 가진 집단적인 힘을 총동원해야만 한다. 우리는 집단적으로 화석연료 사용을 중단하고 폭풍이 닥칠 때에 대비해 공공 기간 시설을 강화해야 한다.

2. 계획하는 법을 기억해 내기

기후 위기에 진지하게 대응하기 위해서는 30년간 진행되어 온 민영화 추세를 뒤집어야 할 뿐 아니라, 시장 근본주의가 지배하던 30년 동안 끈질긴 비난을 받아 온 기술, 즉 계획을 짜는 기술을 되찾아야 한다. 그런 기반 위에 무수히 많은 계획이 구축되어야 한다. 산업 분야에서도 계획을 짜야 하고, 토지 이용 분야에서도 계획을 짜야 한다. 더구나 개별 국가 차원에서만이 아니라 국제적인 차원에서도 수많은 계획을 짜야 한다. 세계의 모든 도시와 지역 사회가 어떻게 화석연료로부터 벗어날 것인가에 대한 계획, 즉 전환 마을 운동 Transition Town Movement의 표현을 빌리자면 〈에너지 하강 행동 계획 energy descent action plan〉을 짜야 한다. 지금 기후 행동의 책임이 엄중함을 깨달은 도시와 마을에서는 좀처럼 찾아보기 힘든 참여 민주주의의 공간이 펼쳐지고 있다. 이곳 주민들은 주민 회의장을 빼곡 메운 채 온실가스 배출을 줄이고 앞으로 예상되는 곤경에 대비해 회복력을 기를 수 있도록 지역 사회를 재조직할 방안에 대한 의견을 주고받는다.

기후 변화에 대응하기 위해서는 이 밖에도 여러 가지 계획을 수립해야 한다. 그중에서도 특히 필요한 것이 우리가 화석연료 사용을 중단할 때 일자리를 잃게 될 노동자들을 위한 계획이다. 〈친환경 일자리〉를 위한 몇 번의 교육 훈련만으로는 충분하지 않다. 우리는 이 노동자들이 화석연료 산업과 정반대되는 쪽에 진짜 일자리가 기다리고 있음을 알 수 있도록 계획을 세워야 한다. 요컨대 우리는 기업의 수익성이 아니라 집단적 우선순위에 근거해 경제 계획을 세운다는 아이디어를 되찾아야 한다. 예컨대 우리는 자동차 공장과 탄광에서 밀려난 노동자들이 지하철 객차의 제작과 풍력 터빈 설치, 자원을 채취하던 장소의 오염 제거 등의 활동을 통해서 예전과 같은 고용 안정을 누릴 수 있도록 이들에게 도구와 자원을 제공해야 한다. 이런 계획 가운데 일부는 민간 부문과 공공 부문 모두에서 실행될 것이며, 클리블랜드 노동자들의 녹색 협동조합을 본보기로 삼아 협동조합에서도 실행에 옮겨질 것이다.

토양 침식과 극단적인 기상, 화석연료 의존이라는 삼중의 위기를 해결하려면, 농업 분야에서도 역시 계획의 복원이 이루어져야 한다. 선견지명을 가지고 캔자스주 살리나에 토지 연구소Land Institute를 설립해 운영해 온 웨스 잭슨Wes Jackson은 〈50년 농지 법안〉을 요구하고 있다. 웨스 잭슨과 공동 연구자인 웬들 베리와 프레드 커션만은 지력을 고갈시키는 1년생 작물(단일 경작 방식) 대신에 다년생 작물(혼합 경작 방식)을 재배하기 위한 연구를 진행하고 있는데, 이에 필요한 기반 시설을 개발하는 데 50년이 소요될 거라고 추정한다. 다년생 작물은 해마다 다시 파종할 필요가 없으며, 뿌리가 길게 자라기 때문에 부족하기 쉬운 물을 저장하고 토양을 고정하고 탄소를 격리시키는 데 효율이 훨씬 높다. 혼합 경작은 또한 해충은 물론이고 이미 일상화된 극단적인 기상의 영향도 덜 받는다. 또 다른 장점도 있다. 혼합 경작 농업은 산업형 농업보다 훨씬 많은 노동을 필요로 한다. 따라서 이런 경작 방식을 채택한다면 농업은 오랫동안 무시되어 온 농촌 사회에서 중요한 일자리 창출원이라는 지위를 다시 회복할 수 있다.

허틀랜드 컨퍼런스와 이와 비슷한 성향의 모임에서만큼은 다르겠지만, 그 외의 사람들에게는 경제 계획 수립의 복원이 두려움의 대상이 결코 아니다. 규제가 전혀 없는 카우보이식 경제학이 진행해 온 30여 년간의 실험은 전 세계 대다수 사람들에게 실망감을 안기고 있다. 바로 이런 제도적 실패 때문에 많은 사람들이 생활 임금과 부패 종식, 진정한 민주주의를 요구하며 지배 엘리트에 대항해 공공연한 반기를 들고 있다. 기후 변화는 경제 변혁에 대한 요구와 상반되는 것이 아니다. 기후 변화는 오히려 경제 변혁 요구에 현실적인 중요성을 더해 준다.

3. 기업에 대한 규제

우리가 착수해야 할 계획의 핵심을 이루는 것이 기업 부문 규제의 신속한 복원이다. 인센티브 제도를 이용하면 대단히 높은 성과를 낼 수 있다. 대표적인 사례가 재생 에너지와 책임감 있는 토지 관리에 대한 보조금 지급이다. 인센티브 제도 외에도, 우리는 위험하고 파괴적인 영향을 미치는 행동을 금하는 것을 다시 습관화해야 한다. 예컨대 기업의 탄소 배출량을 엄격히 규제하는 것은 물론, 석탄 화력 발전소 신설을 금지하고, 산업형 가축 사육장을 엄격히 단속하며, 화석연료 채취 사업에 대한 단계적인 폐지를 시행해야 한다(무엇보다 화석연료 채취 확대 계획의 시행을 보증하는 수단이 될 송유관 및 기타 기간 시설의 신규 건설 허가를 취소하는 것이 급선무다).

기업의 선택이나 소비자의 선택에 대한 일체의 구속이 하이에크가 말한 이른바 〈노예의 길〉로 이어진다고 보는 사람은 극소수에 불과하다. 이 극소수의 사람들이 기후 변화 부정의 최전선에서 활동하는 것은 결코 우연이 아니다.

4. 생산의 현지화

기후 변화에 대응하기 위해서 기업을 엄격하게 규제하자는 주장이 다소 급진적이라고 느끼는 사람도 있을 것이다. 1980년대 초반 이후로 정부의 역할은 기업 활동을 가로막는 장애물을 걷어내는 것이며, 특히 국제 무역 분야에서는 정부의 이런 역할이 가장 중요하다는 주장이 일종의 신조가 되었기 때문이다. 자유 무역이 제조업과 현지 사업체, 그리고 농업에 얼마나 큰 타격을 주는가는 잘 알려져 있다. 하지만 가장 큰 타격을 받는 것은 지구의 대기다. 세계 전역으로 대량의 원료와 완제품을 실어 나르는 화물선, 초대형 수송기, 대형 트럭은 화석연료를 집어삼킨 뒤 온실가스를 내뿜는다. 또한 값싼 상품들(거의 수선이 불가능하고 새로 구입해야 하는)을 생산하는 과정에서는 다양한 종류의 재생 불가능한 자원이 소모될 뿐 아니라, 안전하게 처리할 수 있는 양을 넘어서서 엄청나게 많은 쓰레기가 만들어진다.

이런 모델은 낭비가 너무 심하기 때문에 오랜 기간 온실가스 배출을 줄여서 얻은 대단치 않은 이득을 상쇄해 버린다. 예를 들어 『국립 과학원 회보』는 최근에 교토 의정서에 서명한 선진국들의 배출량을 조사한 결과를 발표했다. 이 연구에 따르면 이 나라들의 온실가스 배출량은 안정세를 이루었지만, 이는 부분적으로 오염을 내뿜는 생산 시설을 중국 같은 지역으로 옮긴 결과다. 연구자들은 개발도상국에서 생산된 후 선진국에서 소비되는 상품의 온실가스 배출 증가량이 선진국들에서 이뤄진 배출 감소량의 〈여섯 배〉에 이른다고 결론지었다.

자연의 한계를 존중하는 방향으로 경제를 조직하려면, 에너지 집약적인 장거리 운송 수단의 사용을 제한해야 할 것이다. 즉 상품을 현지에서 생산할 수 없거나 현지에서 생산하는 쪽이 더 많은 온실가스를 배출하는 경우에만 장거리 운송 수단을 사용하도록 해야 한다. 이를테면 미국 추운 지역에서의 온실 재배 방식은 남부 지역에서 재배한 뒤 경전철로 수송하는 방식보다 훨씬 많은 에너지를 사용한다.

기후 변화는 무역의 종식을 요구하지 않는다. 그러나 기후 변화는 모든 쌍방 무역 협정과 세계무역기구를 지배하는 무모한 방식의 〈자유 무역〉에 대한 근본적인 개혁을 요구한다. 사려 깊고 신중하게 행해지기만 한다면, 기후 변화 대응은 실직 노동자에게나, 값싼 수입품과의 경쟁에서 버틸 수 없는 농민에게나, 제조업체가 타지로 빠져나가고 현지 사업자가 대형 할인점에 밀려나는 것을 지켜보아 온 지역 사회에 더 좋은 소식이 될 것이다. 그러나 기후 변화가 자본주의 프로젝트에 얼마나 큰 도전을 안기는지에 대해서 과소평가해서는 안 된다. 기후 변화는 기업의 힘에 대한 일체의 구속을 제거하는 방향으로 진행되어 온 30년간의 추세를 역전시키는 힘이다.

5. 쇼핑 숭배는 이제 그만

지난 30년간 진행되어 온 자유 무역과 규제 완화, 그리고 민영화가 기업의 이익을 극대화하려는 탐욕의 결과라고만 평가할 수는 없다. 그것은 1970년대 스태그플레이션에 대한 대응의 결과이기도 했다. 당시 경제 상황은 사람들에게 급속한 경제 성장을 이룰 새로운 길을 찾아야 한다는 극심한 압박감을 불러일으켰다. 경제 침체의 위협은 현실이었다. 현재의 경제 모델에서 생산의 위축은 곧 위기(경제 침체, 더 심각하게는 경제 불황)를 뜻하며, 이 위기에는 좌절과 역경이 따른다.

전통적인 경제학자들이 기후 위기 대응 방안을 논할 때, 〈어떻게 하면 GDP의 견실한 성장을 유지하면서 배출량을 줄일 수 있을까?〉라는 질문을 던지는 까닭은 바로 이런 성장 지상주의의 지배를 받고 있기 때문이다. 이에 대해 흔히 나오는 답은 〈비동조화decoupling〉이다. 비동조화란 재생 에너지와 에너지 효율 향상에 의존하면 경제 성장과 환경 훼손 사이의 연결 고리를 끊을 수 있다는 생각이다. 또한 토머스 프리드먼 같은 〈녹색 성장〉 옹호자들은 새로운 녹색 기술을 개발하고 녹색 기간 시설을 건설하는 과정이 막대한 경기 부양효과를 거두어 GDP의 대폭 상승을 가져올 것이고, 〈미국을 더 건강하고 더 부유하고 더 혁신적이고 더 생산적이고 더 안전한 나라로 만드는 데 필요한 부를 창출해 낼 수 있다〉라고 말한다.

하지만 바로 이 지점에서 상황이 복잡해진다. 최근 들어 규제를 전혀 받지 않는 경제 성장과 견실한 기후 정책 간의 충돌을 다루는 경제학 연구가 점점 늘고 있다. 메릴랜드 대학교의 생태경제학자 허먼 데일리, 요크 대학교의 피터 빅터, 서리 대학교의 팀 잭슨, 환경법 및 환경 정책 전문가 거스 스페스 등이 대표적인 주자다. 이들 모두는 선진국들이 지금처럼 부진한 속도로라도 경제 성장을 유지하면서 동시에 과학계가 요구하는 온실가스 배출량을 대량 감축(금세기 중반까지 배출량 순제로를 달성)할 가능성에 대해 심각한 의문을 제기한다. 빅터와 잭슨에 따르면, 효율성 향상만으로는 경제 성장 속도를 따라잡을 수 없다. 효율성 향상은 대체로 소비 증가를 유발해 효율 향상으로 얻은 이득의 일부 혹은 전부를 상쇄하기 때문이다(이를 제본스의 역설Jevons Paradox이라 부른다). 이처럼 에너지와 원료의 효율성 향상을 통한 배출량 절감 효과가 경제 팽창의 가속화로 이어지는 한 총 배출량 감소라는 계획을 달성할 수 없다. 잭슨은 『성장 없는 번영Prosperity Without Growth』에서 이렇게 말한다. 〈비동조화가 성장의 딜레마에서 벗어날 탈출로라고 홍보하는 사람들은 역사적 증거와 성장의 기본 산술을 자세히 살펴볼 필요가 있다.〉

요컨대 지구 환경의 위기가 자연 자원의 과잉 소비에서 유래한 것이라면 경제의 효율성 향상만으로는 이 위기를 해결할 수 없으며, 지구상의 소득 상위 20퍼센트 인구가 소비하는 물질의 양을 줄이는 정책이 병행되어야 한다. 하지만 이런 생각은 세계 경제를 지배하는 대기업들이 지극히 혐오하는 것이다. 어떤 규제에도 얽매이지 않는 투자자들이 연간 수익률을 해마다 끌어올릴 것을 요구하며, 이 대기업들을 주무르고 있기 때문이다. 요컨대 우리는 어떤 선택을 해도 반갑지 않은 결론을 맞게 되는 진퇴양난에 처해 있다. 잭슨의 말대로 〈시스템을 폐기하느냐, 아니면 지구를 결딴내느냐〉 하는 기로에 서 있다.

탈출로는 방금 살펴본 모든 계획 수단을 동원한 세심한 관리를 통해 다른 경제 패러다임으로의 전환을 수용하는 데 있다. 소비 증가분은 아직 가난에서 벗어나지 못한 세계 곳곳의 사람들의 몫으로 남겨 둬야 한다. 반면에 산업화를 이룬 곳에서는 연간 수익률 상승이라는 동인의 영향을 받지 않는 부문들(공공 부문, 협동조합, 지역 기업, 비영리 단체)이 전체 경제 활동에서 차지하는 비중을 점점 늘려야 한다. 또한 환경에 주는 충격은 미미한 반면에 복지후생과 관련해서는 상당히 큰 편익을 제공하는 부문(교육 및 돌봄 직업, 여가 활동 등)이 차지하는 비중 역시 점점 늘려야 한다. 이런 경로를 채택하면 엄청나게 많은 일자리를 창출할 수 있다. 그러나 기업 부문은 구조적으로 매출과 수익의 증대를 요구하므로 이 부문의 역할은 줄어들어야 한다. 특히 기업의 자산이 자원 채취 활동과 불가분의 관계에 있는 부문의 역할은 더더욱 줄어들어야 한다.

이런 상황에서 허틀랜드 연구자들이 인간의 활동이 기후 변화를 유발한다는 증거를 대할 때마다 자본주의 자체가 위태로운 상황에 몰린 것처럼 대응하는 까닭은 피해망상에 빠져 있어서가 아니다. 정신을 바짝 차리고 있어서다.

6. 부도덕한 부자들에게 세금을 물리자

지금쯤 현명한 독자는 이렇게 물을 것이다. 「이 모든 일을 하는 데 드는 비용은 어떻게 감당하지?」 이에 대해서는 경제가 성장하면 저절로 문제가 해결된다는, 아주 쉽고 오래된 대답이 있다. 성장 중심 경제가 엘리트에게 베푸는 중요한 혜택 중 하나는, 파이 크기를 계속 키워 간다면 결국에는 모두가 만족할 수 있는 크기가 될 거라고 주장하면서 경제 정의를 위해 요구되는 일을 미룰 수 있다는 것이다. 현재의 불평등 위기에서 드러났듯이, 이런 주장은 늘 거짓말이었다. 세계가 다양한 생태학적 한계에 부딪힌 지금 상황에서는 더더욱 재고할 가치가 없는 주장이다. 따라서 생태계 위기에 의미 있게 대응하는 데 필요한 재원을 확보하는 유일한 길은 돈이 있는 곳으로 가는 것이다.

요컨대 탄소와 금융 투기에 세금을 부과해야 한다. 기업과 부유층에 대한 세금을 인상하고 비대해진 국방 예상을 삭감하고 화석연료에 대한 터무니없는 보조금(미국 한 나라만 따져도 이런 보조금이 무려 연간 200억 달러에 이른다)을 폐지해야 한다. 또한 정부들은 기업들이 세상 그 어디에서도 조세 피난처를 찾을 수 없도록 공동 대응해야 한다(허틀랜드 연구자들이 기후 변화가 사악한 〈세계 정부〉가 들어서는 계기가 될 것이라고 경고할 때, 이들이 떠올리는 것이 바로 이처럼 강력한 국제 규제 구조다).

우리는 무엇보다도 먼저 우리를 이런 위기로 몰아넣은 책임이 가장 큰 기업들의 수익에 주목해야 한다. 상위 다섯 개 석유 회사들은 지난 10년간 9천억 달러의 수익을 올렸다. 엑슨모빌 한 곳만 해도 분기당 100억 달러의 수익을 낼 수 있다. 여러 해 전부터 이 회사들은 자사의 수익을 재생 에너지 전환을 위해 투자하겠다는 약속을 내놓고 있다(가장 주목받는 사례는 BP사가 브랜드 이미지를 높이기 위해 〈석유를 넘어서Beyond Petroleum〉라는 표현을 선택한 것이다). 그러나 미국 진보 센터Center for American Progress의 연구에 따르면, 5대 석유 기업들이 2008년에 올린 총이윤 1천억 달러 가운데 〈재생 에너지 및 대안 에너지 사업〉에 투자된 비율은 4퍼센트에 불과했다. 그들은 여전히 주주 배당금과 임원진에 대한 터무니없이 높은 보수와, 위험하고 더러운 화석연료를 채취하기 위한 신기술 개발 자금에 막대한 이윤을 투입한다. 기후 법제화를 격퇴하는 일을 맡은 로비스트들의 보수로도, 매리엇 호텔에 모인 기후 부정론 운동으로도 막대한 돈이 들어간다.

담배 회사들이 금연 지원 비용을 지불할 의무를 지고, BP사가 멕시코만 원유 유출 사고로 인한 오염 정화 비용의 상당 부분을 지불해야 했던 것처럼, 지금이야말로 기후 변화에 〈오염자 부담〉 원칙을 적용할 수 있는 최적기다. 정부는 오염 유발자에게 높은 세금을 매기는 것을 넘어서서, 화석연료 채취량이 줄어도 충분한 공적 재원 수입을 확보해 탈탄소 미래로의 전환 비용(그리고 이미 발생하고 있는 기후 변화의 막대한 피해 비용)을 충당할 수 있도록 채취 면허 사용료를 대폭 인상해야 한다. 기업들은 자신들의 이윤을 깎아 내는 규정의 신설에 당연히 저항할 것이므로 자유 시장이 가장 금기시하는 국유화 또한 고려에서 배제해서는 안 된다.

기후 변화가 〈부의 재분배〉와 계급 전쟁을 수행하기 위한 음모라고 주장하는 허틀랜드 연구자들이 가장 두려워하는 것이 바로 이런 유형의 정책이다. 또한 그들은 일단 기후 변화의 현실을 인정하면 부유한 국가 내부에서의 부의 이전뿐 아니라, 온실가스 배출로 기후 위기를 불러온 부유한 국가들에서 기후 위기로 인한 피해의 최전선에 있는 가난한 나라들로 부의 이전이 이루어지는 것도 인정해야 한다는 것을 알고 있다. 실제로 보수주의자들이 (그리고 많은 자유주의자들이) 유엔 기후 협상을 땅에 묻어 버리고 싶어 안달하는 까닭은, 많은 사람들이 영원히 사라졌다고 생각했던 반식민 운동이 기후 협상 덕분에 일부 개발도상국들에서 되살아나고 있기 때문이다. 볼리비아, 에콰도르 같은 나라들은 온난화의 책임이 누구에게 있으며, 누가 온난화로 인한 피해를 가장 먼저 가장 심하게 입고 있는가와 관련한 반박할 수 없는 과학적 사실들을 무기로 내세워서, 수십 년 동안 국제통화기금과 세계은행에서 받은 대출 때문에 자국에 떠안겨진 〈채무국〉이라는 굴레를 벗어던지려 한다. 더 나아가 이들은 자국이 채권국이며, 따라서 기후 변화에 대처하는 데 필요한 돈과 기술뿐 아니라 자국의 개발에 필요한 〈대기 공간atmospheric space〉을 보장받아야 한다는 주장까지 편다.

요약해 보자. 기후 변화에 대응하려면 자유 시장주의 각본에 있는 모든 규칙을 분쇄해야 한다. 그것도 몹시 시급하게 분쇄해야 한다. 앞으로 우리는 공공 영역을 재건하고, 민영화를 뒤집고, 경제의 많은 부분에서 지방 분권을 시행하고, 과도한 소비를 줄이고, 장기 계획을 복원하고, 기업에 대해 강력한 규제와 높은 세금을 부과하고,

일부 기업은 국유화하고, 군사비를 삭감하고, 개발도상국들에게 부채를 지고 있음을 인정해야 한다. 당연한 이야기이지만, 정치를 주무르는 기업의 영향력을 철저히 축소하려는 대대적이고 광범위한 노력이 수반되지 않는 한, 이 중 어느 것 하나도 이루어질 가능성이 없다. 이를 위해서는 아무리 못해도 모든 선거를 공적 자금을 재원으로 운용하고, 기업에게서 〈사람〉이라는 법적 지위를 박탈하는 일을 관철해야 한다. 요컨대 기후 변화는 이제껏 제기된 거의 모든 진보적 요구에 대해 그보다 앞서 존재했던 방대한 사례들을 동원해 그 타당성을 넘치도록 제공해 주고, 명확한 과학적 필연성에 근거해 그 모든 요구를 일관성 있는 하나의 의제로 묶어 준다.

무엇보다도 기후 변화는 베르사유 조약에 대한 독일의 반발을 예견한 케인스 이후로 정치적 예견이 적중한 가장 중대한 사례다. 마르크스는 자본주의와 〈생명의 자연법칙 그 자체〉 사이에 〈결코 메울 수 없는 균열〉이 있다고 썼다. 좌파 진영의 많은 사람들은 자본의 지칠 줄 모르는 탐욕의 제약 없는 실현에 기반을 둔 경제 시스템이 생명을 부양하는 자연 시스템을 압도하게 될 거라고 경고해 왔다. 당연히 원주민들은 훨씬 더 오래전부터 자연의 순환을 무너뜨릴 수 있는 여러 가지 위험에 대해 경고음을 내왔다. 산업 자본주의가 배출한 대기 오염 물질이 지구 온난화를 일으키고 파국을 초래할 잠재력을 품고 있다는 사실이 밝혀지면서, 이들의 말이 옳았다는 것이 입증되었다. 〈자, 우리 모든 규칙을 없애자. 그러면 마법이 일어날 거야〉라고 말했던 사람들의 예상은 참담하게 빗나갔다.

물론 이처럼 끔찍한 일이 닥칠 거라는 예견이 맞아떨어졌다고 기뻐할 일은 아니다. 진보주의자는 오히려 지금 이 상황에 큰 책임감을 느껴야 한다. 지금은 원주민의 가르침과 국가사회주의의 산업화 전략의 실패를 밑거름으로 삼은 우리의 판단이 그 어느 때보다 더 중요하기 때문이다. 단순한 개혁주의를 거부하고 이윤 추구를 최고의 가치로 삼는 경제 시스템에 도전하는 녹색 좌파의 세계관은 인류가 중첩된 위기 상황을 극복할 수 있는 최선의 가능성이기 때문이다.

그런데 여기서 잠시 상상해 보자. 허틀랜드 연구소장 조지프 바스트 같은 사람의 눈에는 이 모든 것이 어떻게 보일까? 그는 시카고 대학교에서 경제학을 공부했고, 자신의 소명은 〈인간을 다른 인간의 압제로부터 해방시키는 것〉이라고 말했던 사람이다. 그의 입장에서 보면 이것은 세상의 종말이다. 진짜로 세상의 종말을 맞는 건 아니지만, 목적과 취지 면에서 보자면 이것은 분명히 그의 세상의 종말이다. 기후 변화는 보수파가 의지하는 이데올로기의 기반을 무너뜨릴 폭약이다. 집단행동을 비난하고 완전한 시장 자유주의를 숭상하는 신념 체계는 위기를 불러오고 심화시키는 시장의 힘에 대한 엄격한 규제와 전례 없는 규모의 집단행동을 필요로 하는 문제와 결코 조화를 이룰 수 없다.

아인 랜드 연구소부터 헤리티지 재단까지 모든 사람들이 각자의 책상에 책자와 팸플릿을 쌓아 놓고 앉아 있는 허틀랜드 컨퍼런스에서는 이런 불안감이 터져 나오기 직전이다. 조지프 바스트는 허틀랜드의 기후 변화 부정 운동이 기후과학이 필요하다고 지적한 정책들에 대한 불안감에서 시작되었다는 사실을 기꺼이 인정한다. 「우리는 이 문제와 마주칠 때마다 이렇게 말합니다. 〈이건 그야말로 정부 개입의 대폭 확대를 요구하는 처방전이군. (……) 우리가 어떤 조치를 취하기 전에 먼저 기후과학을 다시 한번 살펴보자.〉 그래서 보수주의 그룹과 자유주의 그룹이 행동을 멈추고 선언한겁니다. 이걸 단순히 신념의 문제로 치부하지 말고, 직접 연구를 해봐야겠다고요.」 바로 여기에 반드시 이해하고 넘어가야 할 지점이 있다. 요컨대 부정론자들을 움직이는 것은 기후 변화의 과학적 사실에 대한 반감이 아니다. 그 사실이 품은 현실적 함의에 대한 반감이다.

기후 변화에 대한 입장에 극적인 변화가 일어나는 이유를 연구하는 사회과학 연구자들 사이에서는 조지프 바스트가 무심코 언급한 현상이 큰 관심을 끌고 있다. 예일 대학의 문화 인지 프로젝트의 연구자들에 따르면, 〈개인적 특성 가운데 지구 온난화에 대한 개인적 입장에 가장 강력한 영향을 미치는 것〉이 바로 정치적·문화적 세계관이라고 설명한다.

〈평등 의식〉과 〈공동체 의식〉이 강한 사람들(이들은 집단행동과 사회 정의를 지향하며, 불평등에 대한 우려와 기업 권력에 대한 강한 의구심을 갖는다)은 대부분 기후 변화와 관련한 과학자들의 통설을 지지한다. 반면에 〈위계 서열 의식〉과 〈개인주의〉 성향이 강한 사람들(이들은 저소득층과 소수자에 대한 정부 지원을 반대하고 산업을 강력히 옹호하며, 부자의 소득이 많은 것은 사회에 기여한 몫이 크기 때문이라고 믿는다)은 대부분 과학계의 통설을 부정한다.

예컨대 〈위계 서열 의식〉이 최고 수준인 미국인 가운데 기후 변화를 〈아주 큰 위험〉이라고 보는 비율은 11퍼센트에 불과한 반면, 〈평등 의식〉이 최고 수준인 미국인들 가운데 이런 견해를 갖는 비율은 69퍼센트에 이른다. 이 연구를 주도한 예일 대학 교수 댄 케이헌Dan Kahan은 〈세계관〉과 기후과학을 인정하는 견해 사이에 긴밀한 상관관계가 있는 것은 〈문화적 인지〉 때문이라고 본다. 문화적 인지란 새로운 정보를 받아들일 때 정치적 지향과 무관하게 〈자신이 유익하다고 생각하는 사회에 대한 전망〉에 보탬이 되는 방향으로 그 정보를 여과하는 과정이다. 케이헌이 『네이처』에 발표한 논문에 따르면, 〈자신이 고결하다고 여기는 행동이 사회에 부정적인 영향을 미치고, 자신이 비열하다고 여기는 행동이 사회에 유익한 영향을 미친다고 판단하는 순간 사람들은 불안감을 느낀다. 어떤 견해를 받아들임으로써 동료들과 사이가 틀어질 수 있다는 불안감이 생기는 경우, 감정은 그 견해를 부인하려는 쪽으로 크게 기운다〉. 한 마디로 자신의 세계관이 결딴나는 걸 보느니 현실을 부정하는 편이 훨씬 쉽다는 이야기다. 이것은 대숙청기의 강경파 스탈린주의자들과 최근 자유주의 기후 변화 부정론자들에게도 해당하는 얘기다.

현실 세계의 확고한 증거에 의해 도전을 받는다고 해서 강력한 이데올로기가 완전히 사멸하는 일은 좀처럼 일어나지 않는다. 완전히 사멸하기보다는 광신적 숭배를 닮아 가고 주변적인 지위로 밀려난다. 변함없는 충성심을 유지하는 극소수 사람들은 이데올로기가 문제가 아니라 원칙을 엄격하게 적용하지 않은 지도자의 한계였다고 서로를 다독인다. 이런 사람들은 좌파 신스탈린주의자 중에도 있고, 우파 신나치주의자 중에도 있다. 지금 같은 시점이면 자유 시장 근본주의자들은 주변적인 지위로 밀려나 세상 사람들로부터 잊힌 채 밀턴 프리드먼의 『선택할 자유 Free to Choose』와 아인 랜드의 『움츠린 아틀라스 Atlas Shrugged』의 책장을 애틋하게 어루만지고 있어야 마땅하다. 그런데 이들이 이런 운명을 피해 갈 수 있었던 것은 〈작은 정부론〉 덕분이다. 이 이론은 명백히 현실과 상반되는 것이지만 세계적인 갑부들에게는 이익이 되는 것이기 때문에, 이 이론의 주창자들은 찰스 코크와 데이비드 코크 등의 갑부들과 엑슨모빌이 후원하는 싱크탱크에 몸담고서 의식주를 해결한다.

이런 상황은 문화적 인지 등의 이론이 안고 있는 한계를 보여 준다. 부정론자들은 개인의 세계관을 방어하는 것을 넘어서서, 기후 논쟁에 흙탕물을 끼얹은 허틀랜드를 비롯한 단체들과 그 뒤에서 막대한 소득을 올리는 정치적·경제적 이익집단을 보호한다. 부정론자들과 이들 이익집단 간의 긴밀한 연대는 널리 알려져 있을 뿐만 아니라 기록으로도 확실히 남아 있다. 허틀랜드는 코크 형제 및 리처드 멜런 스카이프와 관련된 재단과 엑슨모빌로부터 100만 달러 이상을 받았다(기부자들은 훨씬 더 많을 텐데, 허틀랜드는 〈우리 입장이 지닌 가치〉에 대한 주의를 흩뜨릴 수 있다는 이유로 기부자 명단 공개를 중단했다).5

허틀랜드 기후 컨퍼런스에 참석하는 과학자들 역시 화석연료 기업으로부터 넉넉하게 자금 지원을 받는다. 그들 가까이에 가면 석유 냄새가 날 정도다. 2011년 컨퍼런스에서 기조연설을 맡았던 케이토 연구소의 패트릭 마이클스는 언젠가 CNN 기자에게 자신이 운영하는 컨설팅 회사의 매출 가운데 40퍼센트가 석유 회사들이 지급한 돈이라고 밝혔는데, 나머지 매출 중에서 석탄 회사가 지급한 돈이 얼마나 되는지는 알 수 없다. 그린피스의 조사에 따르면, 이 컨퍼런스의 또 다른 강연자인 천체물리학자 윌리 순은 2002년부터 2011년까지 화석연료 기업들로부터 연구 자금 전액을 지원받았다. 그런데 기후과학의 권위를 실추시키려는 강력한 동기를 지닌 경제적 이익집단은 화석연료 기업들만이 아니다. 내가 개괄한 바와 같이 기후 위기를 해결하기 위해서 경제 질서의 근본적인 변화가 필요하다는 이야기가 나오면, 규제 완화와 자유 무역, 낮은 세금 덕분에 이득을 보는 대기업들은 당연히 겁을 낸다.

기후 부정론자 대부분이 불공평할 뿐 아니라 제대로 작동하지 않는 지금의 경제 상황에서 가장 많은 투자를 받는 사람들이라는 건 그리 놀랄 일이 아니다. 기후 인식과 관련한 연구 가운데는 기후 변화의 과학적 근거를 부인하는 태도와 사회적·경제적 특권 사이에 분명한 상관관계가 있다는 매우 흥미로운 연구 결과가 있다. 기후 변화를 부정하는 사람들 중에는 보수주의자에다 백인 남성이며 평균 소득이 높은 사람들이 압도적으로 많다. 다른 사람들과 달리, 이들은 자신의 견해가 잘못되었다는 게 분명해도 확고한 자신감을 견지한다. 이와 관련해서 자주 언급되는 사회학자 에런 맥라이트Aaron McCright와 라일리 던랩Riley Dunlap의 논문(「쌈박한 남자Cool Dudes」라는 인상적인 제목의 논문)에서는, 조사 응답자 중에서 지구 온난화와 관련한 인식에 대해 강한 자신감을 표현하는 보수적인 백인 남성들 사이에서는 기후 변화가 〈일어나지 않을 것〉이라고 믿는 비율이 다른 집단의 남성들에 비해 여섯 배나 높다고 밝히고 있다. 맥라이트와 던랩은 이런 편차의 원인을 간단히 설명한다. 〈보수적인 백인 남성들의 경우, 자신이 속한 경제 시스템 내에서 권력을 행사하는 위치에 있는 비율이 다른 집단의 남성들에 비해 아주 높다. 기후 변화가 산업 자본주의 경제 시스템에 강력한 도전장을 던지는 상황에서 시스템의 정당성을 확신하는 보수적인 백인 남성들이 기후 변화를 부정하는 것은 지극히 당연하다.〉

그러나 부정론자들이 더 많은 경제적·사회적 특권을 지닌다는 사실은 근본적인 사회적·경제적 변화가 일어날 경우 잃을 게 더 많다는 것만을 뜻하지 않는다. 상대적인 특권을 지녔기 때문에 이들은 자신의 견해가 옳지 않다는 게 입증된다 해도 기후 변화의 위험성을 훨씬 낮잡는다. 이것은 내가 허틀랜드 컨퍼런스에서 또 다른 강연자의 말을 듣던 중에 퍼뜩 떠오른 생각이었다. 공간 건축가 래리 벨이 기후 변화로 피해를 입은 사람들의 처지에 전혀 공감하지 못하는 발언을 하고 있었다. 그는 약간 높은 기온은 큰 문제가 아니라면서 〈저는 일부러 휴스턴으로 이사를 했습니다!〉라고 말하자, 청중이 폭소를 터뜨렸다(당시 휴스턴은 텍사스주 역사상 연간 강우량이 가장 적은 기록적인 가뭄에 시달리고 있었다). 오스트레일리아의 지질학자 밥 카터는 〈인간의 관점에서 보면 기온이 높아질 때 세계는 더 윤택해진다〉라고 주장했다. 패트릭 마이클스는 기후 변화 때문에 걱정이 된다면 프랑스에서 1만 4천 명이 사망했던 2003년에 그곳 사람들이 했던 일을 그대로 따라 하면 된다고 말했다. 「그들은 월마트와 에어컨이 있는 곳을 찾아다녔죠.」

아프리카의 뿔(아프리카 북동부 지역)에서는 극심한 가뭄으로 약

1300만 명이 굶어 죽을 위기에 몰려 있는데, 여기서는 이런 재치 넘치는 말들이 나오는 것을 생각하니 부글부글 끓어올랐던 기억이 난다. 이처럼 부정론자들이 무감각하게 구는 것은 믿는 구석이 있기 때문이다. 기후 변화 부정론이 틀렸다 하더라도 기온이 섭씨 2~3도 상승하는 것쯤은 선진 공업국 부자들의 걱정거리가 될 수는 없다는 확고한 신념이 있어서다. 예컨대 텍사스 하원 의원 조 바턴은 에너지 환경 소위원회 공청회에서 〈비가 오면 우리는 비를 피할 곳을 찾아내고, 햇살이 따가우면 그늘진 곳을 찾아냅니다〉라고 말했다.

한 마디로 누구든 남이 베푸는 자선을 기다릴 것이 아니라 스스로 열심히 일을 해서 가난에서 벗어나야 한다는 이야기다. 빈곤국들이 이상 고온 기후에 대응할 수 있도록 돕는 게 부유한 국가의 책임 아니냐고 패트릭 마이클스에게 묻자, 그는 내게 〈어차피 빈곤국의 정치 시스템은 그걸 감당할 능력이 없으니〉 굳이 그런 나라들에게 자원을 제공할 필요가 없으며, 진정한 해결책은 자유 무역을 강화하는 것뿐이라고 대답했다.

극단적인 이데올로기와 기후 부정론이 맞물리면 몹시 위험한 상황이 벌어진다. 이 〈쌈박한 남자〉들이 우월주의에 기반한 자신들의 세계관이 뒤집힐까 겁이 나서 기후과학을 부정하는 게 위험하다는 얘기가 아니다. 정말로 위험한 점은 이들이 우월주의에 기초한 세계관이 그들의 손에 쥐여 준 지적인 도구를 이용해서 수많은 개발도상국의 막대한 인구를 고려 대상에서 제외하는 것을 합리화하는 것이다. 이처럼 공감이 결여된 사고방식이 안고 있는 위험성을 파악하는 것이야말로 대단히 시급하고 중요한 문제다. 기후 변화가 우리의 도덕성을 시험할 날이 머지않았기 때문이다. 미국 상공회의소는 환경보호청의 탄소 배출 규제 시행을 반대하는 청원서에서, 〈사람들은 다양한 방식의 행동적·심리적·기술적 적응을 통해 지구 온난화에 대처할 수 있다〉라고 주장했다. 내가 걱정하는 것이 바로 이런 적응이다.

갈수록 빈번해지고 강력해지는 자연 재해로 집과 직업을 잃은 사람들에게, 우리는 과연 어떤 식으로 〈적응〉하게 될까? 물이 새는 보트를 타고 우리 해안에 도착하는 기후 난민들을 우리는 과연 어떻게 대할까? 그들이 기를 쓰고 벗어나려고 하는 위기를 만든 장본인이 우리 자신임을 인정하고 국경의 빗장을 열어 줄까? 아니면 최첨단 기술을 동원해 더욱 견고한 요새를 짓고 더욱 가혹한 이민자 규제 법률을 만들까? 자원이 희소해진다면, 우리는 과연 어떻게 대처할까?

우리는 그 답을 뻔히 안다. 기업들은 자연 자원을 손에 넣기 위해 갈수록 탐욕을 부리고 난폭한 행동을 일삼을 것이다. 부유한 국가는 식품과 연료를 확보하기 위해 경작이 가능한 아프리카의 땅들을 차지할 것이다. 가뭄과 기근은 유전자 조작 종자를 권장하는 구실로 이용될 것이고, 농민들은 이 종자를 구입하느라 빚에 허덕이게 될 것이다. 갈수록 위험성이 커지는 기술을 이용해서 이미 정점에 달했다고 평가되던 석유와 가스 채취의 한계를 돌파하고 석유와 가스를 마지막 한 방울까지 뽑아내려는 시도가 이어지면서 지구상에는 희생 지대로 편입되는 지역이 점점 넓어질 것이다. 우리는 국경을 요새처럼 강화하고 외국의 자원 분쟁에 개입하거나 직접 자원 분쟁을 벌일 것이다. 그들이 말하는 〈자유 시장주의 기후 해결책〉은 투기와 사기, 정실 자본주의를 끌어들이는 매력적인 투자처가 될 것이다. 탄소 거래와 삼림을 이용하는 탄소 상쇄 분야에서 이미 이런 일이 진행되고 있다는 건 확인된 사실이다. 기후 변화가 가난한 사람들뿐 아니라 부유한 사람들에게까지 타격을 입히기 시작하면, 우리는 온도를 낮추기 위해 어떤 위험이 따를지 알 수 없는 엄청난 규모의 기술적 해법을 찾는 데 점점 더 주력하게 될 것이다.

지구가 갈수록 더워지면, 지배 이데올로기는 인간은 누구나 자신을 위해 최선의 노력을 기울이고 있고 인간은 자연을 정복할 수 있다고, 피해자들은 스스로 파멸을 자초한 것이라고 꼬드기면서 우리를 아주 냉혹한 세계로 이끌 것이다. 이제껏 기후 변화 부정 운동 뒤에 은신해 있던 인종 차별주의가 다시금 맹위를 떨치면, 세계는 더욱더 냉혹한 곳이 될 것이다. 이 이론들은 취향에 따라 선택하거나 말거나 할 수 있는 것이 아니다. 기후 변화의 책임이 크지 않은데도 기후 변화의 피해를 입고 있는 글로벌 사우스와 아프리카계 인구가 다수를 차지하는 뉴올리언스 같은 도시의 주민들에 대한 냉혹한 태도를 정당화하기 위해서 반드시 필요한 게 이 이론들이다.

나는 저서 『쇼크 독트린』(2007)에서, 우파가 현실적인 위기는 물론이고 일부러 날조한 위기를 체계적으로 이용해서, 위기의 원인이 된 문제를 해결하려는 목적이 아니라 엘리트 계층의 부를 늘릴 목적으로 사악한 의제를 고안해 내고 밀어붙여 왔음을 지적했다. 기후 위기의 악영향이라고 해서 예외는 아닐 것이다. 충분히 예측할 수

있는 일이다. 공공재를 민영화하고 재난을 이용해 이득을 챙길 수
있는 새로운 방법을 찾는 것, 우리의 현재 시스템은 바로 이런 일을
하기에 안성맞춤으로 꾸려져 있다.

유일한 변수는 대중적인 대항 운동이 이처럼 암울한 미래를 대체
할 실행 가능한 대안을 제시하느냐에 달려 있다. 그것도 단순히 대
안적인 정책 제안의 집합이 아니라 생태적 위기의 모태인 세계관에
맞설 수 있는 대안적 세계관까지 제시해야 한다. 지금 우리에게 필
요한 세계관은 초개인주의가 아니라 상호 의존이고, 지배가 아니라
상호주의이며, 위계가 아니라 협력이 중핵을 이루는 세계관이다.

문화적 가치를 바꾸는 것은 분명히 어려운 일이다. 문화적 가치를
바꾸기 위해서는 지금으로부터 100년 전, 모든 것이 단일한 〈이슈〉
로 조각조각 해체되어 장삿속에 기운 비정부 조직의 해당 부문에 맡
겨지기 전의 사회 운동이 지향했던 것과 같은 수준의 야심 찬 미래
상을 반드시 구축해야 한다. 「기후 변화의 경제학에 관한 스턴 보고
서Stern Review on the Economics of Climate Change」의 표현을 빌리면,
기후 변화는 〈지금껏 인류가 경험한 가장 큰 시장 실패〉다. 이상적인
상황이라면, 기후 변화의 현실이 진보주의의 돛을 확신의 바람으로
팽팽하게 부풀리고, 또한 기업에게 호의적인 자유 무역과 금융 투
기, 산업형 농업, 제3세계 부채 등의 문제와 맞붙어 싸워 온 오랜 투
쟁들에 새로운 생명력과 긴박감을 불어넣고, 이 모든 투쟁들을 멋들
어지게 엮어서 지구상의 생명체를 보호할 방안에 대한 일관성 있는
서술을 빚어내는 상황이라야 한다.

하지만 적어도 지금으로선 그런 상황이 아니다. 허틀랜드 연구자들이 기후 변화를 좌파의 음모라고 몰아붙이는데도, 대부분의 좌파는 아직도 맥을 못 춘다. 윌리엄 블레이크의 표현을 빌리자면, 〈사악한 악마의 맷돌〉*이 잉글랜드의 하늘을 검게 물들이던 시대(이 맷돌이 기후 변화의 출발점이었다) 이후로 아무런 구속 없이 달려온 자본주의의 전진을 가로막을 수 있는 강력한 이론적 무기가 바로 기후 과학이라는 사실을, 이들은 놓치고 있다. 아테네와 마드리드, 카이로, 매디슨, 뉴욕에서 정부와 기업 엘리트의 부패를 규탄하는 시위가 이어지는 지금도, 기후 변화는 기껏해야 얕은 상처 내기 수준의 공격에 그칠 뿐 결정적인 치명타로 쓰이지 못한다.

문제의 절반은 진보주의자들이 다양한 전쟁과 조직적인 경제적·인종적 배제에 맞서 싸우느라 기후 문제는 환경 단체들이 다룰 문제라고 떠넘긴다는 데 있다. 문제의 나머지 절반은 많은 대형 환경 단체들이 비합리적인 공포심 때문에 세계화와 규제 완화, 끊임없는 성장(바로 이것이 다른 지역들에 심대한 파멸을 안기는 주역이다)을 추구하는 현시대 자본주의의 요구 등 선명히 드러난 기후 위기의 원인들에 대한 진지한 논의를 회피한다는 데 있다. 그 결과 실패한 자본주의에 맞서 싸우는 사람들과 기후 행동을 위해 싸우는 사람들은 자신들만의 고립된 성에 따로따로 들어앉아 있고, 이 두 성 사이에는 인종주의와 불평등, 환경 위기 사이의 연관성을 짚어 내면서 흔들다리로 두 성을 잇는 작지만 용맹스러운 기후 정의 운동이 있다.

* 맷돌은 공장, 즉 산업화의 은유다.

그러는 사이에도 우파는 아무런 걸림돌 없이 2008년에 시작된 세계 경제 위기를 이용해서 기후 행동이야말로 가계 생활비를 치솟게 하고 석유 채취와 새로운 송유관 건설 등 긴급히 필요한 새로운 일자리의 창출을 가로막아 경제 파멸을 초래하는 주원인이라고 몰아붙인다. 경제와 생태계 위기를 동시에 극복할 방안을 제시하는 새로운 경제 패러다임에 대한 생생한 비전을 논의하는 우렁찬 목소리는 거의 울리지 않고, 공포감을 조성하는 우파의 목소리만이 수많은 사람들의 귀를 파고든다.

과거의 실수에서 교훈을 얻기는커녕, 환경 운동의 어느 유력한 분파는 과거와 똑같은 재앙의 경로에 한층 더 바짝 다가서고 있다. 이들은 기후 문제에서 승리를 거두기 위해서는 보수적인 가치관을 가진 사람들의 입맛에 맞게 운동의 대의를 수정해야 한다고 주장한다. 이런 목소리는 생태 농업과 분산형 재생 에너지 대신에 산업형 농업과 원자력 발전을 포용하는 운동을 추구하며 신중하게 중도 노선을 유지하는 〈혁신 연구소Breakthrough Institute〉에서도 나온다. 기후 부정론의 득세를 연구하는 몇몇 학자들 역시 이런 주장을 편다. 예일 대학교의 케이헌 같은 일부 학자들에 따르면, 여론 조사에서 〈위계 서열 의식〉과 〈개인주의〉가 강하다고 분류되는 사람들은 규제 이야기만 나오면 무조건 콧방귀를 뀌지만 인간이 자연을 지배한다는 자신의 생각에 부합하는 대규모의 중앙 집중식 기술에 대해서는 쌍수를 드는 경향이 있다. 따라서 케이헌을 비롯한 여러 학자들은 환경 운동가들이 원자력과 지구공학 등의 대응 방식을 포용하면서 동시에 국가 안보 우려를 강조하는 전략을 채택해야 한다고 주장한다.

이 전략의 첫 번째 문제는 효과가 없다는 것이다. 대규모 환경 단체들은 오래전부터 기후 행동이 〈에너지 안보〉를 보장하는 수단이라는 논조를 유지해 왔지만, 미국에서 거의 유일하게 검토되는 것은 〈자유 시장 해법〉이다. 그사이에도 부정론은 여전히 기세를 떨친다. 그러나 이 접근 방식의 더 큰 문제는 부정론의 원천인 왜곡된 가치관에 도전하는 게 아니라 오히려 그것을 강화한다는 점이다. 원자력 발전과 지구공학은 생태 위기의 해결책이 아니다. 오히려 이런 위기 상황으로 우리를 몰아넣은 근시안적이고 오만한 사고를 부추기는 확장판이다.

변혁적인 사회 운동이 해야 할 일은 공황과 과대망상에 빠진 엘리트 계층의 구성원들에게 당신이 여전히 우주의 주인이라는 안도감을 심어 주는 것이 아니다. 그런 일은 할 필요가 없다. 이미 그들은 수는 적지만 막대한 권력을 행사한다. 대다수 사람들의 생각과 가치관을 바꾸는 것으로는 결코 문제를 해결할 수 없다. 수적으로는 열세인데도 막강한 영향력을 휘두르는 소수의 사람들과 이들의 무모한 세계관이 맥을 출 수 없게끔 문화를 바꿔 나가는 것이 유일한 해법이다.

기후 진영의 일부 사람들은 이런 유화 전략에 거세게 반발한다. 석유와 가스 채취 임대 계약에 대한 합의된 경매를 방해한 혐의로 유타주에서 2년 징역형을 선고받은 활동가 팀 드크리스토퍼Tim DeChristopher는 기후 행동이 경제를 뒤엎을 거라는 우파의 주장에 대해 한 인터뷰에서 이렇게 논평했다. 〈우리는 이런 비난을 기꺼이 떠안아야 한다. 우리가 원하는 것은 경제를 무너뜨리는 게 결단코 아니다. 우리는 경제를 뒤엎어 다시 세우기를 원한다. 우리가 바꾸려 하는 것에 관한 우리의 비전, 우리가 만들고 싶은 건강하고 공정한 세계에 대한 비전을 숨기지 말아야 한다. 우리가 바라는 것은 작은 변화가 아니다. 우리는 경제와 사회의 철저한 개조를 원한다.〉 그는 이렇게 덧붙였다. 〈일단 비전을 이야기하기 시작하면 우리는 예상보다 훨씬 많은 동맹을 찾게 될 것이다.〉

드크리스토퍼가 심도 깊은 경제 변혁을 요구하는 운동과 기후 운동이 결합한 비전을 언급했을 때, 대부분의 사람들은 그 말을 백일몽 같은 이야기라고 여겼을 것이다. 하지만 지금에 와서 보니, 그의 말은 예언이었다. 수많은 전선에서 대단히 많은 사람들이 현실에서는 물론이고 정신적으로도 이런 식의 심도 깊은 변혁을 갈망해 왔음이 드러나고 있다.

게다가 새로운 정치적 연계는 이미 형성되고 있다. 〈열대우림 액션 네트워크The Rainforest Action Network〉는 석탄 산업의 자금줄 역할을 하는 뱅크오브아메리카를 겨냥해 활동하면서, 담보 주택 압류 문제와 관련해서 같은 은행을 겨냥하는 〈점령하라Occupy〉 활동가들과 공동 전선을 펴고 있다. 프래킹 반대 운동 활동가들은 석유와 가스를 계속 뽑아내기 위해서 지구의 암반을 깨부수는 행동과, 수익을 계속 짜내기 위해서 사회의 기반을 깨부수는 행동이 동일한 경제 모델에 기초를 둔 것이라고 지적했다.

다음으로 키스톤 XL 송유관에 반대하는 역사적인 운동이 있다. 올 가을에 이 운동은 로비스트들의 사무실에 묻혀 있던 기후 운동을 거리로(그리고 감옥으로) 이끌어 내는 데 결정적인 기여를 했다. 키스톤 반대 운동 활동가들은 민주주의를 짓밟는 기업의 행보를 우려하는 사람들이 보아야 할 것은 딱 한 가지라고 말한다. 더러운 타르샌드를 수송하는 송유관이 미국에서 가장 민감한 땅 밑을 관통하는데도, 미국 국무부가 이 송유관이 〈환경에 미치는 영향은 제한적일 것〉이라고 결론짓게 한 부패 과정 하나만 보면 충분하다는 것이다. 350.org의 활동가 필 아로나누는 〈월 스트리트가 오바마 정부의 국무부와 의사당을 점령한다면 이제는 시민이 월 스트리트를 점령할 때〉라고 말했다.

이제 이런 연계는 기업 권력에 대한 비판의 공유를 넘어서고 있다. 〈점령하라〉 운동 참여자들이 주변의 모든 것을 짓밟아 뭉개는 경제를 대체하기 위해 어떤 경제를 건설해야 하는가를 자문하기 시작하면서, 많은 사람들이 최근 10여 년 사이에 뿌리를 내린 친생태적인 대안 경제의 네트워크에서 희망의 불씨를 발견하고 있다. 지역 사회가 통제하는 재생 에너지 프로젝트, 지역 사회가 지원하는 농업과 농민 직영 상점, 중산층을 살리는 지역 경제 활성화 프로젝트, 그리고 협동조합 부문이 대표적인 예다.

이런 경제 모델들은 일자리를 창출하고 지역 사회를 살리면서 온실가스 배출을 줄일 뿐 아니라, 권력을 체계적으로 분산시킨다. 경제 분권화는 〈1퍼센트에 의한, 1퍼센트를 위한 경제〉와 완전히 상반되는 경로다. 사우스브롱크스주의 〈친생태적 노동자 협동조합〉의 설립에 참여했던 오마르 프릴라는 내게 말하길, 광장과 공원에서 경제 긴축 반대 시위를 벌이는 수천 군중과 함께 직접 민주주의를 체험한 경험이 사람들에게 〈예전에는 있는 줄도 몰랐던 근육을 움직이는 느낌〉을 주었다고 했다. 이제 사람들은 집회뿐만 아니라 지역 사회 정책을 입안할 때도, 그리고 일터에서도 더 많은 민주주의를 기대한다고 그는 덧붙였다.

한 마디로 문화적 가치관의 변화가 일어나고 있다. 정책을 바꾸는 일에 나선 젊은 활동가들은 경제 위기를 빚어낸 원인인 흉포한 탐욕과 개인주의라는 근본 가치에 맞서 싸우지 않고는 결코 정책을 바꿀 수 없다는 것을 잘 안다. 문화적 가치관의 변화는 대단히 가시적인 경로, 즉 사람을 대하는 태도와, 자연 세계와 관계를 맺는 태도의 근본적인 변화를 통해 점점 구체화되고 있다.

문화적 가치관을 바꾸려는 이런 의도적인 시도는 생활 속의 정치 참여와는 전혀 다른 것이고, 〈진짜〉 투쟁에 대한 관심을 분산시키는 요인도 아니다. 만인이 평등하다는 확고한 믿음과 깊은 공감 능력은 이미 우리 앞에 펼쳐지는 피할 도리가 없는 험난한 미래에 인도주의와 야만을 가르는 유일한 기준이 될 것이다. 우리를 상대로 확정된 최종 기한을 선포한 기후 변화야말로 이처럼 급격한 사회적·생태적 전환을 촉발하는 촉매가 될 수 있다.

문화는 결국 유동체다. 문화는 변할 수 있다. 문화 변화의 사례는 우리 역사의 곳곳에서 찾을 수 있다. 허틀랜드 컨퍼런스 참가자들은 이 사실을 알고 있고, 그 때문에 자신들의 세계관이 지구상의 생명체에게 위협이 된다는 것을 입증하는 산더미 같은 증거들을 감추기로 마음먹은 것이다. 이들을 제외한 우리 모두가 해야 할 과제는, 동일한 증거를 기반으로 삼아 이들과는 완전히 상반되는 세계관이 우리를 구원할 수 있다는 믿음을 가지는 것이다.

---

1 그 후로 이 비율은 반등했고, 2019년 초에 빠르게 상승했다. 2019년 1월 미국 기
  후 변화 커뮤니케이션에 관한 예일대 연구팀의 연구 결과에 따르면, 미국인의
  72퍼센트가 기후 변화가 〈개인적으로 중요하다〉고 대답했는데, 이 비율은
  2018년 3월 이후로 9포인트나 증가한 것이다. 또한 미국인의 과반수가 기후 변
  화가 주로 인간의 활동에 의해 야기된다는 것을 이해하고 있었다. 연구에 따르면,
  〈미국인의 거의 절반(46퍼센트)이 지구 온난화의 영향을 개인적으로 직접 체험
  했다고 답했는데, 이는 2015년 3월 이후 15포인트 증가한 수치다〉. 또한 주목할
  것은 퓨 리서치의 2017년 여론 조사 결과 미국인의 65퍼센트가 비화석연료 에너
  지원의 사용을 확대하는 정책을 지지했고, 화석연료 사용을 늘리는 정책을 지지
  하는 비율은 27퍼센트에 불과했다는 점이다.

2 정파에 따른 차이는 여전히 극명히 나타난다. 보수 공화당원 중 26퍼센트만이 기
  후 변화에 대한 과학계의 합의를 믿는다. 그러나 예일대의 한 연구에 따르면, 자
  칭 자유주의자 혹은 공화당 중도파 가운데 55퍼센트는 인류가 지구 온난화에 영
  향을 미치고 있음을 인정하는 등 기후 변화 부정론이 크게 후퇴하는 추세다.

3 이것이 최근의 모든 변화 중 가장 큰 변화일지 모른다. 2019년 초 퓨 리서치 센터
  의 여론 조사에 따르면, 미국 유권자의 44퍼센트가 기후 변화를 최우선순위로 둬
  야 한다고 생각했다. 2011년의 26퍼센트에서 크게 오른 수치다. 가장 주목되는
  변화는 2019년 4월 CNN에서 실시한 여론 조사 결과였다. 이 조사는 대통령 경
  선을 앞둔 현재 상황에서 민주당 등록 유권자들의 최고 관심사가 기후 변화라는
  점을 보여 주고 있으며, 심지어 이 주제에 관한 관심도는 헬스 케어 문제보다 더
  높다.

4 컬럼비아 대학의 글로벌 에너지 정책 센터는 최근에 나타난 고무적인 동향을 지
  적하고 있다. 중국은 풍력, 태양력, 수력 발전 분야에서 세계적인 선두주자로 나
  서고 있다. 꾸준히 증가하던 석탄 소비는 2017년에 3~4퍼센트 감소했다. 중국에
  서는 유독성 대기 오염에 대한 대중적 분노 때문에 많은 석탄 발전소가 폐쇄되고
  많은 신규 석탄 발전소 건설이 백지화되었지만, 중국은 다른 나라에서 신규 발전
  소 100개를 짓는 일에 관여하고 있다는 보고가 있다. 다시 말해 북미와 유럽이 제
  조업을 중국으로 아웃소싱하면서 온실가스 배출량의 상당 부분을 중국으로 넘긴
  것처럼, 지금 중국은 온실가스 배출량의 일부를 세계 각지의 가난한 지역들로 떠

넘기고 있다.

5   이것은 중요한 문제다. 2014년 『기후 변화 *Climate Change*』에 발표된 한 연구에 따
    르면, 사회학자 로버트 브룰Robert Brulle이 명명한 〈기후 변화 반박 운동〉에 가세
    하는 부정론을 지지하는 싱크탱크들과 여러 단체들은 여러 가지 우파의 대의를
    옹호하는 활동의 대가로 매년 9억 달러 이상의 돈을 모으고 있는데, 그 대부분이
    보수적인 재단들이 추적하기 힘든 경로를 통해 지원하는 일종의 〈검은 돈〉이다.

3
지구공학 시험대에 오른 바다

지구의 기본적인 생명 부양 시스템을 주물럭거리는 일을 시작하기 전에 먼저 우리 자신의 행동을 바꾸는 편이 더 낫지 않을까? 화석연료 사용을 줄이는 것이 급선무 아닐까?

2012년 10월

나는 거의 20년 동안 브리티시컬럼비아주의 험준한 바위투성이 해안 선샤인코스트에서 많은 시간을 보냈다. 몇 달 전에 나는 이곳에서 잊지 못할 경험을 했다. 내가 이곳을 사랑하는 이유, 그리고 세계에서도 사람이 많이 살지 않는 바로 이곳에서 아이를 낳기로 결심한 이유를 상기시켜 준 경험이었다.

어느 날 새벽 5시에 남편과 나는 3주 된 아들을 돌보느라 깨어 있었다. 멀리 바다를 보니 우뚝 솟은 검은 등지느러미 두 개가 보였다. 범고래였다. 다시 두 마리가 더 모습을 나타냈다. 해안에서 몇 미터 떨어진 곳에서 범고래를 본 건 이번이 처음이었다. 잠이 덜 깬 때라서 그랬는지, 우리는 기적 같다는 생각을 했다. 범고래의 희귀한 방문을 놓치지 말라고 아기가 일부러 우리를 깨운 것만 같았다.

내가 이 광경을 보게 된 것이 뜻밖의 기적과는 무관한 요인에서 비롯한 결과인지도 모른다고 생각하게 된 것은, 우리가 범고래를 보았던 곳에서 수백 킬로미터 거리에 있는 하이다과이 군도에서 이상한 바다 실험이 있었다는 기사를 읽었을 때였다.

러스 조지라는 미국인 사업가가 대여한 어선에 싣고 간 철분 120톤을 그곳 바다에 몽땅 쏟아부었다. 식물성 플랑크톤 번식을 촉진해 탄소를 대량으로 빨아들이게 해서 기후 변화 완화에 일조하겠다는 것이 그의 계획이었다.

지구 온난화의 영향을 줄이기 위해 위험성이 높은 대규모 기술을 동원해 바다와 하늘을 근본적으로 변화시키는 방법을 옹호하는 지구공학 지망자들이 갈수록 늘어 간다. 러스 조지도 그중 한 명이다. 현재 검토되고 있는 지구공학적 전략에는, 플랑크톤의 먹이가 되는 철분을 바다에 투입하겠다는 조지의 계획 외에도, 황산염 에어로졸을 대기 상층에 분사해 대규모 화산 폭발에 따른 냉각 효과를 모방하겠다는 계획, 그리고 우주로 반사되는 태양 광선의 양이 늘어나도록 구름을 〈표백〉하는 계획도 포함된다.

이 계획들은 엄청난 위험을 안고 있다. 해양 철분 투입은 생명체가 전혀 살 수 없는 데드존의 형성과 유독성 물질의 확산을 일으킬 수 있다. 또한 여러 시뮬레이션 예측에 따르면, 화산재로 인한 냉각 효과를 모방하는 방법은 아시아와 아프리카에서의 몬순 활동을 방해해 수십억 인구의 물과 식량 안보를 위협할 가능성이 있다.

이제껏 이런 제안들은 대개 컴퓨터 모델과 과학 논문이 다루는 유용한 소재에 국한되어 있었다. 그런데 조지가 해양 실험을 벌인 뒤로, 지구공학은 과감하게 실험실을 벗어나고 있다. 해양 실험에 대한 조지의 설명을 사실로 받아들인다면, 그의 행동은 매사추세츠주의 절반 크기의 지역에 식물성 플랑크톤을 대량 번식하게 해서 그지역 전역으로부터 수십 마리의 고래를 포함한 수많은 수생 생물을 불러들였다.

고래에 대한 정보를 읽다 보니 문득 궁금증이 일었다. 범고래들이 북쪽으로 이동해 가는 걸 보았는데, 그 범고래들은 조지의 철분 투입 덕분에 형성된 대량의 먹이를 좇아서 가는 길이었을까? 그럴 가능성은 거의 없지만, 그 가능성은 지구공학의 충격적인 영향을 어렴풋이나마 엿보게 해준다. 태양 광선을 차단하는 방식으로든 바다에 영양분을 투입하는 방법으로든, 인간이 지구 기후 시스템에 의도적으로 간섭하기 시작하면 모든 자연적인 사건들에서 부자연스러운 기미가 나타날 수 있다. 자칫하면 이동 패턴의 주기적인 변화로 여겨졌을 어떤 부재에서, 혹은 기적 같은 선물처럼 느껴졌던 어떤 현상의 출현에서 우리는 불길한 기운을 느끼게 될 수도 있다. 마치 자연의 모든 것이 막후에 있는 누군가의 손에 의해 조작되는 듯한 느낌에 사로잡힐지도 모른다.

대부분의 뉴스 보도들이 러스 조지에게서 〈사이비〉 지구공학자라는 특징을 잡아낸다. 그러나 2년 동안 이 주제를 연구해 온 나의 입장에서는 우려스러운 게 따로 있다. 훨씬 더 진지한 과학자들이 훨씬 더 두둑한 돈주머니의 지원을 받아 가며, 지구상의 생명체를 부양하는 복잡하고 예측할 수 없는 자연 시스템을 적극적으로 조작할 태세를 취하고 있다는 점이다.

2010년 미국 의회 과학우주기술위원회 의장은 지구공학 연구를 활성화하라고 권고했다. 영국 정부는 이 분야에 공적 자금을 투입하기 시작했다. 빌 게이츠는 수백만 달러를 지구공학 연구 사업으로 돌렸다.[1] 또한 그가 투자한 인텔리전트 벤처스는 최소한 두 개 이상의 지구공학 도구를 개발하는 중이다. 그중 하나인 〈성층권 방패 StratoShield〉는 헬륨 풍선을 이용해 30킬로미터 길이의 호스를 하늘에 띄우고 이 호스로 황산염 입자를 분사해 태양 광선을 차단하는 도구이고, 다른 하나는 허리케인의 위력을 무디게 할 용도로 개발 중인 도구다.

지구공학이 지닌 매력을 이해하기는 어렵지 않다. 지구공학은 단 한 방의 기후 변화 해법만으로 자원을 탕진하는 기존의 생활 방식을 무한정 지속할 수 있다는 매혹적인 약속을 내세운다. 그런데 그다음에 이어지는 것은 불안감이다. 요즘에는 일주일이 지날 때마다 무서운 기후 관련 뉴스가 점점 늘어난다. 빙하가 예상보다 더 빨리 녹아내린다는 보도부터 해양 산성화가 예상보다 더 빨리 진행된다는 보도까지. 게다가 배출량은 여전히 치솟고 있다. 이런 판국에 실험실에서 과학자들이 즉흥적으로 만들어 낸, 〈비상시에는 창문을 깨뜨리면 됩니다〉라는 식의 해법에 많은 이들이 희망을 거는 게 뭐 그리 놀라운 일일까?

하지만 불량한 지구공학자들이 활개를 치는 지금이야말로, 잠깐 멈춰 서서 지구공학적 해법을 따라갈 것인가를 두고 집단적인 성찰을 하기에 딱 좋은 시점이다. 왜냐고? 지구공학 자체가 불량한 제안이기 때문이다. 문자 그대로, 지구적인 규모에서 해양과 대기의 화학적 조성을 조작하는 기술은 만인에게 영향을 미친다. 하지만 이런 개입에 대해서 만장일치의 동의, 아니 그 비슷한 것을 이끌어 내기란 불가능하다. 또한 우리는 지구를 개조하는 이런 기술이 실제로 실행되기 전까지는 이와 관련해서 빚어질 수 있는 모든 위험을 알지 못하며, 또 알 수도 없다. 따라서 만장일치로 동의 결정을 내려야 할 때 우리가 반드시 확보해야 하는 정보를 제공받을 가능성 또한 전혀 없다.

유엔 기후 협정은 기후 변화가 본질적으로 인류 공동의 문제인 만큼 모든 나라가 단합된 대응에 동의해야 한다는 전제 아래 진행되어 왔다. 그사이에 지구공학은 전혀 다른 가능성을 내놓고 있다. 10억 달러도 안 되는 돈만 있어도, 〈뜻이 맞는 국가들의 연합체〉나 어떤 한 나라, 심지어는 어떤 부자 한 사람이 직접 기후를 주무르겠다는 결정을 내릴 수 있다는 이야기다. 환경 감시 단체인 ETC 그룹의 짐 토머스는 이 문제를 이렇게 분석한다. 「지구공학의 메시지는 바로 이겁니다. 우리는 그냥 일을 벌일 거야. 그러니 당신들은 그 영향을 떠안고 살아.」

가장 두려운 것은, 여러 모델들이 내놓는 예측에 따르면 이미 기후 변화의 영향에 몹시 취약한 상황에 처해 있는 사람들이 이 기술로 인해 가장 큰 피해를 입게 될 거라는 점이다. 아시아와 아프리카에 가뭄을 일으킬 현실적인 가능성이 있음에도 불구하고, 북미권 국가들이 자국에서 재배하는 옥수수를 구하겠다는 기대감에서 성층권에 황산염을 투입해 태양 입사 에너지의 강도를 약화시키기로 결정하는 상황을 상상해 보라. 요컨대 지구공학은 우리에게 (또는 우리 중 일부에게) 가상의 스위치를 한 번 딸깍거리는 것만으로도 수많은 사람들을 희생 지대로 몰아넣을 힘을 실어 줄 것이다.

그로 인해 빚어질 지정학적 파장은 오싹거리는 공포감을 불러일으킨다. 예전에는 기상 이변이 발생하면 〈신이 하는 일〉이라고 여겼지만, 요즘에는 기상 이변(3월에 발생하는 기이한 폭염이나 겨울이 코앞으로 다가온 핼러윈에 찾아오는 괴물 폭풍)이 기후 변화의 영향인지 신이 하는 일인지 분별하기 어려운 상황이 되었다. 그런데 만약 우리가 탄소를 빨아들이겠다고 일부러 바다를 녹조로 뒤덮고, 태양빛을 막겠다고 하늘을 희뿌옇게 표백하는 식으로 지구의 온도 조절 장치를 주물럭거리기 시작한다면, 우리의 영향력은 새로운 차원을 맞게 될 것이다. 예컨대 인도에서 가뭄이 발생하면 지구 반대편의 지구공학자들이 이 지역에 해마다 찾아와 비를 뿌려 주는 몬순을 가지고 못된 장난을 쳐서 일어난 일이라는 해석이 나올지도 모른다. 한 술 더 떠서, 과거에 겪었던 불행까지도 누군가의 악의적인 음모나 제국주의의 공격이라는 해석이 나올 수도 있다.

그뿐 아니라 정서적 반응을 불러일으켜 인생을 바꾸어 놓는 결과가 빚어질 수 있다. 이번 봄에 『지구물리학 리서치 레터*Geophysical Research Letters*』에 발표된 연구에 따르면, 태양빛을 약화시키기 위해 성층권에 황산염 에어로졸을 투입하면 하늘은 더 희어지고 훨씬 더 밝아질 뿐만 아니라, 훨씬 더 강렬한 〈화산성〉 일몰이 우리 눈을 물들일 것이다. 우리는 그 초현실적인 하늘을 보며 어떤 감정을 갖게 될까? 그런 하늘을 보는 우리 마음에는 경외심이 넘칠까, 아니면 막연한 불안감이 스며들까? 올여름 우리 가족이 겪었던 것처럼, 아름다운 야생 생물들이 뜻하지 않게 우리 앞에 나타났을 때도 우리는 똑같은 감정을 느끼게 될까? 빌 맥키번Bill McKibben은 널리 알려진 기후 변화에 관한 책에서, 우리가 〈자연의 종말〉을 향해 가고 있다고 경고했다. 지구공학의 시대가 오면 우리는 기적의 종말을 향해 가는 자신을 발견하게 될지도 모른다.

지구공학이 막대한 양의 플랑크톤을 대량 번식시키는 방법보다 훨씬 더 큰 규모로 실험실 밖 실험을 하겠다고 위협하는 이때, 우리는 현실적인 질문을 던져야 한다. 지구의 기본적인 생명 부양 시스템을 주물럭거리는 일을 시작하기 전에 먼저 우리 자신의 행동을 바꾸는 편이 더 낫지 않을까? 화석연료 사용을 줄이는 것이 급선무 아닐까?

경로를 바꾸지 않는 한, 앞으로 우리는 러스 조지 류의 태양 차단 기술자와 돌팔이 바다 개조 기술자에 관한 보도를 더 많이 듣게 될 것이다. 조지는 바다에 철분을 쏟아붓는 위업을 통해 해양 비옥화에 관한 논문을 검증하는 것 이상의 성과를 올렸다. 즉 향후 지구공학 실험에 쓸 수 있도록 바다를 시험대에 올려놓은 것이다. 여론의 미적지근한 반응으로 미루어 볼 때, 조지의 실험이 거둔 결과는 명확하다. 요컨대 지구공학자들의 앞길은 탄탄대로이고, 신중함 따위는 물 건너간 거다.

1 빌 게이츠는 하버드 대학교 소속의 한 연구 그룹의 후원자다. 이 그룹은 2019년에 성층권에 에어로졸을 살포하는 획기적인 현장 실험을 시도할 것이라고 발표했는데, 이 계획은 상당한 논란을 불러일으키면서 여러 차례 보류되었다. 저명한 기후학자 케빈 트렌버스Kevin Trenberth는 〈태양 광선을 차단하는 지구공학〉은 온실가스 감축 실패의 〈대안이 아니다〉라고 말했다. 〈태양 복사 입사량을 줄이는 방법은 날씨와 수문학(水文學)적 순환에 영향을 미친다. 가뭄을 촉진하고, 여러 가지 상황을 불안정하게 만들고, 전쟁을 일으킬 수도 있다. 부작용이 많을 뿐 아니라, 우리 모델들은 결과를 예측할 수 있을 정도로 우수하지 않다.〉

4

정치 혁명만이 유일한 희망이라고
과학이 말할 때

이 과학자들은 대부분 조용히 빙하 코어의 상태를 계측하고, 지구 기후 모델을 운영하고, 해양 산성화를 연구하는 일에만 몰두하고 있었다. 그러다가 〈자신도 모르는 사이에 자신이 정치적·사회적 질서를 뒤흔들고 있다〉는 것을 깨닫게 되었다.

2013년 10월

2012년 12월, 샌프란시스코 미국 지구물리학회 추계 회의장을 가득 메운 2만 4천 명의 지구과학자와 우주과학자 사이로 분홍색으로 머리를 물들인 복잡계 연구자 브래드 워너Brad Werner가 지나갔다. 그해 회의에는 저명한 인사들이 대거 참석했다. 우주 탐사 위성 보이저 프로젝트의 에드 스톤은 성간 우주 탐사와 관련한 획기적인 계획을 설명했고, 영화감독 제임스 캐머런은 자신이 진행하는 심해 탐사에 대해 이야기했다.

그러나 참가자들의 호응이 가장 뜨거웠던 것은 브래드 워너의 강연이었다. 강연 제목은 「지구는 만신창이가 되었는가?」였다(완전한 제목은 「지구는 만신창이가 되었는가? 지구 환경 관리의 역학적 무용성과 직접 행동을 통한 지속 가능한 환경 확보의 가능성」이다).

캘리포니아 대학 샌디에이고 캠퍼스의 지구물리학 교수이기도 한 브래드 워너는 이 질문에 답하기 위해 자신이 사용해 온 첨단 컴퓨터 모델을 청중 앞에서 시연했다. 시스템 경계, 섭동, 소산, 끌개, 분기 등 그는 복잡계 이론에 문외한인 사람들은 거의 알아들을 수 없는 숱한 용어들을 늘어놓았다. 하지만 그가 말하려는 요지는 분명했다. 요컨대 세계 자본주의에 의해 자원은 신속하고 편리하며 거침없이 소모되었고, 그에 따라 〈지구-인간 시스템〉은 불안정하고 위험한 상황으로 내몰리고 있다는 것. 어느 언론인이 워너에게 〈지구는 만신창이가 되었는가?〉란 질문에 대한 분명한 대답을 재촉하자, 그는 전문 용어를 쓰지 않고 대답했다. 〈대체로 그렇다〉라고.

그러나 이 모델에는 조금이나마 희망을 주는 동력이 포함되어 있었다. 브래드 워너는 그것을 〈저항〉, 즉 〈자본주의 문화와 부합하지 않는 역학을 채택한 사람 혹은 집단들〉의 운동이라고 표현했다. 발표문 개요에 따르면, 여기에는 〈환경 운동의 직접 행동, 즉 원주민, 노동자, 무정부주의자, 기타 행동 집단들이 벌이는 항의 시위, 봉쇄 활동, 사보타주 등 지배적인 문화권 밖에서 진행되는 저항〉이 포함된다.

중요한 과학자 모임에서는 직접적인 행동과 사보타주는 말할 것도 없고, 대규모 정치적 저항의 필요성이 부각되는 일이 거의 없다.

물론 그 당시에 브래드 워너는 그런 것들이 필요하다고 콕 집어서 말하지는 않았다. 다만 그는 노예제 폐지 운동, 시민권 운동, 또는 월가 점령 운동과 같은 맥락에서 진행되는 대중 봉기야말로 통제를 벗어나 질주하는 경제 기계에 〈마찰〉을 불러일으켜 그 작동을 둔화시킬 가장 유력한 요인이라고 말했을 뿐이다. 그의 말에 따르면, 과거의 사회 운동은 〈지배적인 문화의 진전 방식에 (⋯⋯) 막대한 영향을 미쳐 왔다〉. 따라서 〈만일 지구의 미래, 그리고 지구와 연결된 우리의 미래를 생각한다면 우리는 저항을 이런 역학의 일부에 포함시켜야 한다〉. 또한 워너는 이것이 옳고 그름을 따지는 문제가 아니라 〈틀림없는, 지구물리학의 문제〉라고 말했다.

많은 과학자들이 자신들의 연구 결과에 고무되어 거리로 나와 행동하고 있다. 물리학자, 천문학자, 의학자, 생물학자들이 핵무기, 원자력, 전쟁, 화학물질 오염에 반대하는 운동의 최전선에 나서고 있다. 2012년 11월, 『네이처』에는 투자가이자 환경주의 자선가인 제러미 그랜덤Jeremy Grantham의 논평이 실렸는데, 이 글에서 그는 기후 변화야말로 〈한 사람의 목숨을 위협하는 위기일 뿐만 아니라 우리 종의 존재 위기〉이므로 과학자들은 이런 전통에 동참하고 〈필요하다면 체포를 감수하라〉고 촉구했다.

이런 식의 설득이 전혀 필요치 않은 과학자들도 있다. 현대 기후 과학의 대부격인 제임스 핸슨James Hansen은 산정 폭파 채탄광과 타르샌드 송유관에 반대하는 활동을 하다 예닐곱 번이나 체포된 경력이 있다(올해 그가 미국 항공우주국 일을 그만두기까지 한 것은 이런 활동에 시간을 더 투자하기 위해서였다). 나는 2년 전에 백악관 앞에서 키스톤 XL 타르샌드 송유관 반대 시위를 하다 체포되었는데, 그날 체포된 166명 중에 빙하학자 제이슨 박스Jason Box도 있었다. 그는 그린란드의 빙상 용융을 전문적으로 연구하는 세계적으로 유명한 학자다. 제이슨 박스는 당시에 이렇게 말했다. 〈동참하지 않으면 내 자존심이 무너질 것 같았다. 이 문제에 관한 한 투표만으로는 충분치 않다고 생각한다. 나도 한 사람의 시민으로서 동참해야만 한다.〉

이들의 행동은 칭찬받을 만한 일이다. 그러나 브래드 워너가 자신의 모델을 이용해 하는 일은 성격이 전혀 다르다. 워너가 하려는 이야기는 자신의 연구를 통해 확인한 사실 때문에 특정한 정책을 막기 위한 행동에 나서게 되었다는 게 아니다. 그가 하려는 이야기는 자신의 연구를 통해 우리 경제 전체의 패러다임이 생태계의 안정을 위협하고 있음을 확인했고, 더 나아가 이런 경제 패러다임에 대항하는 대중 운동이라는 반대 압력만이 인류가 재앙을 피할 수 있는 최선의 기회임을 확인했다는 것이다.

그는 아주 힘든 일을 하고 있다. 하지만 그는 혼자가 아니다. 워너는 자연 시스템, 특히 기후 시스템의 불안정성에 대한 연구를 통해 변혁적인 결론, 혁명적이기까지 한 결론에 도달한 과학자 그룹의 일원이다. 이 그룹은 규모는 작지만 그 영향력이 나날이 커지고 있다. 현재의 경제 질서를 이탈리아의 연금 수급자들이 자택에서 스스로 목을 맬 가능성을 조금이라도 낮출 수 있는 경제 질서로 대체하는 것을 꿈꿔 본 적이 있는 사람들이라면, 이 과학자들의 연구에 특히 관심을 가져야 한다. 이들의 연구는 공정성을 강화하기 위해 현재의 잔인한 제도를 폐기하는 것이 더 이상 이념적 선호의 문제가 아니라, 종 전체의 실존을 보장하는 필수 전제라는 것을 확증하고 있으니 말이다.

새로운 과학으로 무장한 이들 혁명가 그룹의 선두에 선 사람이 바로 영국의 유력한 기후 전문가이자 영국의 주요 기후 연구 기관으로 빠르게 부상한 틴들 기후변화연구소의 부소장인 케빈 앤더슨Kevin Anderson이다. 앤더슨은 10여 년이 넘는 세월 동안 국제 발전부에서 맨체스터시 의회에 이르기까지 정치인, 경제학자, 기후 활동가들을 상대로 최근 기후과학계가 합의한 내용을 꾸준히 설명해 왔다. 그는 명쾌하고 이해하기 쉬운 용어를 써서, 대부분의 정부들이 재앙을 피할 수 있을 거라고 합의한 섭씨 2도 이내로 기온 상승을 억제한다는 목표를 실현할 수 있는 엄격한 온실가스 배출량 감축 경로를 제시했다.

최근 들어 앤더슨은 예전보다 훨씬 더 걱정스러운 내용을 담은 논문과 슬라이드를 내놓는다. 그는 〈위험 수준을 넘은 기후 변화 (……) 무서운 수치와 희박한 희망〉 같은 제목의 논문들을 통해 안전한 수준으로 기온이 유지될 확률이 급감하고 있다고 주장한다.

앤더슨은 같은 연구소에서 일하는 기후 변화 완화 전문가인 앨리스 바우스Alice Bows와 함께, 정치계의 지연술과 미약한 기후 정책 때문에 이미 많은 시간을 허비했고 그사이에 세계의 소비와 온실가스 배출량은 계속해서 팽창해 왔으며, 따라서 이제는 GDP 성장을 최우선순위로 놓는 근본주의 논리에 정면으로 도전하는 급격한 온실가스 감축을 시행해야 한다고 지적한다.

앤더슨과 바우스에 따르면, 자주 인용되는 장기적인 온실가스 감축 목표, 즉 2050년까지 온실가스 배출량을 1990년 수준의 80퍼센트 미만으로 감축한다는 목표는 순전히 정치적 편의에 따라 결정된 것일 뿐 〈아무런 과학적 근거〉가 없다. 기후 충격은 오늘과 내일 배출되는 온실가스뿐 아니라, 오랜 세월에 걸쳐 대기 중에 쌓인 누적 배출량에서 비롯하기 때문이다. 또한 탄소를 급격히 줄이기 위해 지금 당장 할 수 있는 일에 초점을 맞추는 대신에 앞으로 수십 년 뒤의 목표에 집중하게 되면 앞으로도 몇 년 동안 계속해서 배출량이 늘어날 것이고 결국 〈탄소 예산〉이 바닥나 이번 세기 후반에 우리는 대단히 난감한 상황에 직면하게 될 위험성이 아주 높다고 그들은 경고한다.

그들의 주장에 따르면, 국제적으로 합의된 섭씨 2도 억제 목표를 달성하고자 한다면 선진국 정부들은 지금 당장 연간 8~10퍼센트 감축을 목표로 하는 정책을 실시해야 하고, 공정성 원칙을 존중하는 감축 목표를 달성하려면 훨씬 더 대대적인 감축을 훨씬 더 빨리 진행해야 한다.

앤더슨과 바우스를 비롯한 많은 사람들이 경고하는 바에 따르면, 2도 억제 경로는 이미 막대한 피해를 수반하는 일련의 기후 충격을 야기하고 있으며, 따라서 1.5도 억제 경로를 따르는 게 훨씬 더 안전하다. 그런데 50퍼센트의 확률로라도 2도 목표를 달성하려면 선진국들은 해마다 온실가스 배출량을 약 10퍼센트씩 줄여야 하고 (1.5도 목표를 달성하려면 훨씬 더 많이 줄여야 한다), 그것도 지금 당장 시작해야만 한다. 한 술 더 떠서, 앤더슨과 바우스는 대규모 환경 단체들이 지지해 온 온건한 탄소 가격 제도나 친환경 기술을 가지고는 이 목표를 충족할 수 없다고 말한다. 이러한 수단 역시 확실히 도움이 되긴 하겠지만, 그것만으로는 충분하지 않다. 석탄 연료에 의존하는 경제가 출범한 이후로 여러 해에 걸쳐 꾸준히 10퍼센트씩 온실가스 감축이 이루어진 적은 인류 역사에서 거의 전례를 찾아보기 힘들다. 경제학자 니컬러스 스턴Nicholas Stern은 2006년 영국 정부에 제출한 보고서에서 〈역사적으로 살펴보면, 경제 침체나 경제 격변과 관련해서만〉 연간 1퍼센트를 넘어서는 감축이 이루어졌다고 언급했다.

소련이 무너진 뒤에도 대규모 감축이 여러 해에 걸쳐 이루어진 적은 없었다(과거 소련에 속했던 나라들은 총 10년에 걸쳐 약 5퍼센트의 감축을 경험했다). 2008년 금융 위기 때도 대규모 감축은 일어나지 않았다(부유한 나라들은 2008년에서 2009년 사이에 약 7퍼센트의 온실가스 감축을 경험했다. 그러나 2010년에 이 나라들에서는 배출량이 크게 반등했고, 중국과 인도의 배출량은 계속해서 상승했다). 1929년 대공황 직후 미국이 몇 년 연속 연간 10퍼센트가 넘는 탄소 배출량 감축을 겪었던 것이 대량 감축의 유일한 사례다. 그러나 대공황은 현대에 발생한 최악의 경제 위기였다.

이런 재앙을 겪지 않고 과학에 근거한 배출량 감축 목표를 달성하려면 〈미국, 유럽연합 등 여러 부자 나라들이 급격하고도 즉각적인 역성장 전략〉을 채택해 탄소 감축을 신중하게 관리해야 한다고 앤더슨과 바우스는 설명한다. 좋은 이야기다. 인간과 생태계에 미칠 파급력을 고려하지 않은 채 소득 성장을 최우선시하는 현재의 경제 시스템, 신자유주의 정치권이 시장이라는 보이지 않는 손에 모든 것을 맡기자면서 문제를 관리할 책임을 완전히 방기하는 현재의 경제 시스템이 아닌 한, 이것은 좋은 해답이다.

요컨대 그들의 핵심 주장은 아직은 재앙적인 온난화를 피할 시간이 남아 있긴 하지만 현재와 같은 자본주의의 규칙 안에서는 재앙적인 온난화를 피할 길이 없다는 것이다. 이들의 주장은 지금까지 제기된, 현재의 자본주의 규칙을 바꿔야 한다는 주장 가운데 최고의 논거일지도 모른다.

앤더슨과 바우스는 2012년에 영향력 있는 과학 저널 『자연 기후 변화Nature Climate Change』에 실린 어느 에세이에서, 기후 변화가 인류에게 어떤 종류의 변화를 요구하는가에 대해 솔직히 말하지 않은 많은 동료 과학자들에게 도전장을 던졌다. 그들의 글은 여기에 길게 인용해도 손색이 없는 글이다.

온실가스 배출 시나리오를 개발하는 과정에서, 과학자들은 자신의 분석 결과가 품은 의미를 반복적으로, 또한 심각하게 과소평가한다. 〈2도 상승 억제〉가 〈불가능하다〉라는 표현은 〈어렵긴 하지만 가능하다〉로 바뀌고, 〈긴급하고 급진적인〉이란 표현은 〈대단한 노력을 필요로 하는〉으로 바뀐다. 이 모든 게 경제의 신(더 정확히 말하면, 금융의 신)을 달래려는 의도에서 비롯한 일이다. 예를 들어 경제학자들이 정해 놓은 배출량 감축 속도의 최대한도를 넘어서지 않기 위해서, 배출량이 〈어처구니없을 만큼〉 이른 시기에 줄어들기 시작할 거라는 가정과 〈대규모〉 엔지니어링과 저탄소 기간 시설의 구축 속도에 대한 순진하기 짝이 없는 과대평가가 등장한다. 더욱 충격적인 것은 탄소 예산이 급속히 줄어 감에 따라, 경제학자들의 독단적인 명령에 대한 의구심이 제기되는 걸 막기 위해 지구공학 관련 제안이 점점 더 많이 나오고 있다는 점이다.

요컨대 과학자들은 신자유주의 경제학자들로부터 합리적인 연구라는 인정을 받기 위해서 자신들의 연구가 품은 함의를 충분히 풀어내지 못하고 심하게 억눌러 왔다. 2013년 8월, 앤더슨은 더 직설적인 표현을 쓰기로 작정하고 점진적인 변화를 이룰 기회는 이미 지나갔다고 썼다.

만일 1992년 지구 정상회의가 열렸던 즈음에, 아니 하다못해 2000년대 초에라도 〈정치적·경제적 패권 내부에서 중요한 점진적 변화〉가 이루어졌다면 2도 목표에 부합하는 배출량 감축을 충분히 이룰 수 있었을 것이다. 하지만 기후 변화는 누적 효과가 따르는 문제다! 이제 2013년, 온실가스를 대량 배출하는 탈공업국에 사는 사람들 앞에는 전혀 다른 전망만이 남겨져 있다. 집단적인 탄소 탕진의 향연을 계속해 온 결과, 우리는 2도 목표하의 탄소 예산(더 일찍 서둘렀다면 탄소 예산은 훨씬 더 여유로웠을 것이다)으로 〈점진적인 변화〉를 이룰 기회를 완전히 날려 버렸다. 허풍과 거짓말로 20년을 허송한 덕분에 이제 남아 있는 탄소 예산으로 2도 목표를 달성하려면 우리는 〈정치적·경제적 헤게모니 내에서의 혁명적 변화〉를 반드시 이루어 내야만 한다.

일부 기후과학자들이 자신의 연구가 품은 급진적인 함의에 덜컥 겁이 난 것은 충분히 이해할 만하다. 이 과학자들은 대부분 조용히 빙하 코어의 상태를 계측하고, 지구 기후 모델을 운영하고, 해양 산성화를 연구하는 일에만 몰두하고 있었다. 오스트레일리아의 기후 전문가이자 저술가인 클라이브 해밀턴의 말을 빌리자면, 그러다가 〈자신도 모르는 사이에 자신이 정치적·사회적 질서를 뒤흔들고 있다〉는 것을 깨닫게 된 것이다.

그러나 다른 한편에는 기후과학의 혁명적인 본질을 정확히 꿰뚫고 있는 많은 과학자들이 있다. 결국 더 많은 탄소 채취를 용인하기 위해 기후 서약을 저버린 일부 정부들은 자기 나라의 과학자들에게 겁을 주고 입을 막기 위해 점점 더 난폭한 방법을 쓴다. 영국에서는 이러한 전략이 더욱 공공연해지고 있다. 환경식품농무부 수석 과학 고문 이언 보이드는 최근에 과학자들은 〈정책이 옳으니 그르니 말하는 것〉을 피하고, 자기 의견을 밝힐 때는 〈나 같은 현장의 조언자들과 협력해야〉 하며, 〈공적인 장소에서는 반대의 목소리가 아니라 이성의 목소리를 내야〉 한다고 밝혔다.

그러나 진실은 만천하에 드러나고 있다. 여느 때와 다름없이 이윤과 성장만을 추구하는 태도가 지구 생명 시스템의 안정을 깨뜨리고 있다는 사실을 과학 저널을 읽어야만 알 수 있던 시대는 지났다. 조기 경보 신호가 우리 눈앞에서 점멸하고 있다. 이에 대응하기 위해 나서는 사람들도 점점 많아지고 있다. 영국 발콤에서의 프래킹 사업을 봉쇄하는 활동, 러시아 수역에서 진행되는 북극 시추 준비 사업을 저지하는 활동, 원주민 권리를 침해한 타르샌드 사업자들을 상대로 소송을 거는 활동 등 수많은 저항 활동이 전개되고 있다. 브래드 워너의 컴퓨터 모델에 따르면, 이것이야말로 안정을 깨뜨리는 힘을 약화시키기 위해 반드시 필요한 〈마찰〉이다. 위대한 기후 운동가이자 저술가인 빌 맥키번의 말을 빌리자면, 지구를 괴롭히는 〈치솟는 열〉에 맞서 싸우기 위해 들고 일어난 〈항체〉다.

아직은 혁명적인 힘을 발휘하지 못하고 있지만, 시작이 반이다. 이런 움직임이 널리 확산된다면, 우리에게는 지구를 만신창이 수준에서 훨씬 벗어난 곳으로 만들 방법을 찾아낼 시간적 여유가 생길 것이다.

5

기후의 시간과 영원한 현재

기후 위기가 우리 눈앞에서 부화한 역사적 시점은 이처럼 독특한 본질과 규모를 지닌 문제에 정치적·사회적 조건이 유례가 없을 정도로 나쁜 영향을 미치고 있던 시점과 일치한다. 다시 말해 고고음악의 절정기였던 1980년대 끄트머리, 규제 완화 자본주의를 전 세계에 확산시키려는 움직임이 폭발적으로 시작되던 시점이었다.

2014년 4월

시기적 불일치에 대한 이야기를 하려 한다.

생태학자들은 이미 진행되고 있는 기후 변화로 인한 멸종의 가장 충격적인 특징 중 하나로 〈시기적 불일치〉 혹은 〈시기 놓침〉을 꼽는다. 온난화는 이런 경로를 통해서 동물들이 중요한 식량원을 구할 길을 봉쇄한다. 특히 번식기에 먹을 것을 구하지 못하는 동물들은 개체 수가 급격하게 감소할 수 있다.

예를 들어 명금류에 속하는 많은 새들은 수천 년에 걸친 진화 과정을 통해서 애벌레 등의 먹이가 가장 풍부하게 공급되는 시기에 알을 부화시키고 갓 깨어난 새끼에게 충분한 영양을 공급해 왔다. 그러나 이제는 봄이 너무 일찍 찾아와서 애벌레 부화 시기도 빨라졌다. 요컨대 일부 지역에서는 애벌레 수가 줄어든 시기에 새 새끼들이 알에서 깨어나기 때문에 생존과 관련해서 여러 가지 장기적인 타격을 입을 수 있다는 얘기다.

그린란드 서부에서도 비슷한 상황이 벌어지고 있다. 번식을 하기 위해 이곳을 찾아온 순록들은 수천 년 동안 식량원으로 이용해 오던 식물이 번성하는 때를 놓치고 말았다는 것을 확인하게 된다. 기온 상승으로 그 식물이 훨씬 일찍 자라기 때문이다. 결국 암컷 순록은 새끼를 낳고 젖을 먹이는 데 필요한 열량을 충분히 공급받지 못하고, 이런 시기적 불일치는 새끼 출생률과 생존율의 현격한 감소로 이어진다.

과학자들은 북극의 제비갈매기에서부터 얼룩무늬 솔딱새에 이르기까지, 수십 종의 생물이 기후와 관련해 시기적 불일치를 겪고 있는 다양한 사례를 연구하고 있다. 그런데 그들의 연구 대상에서 빠져 있는 중요한 종이 있다. 바로 우리, 호모 사피엔스다. 우리 인간 역시 기후와 관련된 시기적 불일치로 굉장한 고통을 겪고 있다. 그런데 우리 인간이 겪는 시기적 불일치는 생물학적인 것이 아니라, 문화적·역사적인 시기적 불일치다. 기후 위기가 우리 눈앞에서 부화한 역사적 시점은 이처럼 독특한 본질과 규모를 지닌 문제에 정치적·사회적 조건이 유례가 없을 정도로 나쁜 영향을 미치고 있던 시점과 일치한다. 다시 말해 고고음악의 절정기였던 1980년대 끄트머리, 규제 완화 자본주의를 전 세계에 확산시키려는 움직임이 폭발적으로 시작되던 시점이었다. 기후 변화는 인류가 이제껏 실행에 옮겨본 적이 없는 대규모 집단행동을 필요로 하는 집단적인 문제다. 그러나 기후 변화가 중요한 관심사로 부각된 시점은 집단적인 영역이라는 개념을 둘러싼 이데올로기 전쟁이 한창 진행되고 있던 때였다.

지독히도 불운한 이런 시기적 불일치가 만들어 낸 수많은 장벽들 때문에 우리는 기후 위기에 효과적으로 대처할 능력을 발휘하지 못하고 있다. 지구상의 생명을 보호하기 위해 기업 활동에 대한 전례 없는 규제가 필요하다는 주장이 제기된 바로 그 시점에 기업의 힘은 날로 상승세를 타고 있었다. 우리가 규제의 힘을 가장 필요로 하던 바로 그 시점에 〈규제〉는 금지어로 등극했다. 지금은 공공기관의 강화와 재구상이 가장 필요한 시점인데, 정작 정치권력을 쥔 건 공공기관을 해체하고 공공기관에 대한 재원 조달을 끊어 낼 방법에만 골몰하는 부류의 정치인들이다. 대대적인 에너지 전환을 달성하기 위해 정책 결정자들이 최대한의 유연성을 발휘해야 하는 지금 이 시점에 〈자유 무역〉 협상이라는 굴레가 이들의 손을 묶고 있다.

기후 운동이 감당해야 할 핵심 과제는 이런 다양한 구조적 장벽에 맞서 싸우면서 동시에 탈탄소 생활 방식과 관련해서 대중의 마음을 사로잡을 비전을 구체화하는 것이다. 우리 앞에 당면한 과제는 그것만이 아니다. 우리는 기후 변화와 시장 지배가 맞물리면서 일어난 시기적 불일치가 우리 내부에 여러 장벽을 쌓아 놓았고, 바로 이런 내부의 장벽 탓에 이처럼 가장 긴급한 인도주의적 위기 앞에서도 우리는 겁이 나서 힐끔거리기만 하면서 좀 더 적극적인 대응에 나서는 걸 주저하고 있다는 사실을 직시해야만 한다. 우리의 일상을 바꾸어 놓은 시장과 기술 낙관주의의 영향력 탓에, 우리는 전혀 다른 방식의 삶이 가능하다는 자신감은 말할 것도 없고, 기후 변화가 실제로 긴급한 상황이라는 확신을 뒷받침해 줄 여러 가지 관찰 도구까지 잃어버렸다.

이상할 것도 없는 일이지만, 우리가 단합을 이루었어야 할 바로 그 시점에 우리의 공공 영역은 해체되고 있었다. 우리가 소비를 줄였어야 할 바로 그 시점에 소비주의는 우리 삶의 거의 모든 측면을 장악했다. 속도를 늦추고 주의를 기울였어야 할 바로 그 시점에 우리는 속도를 높였다. 좀 더 장기적인 시야를 가졌어야 할 바로 그 시점에 우리는 최신 정보를 쉴 새 없이 쏟아 내는 소셜 미디어 데이터가 제공하는 영원한 현재에 갇혀 눈앞의 일만 보았다.

우리가 겪고 있는 기후 변화의 시기적 불일치는 우리 종에게만 영향을 미치는 것이 아니라, 지구상의 다른 모든 종들에게까지 영향을 미친다. 그나마 다행인 것은 우리 인간은 순록이나 명금류와 달리 향후의 일을 추론하는 능력이 있고 따라서 훨씬 더 계획적으로 적응하는 능력, 즉 이전의 행동 양식을 빠른 속도로 변화시키는 능력이 있다는 점이다. 우리 문화를 지배하는 견해들이 우리가 스스로를 구하는 일에 나서지 못하게 막고 있다면, 우리는 우리 스스로의 힘으로 그 견해들을 바꿀 능력이 있다. 이를 위해서는 무엇보다 먼저 우리 개개인이 기후의 시간과 엇박자를 내면서 하는 행위가 어떤 것인지 이해해야만 한다.

할 줄 아는 것이라곤 소비뿐

기후 변화는 우리에게 소비를 줄이라고 한다. 하지만 우리가 할 줄 아는 건 소비뿐이다. 우리가 사는 물건의 종류를 바꾸는 것만으로는, 예컨대 SUV 자동차 대신 하이브리드 자동차를 사고, 비행기를 탈 때 탄소 상쇄권을 사는 것만으로는 기후 변화 문제를 해결할 수 없다. 본질적으로 기후 변화는 비교적 부유한 사람들에 의한 과도한 소비 때문에 빚어지는 위기다. 따라서 세계에서 가장 광적으로 소비에 열중하는 소비자들은 나머지 사람들이 충분히 살아갈 수 있도록 소비를 대폭 줄여야만 한다.

우리는 〈인간의 본성〉이 문제라는 말을 흔히 듣지만, 문제는 인간의 본성에 있지 않다. 계속해서 물건을 사들이는 것은 인간의 타고난 본성이 아니다. 얼마 전까지만 해도 우리는 훨씬 적은 소비를 하면서도 행복하게 살았다(훨씬 더 큰 행복감을 느낄 때도 많았다). 문제는 우리가 사는 이 시대에는 소비가 차지하는 비중이 지나치게 부풀려져 있다는 데 있다.

후기 자본주의는 우리에게 소비자로서 하는 선택을 통해 스스로를 창조하라고 가르친다. 쇼핑은 우리의 정체성을 구축하고 공동체를 찾고 스스로를 표현하는 방법이 되었다. 따라서 지구의 부양 시스템에 과중한 부담을 주는 과도한 소비를 해서는 안 된다는 말을 들으면, 사람들은 자기 자신을 완전히 표현해서는 안 된다는 말을 들은 것처럼, 이 말을 일종의 공격으로 이해할 수 있다. 환경 보호주의의 독창적인 제안 〈덜 쓰고, 다시 쓰고, 재활용하자〉 중에서 세 번째 항목인 재활용에만 유독 사람들의 관심이 쏠리는 것은 아마도 이런 요인 때문일 것이다. 재활용이 가능한 쓰레기를 수거함에 제대로 넣기만 한다면, 우리의 쇼핑은 언제까지나 이어질 수 있으니 말이다.¹ 나머지 두 가지 제안은 소비를 줄여야만 할 수 있는 일이라서 결국 〈도착 즉시 사망 선고〉를 받았다.

기후 변화는 느리고, 우리는 빠르다

고속 열차를 타고 창문으로 스쳐 가는 시골 풍경을 바라보면, 우리 눈에 들어왔다 사라지는 모든 것이 멈춰 있는 것처럼 보인다. 사람도 트랙터도 시골길을 달리는 자동차도 정지 상태로 보인다. 물론 그것들은 정지해 있지 않다. 다만 열차 속도보다 느리기 때문에 우리 눈에는 정지 상태로 보이는 것일 뿐이다.

기후 변화도 마찬가지다. 화석연료를 동력으로 삼은 우리 문화는 고속 열차와 같다. 이 고속 열차는 다음 분기 보고서, 다음 선거철, 스마트폰과 태블릿으로 즐길 다음번 기분 전환 거리나 다음번 본인 인증 절차를 향해 쏜살같이 달려간다. 변화 일로를 달리고 있는 기후는 창밖으로 스쳐 지나가는 풍경과 같다. 짜릿할 만큼 유리한 시점에 있는 우리 눈에는 정지 상태에 있는 것처럼 보이지만, 기후는 계속 움직이고 있다. 이처럼 서서히 진행되는 기후 변화는 줄어드는 빙상의 면적과 높아지는 해수면, 서서히 올라가는 기온을 통해서 측정된다. 이런 추세를 억제하지 않고 방치한다면, 기후 변화는 틀림없이 빠른 속도로 치달아, 조각조각 흩어진 우리의 관심을 완전히 사로잡는 날이 오고야 말 것이다. 지금 우리가 지도에서 사라진 섬나라들과 수중 도시를 탄생시키는 초강력 태풍에 기겁을 하는 것처럼 말이다. 하지만 그때쯤이면 여러 가지 티핑 포인트들이 동시에 전개될 가능성이 높고, 따라서 우리가 행동을 통해 추세를 역전시킬 수 있는 시점을 이미 놓쳐 버린 후일지도 모른다.

기후 변화는 특정한 장소에서 일어나지만, 우리는 동시에 모든 장소에 존재한다

우리가 너무 빨리 움직이고 있다는 것만 문제가 되는 건 아니다. 기후 변화가 일어나는 장소가 대단히 국지적이라는 것도 문제다. 예를 들어 어느 지역에서는 어떤 꽃이 예전보다 일찍 피고, 어느 호수 표면의 얼음판이 유난히 얇아지고, 어느 지역에서는 단풍나무 수액이 나오지 않고, 어느 지역에서는 어떤 철새가 유난히 늦게 찾아온다. 이런 사소한 변화를 알아차릴 때 필요한 것은 특정 생태계와 긴밀하게 연결되어 있는 사람들이 지닌 일종의 교감 능력이다. 이런 교감 능력은 아무나 얻을 수 있는 것이 아니다. 이런 능력은 어떤 장소를 경관이라는 측면뿐 아니라 생계의 터전이라는 측면에서 속속들이 알고 있을 때, 그리고 특정 장소에 관한 지식이 일종의 신성한 의무처럼 앞 세대에서 다음 세대로 전달될 때에만 형성된다.

하지만 도시화되고 산업화된 세계에서는 날이 갈수록 이런 교감의 작동이 희귀해진다. 선조가 살다 묻힌 곳에서 사는 사람은 지극히 드물고, 많은 사람들이 고향을 떠나는 걸 대수롭지 않게 여긴다. 새로운 직장, 새로운 학교, 새로운 사랑을 위해서 서슴없이 거주지를 옮긴다. 이렇게 우리는 과거의 거주지에서 열심히 습득한 그곳에 대한 지식과 선조들이 모아 놓은 지식(나의 선조를 포함해서 많은 이들의 선조가 이주를 반복하면서 축적한 지식)으로부터 단절된 채 살아간다.

비록 거주지를 옮기지 않더라도, 사람들의 일상은 자신이 살아가는 물리적 장소와 갈수록 단절되어 간다. 우리는 일생 중 많은 시간을 포털 사이트 속에서 보내고 물리적 세계를 이동할 때도 감각에 의지하기보다 휴대폰 속 소형 지도에 의지해서 방향을 잡는다.

우리는 냉난방이 잘되는 집과 일터, 자동차 덕분에 기후의 영향을 피할 수 있긴 하지만, 우리 창밖을 스쳐 지나가는 자연의 변화만큼은 확인할 수 있다. 하지만 우리는 기록적인 가뭄 때문에 도심 밖에서 농작물이 말라붙고 있어도 그런 사실을 까맣게 모른 채 지내기도 한다. 여전히 상점에는 수입 농산물이 산더미처럼 쌓여 있고 날마다 농산물을 가득 실은 트럭이 온종일 상점으로 들어오니 그럴 수밖에 없다. 우리는 허리케인이 닥쳐 과거의 최고 수위 표시들을 뛰어넘는 대홍수를 일으키거나, 엄청난 규모의 홍수로 수천 개의 집이 파괴되는 등, 엄청난 사태가 벌어졌을 때에야 비로소 정말로 상황이 꼬이고 있다는 걸 알아차린다. 게다가 그때조차도 우리는 이렇게 얻은 지식을 오랫동안 머릿속에 간직하지 못한다. 이런 진실들을 머릿속 깊이 각인할 틈도 없이 뒤따라 닥친 다음 위기에 관한 정보를 재빨리 따라가야 하니 말이다.[2]

그러는 사이에도 기후 변화는 하루하루 지날 때마다 뿌리 뽑힌 사람들의 대열을 부지런히 늘려 가고 있다. 자연 재해, 흉작, 가축 먹이 부족, 기후적 요인 때문에 더욱 가열되는 종족 간 분쟁에 쫓겨 조상 대대로 살아온 땅을 떠나야 하는 사람들이 갈수록 늘어나고 있다. 게다가 한 사람 한 사람 떠날 때마다 그 장소에 얽힌 중요한 연계가

170

하나둘 잘려져 나가고, 그 땅이 전하는 이야기를 면밀히 포착할 수단을 지닌 사람들이 점점 줄어든다.

눈에서 멀어지면 마음에서도 멀어진다

기후 변화를 몰고 오는 오염 물질은 보이지 않는다. 게다가 많은 사람들이 눈에 보이지 않는 것의 존재를 믿지 않게 되었다. 당시 BP사 최고경영자였던 토니 헤이워드는 기자들 앞에서, 딥워터호라이즌 참사 직후에 멕시코만에 대량 유출된 기름과 화학 유화제 문제는 크게 걱정할 게 아니라면서 그곳이 〈매우 큰 바다〉라는 걸 그 이유로 내세웠다. 이 말은 〈우리 눈에 보이지 않는 것은 우리를 해치지 않으며, 그런 것은 거의 존재하지 않는다〉라는, 우리 문화의 중요한 신념 중 하나를 표현한다. 우리 경제의 상당 부분 역시 우리가 쓰레기를 버릴 수 있는 〈멀찍이 떨어진 곳〉이 늘 존재한다는 가정에 의존한다. 우리가 버린 쓰레기는 도로변에서 수거된 뒤에 멀찍이 떨어진 곳으로 옮겨지고, 우리가 배수구로 쏟아 버린 폐수 역시 멀찍이 떨어진 곳으로 흘러간다. 우리가 사용하는 상품의 원료인 광물과 금속이 채굴되는 곳 역시 멀찍이 떨어진 곳이고 그 원료가 완제품으로 바뀌는 곳 역시 멀찍이 떨어진 곳이다. 하지만 생태학자 티머시 모턴Timothy Morton 의 말에 따르면, BP사 유출 참사에서 우리가 얻어야 할 교훈은 우리가 사는 세계는 멀찍이 떨어진 곳이 존재하지 않는 세계라는 것이다.

내가 2000년대 초에 『노 로고』를 출간했을 때, 독자들은 자신이 입은 옷과 사용하는 도구들이 열악한 노동 환경에서 제조되었다는 사실을 알고 충격을 받았다. 그러나 우리 대부분은 그 뒤로 그런 상황을 견디고 살아가는 법, 정확히 말하면 그 사실을 용납하는 대신 우리의 소비로 인해서 일어나는 현실 세계 속 희생을 영원히 잊고 지내는 법을 터득했다. 〈멀찍이 떨어진 곳〉에 있는 공장 이야기는 대부분 망각 속으로 사라졌다.

이런 형국에 우리가 유례없는 연결의 시대에 살고 있다는 이야기가 자주 나오다니 참으로 아이러니한 일이다. 물론 지금 우리는 한 세대 전에만 해도 상상할 수 없었을 만큼 방대한 지리적 거리를 간편하고 신속하게 뛰어넘어 의사소통을 할 능력을 갖추었고, 또 그렇게 하고 있다. 하지만 의사소통의 망이 지구 전역을 연결하는 이 시대에도, 우리는 어떻게 해서든 자신과 가장 긴밀하게 얽혀 있는 사람들과의 연결을 희미하게 만들려고 애를 쓴다. 우리는 자신이 입는 옷이 방글라데시의 젊은 여성들이 화재 대비용 탈출로조차 없는 공장에서 만든 것이고, 우리 손의 기능을 확장해 준 핸드폰에 들어 있는 코발트가 콩고민주공화국의 아이들이 흙먼지를 들이마시며 캐낸 것이라는 사실을 외면한다. 우리 경제는 유령의 경제, 고의적인 외면의 경제다.

대기는 보이지 않는 것의 극치다. 대기 온도를 끌어올리는 온실가스는 다른 무엇보다도 우리 기억에서 가장 빨리 사라지는 유령이다. 철학자 데이비드 어브램David Abram에 따르면, 인류 역사의 대부분의 기간 동안 대기의 위력이 신성시되었던 것은 보이지 않는 특성 때문이었다. 이누이트어로는 실라(바람, 세계의 마음이라는 뜻), 나바호어로는 닐치(신성한 바람), 고대 히브리어로는 루아치(몰아치는 정신)라고 불리는 대기는 〈가장 신비롭고 신성한 차원의 생명이었다〉.

그러나 우리 시대에 와서는 〈대기를 사람과 사람 사이에서 맴도는 실체로 여기는 사람은 거의 없다.〉 어브램은 우리가 대기의 가치를 망각하고 수채통으로 둔갑시켰다고 말한다. 〈대기는 우리 산업이 만들어 낸 불필요한 부산물들을 내다버릴 완벽한 쓰레기장이 되었다. (……) 배기구에서 피어오르는 몹시 불투명하고 매캐한 연기는 널리널리 사방팔방으로 흩어져 종국에는 어김없이 보이지 않는 대기로 녹아 들어간다. 그렇게 말끔히 사라진다. 눈에서 멀어지면 마음에서도 멀어진다.〉

우리가 알지 못하는 시간의 범주

많은 사람들이 기후 변화를 쉽게 받아들이지 못하는 이유는 또 있다. 우리는 영원한 현재의 문화 속에서 살아간다. 우리를 빚어낸 과거와 오늘 우리가 한 행동이 빚어내는 미래와 현재와의 연관성을 의도적으로 끊어 내고, 영원히 현재 속에서만 살아가는 문화다. 기후 변화 문제는 우리가 과거 몇 세대에 걸쳐 벌여 놓은 행위가 현재뿐만 아니라 미래의 여러 세대들에게 어떤 식으로 불가피한 영향을 미칠 것인가와 관련된 문제다. 이런 시간의 범주는 디지털 시대를 살아가는 우리 사회의 대다수 사람들에게는 망각 속에 묻힌 언어다.

개인의 의견을 밝혀 보라고 하는 이야기가 아니다. 우리의 피상적인 삶이나 근본을 잃어버린 삶, 또는 지나치게 산만한 주의력을 반성하자는 이야기도 아니다. 내가 하려는 말은, 도시 중심가와 부유한 나라에 사는 우리 중 대다수가 공업화 프로젝트의 산물임을, 즉 화석연료와 직접적, 역사적으로 얽혀 있으며 디지털 기술 덕분에 막강한 힘을 얻은 공업화 프로젝트의 산물임을 인정하자는 이야기다.

우리는 이미 변화를 이뤄 낸 경험이 있고, 앞으로도 다시 변화를 이뤄 낼 능력이 있다. 위대한 시인이자 농부인 웬들 베리의 강연에서, 모든 이에게는 그 무엇보다 〈자신이 사는 곳〉을 사랑해야 할 의무가 있다는 이야기를 들었다. 강연이 끝난 뒤 나는 웬들 베리에게, 나와 친구들처럼 스크린에 몰두해 있고 근본을 잃어버린 채 자신의 뿌리를 내릴 완벽한 공동체를 찾아다니는 사람들에게 어떤 조언을 해주겠느냐고 물었다. 그가 대답했다. 「어디에든 멈춰 서세요. 그리고 당장 천 년의 세월이 필요한 일을 시작하세요. 그곳을 알아가는 일 말입니다.」

여러 가지 차원에서 훌륭한 조언이다. 일생을 걸어야 하는 이 싸움에서 이기려면, 누구나 버티고 설 곳이 필요하니 말이다.

---

1 우리는 그 세 번째인 재활용 노력의 상당 부분이 물거품이 되고 있다는 것을 알고 있다. 북미 전역의 도시들에서는 소비자들이 재활용품 처리장으로 옮겨져서 더 유용한 물건으로 재탄생할 거라고 믿고 쓰는 플라스틱 테이크아웃 용기와 광고 우편물들이 실제로는 곧바로 쓰레기 매립지나 소각장으로 보내진다. 2018년에 이윤이 극히 미미한 재활용 처리 사업이 건강과 환경에 심각한 영향을 끼친다는 사실이 알려진 후로 중국이 재활용 쓰레기의 반입을 크게 줄였기 때문이다.

2 불의 장벽이 「요한계시록」에 나오는 야수처럼 도시를 둘러쌌던 로스앤젤레스 화재 직후, 나는 로스앤젤레스에 사는 친구에게 안부를 물으려고 연락을 했다. 「며칠 동안 하늘이 몹시 침침했고, 공기에서는 1980년대 나이트클럽에서 맡았던 연기 냄새 같은 게 났어. 화재 이야기를 하는 사람들은 모두 비상시 대피 계획에 대해 이야기를 나눴지.」 친구가 말했다. 「하지만 이제는 모두 태연하게 예전의 일상으로 돌아갔어. 대체 무슨 일을 겪어야 사람들이 태연히 일상으로 돌아가지 않을까 싶더라고.」 과연 그게 무슨 일일까?

6

혼자 힘으로 세계를 구하겠다는 생각은 버려라

우리가 원자화한 개인의 입장에서 지구 기후를 안정시키는 데 막중한 기여를 할 수 있다는 생각은 객관적으로 볼 때 생판 터무니없는 생각이다.

2015년 6월

애틀랜틱 대학 졸업식 연설문

대학 졸업식 연설문은 대개 졸업생들에게 졸업 후의 삶에 대한 도덕적 지침을 전달하려고 노력한다. 이런 연설은 대개 〈돈으로는 행복을 살 수 없다〉, 〈친절을 베풀어라〉, 〈실패를 두려워하지 마라〉 따위의 선명한 교훈으로 끝난다.

하지만 내가 보기에 여러분 가운데는 무엇이 옳고 무엇이 그른지 알지 못하고 갈팡질팡하는 사람은 거의 없는 것 같다. 여러분은 그냥 훌륭한 대학이 아니라, 사회 활동과 생태 보호 활동에 열심히 참여하는 훌륭한 대학을 제 발로 직접 찾아온 사람들이다. 밖으로는 생물 다양성이 꽤 높은 환경에 둘러싸여 있고, 안으로는 학생들의 출신지가 지구촌 전역을 아우르는, 대단히 높은 인간 다양성을 보유한 대학을 몸소 찾아온 사람들이다. 여러분은 또한 강한 공동체가 대단히 중요하다는 걸 알고 있었다. 이런 정도의 자기 인식과 지향성은 대다수 사람들이 대학원을 마칠 무렵에도 체득하지 못하는 것인데, 여러분은 고등학생 시절에 이미 이런 수준에 도달해 있었다는 이야기다.

그러니 딱딱한 훈계를 건너뛰고 본론으로 들어가겠다. 여러분이 졸업을 맞이하는 지금 이 순간, 요컨대 기후 변화와 부의 집중, 인종 폭력, 이 모든 것이 한계점에 이른 역사적 순간에 대한 이야기다.

어떻게 해야 우리는 가장 큰 기여를 할까? 어떻게 하는 것이 이 고장 난 세계를 바로잡는 데 가장 도움이 될까? 우리는 특히 기후 변화와 관련해서 시간이 촉박하다는 것을 잘 안다. 우리는 기후 변화 시계가 요란스레 째깍거리는 배경음을 듣고 있다.

그러나 내 말은 기후 변화가 중요하니 다른 문제는 깡그리 무시하자는 이야기는 아니다. 단도직입적으로 말해서, 우리는 온실가스 배출량을 대대적으로 낮추면서 동시에 구조적 불평등을 해결하고 다수의 삶의 질을 눈에 띄게 향상시키는 포괄적인 해법을 찾아내야 한다. 이것은 백일몽이 결코 아니다. 우리 앞에는 본보기로 삼을 만한 생생한 사례들이 있다. 독일은 불과 10여 년 만에 40만 개의 재생 에너지 일자리를 창출하고 깨끗한 에너지로 전환하는 데 성공했을 뿐 아니라 깨끗한 에너지의 공정한 분배를 촉진해 수많은 에너지 망이 수백 개의 도시, 마을, 협동조합의 소유하에 관리된다. 석탄에너지의 단계적 폐기라는 험난한 길이 아직 남아 있긴 하지만, 독일 사람들은 이제 이 일에도 본격적으로 진입하고 있다. 또 뉴욕시는 최근에 교통 부문과 적정한 비용의 주택 부문에 대한 대대적인 투자를 하고 최저임금을 인상해 2025년까지 80만 명을 빈곤에서 벗어나게 하겠다는 기후 대응 계획을 발표했다.

우리가 이뤄 내야 할 총체적인 도약은 우리 역량으로 충분히 가능한 일이다. 이 위대한 프로젝트를 위한 최상의 준비물은 여러분이 이미 공부한 인간 생태학 분야의 깊이 있는 융합 학문 교육이다. 여러분은 이 순간을 위해 필요한 준비를 갖추었다. 아니, 정확히 말하면 여러분은 자신을 이 순간에 필요한 인물로 성장시키는 법을 이미 알고 있었다.

하지만 향후 몇 년 안에 우리가 어떤 선택을 하는가에 많은 것이 달려 있다. 〈실패를 두려워하지 마라〉라는 말은 표준적인 졸업식 연설에 담긴 인생 교훈이다. 하지만 이 말은 기후 정의 운동에 몸담은 우리에게는 들어맞지 않는다. 기후 정의 운동의 관점에서 보면 실패에 대한 두려움이야말로 지극히 이성적인 것이기 때문이다.

왜냐고? 부끄러운 말이지만, 여러분 앞 세대들은 여러분 몫이 되어야 할 대기 공간보다 훨씬 큰 대기 공간을 탕진해 버렸다. 우리는 여러분 몫으로 남겨 둬야 할 대실패의 기회 역시 다 써버렸다. 어쩌면 이것이야말로 가장 심각한 세대 간 불평등인지도 모른다. 이 말을 우리에게는 일체의 실수가 허용되지 않는다는 이야기로 해석하진 말아 달라. 우리는 실수할 수 있고, 또 실수할 것이다. 그러나 〈블랙 라이브스 매터스Black Lives Matter〉의 설립에 참여한 존경스러운 앨리샤 가르자Alicia Garza는 〈실수를 하더라도 새로운 실수를 해야 한다〉라고 말했다.

새로운 실수 이야기는 잠시 미뤄 두자. 우리는 해묵은 실수만큼은 되풀이하지 말아야 한다. 결코 해서는 안 되는 해묵은 실수를 몇 가지 꼽아 볼 테니, 여러분은 마음속으로 자신의 생각을 덧붙여 보기 바란다. 세상을 구원할 구세주를 정치인들 가운데서 찾는 것은 우리가 이미 저질렀던 해묵은 실수다. 시장이 모든 문제를 해결할 거라고 생각하는 것도, 중산층 백인 중심의 운동을 구축하고 나서 왜 〈우리 운동〉에 유색인들이 참여하느냐고 불평하는 것도, 위기를 빚어낸 책임이 가장 큰 세력에게 책임을 묻지 못하고 그보다 만만하다는 이유만으로 서로를 혹독하게 질책하며 피투성이 조각으로 흩어지는 것도 우리가 이미 저질렀던 해묵은 실수다. 하나같이 사회 변화 과정에서 빠지지 않고 나타나는 실수다. 모두 정말로 지긋지긋한 실수다.

물론 우리는 서로에게 완벽을 요구할 권리가 없다. 하지만 우리에게는 진전을 기대할 권리가 있고, 점진적인 변화를 요구할 권리가 있다. 그러니 새로운 실수를 해보자. 우리를 저마다의 좁은 성에 갈라놓은 장벽을 무너뜨리고 아름다운 다양성을 갖추고 정의를 갈구하는 운동, 우리가 계속 실수하기를 고대하는 이권 세력을 이길 현실적인 가능성을 열어놓는 운동을 전개하면서, 거침없이 새로운 실수를 해보자.

실수 이야기를 하다 보니, 다시 나타나는 한 가지 해묵은 실수에 대해 이야기하고 싶다. 시스템의 근본적인 변화를 이루려는 시도가 실패로 끝났으니 이제 우리가 할 수 있는 건 작은 행동뿐이라는 생각에 대해 짚어 보려고 한다. 여러분 중에는 앞으로 이런 생각을 하게 될 사람도 있고, 그렇지 않을 사람도 있을 것이다. 하지만 누구든 앞으로 하게 될 일에서 이런 압박감을 느끼게 될 거라고 생각한다.

나는 스물여섯 살 때 인도네시아와 필리핀에 갔다. 나의 첫 책인 『노 로고』를 집필하기 위해 취재차 떠난 길이었다. 목적은 간단했다. 나와 내 친구들이 사서 쓰는 옷과 전자제품을 만드는 노동자들을 만나 보자. 결국 나는 그 목적을 이루었다. 며칠 동안 상냥하고 재잘거리는 10대 소녀들을 만났다. 아이들이 장시간 작업을 끝내고 저녁 시간을 보내는 지저분한 기숙사에서였다. 방 하나를 여덟 명 혹은 열 명까지 함께 쓰고 있었다. 아이들은 화장실에 가고 싶어도 기계 앞을 비울 수 없다는 이야기부터, 매질을 하고 못된 짓까지 하는 상사 이야기, 월급이 쥐꼬리만 해서 밥에 곁들여 먹을 말린 생선을 살 수 없다는 이야기도 했다.

아이들은 자신이 심하게 착취당하고 있고, 자신이 만드는 옷과 도구들의 가격이 한 달치 임금보다 훨씬 높다는 걸 알고 있었다. 어느 열일곱 살 아이는 내게 말했다. 「우리는 컴퓨터를 만들고 있지만, 컴퓨터 사용법은 전혀 몰라요.」

그러다가 이 아이들과 비슷한 조건에서 일하는 노동자들 가운데 몇몇이 이런 노동 조건을 만들어 낸 주역인 다국적 기업들의 짝퉁 상표, 디즈니 캐릭터나 나이키 로고가 박힌 옷을 입은 걸 보고, 나는 고개가 갸웃해졌다. 어느 기회에 한 지역 노동 활동가에게 이에 대한 의견을 물었다. 「참 이상한 일 아니에요? 모순되는 일 아닌가요?」

그 활동가는 내 질문의 뜻을 바로 파악하지 못했다. 내 질문이 무슨 뜻인지 알아차리자 그는 안됐다는 표정으로 나를 쳐다보더니 자신과 동료들은 개인의 소비 행위를 정치적 영역의 문제로 보지 않는다고 말했다. 정치적인 힘은 어떤 사람의 개인적인 행위가 아니라 많은 사람들이 어떤 목표를 가지고 대규모의 조직적 운동하에서 벌이는 행위에서 나온다는 이야기였다. 그에게 노동자 조직 활동이란 노동자들을 조직해 노동 조건 개선을 위한 파업에 나서게 하고 그 힘을 모아 노동자 단결권을 확보하는 것을 의미했다. 누가 점심으로 무얼 먹고 어떤 옷을 입는가는 전혀 문제가 되지 않았다.

나는 그의 말에 상당한 충격을 받았다. 내 나라 캐나다의 문화와는 완전히 딴판이었다. 캐나다 사람들은 정치적 신념의 표현이라고 생각해서 개인적 생활 방식을 하나부터 열까지를 꼼꼼히 선택한다. 채식주의자라고 당당히 밝히거나, 물건을 살 때는 못된 거대 브랜드의 상품은 일체 배제하고 공정무역 상품과 지역 생산품을 고르는 식으로 말이다.

『노 로고』가 출간되고 2, 3년 뒤에 나는 사회 변화를 이런 식으로 바라보는 사람들과 자주 마주쳤다. 나는 노동자 단결권을 보호하는 국제적인 장치가 마련되어야 한다는 내용으로 강연을 하곤 했다. 〈바닥을 향한 경쟁〉을 부추기지 못하도록 세계 무역 시스템을 재정비해야 한다는 이야기도 했다. 강연이 끝날 무렵이면, 청중석에서 제일 먼저 이런 질문이 나왔다. 「어떤 운동화를 사면 될까요?」 「어떤 브랜드가 윤리적인 브랜드인가요?」 「어디서 옷을 사십니까?」 「세상을 바꾸기 위해서 제가 개인적으로 할 수 있는 일은 뭐가 있을까요?」

『노 로고』가 출간된 지 15년이 지났지만, 지금도 비슷한 질문을 받는다. 요즘에 나는 다국적 기업들이 값싼 노동력을 찾아 인도네시아와 중국을 누비고 다닐 수 있도록 막강한 권한을 안겨 준 경제 모델이 곧 세계 온실가스 배출량을 치솟게 하는 주범이라는 내용으로 강연을 한다. 그러면 이런 질문이 어김없이 따라 나온다. 「제가 개인적으로 할 수 있는 일이 뭘까요?」「제가 개인 사업자로서 할 수 있는 일이 뭘까요?」

민망한 답변이지만, 〈기후 변화를 막기 위해서 개인적으로 할 수 있는 일이 무얼까?〉라는 질문에 나는 〈아무것도 없다〉라고 대답한다. 당신이 할 수 있는 일은 아무것도 없다. 단도직입적으로 말하면, 우리가 원자화한 개인의 입장에서 지구의 기후 시스템을 안정화시키거나 세계 경제를 변화시키는 데 막중한 기여를 할 수 있다는 생각은 객관적으로 볼 때 생판 터무니없는 생각이다. 우리는 수많은 대중이 참여하는 조직화된 세계적 운동에 참가하는 일원으로서만 이 엄청난 도전에 대응해 나설 수 있다.

아이러니하게도 아무 힘도 없는 사람들은 훨씬 더 큰 힘을 가진 사람들보다 이 사실을 더 쉽게 간파한다. 인도네시아와 필리핀에서 만난 노동자들은 정부와 기업들이 자신의 목소리와 자신의 삶에 아무 관심이 없다는 것을 너무나 잘 알고 있었다. 이런 상황에서 이들이 할 수 있는 일은 단합된 행동, 그것도 상당히 넓은 정치적 무대에서의 단합된 행동뿐이었다. 이들은 수천 명이 일하는 공장들이나 수만 명이 일하는 수출 공업 단지에 적용되는 정책을 바꾸기 위해 노력하거나 혹은 수백만 노동자에게 영향을 미치는 국가 차원의 노동 관련 법률을 바꾸기 위해 노력한다. 이들은 개인의 힘으로는 아무것도 할 수 없다는 걸 알기에 원대한 정치적 목표를 겨냥해 구조적인 변화를 요구하는 활동에 나서게 된 것이다.

이들과 달리 부유한 나라에 사는 우리는 개인에게는 강력한 힘이 있다는 이야기를 늘 듣고 산다. 우리는 소비자로서, 심지어 활동가 개인으로서도 강력한 힘을 가지고 있다는 이야기를 자주 듣는다. 이렇게 대단한 힘과 특권을 가졌으면서도, 우리는 대개 보잘것없이 작은 무대, 이를테면 개인의 생활 방식이나 자신이 속한 마을이나 도시라는 무대에서만 활동한다. 그러면서 구조적인 변화, 즉 정책과 법률을 바꾸는 일은 다른 사람이 할 몫이라며 외면한다.

지역 차원의 운동을 폄하하려고 하는 이야기가 아니다. 지역 운동은 중요하다. 지역 조직화야말로 프래킹과 송유관 반대 투쟁에서 승리를 일궈 낸 비결이다. 탈탄소 경제를 현실에서 구현해 내고 검증하는 지역 차원의 활동이 곳곳에서 펼쳐지고 있다.

작은 성공은 더 큰 성공을 불러일으키는 불씨가 된다. 여러분이 다니는 애틀랜틱 대학은 화석연료 기업에 대한 투자 철회 운동에 앞장서서 단 일주일 만에 투자 철회 결정을 내렸다고 들었다. 작은 학교들이 이런 활동의 중요성을 알고 앞장선 덕분에 상대적으로 확신이 부족했던 기관들도 이 운동에 동참하게 되었다. 스탠퍼드 대학교와 옥스퍼드 대학교, 영국 왕실과 록펠러 일가도 따라나섰다. 이 모든 기관들이 동참하게 된 것은 여러분이 앞장선 덕분이다. 이렇듯 지역은 중요하다. 그러나 지역만으로는 충분하지 않다.

내가 이것을 똑똑히 깨달은 것은 초강력 허리케인 샌디에 강타당해 큰 피해를 입은 브루클린의 레드훅 지역을 방문했을 때였다. 이곳은 경이로운 공동체 농장 경영의 본거지로서, 인근 주거 단지의 아이들에게 건강한 먹을거리를 기르는 방법을 가르치고, 많은 주민들에게 퇴비를 공급하고, 매주 한 번씩 농산물 직거래 장터를 열고, 지역 사회가 지원하는 훌륭한 농업 프로그램을 운영하고 있었다. 한마디로 중요한 모든 활동을 하면서 산지에서 식탁까지의 식품의 이동 거리를 줄이고, 석유 사용을 중단하고, 탄소를 토양에 묻어 두는 활동을 하고, 퇴비 이용을 권장해 매립되는 쓰레기를 줄이고, 불평등과 식량 불안을 완화하는 성과를 내고 있었다.

하지만 허리케인 샌디의 공격으로 이 모든 게 물거품이 되었다. 농작물이 죄다 결딴났고, 농지로 밀려든 유독성 물 때문에 농지가 오염될 거라는 불안감이 퍼져 나갔다. 깨끗한 흙을 사다가 새로 농사를 짓는 대안도 있었다. 하지만 내가 그곳에서 만난 농민들은 그 대안이 근본적인 해결책이 될 수 없다는 것을 알고 있었다. 세계적인 차원에서 온실가스 배출량을 체계적으로 줄이기 위한 힘겨운 노력에 다른 사람들도 동참하지 않는다면, 몇 번이고 이런 식의 충격이 반복될 거라는 걸 이들은 분명히 알고 있었다.

지구보다 지역이 중요하다거나 지역이 지구보다 중요하다고는 말할 수 없는 문제다. 우리는 둘 중 하나만 선택해서는 안 되고, 두 가지를 다 해야 한다. 지역 차원의 활동과 국제적 차원의 활동을 동시에 해야 하고, 저항 활동과 대안을 창조하는 활동을 동시에 해야 한다. 우리는 결코 용인할 수 없는 것을 〈반대〉하는 목소리와 우리가 반드시 융성시켜야 하는 것을 〈긍정〉하는 목소리를 동시에 내야 한다.

발언을 끝내기 전에 꼭 당부하고 싶은 말이 있다. 중요한 이야기 니까 깊이 새겨 주면 좋겠다. 우리가 모든 일을 다 해야 한다는 건 맞 는 말이다. 우리는 모든 걸 다 바꿔야 한다. 하지만 여러분 혼자 힘으 로 모든 일을 다 해야 한다는 소리는 아니다. 여러분 혼자서 모든 걸 다 감당할 필요는 없다.

똑똑하고 예민한 젊은이들이 기후 시계가 요란하게 째깍거리는 소리를 알아들었을 때 빠지기 쉬운 위험한 태도가 있다. 지나치게 많은 책임을 떠맡는 것이다. 형태는 다르지만, 이런 태도 역시 자신 의 능력에 대한 과대평가에서 비롯한 것이다.

인생의 고비 고비에 우리는 결정을 내린다. 전국적인 규모의 비정 부 조직에서 일할까 지역 차원의 영속 농업 프로젝트에서 일할까, 친생태 창업 기업에서 일할까, 동물들 곁에서 일할까 사람들 곁에서 일할까, 과학자가 될까 예술가가 될까, 대학원에 갈까 아이를 가질 까. 이때마다 우리는 자신의 어깨에 온 세상 무게가 실리는 중압감 을 느낄 수도 있다.

최근에 나는 스물한 살의 오스트레일리아 출신 과학도 조 버클리 레녹스와 대화하면서 큰 충격을 받았다. 몇몇 젊은이들이 도저히 감 당할 수 없는 부담을 스스로 짊어지고 있다는 사실이 너무나 안타까 웠다. 나와 연락이 닿은 바로 그 시각에, 조는 태평양 바다 한가운데 있는 셸 사의 북극 시추선 꼭대기에서 농성 중이었다. 그 시추선의 조업을 늦추고 북극에서 석유를 시추하는 정신 나간 행위에 대한 여론의 관심을 끌기 위해 거대한 시추선 꼭대기까지 타고 올라간 그린 피스 활동가 여섯 명 중 하나가 바로 조였다. 이들은 고막이 찢길 것 같은 세찬 바람을 맞으며 일주일째 고공 농성 중이었다.

이들의 농성 소식을 듣고, 나는 그린피스 위성 전화를 이용해 조에게 전화를 걸기로 했다. 조에게 용감한 행동에 나서 주어 고맙다는 말을 전하고 싶었다. 그때 조가 뭐라고 했는지 짐작이 가는가? 조는 내게 이렇게 물었다. 「선생님은 자신이 옳은 길을 가고 있다는 것을 어떻게 알죠? 이를테면 투자 철회 운동을 할 수도 있고, 청원 운동을 할 수도 있고, 파리 기후 협상에 갈 수도 있잖아요.」

그 진지한 목소리를 듣는 순간, 나는 감정이 북받쳐 올라 목을 놓아 울고 싶었다. 조는 이미 그곳에서 상상을 초월하는 엄청난 활동을 하고 있었다. 북극 시추를 물리적으로 저지하기 위해 온몸에 얼음 칼날이 꽂히는 듯한 혹한 속에 몸을 던졌다. 옷과 등산용 장비를 일곱 겹이나 겹쳐 입고 그 높은 곳에 올라가 있는 그 순간에도 조는 이것 말고 다른 일을 해야 하는 게 아닐까 자문하며 혹독하게 자신을 다그치고 있었다.

그때 조에게 했던 말을 여러분에게도 하고 싶다. 여러분은 지금도 대단한 일을 하고 있다. 다음에도 대단한 일을 할 것이다. 여러분은 혼자가 아니라는 걸 명심해라. 여러분은 운동의 일부다. 이 운동은 유엔에서도 진행되고 있고, 공직자 선거와도 연결되어 있고, 여러 학교들의 투자 철회 운동과도 연결되어 있고, 의회와 법정에서 벌어지는 북극 시추 저지 활동과도 연결되어 있다. 또한 저 망망대해에서도 진행되고 있다. 이 모든 일이 동시에 진행되고 있다.

물론 우리는 더 빨리 성장하고 더 많은 일을 해야 한다. 하지만 온 세상 무게를 혼자서 감당해야 하는 것은 아니다. 여러분 어깨로만, 조의 어깨로만, 내 어깨로만 감당해야 하는 게 아니다. 이미 수백만 명이 동참하는 변혁 운동의 튼튼한 어깨가 그 무게를 버티고 있다.

그러니 우리는 마음 편히 자신의 생활을 지탱해 주는 활동을 하자. 그래야만 단 한 사람도 이탈하지 않고 장기적으로 이 운동을 해나갈 수 있다. 단숨에 해치울 수 있는 일이 아니지 않은가.

7

과격해진 교황청?

신앙을 가진 사람들, 특히 선교의 열정을 가진 사람들은 신앙이 없는 사람들에게는 없는 굳은 확신을 가지고 있다. 그것은 모든 인간이 180도로 완전히 변화할 가능성을 품고 있다는 것이다. (……) 요컨대 이것이 바로 회심의 본질이다.

2015년 6월 29일. 짐 꾸리기

기후 변화 문제를 다룬 프란치스코 교황의 회칙 「찬미받으소서 Laudato si」의 발표와 관련하여 교황청에서 열리는 기자 회견에 참석해 강연을 해달라는 요청을 받았을 때, 나는 그 요청이 곧 철회될 거라고 생각했다. 그런데 기자 회견과 그 뒤로 이어지는 이틀 일정의 회칙 연구 심포지엄이 이틀 앞으로 다가왔다. 바티칸 방문이 현실화될 것 같다.

달갑지 않은 여행을 앞두었을 때 늘 하던 버릇대로, 나는 불안감을 쫓기 위해 옷장 앞에 선다. 7월 첫 주 로마의 기상 예보는 최고 기온 섭씨 35도, 살인적인 더위다. 바티칸을 방문하는 여성은 조신한 옷차림을 해야 한다. 다리와 어깨를 드러내는 것은 금물이다. 길고 헐렁하게 늘어지는 면제품이면 탁월한 선택인데, 유일한 문제는 내가 약간이라도 히피풍이 느껴지는 옷을 극도로 싫어한다는 것이다.

교황청 기자 회견장에도 틀림없이 냉방기가 있을 것이다. 그런데 「찬미받으소서」 회칙은 〈줄어들기는커녕 나날이 극심해지는 해로운 소비 습관〉 중 하나로 냉방기 가동을 꼽는다. 교황청은 이번 기자 회견 때만이라도 회칙의 기조에 따라서 온도 조절을 포기할까? 아니면 언행 불일치의 모순을 감수하고라도 냉방기를 계속 가동할까? 하기야 나 역시 지금 모순되는 일을 하고 있긴 하다. 다른 많은 사항에 대해서는 교황의 의견에 동의하지 않으면서도, 기후 위기에 대응하려면 성장 주도 경제 모델을 전면적으로 바꿔야 한다는 교황의 대담한 글을 지지하고 있으니 말이다.

웬만한 고난은 무릅쓸 가치가 있다는 걸 되새기려는 생각에서, 회칙 속 몇 구절을 다시 읽는다. 이 회칙은 기후 변화의 현실을 꼼꼼히 지적할 뿐 아니라, 문명을 위협하는 이 위기에 대처하려는 노력 혹은 집중하려는 노력이 후기 자본주의 문화로 인해서 심하게 저지되고 있음을 밝히는 데 많은 지면을 할애한다. 프란치스코 교황은 이렇게 쓰고 있다. 〈자연은 사랑의 언어들로 가득 차 있다. 끊이지 않는 소음과 끝없이 계속되면서 신경을 자극하는 오락거리들, 외모 지상주의가 흘러넘치는 세상에서 어떻게 그 소리를 들을 수 있겠는가?〉

부끄러움을 느끼며 내 옷장 속에 널브러져 있는 내용물을 힐끗 돌아본다. (이보세요. 우리 같은 사람들 중에는 흰 옷 한 벌만 내내 입고 다닐 수 없는 사람들이 있다고요!)

7월 1일. 마음이 편치 않다

우리 일행 중 네 명은 교황청 기자 회견에서 연설을 할 예정이다. 유엔 IPCC(기후 변화에 관한 정부 간 협의체) 의장 중 한 명도 우리 일행이다. 나만 빼고 모두 가톨릭 신자다. 교황청 공보실장 페데리코 롬바르디 신부는 나를 〈세속의 유대계 페미니스트〉라고 소개한다. 이 표현은 내가 직접 준비한 글에 적은 문구이긴 하지만, 그가 그대로 받아 옮길 거라고는 전혀 예상하지 못했다. 롬바르디 신부는 다른 모든 발언은 이탈리아어로 하면서도 이 단어들만큼은 영어로 천천히 말한다. 그 단어들의 이질성을 강조하려는 듯이 말이다.

나를 향해 첫 질문을 던진 사람은 〈종교 뉴스 서비스〉 기자 로지 스캐멜Rosie Scammell이다. 「당신이 이 행사에 참여한 걸 걱정하는 가톨릭 신자들, 그리고 가톨릭의 특정 교의에 동의하지 않는 사람들의 목소리에 어떻게 대응하실지 궁금합니다.」

그의 말은 회칙 발표를 앞두고 반기문 유엔 사무총장과 기후과학자를 비롯한 이교도들이 오랜 역사를 지닌 교황청 안으로 들어온 것에 대한 일부 전통주의자들의 불만을 대변하는 것 같다. 또한 지구에 지워진 과도한 부담에 관한 논의가 피임과 낙태에 반대하는 가톨릭 교회의 목소리를 약화시킬 거라는 불안감의 표현이다. 이탈리아에서 인기 있는 가톨릭 웹사이트의 편집가로 일하는 그는 최근에 이런 발언을 했다. 〈가톨릭교회가 취하고 있는 태도는 간단히 요약된다. 교회는 지금 인구 억제를 옹호하는 속셈을 감추고 엉뚱한 이야기를 늘어놓고 있다.〉

나는 이렇게 대답한다. 「세속적인 기후 운동과 교황청 사이의 중개자로 이곳에 온 것이 아닙니다. 하지만 기후 위기에 대처하기 위해서는 우리의 경제 모델에 근본적 변화가 필요하다는 프란치스코 교황의 말이 옳다면(물론 나는 그의 말이 옳다고 생각한다), 이런 변화를 이루기 위해서는 정치적 의견 충돌을 헤쳐 나갈 수 있는 특별히 광범위한 운동이 펼쳐져야 합니다.」

기자 회견 후에 한 미국 기자가 내게 말했다. 「20년 동안 바티칸을 취재해 왔는데, 이곳 행사장에서 〈페미니스트〉라는 단어를 듣게 될 줄은 상상도 못했습니다.」

공식적인 기록을 위해서 덧붙이자면, 냉방기는 계속 돌아가고 있었다.

영국과 네덜란드의 교황청 대사들이 행사 주최자와 연사들을 위한 만찬을 주재하고 있다. 와인과 연어 구이로 식사를 하는 사이에, 이야기는 곧 있을 교황의 미국 방문이 미칠 정치적 파장으로 흘러간다. 이 이야기에 열을 올리는 사람 중에 미국의 영향력 있는 가톨릭 조직에서 온 사람이 있다. 그는 〈교황 성하께서 쿠바에 가시면 우리 입장이 편치 않을 것이다〉라고 말한다.

나는 그에게 「찬미받으소서」의 메시지가 미국에서 얼마나 영향력을 발휘하겠느냐고 묻는다. 〈시점이 좋지 않았다〉라고 그가 답한다. 〈이 회칙이 발표된 것과 거의 비슷한 시기에 동성 결혼에 대한 대법원 판결이 나왔는데, 그 판결이 세간의 관심을 독차지하고 말았다.〉 맞는 말이다. 미국의 많은 주교들이 이 회칙을 환영하는 입장을 밝혔는데, 그 수위는 일주일 뒤 나온 대법원 판결을 비난하는 데 투입된 가톨릭의 화력과는 비교도 안 되는 것이었다.

이런 대비는 프란치스코 교황이 제시한 가톨릭교회의 비전이 현실에서 얼마나 성과를 거두었는지를 새삼 돌아보게 한다. 교황은 낙태 및 피임, 또 동성 결혼에 관해서 비난하는 일에는 시간을 덜 쓰고, 대단히 불평등하고 불공정한 경제 시스템에 짓밟혀 고통받는 희생자들 편에 서서 싸우는 일에 더 많은 시간을 쓰는 교회를 지향한다. 방송 시간을 차지하기 위한 경쟁에서 기후 정의 문제가 동성 결혼 비난에 밀려난 순간, 교황이 지향하는 비전의 실현 가능성은 완전히 사라졌다.

호텔로 돌아오는 길에 조명을 받아 환하게 빛나는 성 베드로 대성당의 기둥과 돔을 보고 있으니, 이런 생각이 머리를 스친다. 이런 의견 다툼이 있기 때문에 이처럼 격리된 세계에 이처럼 다양한 배경을 가진 외부인들이 초대된 건지도 모른다. 강력한 영향력을 행사하는 교회의 수많은 내부자들이 프란치스코 교황의 변혁적인 기후 메시지를 옹호하리라는 보장이 없기 때문에 우리가 이 행사에 초대된 거다. 만일 이 메시지가 다른 많은 비밀들과 함께 이 성벽으로 둘러싸인 구획 안에 묻히게 되면, 틀림없이 흡족한 웃음을 지을 사람들이 있을 것이다.

잠자리에 들기 전에 「찬미받으소서」를 잠깐 살펴보는데, 눈에 확 들어오는 구절이 있다. 프란치스코 교황이 첫 문장에 쓴 글이다. 〈우리가 더불어 사는 집인 지구는 우리와 함께 삶을 나누는 누이이며 두 팔 벌려 우리를 품어 주는 아름다운 어머니다.〉 그는 아시시의 성 프란체스코의 「피조물의 찬가Canticle of the Creatures」의 구절을 인용한다. 그중에는 이런 구절이 있다. 〈주님, 누이이며 어머니인 대지로부터 찬미를 받으소서. 대지는 저희를 부양하고 다스리며 온갖 과일이며 색색의 꽃과 풀들을 자라게 하시나이다.〉

몇 단락 아래에 쓰인 내용에 따르면, 성 프란체스코는 〈모든 창조물, 심지어 꽃들과 교제하고 설교도 하고, 그들에게 《이성을 가진 이처럼 주님을 찬미하라》고 말했다〉. 성 보나벤투라에 따르면 13세기 수사인 성 프란체스코는 〈아무리 작은 생물이라도 누이 혹은 형제라고 불렀다〉는 내용도 있다.

프란치스코 교황은 회칙 뒷부분에서, 음식과 노동력을 제공하는 동물들을 돌보라는 내용의 다양한 성경 구절을 짚으면서 〈성경에는 다른 피조물에 무관심한 전제적인 인간 중심주의가 발붙일 곳이 없다〉라고 결론지었다.

생태주의자들에게는 인간 중심주의에 도전하는 게 대단치 않은 일이지만, 가톨릭교회 상층에 있는 사람들에게는 대단히 중요한 일이다. 하느님이 아담에게 필요한 모든 것을 주려는 의도에서 온 세상을 창조하셨다는 유대-기독교의 집요한 논리야말로 가장 강력한 인간 중심주의를 품고 있다. 인간은 다른 모든 생명체와 함께 한 가족을 이루고 있고 지구는 우리에게 생명을 주는 어머니라는 생각은 생태주의자들에게는 친숙한 것이다. 하지만 교회의 입장은 어땠을까? 어머니 대지를 아버지 하느님으로 대체하고 자연계에 깃든 신성한 힘을 제거하는 것이야말로 토속 신앙과 애니미즘, 범신론을 뭉개 버릴 수 있는 가장 좋은 수단이었다.

성 프란체스코는 자연이 그 자체로 가치를 지닌다고 주장함으로써 수 세기 동안 이어져 온, 자연계에 대해 노골적인 적의를 드러내는 신학적 해석을 뒤집어 놓았다. 이 해석에 따르면 자연계는 극복해야 할 시련이며, 저항해야 할 〈유혹〉이었다. 물론 기독교 교리에는 자연을 관리하고 보호해야 하는 소중한 것이라고 강조하거나, 자연을 찬양하는 부분이 있긴 하다. 하지만 이 경우에도 대개 자연은 인간의 필요를 채워 주는 자원으로만 간주된다.

프란치스코 교황 이전에도 환경에 깊은 관심을 표했던 교황이 있었다. 요한 바오로 2세와 베네딕토 16세다. 하지만 이 두 교황은 지구를 〈누이, 어머니〉라고 부르거나, 얼룩다람쥐와 송어를 우리의 형제라고 부르진 않았다.

7월 2일. 황야에서 돌아오다

성 베드로 광장의 기념품 가게에는 프란치스코 교황의 모습을 담은 머그컵, 달력, 앞치마와 여러 언어로 된 「찬미받으소서」 소책자가 무더기로 쌓여 있고, 가게 창문에는 「찬미받으소서」를 판다는 광고용 깃발이 걸려 있다. 언뜻 보기엔 교황을 내세워 팔아 보려고 만든 싸구려 물건처럼 보일 뿐, 가톨릭교회의 교리를 바꾸어 놓을 가능성을 품은 문서로 보이진 않는다.

오전에는 이틀 일정으로 짜인 〈사람과 지구가 첫째다: 경로 변경의 긴요함〉 회합의 개막 행사가 있다. 「찬미받으소서」를 중심으로 행동 계획을 수립하기 위해 국제 가톨릭 발전기구연합과 정의와 평화를 위한 주교협의회가 공동으로 주관하는 회합이다. 강연자 중에는 전 아일랜드 대통령 메리 로빈슨, 현직 유엔 기후 변화 특사, 해수면 상승으로 국토가 사라질 위기에 놓인 섬나라 투발루의 총리 에넬 소포아가가 있다.

부드러운 말투를 쓰는 방글라데시 주교가 개막 기도를 하고, 피터 코드워 아피아 턱슨 추기경이 첫 기조연설을 한다. 회칙을 기획한 핵심 인물인 턱슨 추기경은 예순여섯 살로 관자놀이 머리카락이 허옇게 세었지만 통통한 뺨에서는 아직 젊음이 풍긴다. 이 사람이 일흔여덟 살의 프란치스코 교황의 후임자가 될 거라는 추측이 무성하다. 그렇게 되면 최초의 아프리카 출신 교황이 탄생하는 것이다.

턱슨은 강연의 대부분을 「찬미받으소서」의 선례로 꼽힐 만한 초기 교황들의 회칙들을 인용하는 데 할애한다. 그의 메시지는 분명하다. 이것은 유별난 교황 한 사람이 하는 일이 아니라, 지구를 성체(예수의 몸과 피)로 보고, 인간과 자연 사이에는 단순한 연계가 아니라 〈약속〉이 있음을 인정하는 가톨릭 전통의 일부라는 것이다.

이와 더불어 추기경은 회칙에 〈청지기〉라는 단어는 두 번만 나오는데, 〈돌봄〉이라는 단어는 수십 번 나오는 점을 짚으면서 이는 우연이 아니라고 말한다. 청지기 자세는 의무에 입각한 관계를 말하지만, 〈돌봄은 열정과 사랑을 품고 하는 행동이다〉.

자연계에 대한 이러한 열정은 이른바 〈프란치스코 교황 인자〉의 일부이며, 가톨릭교회 내부 역학의 지리적 이동이 빚어낸 결과다. 프란치스코 교황은 아르헨티나 출신이고, 턱슨은 가나 출신이다. 회칙 중에 〈누가 바다라는 경이로운 세계를 색도 없고 생명도 없는 수중 묘지로 만들었는가?〉라는 구절이 있는데, 생생한 표현이 돋보이는 이 구절은 필리핀 가톨릭 주교 회의 성명서에서 인용한 것이다.

이런 상황은 글로벌 사우스의 많은 지역에서 기독교 교리의 인간 중심적인 요소가 확고히 자리 잡지 못했다는 현실을 반영한다. 특히 중남미는 원주민 인구 비율이 높은 곳이라서, 신성하고 살아 움직이는 대지를 중심으로 한 우주론을 가톨릭이 완전히 몰아낼 수 없었고 그 결과 기독교와 원주민의 세계관이 융합된 교회가 탄생했다. 이 융합 과정이 「찬미받으소서」 회칙을 통해서 마침내 가톨릭교회의 최정상에 도달하게 되었다.

그러나 턱슨 추기경은 이곳에 모인 군중에게 흥분하지 말라고 부드럽게 경고하는 듯한 모습을 보인다. 일부 아프리카 문화권에서는 자연을 〈신격화〉했지만, 신격화는 〈돌봄〉과 같은 것이 아니라고 그는 말한다. 지구를 어머니로 여긴다 하더라도, 실권을 쥔 것은 여전히 신이다. 동물을 우리 친척으로 여긴다 하더라도, 인간은 동물이 아니다. 하지만 공식적인 교황의 가르침이 지구에 대한 인간의 지배라는 핵심적인 교리에 도전장을 내미는 마당에, 다음에 일어날 일을 통제하는 게 과연 가능할까?

이런 요지로 단호한 발언을 한 사람은 아일랜드의 가톨릭 신부이자 신학자로서 회칙 초안 작성에 참여했던 세안 맥도나다. 청중석에 있던 그는 우렁찬 목소리로 회칙의 근간을 이루는 자연 사랑이 전통 가톨릭 신앙으로부터의 근본적이고 급진적인 전환을 상징한다는 사실을 외면하지 말 것을 당부한다. 그는 〈지금 우리는 새로운 신학으로 옮겨 가고 있다〉라고 선언한다.

그는 자신의 주장을 입증하기 위해 강림절 성찬식 직후에 흔히 낭송하는 라틴어 기도문을 영어로 옮겨 들려준다. 「땅에 있는 것들을 하찮게 여기고, 하늘의 것들을 사랑하라 가르치소서.」 수 세기에 걸쳐 이어져 온 물질세계 혐오를 극복하는 것은 만만치 않은 일이고, 이런 노력을 낮잡아 보는 태도는 별 도움이 안 된다고 맥도나 신부는 말한다.

굽은 나무 벽이 둘러쳐진 성 아우구스티누스 강당, 육신과 물질세계에 대한 회의론을 펴서 가톨릭교회에 중요한 변화를 불러일으킨 신학자의 이름을 딴 강당 안에서 이처럼 급진적인 신학상의 도전이 일어나는 것을 보노라니 감격이 벅차오른다. 하지만 맨 앞줄에 앉아서 눈에 뜨일 정도로 침묵을 지키는 검은 예복 차림의 남자들, 이 건물 안에서 공부하고 남을 가르치는 사람들에게도 이건 조금은 겁나는 일일 거라는 생각이 든다.

오늘 저녁 만찬은 훨씬 더 편안한 자리다. 브라질과 미국에서 온 프란치스코 수도회 수사 몇 명과 맥도나 신부와 함께 야외 테이블이 있는 식당에 있다. 수사들은 맥도나 신부를 수도회 명예회원으로 대우한다.

나와 함께 저녁을 먹은 사람들은 여러 해 동안 가톨릭교회 안에서 분란을 일으켜 온 사람들로 그리스도의 원형적 사회주의 가르침을 진지하게 수용하는 이들이다. 워싱턴에 소재한 〈프란치스칸 액션 네트워크Franciscan Action Network〉의 사무총장 패트릭 캐럴런도 그중 한 사람이다. 그는 만면에 미소를 지으며, 블라디미르 레닌은 아마도 인생 말년에 이런 말을 했을 거라고 내게 말했다. 러시아 혁명에 절실히 필요했던 것은 더 많은 볼셰비키 당원이 아니라 아시시의 성 프란체스코 열 사람이었다고.

이 국외자들이 돌연 세계 가톨릭의 최고 권력자, 즉 가톨릭 신자 12억 명을 이끄는 지도자와 여러 측면에서 의견을 공유하는 그룹으로 부상했다. 현 교황은 이제껏 교황의 이름으로 쓰인 적이 없는 프란치스코라는 이름을 택해 모두를 놀라게 한 것으로도 모자라, 프란치스코 수도회의 가장 급진적인 가르침을 부활시키려고 작심을 한 듯하다. 프란치스코 수도회의 나무 십자가를 목에 걸고 다니는 브라질의 유력한 사회 운동 지도자 모에마 드 미란다는 〈드디어 사람들이 우리 말에 귀를 기울이는〉 듯한 느낌이 든다고 말한다.

맥도나 신부의 입장에서 보면, 교황청의 변화는 더욱 놀라운 일이다. 그는 봉골레 스파게티를 먹으며 내게 〈내가 마지막으로 교황을 접견한 때가 1963년이었다. 나는 교황 세 분의 선종을 보았다〉라고 말한다. 그런데 지금 그는 이곳 로마로 다시 돌아왔고, 유례가 없을 만큼 사람들 입에 자주 오르내리는 교황 회칙의 초안 작성을 돕기까지 했다.

맥도나 신부의 말에 따르면, 기독교의 하느님과 신비로운 대지를 조화시키는 법을 알아낸 것은 중남미 사람들만이 아니었다. 아일랜드의 켈트 전통 신앙 역시 〈자연계는 신성하다. 물이 있는 곳 근처에는 신성이 깃들어 있다. 수목에도 신성이 깃들어 있다〉라는 생각을 변함없이 유지했다. 그러나 이곳들을 제외한 가톨릭권의 많은 지역에서는 이런 생각이 완전히 사라졌다. 〈우리는 연속성이 있는 것처럼 행동하지만, 연속성은 존재하지 않았다. 그런 신학은 완전히 사라졌다.) (많은 보수주의자들이 이런 교묘한 술수를 훤히 꿰뚫어 보고 있다. 최근에 우파 온라인 잡지 『페더럴리스트*The Federalist*』에는 〈프란치스코 교황, 지구는 나의 누이가 아니오〉라는 표제가 걸렸다.)

맥도나 신부는 이 회칙에 대해서 가슴 뛰는 흥분을 느끼고 있다. 하지만 지구란 신이 인간에게 주려고 만든 선물이라는 생각에 도전하는 데까지 나아가지 못한 안타까움이 크다고 한다. 도대체 어떻게 그런 생각을 할 수 있을까? 인간이 출현하기 수십억 년 전에 지구가 탄생했다는 건 누구나 아는 사실인데 말이다.

어떻게 성경은 이 많은 근본적인 도전을 견뎌 낼 수 있었을까? 어째서 어느 지점에서 완전히 무너지지 않는 걸까? 내가 이렇게 묻자, 맥도나 신부는 어깨를 으쓱하며 말한다. 성경은 계속 진화하고 있다고, 성경은 역사적인 맥락에서 해석되어야 한다고. 창세기 이전의 이야기가 필요하다면, 그쯤을 만드는 것은 큰 문제가 아니다. 그래서인지 맥도나 신부가 회칙 초안 작성 위원회의 일원이라는 걸 흡족해 한다는 게 분명히 느껴진다.

7월 3일. 교회여, 회심하라

아침에 눈을 뜨자마자 나는 인내심에 대해 생각한다. 패트릭 캐럴런과 모에마 드 미란다 같은 프란치스코 수도회 사람들은 자신의 깊은 신념이나 가치관과 충돌하는 지점이 많은데도 이 조직에 왜 그렇게 오래 머무른 걸까? 상황이 돌변하는 것을 보기 위해서 기를 쓰고 버텨 온 걸까? 나는 캐럴런으로부터 열두 살 때 신부에게 학대를 당했다는 이야기를 들었다. 그는 그 일이 완전히 은폐되었다며 울분을 터뜨린다. 하지만 그런 일을 겪고도 그는 영원히 신심을 버리지 않았다. 무엇이 그들을 그곳에 붙들어 둔 걸까?

메리 로빈슨의 강연이 끝날 무렵에 나는 미란다에게 이 질문을 던졌다(로빈슨은 여성이 인류 발전에 미친 역할을 충분히 강조하지 못한 점을 두고 회칙을 조심스럽게 비판했다).

미란다는 내가 잘못 생각한 게 있다면서, 자신은 사실 인생의 대부분의 시간 동안 프란치스코 수도회를 지켜 온 사람이 아니라고 말했다. 「나는 아주 오랫동안 무신론자였어요. 공산주의를 지지했고, 마오주의도 지지했죠. 서른세 살까지는 그랬어요. 그 뒤에야 가톨릭 신자가 되기로 마음을 먹었죠.」 그는 명징한 깨달음의 순간이 찾아왔다고 표현했다. 「와, 신이 존재하는구나, 그리고 모든 것이 바뀌었어요.」

어떤 계기가 있었느냐고 묻자, 그는 잠깐 망설이는 눈치더니 피식 웃음을 지었다. 그는 삶이 몹시 고달프던 시기에 우연히 어떤 여성 그룹을 만나게 되었다. 「그 여성들에겐 뭔가 다른 게 있었어요. 역경에 처했을 때도 마찬가지였어요. 그리고 그이들이 자신의 삶 속에 신이 있다고 말했을 때, 그 이야기가 내 귀를 사로잡았어요. 그때 갑자기 신이 내 곁에 있다는 느낌이 들었죠. 절대로 있을 수 없는 일이라고 생각했는데, 눈 깜박할 사이에 불현듯 그 일이 현실에서 일어난 거예요.」

회심, 바로 그것이 내가 놓치고 있던 것이었다. 어쩌면 그것이야말로 「찬미받으소서」의 위력과 잠재력을 이해할 수 있는 열쇠인지도 모른다. 프란치스코 교황은 기독교인들에게 〈생태적 회심〉이 필요하다는 내용에 회칙의 한 장을 온전히 할애한다. 이 장에는 생태적 회심을 통해서 〈예수 그리스도와의 만남의 결실이 자신을 둘러싼 세계와의 관계에서 온전히 드러나도록 해야 한다. 신의 작품을 지키는 이들로서 우리의 소명을 실천하는 것이 덕이 있는 생활의 핵심이다. 이것은 기독교인의 체험에서 선택적이거나 부차적인 측면이 아니다〉라는 내용이 있다.

나는 지난 3일 동안 로마에서 생태주의 신학이 형태를 갖추어 가는 것을 목격했음을 깨닫는다. 〈회칙에 실린 기쁜 소식을 널리 알리자〉, 〈교회를 거리로 이끌어내자〉, 지구를 위한 〈대중의 순례를 조직하자〉는 이야기, 브라질에 회칙을 널리 알리기 위해서 라디오 광고와 교구 성경 공부 때 쓸 동영상과 팸플릿을 만들자는 미란다의 계획 역시 생태주의 신학이 구체화되는 과정의 하나였다.

기독교를 믿지 않는 사람들을 전도할 목적으로 움직여 온 천 년 역사의 조직이 이제 선교의 열정이 내부로 향하도록 이끌어 갈 채비를 하고 있다. 요컨대 이 조직은 이미 기독교를 수용한 사람들 사이에서 인간이 세계에서 차지하는 위치에 대한 근본적인 믿음에 이의를 제기하고 그것을 변화시키는 방향으로 움직이고 있다. 마지막 회합에서 맥도나 신부는 상호 연결과 〈통합 생태학〉을 포괄하는 새로운 신학 이론으로 신도들을 교육하기 위해서 〈3년간의 회칙 종교 회의〉를 운영하자고 제안한다.

많은 사람들이 「찬미받으소서」 회칙을 기반으로 현재를 맹렬히 비판하면서 동시에 미래에 대한 낙관주의를 심을 방안을 찾기 위해

머리를 짜내고 있다. 교회가 신앙의 힘에 대해 품은 확신과 세계적으로 정보를 확산시킬 수 있는 대단한 조직 능력을 고려하면 지금의 이 팽팽한 긴장감이 충분히 이해가 된다. 신앙을 가진 사람들, 특히 선교의 열정을 가진 사람들은 신앙이 없는 사람들에게는 없는 굳은 확신이 있다. 모든 인간은 180도로 완전히 변화할 가능성을 품고 있다는 확신이다. 이들은 토론과 감정, 경험이 적절히 결합되면 삶을 완전히 변화시키는 대전환이 이루어질 수 있다는 확신을 여전히 유지하고 있다. 요컨대 이것이 바로 회심의 본질이다.

이런 변화의 가능성을 입증하는 가장 강력한 사례가 프란치스코 교황 휘하의 교황청이 아닐까 싶다. 더구나 이 사례는 가톨릭교회에만 적용될 수 있는 모델이 아니다. 세계에서 가장 오랜 연륜과 가장 구속력 있는 전통을 가진 조직 중 하나가 (지금 프란치스코 교황이 시도하는 것만큼) 급진적으로 그리고 빠른 속도로 가르침과 관행을 바꾸어 낼 수 있다면, 그보다 연륜이 짧고 더 유연한 조직 역시 같은 변화를 이뤄 낼 수 있을 것이다.

만일 변혁이 이곳 교황청에서 내가 느끼는 것만큼 강력한 전염성을 가지고 확산되어 간다면, 기후 변화에 맞서는 싸움도 승세를 탈 가능성이 있다.

덧붙이는 글

나는 이 책에 실린 글 중에서 이 글을 다시 읽을 때가 가장 곤혹스러웠다. 프란치스코 교황은 생태계를 보호해야 할 책임을 방기하고 이민자들의 생명을 경시하는 세계 각국 정부들의 태도를 지적하는 데는 용기 있게 나섰지만, 아직도 교황청은 어린이와 수녀들에 대한 성적 학대와 이런 범죄들을 고의로 은폐해 온 내부 지도자들의 책임을 묻는 일에는 손을 대지 못하고 있다. 정의 구현을 거부하는 이런 태도는 많은 가톨릭 신자들에게 고통을 안기고, 기후 위기를 포함한 다양한 문제를 주도해 온 프란치스코 교황의 도덕적 권위를 훼손하고 있다. 부디 이 일이 다양한 부문의 요구를 통합하는 방향으로 사회적·정치적 변화를 이루어야 할 필요성을 환기시키는 계기가 되기를 바란다. 만일 여러 가지 긴급한 위기 중에서 하나만을 골라 그 위기에만 진지하게 대응한다면, 결국에는 그 어떤 위기에 대해서도 변화를 불러일으킬 수 없다. 한 문제를 해결하겠다고 다른 것을 희생시키는 걸 결코 허용하지 않는, 과감하고 전체론적인 접근법만이 우리가 필요로 하는 근본적인 변화를 불러일으킬 수 있다.

8

온난화 세계에서 자행되는 타자화의 폭력

유색인들의 생명을 가볍게 여기는 문화, 그래서 그들이 파도 밑으로 사라지건 수용소에 갇혀서 분신을 하건 모른 체하는 문화라면 유색인들의 나라가 통째로 바다 밑에 가라앉건 가뭄과 폭염에 파탄이 나건 아랑곳하지 않을 것이다.

2016년 5월

런던에서 열린 에드워드 사이드 기념식 강연

에드워드 사이드는 과격한 환경 보호주의자가 아니었다. 이 위대한 반식민주의 지식인은 무역상, 장인, 학자의 집안에서 자란 처지였기에, 자신을 〈땅과는 은유적으로만 관계를 맺은 도시형 팔레스타인 사람의 극단적인 사례〉라고 묘사한 바 있다. 그는 장 모르Jean Mohr의 사진을 보고 떠오른 명상을 모은 저서 『마지막 하늘 이후 *After the Last Sky*』에서, 손님 접대와 스포츠, 실내 장식 등 팔레스타인 사람들의 가장 사적인 생활상을 세밀하게 분석했다. 사이드는 집 안에 걸린 액자의 배치나 아이의 반항적인 태도 등 아주 사소한 내용에서도 폭포수 같은 통찰력을 뿜어냈다. 그런데 양을 돌보거나 농지에서 일하는 팔레스타인 농민들의 사진을 대할 때만큼은 이 특별한 통찰력이 돌연 사라져 버렸다. 어떤 작물을 재배하는지, 토양의 상태는 어떤지, 물은 쉽게 구할 수 있는지 같은 정보를 일체 제공하지 않았다. 그는 〈나는 늘 가난과 고통에 시달리는, 거기에 더해 유색인이기까지 한 농민을 불변의 집합으로 보아 왔다〉라고 토로했다. 그는 이런 인식이 〈신화적〉이라는 걸 인정하면서도 계속 견지했다.

농사일을 별세계 이야기처럼 보았던 사이드의 눈에는, 대기 오염과 수질 오염 같은 문제에 목숨을 거는 사람들이 외계인처럼 보였을 법하다. 컬럼비아 대학에서 근무하던 당시, 사이드는 동료인 롭 닉슨과의 대화 도중에 환경 운동을 〈대의명분이라고는 없는 응석꾸러기 환경 보호주의자들의 방종한 행동〉이라고 묘사했다. 그러나 에드워드 사이드처럼 중동의 지정학 문제에 몰두하는 사람들에게도 중동의 환경 문제는 결코 무시할 수 없는 문제였다.

중동 지역은 높은 기온과 물 부족, 해수면 상승, 사막화에 매우 취약한 곳이다. 최근 『자연 기후 변화』에 실린 어느 논문의 예측에 따르면, 온실가스 배출량을 신속하면서도 급격하게 낮추지 못한다면 이번 세기 말 즈음에는 중동 지역 대부분의 〈기온이 인간이 견딜 수 없는 수준으로 올라갈 것〉이라고 한다. 이것은 모든 기후과학자들이 날을 세워 지적하는 내용이다. 그럼에도 중동 지역에서 환경 문제가 여전히 뒷전으로 밀려나거나 배부른 소리로 취급받는 경우가 많은 것은 사람들이 환경 문제에 무지하거나 무관심해서가 아니다. 인지 능력의 한계 때문이다. 기후 변화는 심각한 위협이지만 사람들이 가장 두려워하는 것은 몇 년 뒤에 일어날 충격이다. 지금 당장 그들의 눈앞에 군사적 점령이나 공습, 구조화된 차별, 통상 금지 조치 같은 훨씬 더 긴박한 위협이 상존하고 있기 때문이다. 그들로서는 이것이야말로 가장 큰 위협이고, 따라서 이 위협을 제거하는 데 총력을 기울여야 한다.

에드워드 사이드의 눈에 환경 보호주의가 부르주아의 놀이터처럼 비쳤던 데는 다른 이유도 있다. 이스라엘은 오랫동안 국가 건설 사업에 녹색 껍데기를 둘러 포장해 왔다. 〈약속의 땅으로 돌아가자〉는 시온주의자들의 개척 윤리의 핵심에는 이 같은 전략이 있다. 이스라엘 사람들은 나무를 토지 몰수와 점령에 가장 유용한 무기로 사용해 왔다. 이들은 정착지를 건설하고 이스라엘 전용 도로를 내기 위해 수많은 올리브 나무와 피스타치오 나무를 베어 내고, 과수원과 팔레스타인 마을이 있던 자리에 소나무와 유칼립투스 숲을 조성했다.

이 일에 가장 악명 높은 기여를 한 것은 유대민족기금Jewish National Fund이다. 이 조직은 〈사막을 푸르게〉라는 표어를 내세워 1901년부터 지금까지 이스라엘에 수목 2억 5천만 그루를 심었다고 자랑하는데, 대부분의 나무가 이 지역 토착종이 아니었다. 뿐만 아니라 이 조직은 네게브 사막 등지에 있는 이스라엘군의 핵심 기반 시설의 재원을 직접 조달한다. 홍보 자료에는 유대민족기금이 숲과 물 관리, 공원, 휴식 공간 제공을 담당하는 평범한 친환경 비정부 조직으로 소개되어 있다. 하지만 이 조직은 이스라엘 최대의 민간 토지 소유주로,

복잡한 법적 소송에 수없이 휘말리면서도 유대인이 아닌 사람에게는 땅을 빌려 주거나 매각하지 않는 관행을 여전히 유지하고 있다.

나는 어릴 적에 유대인 공동체에서 자랐는데, 이곳 사람들은 출생, 사망, 어머니의 날, 바르미츠바(성년식) 등 기념일을 맞을 때마다 그 사람 이름으로 유대민족기금의 나무를 구입하고 그 사실을 자랑스럽게 여겼다. 내가 다녔던 몬트리올 초등학교의 벽을 장식하고 있던 수많은 인증서에는 먼 곳에 떨어져 있으면서도 기분 좋은 느낌을 자아내는 침엽수들이 묘사되어 있었다. 나는 어른이 되고서야 그 나무들이 그저 심고 돌봐 주면 되는 단순한 식물이 아니라는 것을 깨달았다. 사실 이 나무들은 이스라엘의 공식적인 차별 시스템이 그대로 녹아 있는 빛나는 상징물일 뿐이다. 이 같은 차별 시스템이 그대로 유지되는 한, 이 지역 사람들의 평화로운 공존은 결코 이루어질 수 없을 것이다.

유대민족기금은 〈녹색 식민주의〉의 극단적인 사례다. 그러나 이 녹색 식민주의는 새롭게 등장한 현상도, 이스라엘에서만 나타나는 현상도 아니다. 북미 대륙 곳곳에는 이미 오래전부터 아름다운 천연의 땅들을 보호 공원으로 지정한 후 이곳을 조상 대대로 사냥터와 낚시터, 집터로 사용해 온 원주민들의 접근을 막아 그들의 생존권을 짓밟았던 아픈 역사가 깃들어 있다. 이런 일은 여전히 되풀이되고 있다.

최근에는 이 현상이 탄소 상쇄 제도*라는 현대적인 외피를 두른

---

* 제품의 생산 과정에서 온실가스를 배출하는 기업이 온실가스 흡수 효과를 내는 산림 조성이나 환경 기금 등에 기여하면 그만큼을 그 기업의 온실가스 배출량에서 상쇄해 주는 제도.

채 진행되고 있다. 환경 보호를 내세우는 단체들이 브라질, 우간다 등지의 원주민 지역에서 가장 폭력적인 방식으로 원주민의 토지를 빼앗아 간다. 이를테면 어느 숲을 갑자기 탄소 상쇄 지역으로 지정하고 이곳에서 조상 대대로 거주해 온 주민들의 출입을 막는 식이다. 그 결과 탄소 상쇄 제도는 환경을 명분으로 완전히 새로운 수준의 인권 유린을 야기한다. 이를테면 공원 관리자들이나 민간 경비회사 직원들이 이 땅을 이용하려는 농민과 원주민들에게 물리적 공격까지 일삼는다. 과격한 환경 보호주의자에 대한 부정적인 발언은 바로 이런 상황과 관련해서 나온 것인 듯하다.[1]

이것만이 아니다. 에드워드 사이드의 인생 마지막 해에 이스라엘은 팔레스타인 서안 지구를 둘러싸는 이른바 〈분리 장벽〉을 건설하고 방대한 면적의 지역을 점령했다. 그리고 팔레스타인 노동자들이 일터를 오가고 농민들이 농토를 오가고 환자들이 병원을 오가는 것을 차단하고, 가족들을 갈라놓는 잔인한 행동을 이어 갔다. 심각한 인권 유린이라는 점에서 분리 장벽에 반대할 이유는 차고도 넘친다. 하지만 당시 이스라엘 사람들이 제기한 소란스러운 불만의 목소리는 인권 문제와는 전혀 무관한 것이었다. 당시 이스라엘의 환경부 장관 예후디트 나오트Yehudit Naot는 〈분리 장벽은 (……) 경관과 동식물, 생태 통로, 개울의 흐름에 지장을 준다〉는 보고서 내용에 대해 불안감을 표현했다.

그는 〈장벽 건설을 중단하거나 연기할 생각은 없다. 다만 이로 인해 환경 피해가 발생할까 걱정스럽다〉라고 말했다. 후일 팔레스타인 활동가 오마르 바르후티는 이렇게 말했다. 〈환경부와 국립공원

보호 공단은 장벽 건설의 영향을 우려해 붓꽃 보호구역을 다른 곳으로 옮겨 조성하는 등 부지런히 보호 대책을 시행했다. 동물들이 지나 다닐 수 있도록 장벽에 작은 생태 통로까지 만들었다.〉

환경 보호 운동에 대한 냉소는 아마 이런 배경에서 나왔을 것이다. 사람들은 자신의 목숨이 꽃이나 도마뱀보다 못한 대접을 받을 때 냉소적인 태도를 취하기 쉽다. 하지만 세계적인 생태 위기의 근본 원인을 파헤치고 널리 알린 에드워드 사이드의 훌륭한 지적 유산도 이런 냉소주의를 강화하는 데 한몫을 한다. 그의 지적 유산은 지금의 환경 보호 운동 방식보다 훨씬 더 포괄적인 대응 방식, 즉 고통에 시달리는 사람들에게 전쟁과 가난, 조직적인 인종 차별에 대한 걱정 따윈 접어 두고 먼저 〈세계를 구하라〉고 요구할 것이 아니라, 이 모든 위기가 어떻게 상호 연결되어 있고 무엇이 해결책이 될 수 있는지를 보여 주는 방식을 써야 한다는 것을 일깨워 준다.

요컨대 에드워드 사이드는 급진적인 환경 보호주의자들을 직접 상대하지는 않았겠지만, 환경 보호주의자들은 아무리 바쁘더라도 시간을 내서 에드워드 사이드를 비롯해 많은 반제국주의, 탈식민주의 사상가들의 의견을 경청해야 한다. 이런 지식 없이는, 어떻게 해서 우리가 이렇게 위험한 지점에 이르게 되었는지, 더 안전한 지점에 도달하기 위해서 이루어야 할 변화는 어떤 것인지 파악할 방법이 없기 때문이다. 이제부터 완벽하지는 않겠지만, 에드워드 사이드의 글 속에서 점점 뜨거워지는 세계와 관련해서 어떤 교훈을 얻을 수 있는지 살펴보도록 하자.

에드워드 사이드는 망명 생활과 향수에 관해 가슴 저미도록 유려한 이론을 펼친 이론가였고, 지금도 그렇다. 하지만 그가 늘 강조했듯이, 그가 품은 향수는 완전히 변모되어 더 이상 존재하지 않는 고향을 향한 것이었다. 그의 입장은 단순하지 않았다. 그는 팔레스타인 난민들의 귀환할 권리를 적극 옹호했지만 그렇다고 고향이 고정되어 있다는 주장은 결코 한 적이 없었다. 그가 중요하게 여긴 것은 인권 존중의 원칙과 회복적 정의*였다. 이는 우리가 행동과 정책의 주된 기조로 삼아야 할 바다. 해안선이 침식되어 가고, 섬나라들이 점점 높아지는 해수면 아래로 잠겨 가고, 생태계를 지탱하는 산호초가 색을 잃어 가고, 북극 기온이 치솟는 지금의 상황에 딱 들어맞는 관점이다. 완전히 변해 버린 고향, 혹은 더 이상 실재하지 않는 고향을 간절히 그리워하는 심리 상태가 빠른 속도로, 비극적인 양상을 띠며 세계적으로 확산되고 있기 때문이다.

2016년 3월, 해수면 상승이 생각했던 것보다 훨씬 빠르게 진행될 가능성이 높다고 경고하는 두 편의 논문이 동료 연구자들의 검증을 거쳐 발표되었다. 첫 번째 논문에 공동 저자로 참여한 제임스 핸슨은 세계적으로 존경받는 기후과학자다. 그는 온실가스 배출량이 지금과 같은 추세로 계속되면 수천 년 후가 아니라 이번 세기 안에 〈모든 해안 도시와 대부분의 대도시, 그리고 이 도시들의 역사가 완전히 사라지게 될 것〉이라고 경고했다. 다시 말해서 대대적인 변화를 이뤄 내지 못한다면 전 세계 거의 모든 사람들이 더 이상 존재하지

---

* 갈등 혹은 피해에 대해서 비난과 처벌 대신에 개인 간의 관계와 공동체의 회복에 초점을 두는 정의 구현의 원칙.

않는 고향을 찾아 헤매게 될 것이라는 이야기다.

에드워드 사이드는 우리에게 그런 미래가 어떤 모습일지 상상할 수 있는 계기를 열어 준다. 그는 〈수무드sumud〉(결의)라는 아랍어를 자주 썼는데, 이는 필사적인 추방 시도가 계속되고, 반복되는 위험에 포위된 상황에서도 고향을 떠나지 않겠다는 확고부동한 태도를 일컫는다. 이 단어는 원래 헤브론과 가자 지구 같은 장소와 관련이 깊은 용어지만, 최근 세계 각지에서 벌어지는 상황에도 똑같이 적용할 수 있다. 루이지애나주 해안 지역의 주민 수천 명은 홍수가 밀려들어도 다른 곳으로 대피할 필요가 없도록 높이 쌓은 축대 위에 집을 짓고 있고, 태평양 섬의 주민들은 〈우리는 물에 잠겨 사라지지 않는다. 우리는 투쟁한다!〉라는 구호 아래 행동하고 있다.

마셜 제도, 피지, 투발루 같은 저지대 국가에 사는 주민들은 극지 빙하가 녹아내리면서 가속화되는 해수면 상승 때문에 나라가 사라질 가능성이 높다는 걸 알면서도 이주 계획에만 관심을 쏟는 것을 거부하고, 설령 더 안전한 나라들이 국경을 열어 주겠다고 나선다 해도(현재 국제법에서는 기후 난민이 인정되지 않는다는 점을 고려하면 그럴 가능성은 희박하다) 절대로 이주하지 않겠다고 버티고 있다. 대신에 이들은 적극적인 저항을 실행에 옮기고 있다. 이들은 전통 카누를 동원해 오스트레일리아 석탄 운반선의 운항을 차단하기도 하고, 국제 기후 회의장에 직접 등장해 더 공격적인 기후 조치를 실행에 옮길 것을 요구하기도 한다. 파리 기후변화협약에서 축하할 만한 성과가 있다면(애석하게도 그럴 거리가 많지는 않다), 그것은 이런 종류의 원칙에 입각한 행동, 즉 기후 수무드 덕분에 이루어진 성과다.

그러나 이것은 온난화되는 세계에 사는 우리가 에드워드 사이드의 글에서 얻을 수 있는 교훈의 극히 일부분이다. 그는 〈타자화〉 연구 분야의 거장이기도 했다. 그는 『오리엔탈리즘』(1978)에서 타자화를 〈다른 문화나 다른 민족, 또는 다른 지역에 속하는 사람들을 멸시 또는 재단하거나 발가벗기는 것〉이라고 묘사한다. 일단 타자화가 확고하게 정립되면, 폭력적인 축출, 토지 강탈, 점령, 침공 등의 일탈 행위가 더욱 용이해진다. 타자로 규정된 사람에게는 자신과 똑같은 권리나 인간성이 존재하지 않는다고 보는 것이 타자화의 골자이기 때문이다.

타자화가 기후 변화와 상관이 있을까? 깊은 상관이 있다.

우리는 이미 위험할 정도로 지구의 온도를 끌어올렸고, 우리 정부들은 여전히 이런 심각한 온도 상승을 막기 위해 필수적인 정책을 실시하지 않는다. 한때는 몰라서 그랬다는 발뺌만으로도 많은 사람들이 책임을 모면할 수 있었다. 그러나 IPCC(기후 변화에 관한 정부 간 협의체)가 설립되고 기후 협상이 시작된 지 30년이 지나는 동안, 정부들은 어떤 위험이 빚어질지 뻔히 알면서도 온실가스 감축에 나서지 않는다. 제도화된 인종주의만 없었어도(설사 인종주의가 마음속에 숨겨져 있다 해도) 이런 무모한 행태는 나타나지 않았을 것이다. 자신보다 약한 사람들의 생명을 가벼이 여기는 것을 합리화하는 강력한 도구인 오리엔탈리즘이 없었다면, 이런 무모함은 결코 발동될 수 없었을 것이다. 인간의 가치에 서열을 매기는 도구 덕분에 강국들은 약한 민족과 그 민족의 유구한 문화를 무가치한 것으로 폄하

할 수 있었다. 온갖 종류의 탄소를 파내는 일을 시작할 수 있었던 것
도 이 도구 덕분이다.

기후 변화에 영향을 미치는 요인으로 화석연료 외에도 산업형 농
업과 벌목 같은 요인을 꼽을 수 있지만, 역시 가장 큰 요인은 화석연
료다. 화석연료는 본질적으로 매우 더럽고 유독해서 인간과 공간을
희생시킨다. 이를테면 석탄을 캐는 광부는 폐와 건강을 잃고, 노천
광산과 원유 유출은 많은 사람들의 땅과 물을 오염시켰다. 그리 오
래지 않은 1970년대에 미국 정부의 자문역을 맡았던 과학자들은 미
국의 특정 지역에 대해 〈국가 희생 구역〉이라는 표현을 공공연히 사
용했다. 산 정상을 깎아 내는 채굴 방식이 지하에 굴을 파는 채굴 방
식보다 비용이 적게 든다는 게 확인된 뒤로, 애팔래치아 산맥은 석
탄 채굴을 위한 폭파 작업으로 이리저리 깎여 나가 폐허가 되었다.
이처럼 한 지역의 지형을 송두리째 희생시키는 행동을 정당화하는
데도 예외 없이 타자화 이론이 동원된다. 이 지역에 사는 가난하고
낙후된 사람들의 삶과 문화는 보호받을 자격이 없다는 논리다. 〈두
메산골 촌뜨기〉가 사는 땅인데 뭐가 문제냐는 식이다.
이렇게 파낸 석탄을 전기로 바꾸는 과정에서도 또 다른 타자화 논
리가 동원되었다. 이번 타자화의 대상은 발전소와 정유 공장 인근
도시의 주민들이었다. 북미 대륙에서는 흑인과 남미계 주민의 인구
구성 비율이 압도적으로 높은 공동체들이 희생양이 되었다. 우리의
집단적인 화석연료 중독이 빚어낸 유독성 짐을 떠안은 탓에, 이곳
주민들의 호흡기 질환과 암 발병률은 대단히 높다. 기후 정의 운동

은 바로 이런 환경적 인종 차별주의에 저항하는 과정에서 등장했다.

화석연료 희생 지대는 전 세계 곳곳에 산재해 있다. 니제르 삼각주에서는 매년 유조선 엑슨발데스호 한 대 분량의 원유가 유출되어 생태계가 심한 타격을 입었다. 나이지리아 정부의 손에 살해된 켄 사로위와는 살아 있을 때 이를 두고 〈생태적 대량 학살〉이라 불렀고, 저들이 공동체 지도자들을 처형한 것도 〈모두 셸 사를 위한 것〉이라고 말했다.

내 나라 캐나다의 경우 앨버타 타르샌드, 특히 중질유를 채굴하겠다는 결정이 내려진 것은 대영제국이 캐나다 원주민들을 상대로 맺은 조약, 조상 대대로 살아온 땅에서 계속해서 고기를 잡고 사냥하고 거주할 권리를 보장한다는 조약을 파기한 행위와 다름없다. 땅이 훼손되고 강물이 오염되고 무스와 물고기의 몸에 종양이 생긴다면, 조약에 보장된 원주민의 권리 따위는 아무런 의미가 없다. 설상가상으로 타르샌드 호황의 중심지인 포트맥머리는 노동자들이 많이 살고 소비가 많은 곳인데, 최근에 대형 화재가 나서 수많은 인명 피해가 나고 마을이 초토화되었다. 이곳은 대단히 덥고 건조하다. 이처럼 극심한 고온은 그곳에서 채취되는 물질과 깊이 연관되어 있다.

이 정도로 극적인 사건을 야기하지 않는다 해도, 이런 유형의 자원 채취는 일종의 폭력이다. 땅과 물에 상당한 피해를 입혀 한 공동체의 생활 방편을 파탄 내고, 땅과 불가분의 관계에 있는 문화를 서서히 죽음으로 몰아넣는다. 캐나다는 원주민들을 그들의 문화로부터 단절시키는 것을 국가 정책으로 채택했다. 캐나다 정부는 원주민 아이들을 가족의 품에서 빼앗아 기숙학교로 몰아넣고 조상 대대로 물려받은 언어의 사용과 문화적 관습을 금했다. 게다가 기숙학교에서는 신체적·성적 학대가 만연했다. 이런 기숙학교 문제를 다룬 진실과 화해 위원회의 최근 보고서는, 기숙학교를 〈문화적 대량 학살〉 시스템의 일환이라고 불렀다.

땅과 문화와 가족과의 강요된 분리로 인한 정신적 외상은 오늘날 수많은 캐나다 원주민 공동체를 피폐하게 만드는 절망감의 만연과 깊은 연관이 있다. 2016년 4월 어느 토요일 밤, 애터워피스컷 공동체(인구 2천 명)에서는 무려 열한 명의 주민이 자살을 시도했다. 이 공동체가 조상 대대로 거주해 온 영토에는 다이아몬드 광산이 있는데, 이 광산을 운영하는 드비어스DeBeers 사는 이 공동체에 희망과 기회를 주겠다고 약속한 적이 있었다.

정치인과 전문가들은 〈떠나면 될 일 아닌가?〉라고 묻는다. 실제로 많은 원주민들이 공동체를 떠난다. 이런 떠남은 캐나다 원주민 여성 수천 명이 도시에서 살해 또는 실종된 사실과 무관하지 않다. 언론 보도는 여성에 대한 폭력과 화석연료 채취를 위해서 이곳에서 자행되는 토지에 대한 폭력 사이의 연관성을 거의 짚어 내지 못하지만, 이 둘 사이에는 뚜렷한 연관성이 존재한다.

캐나다에서는 새 정부가 들어설 때마다 원주민의 권리가 존중받는 새로운 시대를 열겠다는 약속이 등장한다. 그러나 이 약속은 지켜지지 않는다. 유엔 원주민 권리 선언문이 규정하는 원주민의 권리에는 국가 경제 성장을 촉진하는 성과를 내는 경우라 하더라도 채취 사업의 진행을 거부할 권리가 포함된다. 성장이 종교이고 생활 방편인 시대에 원주민의 권리는 걸림돌이다. 캐나다의 원주민 공동체들은 자신이 의존하는 물을 오염시키고 기후 위기를 심화시키는 일에 동참할 마음이 전혀 없다고 명백한 의사를 밝히고 있지만, 명석한 젊은 총리 쥐스탱 트뤼도 역시 새로운 화석연료 사업, 새로운 광산, 새로운 송유관, 새로운 수출 기지를 추진하려 한다.

요컨대 화석연료를 동력으로 삼은 경제는 희생 지대 없이는 버틸 수 없다. 그래서 무슨 수를 써서라도 희생 지대를 찾아낸다. 공간과 사람의 희생을 기반으로 하는 경제가 이제껏 유지될 수 있었던 것은 식자들의 이론이 이런 희생을 정당화해 왔기 때문이다. 기독교의 발견 이론, 영토 팽창의 사명 이론, 주인 없는 땅(테라 눌리우스) 이론, 오리엔탈리즘, 두메산골 촌뜨기 이야기, 열등한 원주민 이야기까지, 모두 희생 지대를 정당화하는 이론이다. 기후 변화가 일어나는 것은 〈인간의 본성〉 탓, 인간의 탐욕과 인간의 근시안적인 관점 탓이라는 주장도 들리고, 인류가 전 지구적 차원에서 자연을 대대적으로 변형해 왔으므로 지금 이 시대를 인류세라 부를 수 있다는 주장도 들린다. 지금 인류가 처한 상황을 이같이 설명하는 주장들에 담긴 함의는 명확하다. 인간을 단일한 유형의 존재로 보고, 이 위기의 원천이 인간 본성이라고 보는 것이다. 이런 해석은 누군가가 만들어 냈고 또 다른 누군가는 강력하게 저항했던 시스템에 걸려 있던 의혹의 고삐를 걷어내고 무한한 자유를 선사한다. 이런 해석은 자본주의에도, 식민주의에도, 가부장제에도 자유를 선사한다.

이 같은 해석은 다른 방식으로 삶을 꾸려 왔던 인간 시스템의 존재 자체를 지워 버린다. 지구상에는 사람이라면 누구나 일곱 세대 앞을 내다보라는 걸 원칙으로 삼는 시스템도 있고, 훌륭한 시민뿐 아니라 훌륭한 조상이 되라는 원칙을 가진 시스템도 있고, 필요한 만큼만 취하고 나머지는 땅에 되돌려 주어 자연의 재생 주기를 보호하고 강화하라는 원칙을 가진 시스템도 있다. 이런 시스템들은 모든 역경을 딛고 이제껏 존재해 왔고 지금도 여전히 존재한다. 하지만 기후 붕괴를 〈인간 본성〉이 초래한 위기라고 규정하고, 지금 이 시대를 〈인류의 시대〉라고 규정할 때마다, 우리 머릿속에서는 이런 시스템들의 존재가 지워진다.[2] 그리고 이런 시스템들은 온두라스 괄카르케 수력 발전 댐 건설 같은 대규모 사업이 진행될 때마다 심각한 타격을 입는다. 2016년 3월에 토지 보전 활동가 베르타 카세레스는 괄카르케 댐 건설에 반대하다가 피살당했다.

어떤 사람들은 자원 채취가 반드시 나쁜 결과를 낳는 것은 아니라고 주장한다. 우리는 오염을 발생시키지 않고도 충분히 자원을 채취할 수 있고, 온두라스나 니제르 삼각주, 앨버타 타르샌드에서 쓰이는 방식이 유일한 자원 채취 방법은 아니다. 하지만 지금은 값싸고 손쉬운 방법으로 화석연료를 채취할 수 있는 길이 거의 막혔다. 그래서 프래킹 공법과 심해 시추, 타르샌드 추출 공법이 출현한 것이다.

이런 현실은 다시 산업 시대에 처음으로 맺은 악마와의 계약에 도전장을 내밀고 있다. 당시 맺은 악마와의 계약은 위험 부담이 높은 일을 다른 곳으로, 즉 자기 나라 밖이나 혹은 자기 나라 안의 변두리 지역으로 외주를 주거나 떠넘기겠다는 내용이었다. 그런데 이 계약이 지켜질 가능성은 갈수록 낮아진다. 영국에서도 가장 경관이 수려한 일부 지역들까지 프래킹 유전의 진출이라는 위협에 노출되어 있다. 희생 지대가 점점 확장되면서 이곳만큼은 안전할 거라고 믿었던 지역들까지 집어삼킨다. 지금 우리는 앨버타에 소름이 끼칠 정도로 방대한 면적의 폐수 연못이 있다는 사실에 경악하고만 있어서는 안 된다. 화석연료를 동력으로 삼는 한, 깨끗하고 안전하게, 독성 물질을 내뿜지 않으면서 경제를 운영할 방법은 결코 존재하지 않는다는 사실을 인정해야만 한다. 그런 방법은 이제껏 단 한 번도 존재한 적이 없었다.

화석연료를 동력으로 삼는 한, 평화롭게 경제를 운영할 방법 또한 존재하지 않는다. 이를 입증할 증거는 차고도 넘친다. 이 문제는 구조적인 것이다. 화석연료는 풍력이나 태양광 등의 재생 가능 에너지처럼 널리 분산되어 존재하는 게 아니라, 특정 지역에 집중적으로 매장되어 있다. 그런데 하필이면 그런 곳은 대부분 남의 나라다. 화석연료 중에서도 가장 힘이 좋고 값나가기로 손꼽히는 석유는 특히 더 그렇다. 아랍과 무슬림을 타자화하는 오리엔탈리즘은 석유 의존이 시작되던 첫 순간부터 지금까지 조용히 우리 곁을 지켜 왔다. 기후 변화는 화석연료 의존이 불러온 역풍이고, 따라서 오리엔탈리즘과 기후 변화는 불가분의 관계에 있다.

어떤 국가와 민족을 자신과는 다른 존재로, 에드워드 사이드가 1970년대에 쓴 표현대로 특이하고 미개하고 폭력적인 존재로 규정짓게 되면, 이들을 상대로 전쟁을 벌이고 쿠데타를 일으키기가 훨씬 더 쉬워진다. 이를테면 이들이 자신의 땅에서 나는 석유를 자신의 이익을 위해 쓰겠다는 정신 나간 생각에 빠져드는 경우에 말이다.

1953년 이란에서는 민주적으로 선출된 모함마드 모사데그 정부가 영국-이란 석유 회사(BP의 전신)를 국유화하자, 영국과 미국은 합동 작전으로 이 정부를 무너뜨렸다. 그로부터 꼭 50년 후인 2003년 이들은 다시 합동 작전으로 이라크를 불법 침공해 점령했다. 이 두 차례의 개입이 불러일으킨 파문과 그 두 곳에서 뽑아낸 석유를 성공적으로 태운 탓에 빚어진 파문은 지금까지도 우리 세계를 휘젓고 있다. 오늘날 중동은 화석연료 확보 경쟁이 초래한 폭력과 화석연료를 태우는 과정에서 빚어진 충격이라는 이중의 곤경에 처해 있다.

이스라엘 건축가 예얄 와이즈만은 최근에 출간한 저서 『분쟁의 해안선The Conflict Shoreline』에서 이런 힘들이 어떻게 교차하는가를 분석해 획기적인 견해를 제시한다. 그의 설명에 따르면, 중동과 북아프리카에 있는 사막의 경계를 파악할 때는 흔히 건조 한계선을 따진다. 건조 한계선은 관개를 하지 않고도 곡물을 대량으로 재배할 수 있는 최소 강수량, 즉 연평균 강수량 200밀리미터인 지점에 그려진다. 이런 기상학적 경계선은 고정된 것이 아니라 다양한 이유로 늘 이동한다. 이스라엘의 〈사막을 녹지로〉 바꾸는 정책이나 주기적 가뭄도 이 경계선을 오락가락 이동시키는 요인이다. 이제는 기후 변화로 인해 가뭄이 극심해진 탓에 이 경계선에 접한 지역이 더욱 심한 충격에 시달린다.

와이즈만은 시리아의 국경 도시 다라가 건조 경계선에 정확히 걸려 있다고 지적한다. 이곳에서는 여러 해에 걸쳐서 기록적인 가뭄이 찾아와 수많은 농민들이 살던 곳을 버리고 떠났고, 시리아 내전 발발의 배경이 되었다. 2011년에는 이곳에서 시리아인들의 봉기가 일어났다. 물론 긴장을 고조시킨 요인은 가뭄만이 아니었다. 하지만 가뭄 때문에 시리아 내부를 떠돌게 된 150만 명의 이재민이 긴장을 고조시킨 요인 중 하나였음은 틀림없다.

높은 기온과 물 부족과 갈등의 관련성은 오늘날 건조 경계선에 속하는 지역에서 반복적으로 갈수록 심각하게 치닫고 있다. 이 경계선에는 하나같이 가뭄과 물 부족, 극단적인 고온, 군사적 충돌이 극심한 곳이 걸쳐 있다. 리비아, 팔레스타인은 물론이고 아프가니스탄, 파키스탄, 예멘에서 가장 극심한 전투가 벌어지는 일부 지역이 이 경계선에 걸려 있다.

그런데 그것만이 아니다.

와이즈만은 〈놀라운 우연의 일치〉를 발견했다. 그는 이 지역에서 서구 국가들이 투입한 드론의 타격 지점을 지도에 표시한 뒤, 〈파키스탄 남와지리스탄에서부터 예멘 북부, 소말리아, 말리, 이라크, 가자 지구, 리비아에 이르는 지역에서 이루어진 대부분의 드론 공격이 연평균 강수량이 200밀리미터인 건조 경계선에 정확히 걸리거나 그 인근에 집중되어 있다〉는 것을 확인했다.

다음 지도에서 진한 선은 건조 경계선을 나타내고, 동그라미는 공격이 집중된 일부 지역들을 나타낸다. 나는 이 지도야말로 기후 위기가 빚어낸 잔혹한 특징을 가장 명료하게 시각화한 시도라고 생각한다.

이 모든 내용은 10년 전 미국 해군 분석 센터가 출간한 미군 보고서에도 암시되어 있다. 〈중동은 항상 두 개의 자연 자원과 연관되어 있다. 석유(풍부한 자원)와 물(희소한 자원)이다.〉 시간이 흐를수록

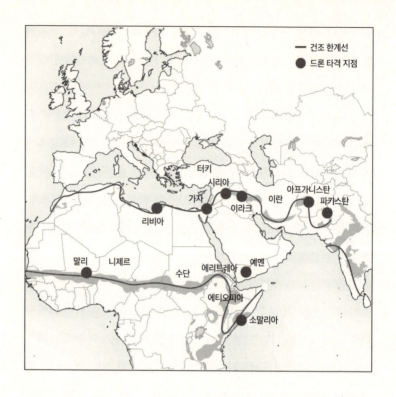

| 건조 한계선 |
| 드론 타격 지점 |

터키
시리아
가자
리비아
이라크
이란
아프가니스탄
파키스탄
말리
니제르
수단
에리트레아
예멘
에티오피아
소말리아

특정한 패턴들이 점점 뚜렷해진다. 처음에 서구의 전투기들은 원유 자원이 풍부한 지역을 따라간다. 지금은 가뭄으로 갈등이 고조됨에 따라 서구 국가가 투입한 드론이 물 부족 지역을 바짝 따라간다.

전투기 폭격이 원유가 있는 곳을 따라가고 드론 공격이 가뭄이 있는 곳을 따라가는 것처럼, 전투기와 드론의 폭격이 있었던 곳에는 난민을 실은 배들이 나타난다. 이 배들은 건조 경계선에 걸쳐 있어 전쟁과 가뭄으로 황폐해진 고향을 등지는 난민들로 가득 차 있다. 〈타자〉를 인간으로 취급하지 않는 태도는 전투기 폭격과 드론 공격을 정당화할 뿐 아니라 그 폭력을 피해 달아나는 난민들에 대한 비난으로 수렴된다. 안전한 곳을 찾으려는 난민이 우리의 안전을 위협하는 존재로 포장되고, 난민들의 목숨을 건 피난 행렬이 침략군으로 포장된다.

이런 식으로 서안 지구와 그 밖의 점령 지역에서 정교화된 전술이 이제는 북미와 유럽에까지 전파되고 있다. 예컨대 트럼프는 멕시코와의 접경에 장벽을 쌓은 공적을 자랑할 때면 〈장벽이 효과가 있는지는 이스라엘 사람들에게 물어보라〉는 말을 자주 들먹이고, 프랑스 정부는 수많은 난민들이 생활하는 칼레 난민 캠프에 불도저를 투입해 철거를 진행하고 있다. 지중해에서는 매년 수천 명의 난민들이 익사체로 발견된다.[3] 오스트레일리아 정부는 전쟁과 독재 정권의 탄압을 피해 온 생존자들을 외딴 섬 나우루와 마누스의 난민 수용소에 가둔다. 나우루 난민 수용소의 상황은 너무나 절망적이다. 지난달에는 이란 출신 난민 한 명이 세계의 이목을 끌기 위해 분신해 사망했고, 그 며칠 뒤에는 소말리아 출신의 스물한 살 여성이 제 몸에 불을 붙였다.

맬컴 턴불 오스트레일리아 총리는 국민들에게 〈동정 어린 시선으로 볼 일이 아니다. 국익을 고려하는 냉철하고 단호한 태도가 필요하다〉라고 경고한다. 지난해 영국의 극우 논객 케이티 홉킨스는 〈영국은 오스트레일리아 사람들을 설득해야 한다. 전함을 투입해 난민들을 제 나라로 돌려보내고 배를 불태워 버리라고 말이다〉라고 주장했는데, 언젠가 루퍼트 머독의 소유인 한 오스트레일리아 신문에 이와 비슷한 글이 실린다면, 오스트레일리아 사람들은 나우루의 처지를 떠올리는 게 좋을 것이다.[4] 나우루는 해수면 상승으로 물에 잠길 위험이 높은 태평양 군도 중 하나라는 점에서 또 다른 상징성을 지닌다. 나우루 국민들은 지금은 자국이 다른 사람들을 가두는 수용소로 변해 가는 걸 지켜보고 있지만, 머지않아 자기 나라를 떠나야 하는 처지가 될 가능성이 높다. 오늘은 난민을 감시하는 경비원이지만, 내일은 기후 난민이 될 것이다.

우리는 나우루에서 지금 벌어지는 일도 앞으로 벌어질 일도, 역시 동일한 논리에서 파생된 결과임을 알아야 한다. 유색인들의 생명을 가볍게 여기는 문화, 그들이 파도 밑으로 사라지건 수용소에 갇혀서 분신을 하건 모른 체하는 문화라면 유색인들의 나라가 통째로 바다 밑에 가라앉건 가뭄과 폭염에 파탄이 나건 아랑곳하지 않을 것이다. 이 끔찍한 결정을 합리화하기 위해서 인간을 서열화하는 이론과, 사람은 자기 자신을 가장 먼저 챙겨야 한다고 주장하는 이론과, 난민은 〈우리의 삶의 방식〉을 파괴할 거라고 주장하는 이론이 총동원될 것이다. 이런 합리화는 이미 비공개적인 방식으로 진행되고 있다. 기후 변화는 궁극적으로 모든 인류의 생존을 위협하겠지만, 당장은 사람을 가려 가며 공격한다. 기후 변화는 가장 먼저 가난한 사람들에게 가장 심한 충격을 입힌다. 허리케인 카트리나가 뉴올리언스를 공격했을 때 가난한 사람들은 지붕 위에 고립된 채 외면당했고, 남아프리카와 동아프리카에서 발생한 극심한 가뭄은 가난한 사람들 3600만 명(유엔 자료)을 굶주림으로 몰아넣고 있다.

기후 변화는 미래가 아니라 당장 눈앞에 닥친 비상사태다. 그런데도 우리는 비상사태에 적절한 대응을 하지 않고 있다. 파리 기후변화협약은 온도 상승을 섭씨 2도 이하로 억제하자고 약속했다. 2도 억제는 결코 무모한 목표가 아니다. 2009년 코펜하겐에서 2도 억제를 목표로 정하자는 이야기가 나왔을 때, 아프리카 국가들을 대표하는 많은 이들이 〈사형 선고〉라며 이를 규탄했다. 저지대에 위치한 도서 국가들은 〈1.5도가 생존선이다〉라는 표어를 내걸었다. 그 덕분에 마지막 순간에 파리 협약에는 모든 나라들이 〈온도 상승을 1.5도 이하로 억제하기 위해 노력한다〉라는 구절이 추가되었다.

그러나 이 말은 구속력이 없을 뿐 아니라, 거짓 약속이다. 실제로 우리는 그런 노력을 기울이고 있지 않다. 이런 약속을 해놓고도 많은 정부가 더 많은 프래킹 유전을 만들고 지구상에서 탄소 함유량이 가장 높은 화석연료인 타르샌드를 캐내는 일에 혈안이 되어 있다. 이런 추세가 계속된다면 1.5도 이하는커녕 2도 이하 억제 목표조차 이룰 수 없다. 어째서 이런 일이 벌어지는 걸까? 세계에서 가장 부유한 국가에서 살아가는 가장 부유한 사람들이 자신의 신상에는 아무런 문제도 닥치지 않을 거라고 생각하기 때문이다. 가장 큰 위험은 자기가 아닌 다른 사람에게 떨어질 것이고, 설사 기후 변화의 영향이 목전에 닥쳐오더라도 자기만큼은 틀림없이 보호받을 거라고 생각하기 때문이다.

이런 예상이 빗나가면 훨씬 더 추악한 반응이 수면 위로 떠오를 것이다. 2015년 12월 영국에서 1만 6천 가구가 침수되는 홍수 재해가 발생했을 때, 우리는 그런 미래의 모습을 어렴풋이 엿볼 수 있었다. 이 공동체들의 목전에 떨어진 문제는 역사상 유례가 없었던

12월의 기록적인 폭우만이 아니었다. 수해 대책을 마련하고 집행하는 최전선에서 일해야 할 지방 의회와 공공기관이 정부의 무자비한 공격으로 약화되어 재해에 제대로 대응하지 못한 것도 문제였다. 당연히 부실한 재해 대응의 책임을 다른 문제로 가리려는 사람들이 속속 등장했다. 이들은 정부에 대해서 자국민 보호에 집중해야 할 때에 난민 구호와 해외 원조에 왜 그렇게 많은 돈을 쓰느냐고 따졌다. 『데일리 메일』에는 〈자국민 원조가 시급한데, 해외 원조가 웬 말〉이라는 글이 실렸다.

『텔레그래프』에 실린 어느 사설은 〈국내에서도 수해 방지에 쓸 돈이 모자란 판에, 영국 사람들이 언제까지 다른 나라 수해 방지 비용을 대야 하는가〉라고 따졌다. 글쎄? 석탄을 태우는 증기기관을 발명하고 지구상의 어느 나라보다 더 오랫동안 산업적 규모로 화석연료를 태워 온 나라라서? 하지만 이게 본론은 아니다. 내 말의 핵심은 영국이 막대한 피해를 입은 것을 계기로 인식과 행동의 전환이 이루어졌어야 했다는 것이다. 어느 누구도 기후 변화의 영향으로부터 자유로울 수 없다는 걸 깨닫고 온 지구촌이 연대해 집단 대응을 펼쳤어야 했다는 이야기다. 그런데 일은 그런 방식으로 진행되지 않았다. 이유가 뭘까? 기후 변화는 날이 더 더워지고 비가 더 많이 내리게 하는 데 그치지 않는다. 지금의 정치·경제 질서는 기후 변화를 계기로 더욱더 비열하고 추악한 타자화 논리를 부추기기 때문이다.

여기서 얻어야 할 가장 중요한 교훈은 무엇일까? 기후 위기를 정책 전문가들에게 맡겨 두어서는 제대로 된 대응을 할 수 없다는 것이다. 우리는 기후 변화 문제를 다룰 때 긴축과 민영화, 식민주의와 군사주의, 그리고 이 모든 요소를 지탱해 온 다양한 타자화 구조라는 맥락을 반드시 짚어 내야 한다. 앞서 말한 요소들은 긴밀히 연결되고 교차하는데도, 이에 저항하는 세력들은 서로 단절되어 각자의 활동에 갇혀 있다. 긴축 반대 운동을 지지하는 사람은 기후 변화에 대한 이야기를 거의 하지 않고, 기후 변화에 관심이 많은 사람은 전쟁이나 점령에 대해서는 거의 관심이 없다. 미국의 여러 도시에서 흑인의 목숨을 앗아 가는 총탄과, 가뭄으로 말라붙은 땅이나 위험천만한 난민 보트에서 흑인의 목숨을 앗아 가는 훨씬 더 큰 힘 사이에 깊은 연결 고리가 있다는 걸 알아채지 못하고 지내는 사람들이 너무나 많다.

사회 정의 및 경제 정의를 지향하는 사람들은 다른 무엇보다도 이같은 단절적인 사고를 극복해야 한다. 다양한 사안과 운동을 하나로 묶어 주는 연대의 끈을 강화하는 것을 시급한 과제로 삼아야 한다. 우리가 대항해야 할 상대는 높은 수익을 보장받기 위해 지금의 시스템을 옹호하는 세력이다. 우리는 연대를 강화하지 않고서는 이 세력을 무너뜨릴 만큼 강력한 힘을 구축할 수 없다. 기후 변화는 불평등, 전쟁, 인종 차별, 성폭력 같은 사회적 병폐를 더욱 심화시키고 있다. 그런 점에서 기후 변화가 사회 정의와 경제 정의를 지향하는 세력에게는 유리한 상황을, 반면에 군사주의 세력에게는 불리한 상황을 안기는 촉매가 될 수도 있다. 인류의 생존을 위협하는 것을 넘어서서 과학에 의해 입증된 최종시한을 제시하는 기후 위기야말로 우리의 단합을 촉진하는 촉매다. 모든 사람에게는 고유한 가치가 있으며, 사람이든 공간이든 희생 지대로 이용되어서는 안 된다는 생각을 공유하는 것만이 수많은 강력한 운동들을 하나로 모을 수 있는 힘이다.

우리는 지금 서로 중첩되고 교차하는 수많은 위기에 봉착해 있고, 이 많은 위기를 하나씩 차례차례 해결할 여유가 없다. 따라서 우리에게는 〈통합적인〉 해결책이 필요하다. 즉 우리는 온실가스 배출량을 획기적으로 낮춤과 동시에, 노동조합 활동이 보장되는 좋은 일자리를 대량으로 창출하고 기존의 자원 수탈 경제 속에서 가장 심하게 학대받고 가장 철저히 배제되어 온 사람들에게 공정한 대우를 보장하는 해결책을 마련해야만 한다.

미국이 이라크를 침공한 해에 세상을 떠난 에드워드 사이드는 죽기 전에, 이라크 석유부 건물은 삼엄한 경비가 이루어지는 데 반해 도서관과 박물관은 약탈에 방치되는 것을 지켜보아야 했다. 이런 잔혹 행위가 계속되는 와중에도 그는 세계적인 반전 운동과 과학기술 덕분에 새롭게 부상한 소규모의 자발적인 의사소통 네트워크에서 희망을 찾았다. 그는 〈지구 전역에는 대안 뉴스를 통해 정보를 공유하는 대안 공동체, 환경과 인간의 권리 및 인간의 자유 의지에 대한 치열한 인식을 지닌 대안 공동체가 자리 잡고 있다. 바로 이런 인식이야말로 작은 행성에 사는 우리를 하나로 단합시키는 원천이 될 것이다〉라고 짚었다. 맞다. 이 글에는 〈환경〉도 들어간다. 그는 과격한 환경 보호주의자들도 배제하지 않았다는 이야기다.

내가 에드워드 사이드의 이 말을 떠올린 것은 영국의 홍수 재해와 관련된 글을 읽을 때였다. 대부분의 글이 만만한 상대를 찍어 책임을 떠넘기는 내용이었는데, 리엄 콕스Liam Cox라는 사람이 쓴 글이

눈에 띄었다. 리엄 콕스는 일부 언론이 이 재해를 이용해 외국인 혐
오를 부추기는 것에 분개하며 이렇게 썼다.

나는 요크셔의 헵던브리지에 산다. 홍수 때문에 큰 피해를 입어서
모든 게 물에 젖어 곤죽이 되었다. 하지만 (……) 나는 살아 있다. 나와
내 가족은 안전하다. 우리는 두려움에 떨면서 살 필요가 없다. 나는 자
유로운 삶을 누리고 있다. 여기선 총탄이 날아다니는 일도 없고 폭탄
이 터지는 일도 없다. 나는 살길이 막막해 집을 버리고 떠나야 하는 처
지도 아니고, 세계에서 가장 부유한 나라의 문전에서 박대당하는 처지
도 아니고, 그 나라 국민의 비난 공세에 시달려야 하는 처지도 아니다.

입만 열면 외국인 혐오를 쏟아 내는 어리석은 자들아. (……) 돈은
〈우리 자신〉을 위해서만 써야 한다고 말하는 사람들아. 거울 앞에 서
서 자문해 보라. (……) 자신이 과연 품위 있고 가치 있는 인간인지. 영
국만이 우리 집인가? 그렇지 않다. 지구상 모든 곳이 우리 집이다.

더할 나위 없이 좋은 맺음말이라고 생각한다.

---

1 우리 시대의 그린 뉴딜의 설계와 진행 과정에서는 반드시 이런 상황을 염두에 두
   어야 한다. 앞서 말한 식민형 패턴이 복제되는 걸 막기 위해서는 처음부터 원주
   민 공동체의 지식과 지도력을 수용해야 한다. 대량으로 탄소를 흡수하고 폭풍의
   공격을 막아 줄 대규모 식재 사업과 생태 복원 사업에서는 이 점을 더욱 유념해
   야 한다.

2 2019년 초에 발표된 어느 연구는 기후 붕괴란 동질적 단위로서의 인류가 행하는
   행위의 결과가 아니라, 특정한 대규모 프로젝트가 행하는 행위의 결과임을 역사적

사례를 통해 입증하고 있다. 유니버시티 칼리지 런던의 어느 연구 팀이 『쿼터너리 사이언스 리뷰』에 발표한 어느 논문은 〈소빙하기〉로 알려진 1500년대~1600년대 지구 냉각화 현상의 부분적인 원인으로 유럽인들과의 접촉 시점 이후로 아메리카 대륙에서 일어난 원주민 대량 학살을 꼽는다. 이 과학자들은 질병과 살육으로 원주민 수백만 명이 죽은 뒤에 농지로 사용되던 방대한 면적의 땅이 야생 식물과 수목으로 뒤덮이면서 탄소를 격리시켜 지구 냉각화가 일어났다고 주장한다. 이 논문에 따르면, 〈아메리카 대륙 원주민의 대량 사망은 방대한 면적의 경작지가 방치되는 결과를 낳았고, 이를 통해 육상 생명체들의 탄소 흡수가 진행되면서 대기 중 이산화탄소와 지구 표면 온도에 뚜렷한 영향을 미쳤다〉. 공동 저자로 참여한 마크 매슬린 교수는 이를 일컬어 〈대량 학살로 인한 이산화탄소 감소〉라는 오싹한 표현을 썼다.

3 국제이주기구에 따르면, 이 강연이 있던 해인 2016년 한 해 동안 정착지를 찾지 못하고 떠돌다 사망한 난민의 수가 무려 5,143명이었다.

4 최근 유럽은 오스트레일리아 모델을 적극 채택하고 있다. 이탈리아 정부는 난민의 입국을 막는 정책의 일환으로 무법자로 악명 높은 리비아 해안 경비대에 자금과 훈련, 군수, 장비를 지원해 난민선이 유럽 해역으로 진입하는 걸 차단하도록 유도한다. 이런 방침이 새로 도입된 후로 수천 명의 익사자가 발생했고, 목숨을 부지한 사람들은 리비아로 강제 송환되어 고문, 강간 등 인권 유린으로 악명이 높은 〈강제 수용소〉에 보내진다. 한편 바다에서 수천 명의 난민을 구해 낸 국경 없는 의사회 같은 국제 인도주의 단체들은 불법 행위 연루 의혹과 선박 압수 조치에 직면해 있다. 2018년 말 국경 없는 의사회가 심한 압력에 시달리다 구조선 아쿠아리우스호 활동을 중단했을 때 이 단체 사무총장은 이렇게 말했다. 〈몹시 참담하다. 유럽은 수색 구조에 힘을 보태지 않고 있을 뿐 아니라 남들이 하는 인명 구조 활동까지 방해하고 있다. 이번 아쿠아리우스호 운항 중단으로 앞으로 훨씬 더 많은 사람들이 세상의 무관심 때문에 충분히 피할 수도 있을 죽음을 맞게 될 것이다.〉

9

도약의 시대: 무한의 이야기를 끝내자

지금처럼 심각한 궤도 이탈 상황에서는 온건한 행동을 한다고 해서 온건한 결과가 나오진 않는다. 오히려 위험천만한 극단적인 결과가 빚어진다.

2016년 9월

토론토에서 있었던 라퐁텐-볼드윈 심포지엄 강연

나에게는 캐나다와 관련된 부끄러운 비밀이 있다. 그렇다고 이 아름다운 강당에서 나를 몰아내지는 말기를 바란다. 사실 나는 미국인이다. 나는 미국인임을 증명하는 여권을 가지고 있다. 캐나다 여권도 가지고 있다. 법적으로 따지면 나는 미국에 입국할 때는 독수리 문장이 찍힌 여권을 제시해야 한다. 그리고 다시 토론토로 돌아갈 때면 여러 가지 영국 고유의 물건을 나타내는 정교한 문장(그리고 잘 눈에 띄지 않는 단풍나무 잎사귀)이 찍힌 여권을 제시해야 한다.

내가 이중 국적을 가지게 된 데는 꽤 긴 사연이 있다. 부모님은 모두 미국인이다. 두 분 모두 미국에서 태어나셨고, 따라서 자녀들 역시 미국 시민권 보유 자격이 있다. 그런데 나는 캐나다 몬트리올에서 태어났고, 다섯 살 이전에 몇 년간을 제외하면 줄곧 캐나다에서 살았다. 20대와 30대까지만 해도 미국인이라는 신분은 나의 정체성이 아니라 절차상의 신분에 지나지 않았다. 미국인 신분에 대한 이야기는 거의 입에 올린 적이 없었다. 친한 친구들에게도 말하지 않았다. 서식에 국적을 표시하는 항목이 있으면 〈캐나다〉에 표시를 했고, 공항에서 수속을 할 때도 〈캐나다〉 표시가 된 줄을 골라 섰다. 미국에서 연설을 하고 인터뷰를 할 때도, 나는 〈우리 정부〉가 아니라, 〈여러분의 정부〉라는 표현을 썼다. 부모님은 내게 미국 여권을 취득할 자격이 있다고 말했지만, 나는 미국 여권 발급 신청을 하지 않았다. 미국인 신분을 입증하는 물리적인 증명서 없이 지내는 편이 마음이 편했다고 할까.

그러다 마음을 바꾸게 된 계기가 있었다. 2011년에 나는 워싱턴 D. C.에서 키스톤 XL 송유관 건설 반대 시위에 참가했다.[1] 당시 워싱턴 시위 행동에는 시민 불복종 행동도 포함되어 있었다. 2주 동안 수천 명의 시위자들이 체포를 무릅쓰고 백악관 앞에서 평화로운 점거 행동을 하자는 결정이 내려졌다. 미국 시민권자가 아닌 사람은 다른 시위 행동은 몰라도 시민 불복종 시위에는 참여하지 말아야 했다. 미국에서 체포당한 이력이 생기면 미국 재입국이 상당히 어려워질 수 있기 때문이다.

그런데 그날 그곳에서는 특별한 일이 있었다. 캐나다 북부 앨버타의 석유 및 가스 개발 사업 때문에 조상 대대로 물려받은 영토가 심하게 훼손된 것에 분개한 원주민 공동체의 대표단이 뒤탈과 체포를 무릅쓰고 불복종 시위에 참가하기로 결심한 것이다. 나는 남편에게 미리 알리지도 않고(그가 늘 미리 알려 달라고 당부하는데도) 충동적으로 원주민 대표단과 함께 행동하겠다고 결심을 굳혔다.

아주 좋은 하루였다. 나는 그날 경찰 호송차에서, 그리고 나중에는 법정 피고인석에서 훌륭한 사람들을 만났다. 체포되었던 사람들은 결국 모두 풀려났다. 그 일이 있은 뒤, 문득 이제 미국 여권을 발급받는 게 곤란할지도 모른다는 생각이 들었다. 그래도 상관없다 싶기도 했지만, 여권을 신청하면 과연 어떤 결과가 나올지 궁금했다. 뜻밖에도 일이 잘 풀려서, 나는 40대에 처음으로 미국 여권을 발급받았다.

여기까지가 내가 미국 여권을 가지게 된 사연이고, 미국 국적을 가진 나의 가족이 캐나다에 오게 된 사연은 이제부터다. 완전히 다른 한 편의 이야기가 펼쳐지는데, 여기서도 투옥 이야기가 나온다. 아버지가 의과대학 졸업을 앞두고 있던 1967년의 일이다. 아버지와 어머니 두 분 모두 베트남 전쟁 반대 운동에 적극 참여하고 있었다. 아버지는 많은 동료들이 그랬듯이 징집을 피하기 위해 갖은 수단을 다 썼다. 양심적 병역 거부 신청도 내보고 군복무를 대체할 수 있는 활동을 찾으려고도 해봤다. 그러나 번번이 허탕을 쳤고, 아버지는 베트남에 파병되느냐, 투옥되느냐, 아니면 캐나다로 가느냐, 이 셋 중 하나를 선택해야 했다. 이렇게 해서 우리 가족은 캐나다로 오게 되었다.

부모님은 자동차 여행을 할 때면 자식들에게 전쟁을 피해 빠져나온 이야기를 들려주곤 했다. 징집영장, 속도위반 결혼, 남들이 연루되어 피해를 보지 않도록 하기 위한 철저한 기밀 유지 등등 긴박감 넘치는 한 편의 스릴러 같은 이야기가 펼쳐졌다. 부모님은 깜깜한 한밤중에 몬트리올에 도착하는 밤 비행기를 탔는데, 거기에도 사연이 있었다. 두 분은 프랑스어를 쓰는 반미 성향의 세관 직원들이 밤 12시 이후 근무한다는 정보를 미리 입수한 덕에 무사히 세관을 통과할 수 있었다. 아버지는 캐나다에 입국하던 순간을 이렇게 회고했다. 「우리는 20분 만에 캐나다 영주 이민자 자격을 얻었지. 캐나다 국적으로 갈아탈 수 있는 첫 단계를 통과한 거야.」

좌파 성향 미국인 부모가 캐나다로 이주해 꾸린 가정에서 자란 탓인지, 어릴 적에 나는 캐나다에 대해서 대단히 좋은 느낌을 품었다. 부모님은 자신들이 미국을 떠난 이유로 군사주의, 호전적인 애국주의, 수백만 명이 건강보험 혜택을 받지 못하는 상황 등을 꼽았고, 캐나다를 선택한 이유와 캐나다에서 계속 살기로 결심한 이유도 말해주었다. 캐나다를 〈군사주의를 피할 수 있는 곳〉으로 선언했던 피에르 트뤼도 총리* 이야기, 보편적인 공적 의료와 언론과 예술에 대한 공적인 지원 이야기까지(어머니는 국가 영화 위원회에 일자리를 얻었는데, 이곳에서 정부로부터 급여를 받으며 반체제 성향의 페미니스트 다큐멘터리를 제작했다). 돌이켜 보면 내 어린 시절의 환경은 캐

---

* 캐나다의 진보적인 전직 총리로 1968~1979년, 1980~1984년 총 15년 넘게 총리를 역임했다.

나다를 유토피아이자 미국의 대안으로 그리는 마이클 무어의 영화와 약간 닮아 있었다. 집 문에 잠금장치를 달 필요도 없고, 총에 맞는 사람도 없고, 의사 진료를 받으려고 대기하는 사람도 없고, 누구나 〈항상〉 서로에게 넉넉한 친절을 베푸는 나라라는 게 어릴 적 내가 캐나다에 대해 품었던 인상이다.

이건 그리 과도하게 부풀려진 인상은 아니었다. 이렇게 미국인의 시각에서 여과된 캐나다 이야기는 나의 어린 시절과 나의 고국에 대한 자긍심에 영향을 주었다. 하지만 나중에야 알게 된 것이지만 거기에는 빠져 있는 내용이 너무나 많았다. 물론 지금 나는 많은 것을 알고 있다. 이를테면 캐나다 사람들이 베트남 전쟁에 참가하지 않고 전쟁에 반대하는 징집 기피자들의 이민을 환영하는 나라라고 도덕적 긍지를 느끼던 그 당시에도, 캐나다 기업들은 네이팜탄과 고엽제를 비롯해서 수십억 개의 군수 물자와 무기를 팔면서 미국의 전쟁 노력을 돕고 있었다. 이 두 가지 방침을 동시에 견지하는 게 캐나다의 군사적 전통이다. 2003년에도 비슷한 상황이 되풀이되었다. 당시 캐나다는 유엔의 승인을 받지 않았다는 이유로 2003년 이라크 침공에 참여하지 않겠다고 공언했지만, 침공 이후 이라크 점령군에 대해서는 교환 장교와 군함 등 군사적 지원을 보냈다.

자긍심의 원천이 되는 이야기들을 지나치게 꼼꼼히 들여다보게 되면, 상처를 입을 수 있다. 특히 그 이야기들이 자신의 정체성을 형성한 내밀한 체험과 관련된 것일 경우에는 더더욱 그렇다. 내게는 아직도 이런 내면의 갈등이 있다. 캐나다의 의료 시스템과 대중 매체와 예술에 대한 공적 지원을 미국보다 나은 점으로 꼽는 부모님의 의견에는 나도 동의한다. 하지만 실상을 더 들여다보면, 이런 제도와 전통은 이미 수십 년 넘게 등한시되어 온 탓에 크게 약화되었다. 요즘 은퇴하신 아버지는 캐나다 공공 의료 시스템이 미국식 민영화에 잠식당하지 않도록 막는 활동에 대부분의 시간을 쓰신다.

나의 행복한 캐나다 이야기에도 약간 찔리는 부분이 있다. 부모님이 아무 마찰 없이 20분 만에 영주 이민자 신분을 인정받고 캐나다의 공항을 빠져나올 수 있었다는 사실이다. 많은 징집 기피자들이 그랬듯이, 이것이 가능했던 데는 부모님이 백인이고 중산층이며 대학 학력 소지자라는 사실이 크게 작용했을 것이다. 이 시기에 캐나다가 환영하며 맞아들였던 사람들은 베트남 전쟁 징집을 피해 온 사람들만이 아니었다. 당시에 캐나다는 베트남 난민 6만 명을 받아들였다.

그러나 이 개방적인 조치는 상당히 단기로 끝났다. 게다가 이 조치는 제2차 세계 대전 당시 유대인 난민의 망명을 받아들이지 않았던 부끄러움을 덜어 보려는 의도에서 시행된 것이었다. 최근 수십 년 동안 캐나다가 무기나 군인, 혹은 두 가지 모두를 공급함으로써 줄곧 연료를 끼얹어 온 불법적인 전쟁들에서 폭격 대상이 되는 대부분의 유색인들은 절대로 20분 만에 영주 이민자 지위를 인정받을 수 없고, 월요일 아침이 되어도 당당히 일하러 나갈 수 없다. 수천 명의 사람들이 아무런 범죄 혐의가 없는데도 몇 년째 구금 생활을 하고 있다. 많은 사람들이 경비가 삼엄한 수용소에 언제 석방될지 알지 못한 채 갇혀 있다. 이런 무기한 구금은 유엔이 반복해서 비판해 온 관행인데도 말이다.

캐나다는 어떤 나라이며 어떤 가치관을 지향하는가를 묘사하는 이야기는 고정불변의 이야기가 아니다. 사실이 변하면 이야기도 따라서 변한다. 사회 내 힘의 균형이 바뀌면 이야기도 따라서 변한다. 그러므로 일반 국민들은 정부에게만 맡길 것이 아니라, 우리의 집단적인 이야기와 상징과 역사를 새로 쓰고 다시 상상하는 과정을 주도해 가는 적극적인 참여자가 되어야 한다.

이런 일은 실제로도 일어나고 있다. 예를 들어 우리가 모인 이곳 토론토 전역에서는 오기마 미카나 프로젝트가 시행되면서 공식적인 거리 표지판을 아니시나베 언어로 된 표지판으로 교체하는 작업이 진행되고 있다. 또한 이 프로젝트의 일환으로 내가 사는 곳 근처에도 표지판이 세워졌다. 고급 주택가로 빠르게 바뀌어 가는 우리 지역이 땅과 물을 평화롭게 나누고 보살피자는 내용의 〈다시 위드 원 스푼 왐품 벨트Dish with One Spoon Wampum Belt〉 서약이 적용되는 지역임을 알리는 표지판이다. 이렇듯 우리 가까이에서도 집단적인 이야기를 바꾸어 가려는 공적인 시도가 일어나고 있다. 엄연히 살아 있는 이야기임에도 밤낮으로 쏟아져 들어오는 훨씬 더 소란스럽고 훨씬 더 새로운 메시지들에 파묻혀 있는 오래된 이야기들을 어둠에서 끌어올리려는 시도가 이루어지고 있다.

오랫동안 당연하게 여겨 온 이야기들을 꼼꼼히 짚어 보는 것은 유익하다. 특히 위안을 주는 이야기들을 짚어 보는 것은 훨씬 더 유익하다. 이야기와 신화가 여전히 유익하고 진실하다고 여겨질 때, 그 이야기에 부응하는 삶을 살기 위해 더 많은 노력을 기울이겠다고 결심하는 것 역시 유익하다. 그러나 그 이야기들이 더 이상 도움이 되지 않을 때, 그 이야기들이 우리가 반드시 가야 할 목적지에 이르는 길을 가로막고 있을 때, 우리는 서슴없이 그 이야기를 그만두고 다른 이야기를 시작해야 한다.

도약

이런 맥락에서 이제부터는 집단적 이야기를 새로 바꾸어 가려는 한 가지 시도에 대해 살펴보고, 이 시도가 지구 생태계 위기를 빚어낸 일부 강력한 국가들이 하는 이야기와 어떤 충돌을 빚는지를 짚어보려고 한다. 바로 내가 관여해 온 〈도약 선언Leap Manifesto〉 프로젝트에 관한 이야기다. 여러분 가운데 많은 이들이 이 프로젝트에 대해 알고 있을 것이다. 하지만 도약 선언이 탄생한 과정을 아는 사람은 많지 않을 것이다.[2]

도약 선언 프로젝트는 2015년 5월 토론토에서 열린 어느 회의에서 시작되었다. 이 회의에는 노동, 기후, 신념, 원주민, 이민자, 여성, 빈곤 퇴치, 불법 구금 반대, 먹을거리 정의, 주거권, 운송, 친생태 기술 등 캐나다 전역의 다양한 운동 부문을 대표하는 활동가와 이론가 60명이 참석했다. 이 모임이 꾸려지게 된 결정적인 계기는 유가 급락이었다. 우리 경제는 높은 가격에 거래되는 석유를 수출해 얻는 수익에 크게 의존하고 있었던 탓에 유가 급락의 충격으로 전체 경제가 혼란으로 빠져들고 있었다. 이처럼 변동성이 높은 원자재에 우리의 집단적인 운명을 맡기는 것이 얼마나 위험한가가 생생하게 드러나고 있었다. 회의의 핵심 주제는 이를 계기로 재생 에너지 기반 경제로 신속하게 전환할 방법을 찾는 데 있었다. 건강한 환경과 강력한 경제, 둘 중 하나를 선택해야 한다는 이야기는 우리가 아주 오랜 세월에 걸쳐서 들어온 것이다. 그런데 유가가 폭락하면서 둘 중 어느 것도 누릴 수 없게 된 지금이야말로 근본적으로 다른 모델을 채택하자는 주장을 내놓기에 더없이 좋은 기회였다.

이 회의가 열린 시기는 총선 캠페인이 본격적으로 시작되기 직전이었다. 그런데 주요 정당들은 탈탄소 경제로의 신속한 전환을 선거 공약으로 채택할 생각이 전혀 없었다. 자유당과 신민주당(NDP)이 집권당인 보수당의 의석을 빼앗기 위해 경합을 벌이고 있었지만, 두 정당 모두 정치인으로서의 〈신중함〉과 실용주의적 태도를 유지해야 한다는 전술에 따라 특정한 송유관 신설 사업에 대한 지지 의사를 밝히고 있었다. 기후 대응에 나서겠다는 막연한 약속들이 나오고는 있었지만 과학계의 권고를 따르는 약속은 어디서도 나오지 않았고, 녹색 경제로의 전환으로 우리 사회의 가장 취약한 계층에게 필요한 좋은 일자리 수십만 개를 창출할 기회를 열자는 약속 역시 나오지 않았다.

우리는 이런 상황을 반영해서 우리가 투표를 통해 지지하고 싶지만 아직까지 제시된 바가 없는 내용을 모아 〈민중의 강령〉을 작성한 뒤, 이 강령을 이용해 선거 과정에 개입하기로 했다. 둥글게 앉아 이틀 동안 서로 눈을 마주치며 이야기를 나누면서, 우리는 동시대의 사회 운동이 밟아 본 적 없는 새로운 지평이 열리고 있음을 깨달았다. 이제껏 우리가 해온 활동은 기껏해야 대규모 연합체를 꾸려 특정 정치인의 긴축 의제에 반대하거나 달갑잖은 무역 협상이나 불법적인 전쟁에 반대하는 연합 투쟁을 벌이는 수준에 국한되어 있었다.

그러나 그것은 〈반대〉를 위한 연합체일 뿐이었다. 이번에 우리는 전혀 다른 시도를 해보길 원했다. 바로 〈긍정〉을 위한 연합체를 꾸리는 것이었다. 그러기 위해서는 우리가 이제껏 한 번도 해본 적 없는 일, 즉 우리가 실제로 원하는 세상이 어떤 세상일지 함께 상상할 공간을 마련해야 했다.

나는 간혹 도약 선언문의 집필자로 소개되곤 한다. 잘못된 이야기다. 내 역할은 사람들의 이야기를 경청하면서 공통되는 주제가 무언지 짚어 내는 것이었다. 특별히 강조되는 주제는, 인간은 아무리 써대도 고갈되지 않을 것처럼 자연 자원을 끊임없이 추출해 낼 권리를 신으로부터 부여받았다는 국가적 서사에서 벗어나야 한다는 것이었다. 따라서 우리는 그 이야기를 밀어내고 땅과 물과 공기를 보살피고 다른 인간을 보살펴야 할 인간의 의무를 근간으로 완전히 새로운 이야기를 펼쳐 내야 했다.

회의장을 빼곡 메운 다양한 부문의 대표들을 보며, 우리는 진정한 의미의 〈긍정〉을 위한 대규모 연합체를 꾸리길 원한다면 옛날이 좋았다는 식의 회고주의에 빠져서는 안 된다는 점을 또렷이 의식하고 있었다. 원주민 주권을 존중하지 않았고, 수많은 유색인 공동체의 목소리를 무시했으며, 때로는 중앙 집중 권력을 지나치게 신임할 뿐 아니라 생태계의 한계를 전혀 고려하지 않았던 1970년대 시절의 국가에 대한 갈망을 우리는 철저히 배제해야 했다.

그렇기 때문에 우리는 과거를 회고하는 방식을 배제하고 강령의 첫 부분에 우리가 이루고자 하는 비전을 담았다.

〈우리는 100퍼센트 재생 에너지로 전기를 얻고, 방방곡곡이 쉽게

238

이용할 수 있는 대중 교통수단으로 연결되며, 이런 전환에 따른 일자리와 기회를 통해서 인종 차별과 성 차별을 체계적으로 제거한 나라에서 살 수 있다. 우리는 서로를 돌보고 지구를 돌보는 활동이 경제에서 가장 빠르게 성장하는 부문이 되는 나라에서 살 수 있다. 우리는 더 많은 사람들이 더 적은 시간을 일하고도 더 높은 임금을 받는 일자리를 보장받고 자신이 좋아하는 걸 누리고 자신의 공동체 안에서 건강하게 활동할 시간을 넉넉히 보장받는 나라에서 살 수 있다.〉

도약 선언에서 우리는 먼저 이루고자 하는 비전을 선명하게 그린 다음, 이 비전을 이루기 위해서 필요한 사항의 핵심을 짚었다. 세부적인 내용을 살펴보기 전에 먼저, 공식적인 이야기들에 대한 반박을 이어가 보자.

이름에서 알 수 있듯이, 〈도약〉이란 대대적이고 급속한 변화를 일컫는 말이다. 그래서 이 단어를 강령의 제목으로 사용하기로 했다. 잘 알다시피 우리는 기후 변화와 관련해서 너무나 오랫동안 꾸물거리면서 문제를 훨씬 더 악화시켜 왔고, 그렇기 때문에 아무리 올바른 목표를 정했다 해도 신속한 전환을 이루지 않는 한 깊은 나락으로 떨어질 수밖에 없는 상황에 처해 있다. 하지만 우리는 점진적인 전환이 아니라 변혁적인 전환을 요구하는 도약 선언을 통해서, 이 나라의 수많은 이권 세력들이 애지중지해 온 이야기에 정면으로 도전하고자 한다. 그들은 우리 국민이 꾸준하고 한결같은 태도를 유지하는 온건한 사람들이라는 주장을 고수한다. 과격분자들이 설치는 세상이지만, 우리만큼은 양극단을 피해서 중도를 선택해야 한다고,

갑작스러운 변화는 금물이라고, 갑작스럽고 빠른 도약은 피해야 한다고 우리를 타이른다.

훌륭한 이야기다. 중용은 어떤 상황에서도 도움이 되는 자산이다. 예컨대 우리는 술을 마실 때 중용을 지켜야 한다. 그러나 우리가 중용과는 거리가 먼 제목을 의식적으로 선택한 데는 이유가 있다. 기후 변화에 관한 한, 점진주의와 중용은 심각한 난관이다. 기후 변화에 관한 한, 점진주의와 중용은 아이러니하게도 우리를 매우 극단적이고 뜨겁고 참혹한 미래로 이끌 것이다. 지금처럼 심각한 궤도 이탈 상황에서는 온건한 행동을 한다고 해서 온건한 결과가 나오진 않는다. 오히려 위험천만한 극단적인 결과가 빚어진다.

지금처럼 상황이 심각하지 않았던 때도 있었다. 정부들이 기후 위기의 상황을 공유하고 산업화를 이룬 국가들이 온실가스 배출을 줄여야 할 필요성을 논의하기 위해서 처음으로 모였던 때가 1988년이다. 이 회의의 주최국은 캐나다였고, 회의 장소는 바로 이 도시였다. 이 회의에서는 몇 가지 환상적인 권고 사항이 제시되었다. 만약 우리가 30년 전인 1988년에 이 권고를 경청하고 일제히 배출량 감축 정책을 개시했다면, 우리는 느긋하게 서서히 이 길을 걸을 수 있었을 것이다. 탄소 배출량을 조금씩, 매년 2~3퍼센트씩 감축하면서 온건하고 점진적이며 중도주의적 방식의 단계적 삭감을 진행할 수 있었을 것이다.

하지만 우리는 그 길을 걷지 않았다. 캐나다를 비롯한 부유한 나라들과 급속한 경제 개발을 추진하는 나라들은 거의 대부분 이 길을 걷지 않았다. 정부들이 온실가스 감축을 위한 연례 회의에 꼬박꼬박

참석하는 와중에도, 온실가스 배출량은 40퍼센트 넘게 늘어났다. 캐나다에서는 화석연료를 대량으로 채취하기 위한 새로운 개척지가 들어섰고, 지구상에서 탄소 함유량이 높기로 손꼽히는 타르샌드 원유를 채취하는 기술을 개발했다. 우리는 기후 위기를 초래하는 활동에서 물러서는 게 아니라 더욱 몰아붙였다. 중용이 아니라 극한으로 치닫는 행동을 선택했다.

그런 탓에 지금 우리는 훨씬 더 심각한 상황에 몰려 있다. 온실가스 배출량이 큰 폭으로 상승해 왔기 때문에 안전한 수준으로 되돌리기 위해서는 훨씬 더 큰 폭으로 온실가스 배출을 줄여야 한다. 대응에 투입해야 할 시간을 허송해 버린 탓에 지금 당장 큰 폭의 감축 활동을 실시해야 한다. 골칫거리 깡통을 도로로 계속해서 차 넣은 탓에 이런 일이 벌어진 것이다. 도로는 이제 깡통 천지가 되었고, 우리는 옴짝달싹도 못하는 처지가 되었다.

따라서 이제 우리는 급진적인 행동에 나서야만 한다. 급진적인 행동이 중용을 지향하는 게 우리의 본성이라는 마음 편한 이야기들에 정면으로 위배된다는 생각 따위는 버리고, 신속하고도 대대적인 행동을 실행에 옮겨야 한다. 그린 뉴딜이건 대전환이건 지구를 위한 마셜 플랜이건, 어떤 이름을 붙여도 상관없다. 하지만 한 가지만은 명심해야 한다. 이건 정부의 정책 목록에 추가하면 되는 일개 정책이 결코 아니다. 또한 지구는 특별한 이익집단의 소원을 이뤄 주는 방편도 아니다. 캐나다를 비롯한 지구상의 모든 경제 강국들이 이런 대전환을 우리 문명의 〈사명〉으로 받아들일 때에만, 이런 대전환은 실행에 옮겨질 수 있다.

도약 선언 초안을 작성할 때 특히 신중을 기했던 부분이 있다. 긴박한 상황은 권력 남용을 불러오기 쉬운데, 진보 운동이라고 자유로운 것은 아니다. 환경 보호 운동의 오랜 역사 가운데는 〈우리의 대의는 원대하고 긴급하다. 우리의 대의는 만인과 만물을 아우르는 것이고, 따라서 우리의 대의는 다른 그 무엇보다 중요하다〉라는 메시지를 암시적으로 혹은 명시적으로 밝혔던 사람들이 많다. 이 메시지의 행간에는 이런 내용이 스며들어 있다. 〈우리의 최우선 사명은 지구를 구하는 일이다. 이 사명을 이루기 전까지는 가난과 경찰 폭력, 성차별, 인종 차별 문제에 신경 쓸 겨를이 없다.〉

사실 이것은 작고 허약하고 동질적인 운동을 구축하는 데 가장 효과적인 방침이다. 가난이나 전쟁, 인종 차별, 성폭력이 중첩된 환경에 있는 사람이나 공동체에게는 이 모든 게 생존을 위협하는 충격이기 때문이다. 우리는 세계 각지에서 성장하고 있는 기후 정의 운동에서 영감을 받아 전혀 다른 시도를 했다. 기후 위기에 대응하는 깨끗한 경제를 만드는 방향으로 우리 경제를 근본적으로 변화시키고자 한다면, 이 기회를 이용해 다양한 전선에서 동시에 공정성을 확대하는 방향으로 경제를 변화시켜야 한다는 목표를 정했다. 이런 경로를 따른다면 어떤 사람이 자신이 직면한 여러 가지 위협 가운데 하나만을 골라서 거기에만 대응하는 상황은 벌어지지 않을 것이다. 몇 가지 간단한 사례를 들어 보자.

기후 대응에 초점을 둔 문서를 작성할 때면, 우리는 으레 재생 에너지, 에너지 효율 제고, 교통 시스템, 고속 철도 등 녹색 기간 시설에 대한 대규모 투자의 필요성을 역설했다. 이번 세기 중반까지

100퍼센트 재생 가능 자원으로 움직이는 경제를 구축하고 그보다 훨씬 전에 100퍼센트 재생 에너지로 전환하기 위해서는 이 모든 기간 시설이 구축되어야 한다. 기간 시설 건설 과정에서 수많은 일자리가 생겨날 것이다. 이런 부문들에 투자하면, 석유 및 가스 산업에 대한 투자로 생겨나는 일자리보다 여섯 배에서 여덟 배 많은 일자리가 창출될 것이다. 따라서 우리는 채취 부문의 단계적인 폐지로 일자리를 잃게 될 노동자들이 향후 구축될 경제에 필요한 일자리에 적합한 역량을 갖출 수 있도록, 공적 재원을 투입해 이들에게 직업 재훈련의 기회를 제공해야 한다고 주창했다. 회의에 참석한 노동조합들은 이런 직업 재훈련 프로그램의 설계에 노동자들의 민주적 참여를 보장하는 것이 중요하다는 의견을 냈다. 한 마디로 우리 강령의 핵심을 이루는 것은 정의로운 전환이라는 기본 원칙이었다.

그러나 우리가 원하는 것은 여기에 그치지 않았다. 우리는 〈녹색 일자리〉에 관한 이야기를 많이 하는데, 그때마다 흔히 작업용 철모를 착용하고 태양광 전지를 설치하는 사람을 떠올린다. 물론 이런 종류의 일도 중요한 녹색 일자리이고, 이런 일자리는 앞으로 많이 만들어져야 한다. 그런데 기존 일자리 중에도 탄소를 거의 배출하지 않는 일자리가 많이 있다. 예를 들어 노인과 아픈 사람을 돌보는 일은 탄소를 많이 태우지 않는다. 예술 활동 역시 탄소를 많이 태우지 않는다. 교사도 저탄소 일자리다. 어린이와 노인을 보살피는 주간 보호 활동 역시 저탄소 일자리다. 대부분 여성들이 하는 이런 일은 흔히 그 가치가 폄하되고 형편없는 보수가 지급될 뿐 아니라 정부 예산 삭감 조치의 주된 표적이 된다. 따라서 우리는 녹색 일자리에 대한 일반적 정의를 의도적으로 확장해 화석연료를 많이 태우지 않고 우리 공동체를 풍요롭게 하고 유용한 도움을 주는 일자리로 정의하기로 했다. 한 참가자는 〈사람을 돌보는 일이 곧 재생 에너지이고, 교육이 곧 재생 에너지다〉라고 말했다. 더구나 이런 종류의 일은 우리 공동체를 더 튼튼하고 더 인간적인 곳으로 만들어 줄 뿐 아니라, 기후 붕괴로 인해 미래에 우리 앞에 펼쳐질 여러 가지 충격을 순조롭게 헤쳐 나갈 수 있도록 우리 공동체의 역량을 강화해 준다.

도약 선언의 또 다른 핵심 요소는 〈에너지 민주주의〉다. 즉 재생 에너지는 가능한 한 공공이나 지역 사회의 소유와 통제 아래 놓이도록 해서 새로운 산업의 이익과 혜택이 화석연료 산업에 비해서 훨씬 더 널리 돌아가도록 해야 한다. 우리는 독일의 에너지 전환 과정에서 영감을 얻었다. 독일에서는 수백 곳의 도시와 동네가 전력망을 민간 기업으로부터 되찾고, 녹색 에너지 협동조합이 폭발적으로 늘어나면서 전력 생산으로 얻는 이익이 지역 공동체 안에 머물러 필수 서비스 비용으로 쓰일 수 있었다.

그러나 우리에게 필요한 것은 에너지 민주주의만이 아니다. 우리는 에너지 정의, 더 나아가 에너지 배상도 필요하다. 지난 200~300년 동안 에너지 생산 산업과 그 밖의 더러운 산업의 발전 과정은 가장 가난한 공동체들에게 극히 미미한 경제적 혜택만을 주는 대신에 지나치게 막중한 환경적 부담을 안겨 왔기 때문이다. 따라서 도약 선언은 〈원주민을 비롯해서 오염을 유발하는 산업 활동의 최전선에 있는 사람들의 청정에너지 프로젝트를 공적 지원 1순위로 놓아야 한다〉라고 밝힌다.

그런데 이런 연관성 지적에 부담을 느끼는 사람들이 있다. 온실가스 배출량을 줄이는 것만으로도 어려운 일인데, 그렇게 많은 문제들을 동시에 바로잡으려 한다면 과중한 부담이 되지 않느냐는 이야기를 우리는 자주 듣는다. 우리의 대답은 이렇다. 우리가 끝없는 자원 착취 관행에서 벗어남으로써 토지와 우리의 관계를 바로잡겠다고 마음먹는다면, 그 과정에서 인간 상호 간의 관계를 바로잡는 일을 시작하지 못할 이유가 없지 않은가? 우리는 아주 오랫동안 생태계의 위기를 그 위기의 동인인 경제와 사회 시스템과 분리해 다루는 정책들에 둘러싸여 지내 왔다. 바로 이런 모델 때문에 우리는 제대로 된 성과를 이끌어 낼 수 없었다. 반면에 총체적 변혁이 전국적 차원에서 시도된 적은 한 번도 없었다.

또 다른 예를 살펴보자. 도약 선언은 우리 정부가 시행하는 외교 정책이 많은 사람들에게 살던 터전을 버리고 안식처를 찾아 외국을 떠돌게 만든 동인이라는 점을 분명히 짚는다. 이들 중에는 우리 정부가 지지했던 무역 협정이 초래한 가공할 경제적 충격 때문에 삶의 터전에서 밀려난 사람들도 있고, 우리 기업들이 건설한 광산 때문에 밀려난 사람들도 있고, 우리 정부가 직접 참여했거나 자금을 지원했던 전쟁 때문에 밀려난 사람들도 있다.

무역 협정과 전쟁, 광산은 모두 세계 온실가스 배출량을 증가시킨 주요한 동인이다. 게다가 이제는 기후 변화 자체도 많은 사람들이 삶의 터전을 떠날 수밖에 없는 상황으로 몰아붙인다. 이런 까닭에 우리는 이민자의 권리를 기후 정의와 관련된 사안으로 다루기로 결의했다. 우리는 더 많은 이민자와 난민에게 국경을 열어 주어야 하고, 어떤 이민자 지위에 해당하든 상관없이 모든 노동자가 완전한 노동권과 보호 장치를 보장받아야 함을 분명히 밝혔다. 우리는 자선심이나 선의의 표출로 이런 일을 해서는 안 된다. 전 지구적으로 복잡한 영향을 미치는 기후 변화 덕분에, 우리 운명이 항상 서로 연결되어 있다는 사실을 터득하지 않았는가. 까놓고 말하면, 이 문제는 우리의 집단행동이 미치는 파급력이 선명하게 드러난 상황에서 우리는 어떤 사람이 되고자 하는가와 관련된 것이다. 이것은 경제적, 정치적으로 중요한 문제이면서 동시에 도덕적, 정신적으로도 중요한 문제다.

우리의 강령이 직면하게 될 가장 큰 장애물이 바로 강력한 긴축 논리라는 걸 우리는 잘 알고 있었다. 수십 년째 정부들의 파산이 계속 이어진다는 메시지가 우리를 둘러싼 상황에서, 우리가 공정한 사회를 그린다는 게 과연 의미가 있을까? 이런 의문을 해소하기 위해, 우리는 경제학자들과 긴밀히 협력해 우리의 강령을 실행하는 데 필요한 재원을 확보할 구체적인 방법을 제시하는 문서를 작성했다.

이 강령의 공식 발표를 앞두고, 우리는 많은 단체들과 신뢰받는 저명인사들과 접촉했다. 계속해서 긍정적인 답변이 돌아왔다. 〈좋다. 우리가 지향하는 바를 제대로 짚고 있다. 우리 정치인들을 압박하자. 신중한 중도주의를 물리치자.〉 가수 닐 영과 소설가 레너드 코언 등 유명 인사들이 주저하지 않고 우리 손을 잡았다. 소설가 얀 마텔은 이 선언이 〈모든 광장에서 울려 퍼져야 한다〉라는 회답을 보내왔다. 그린피스와 캐나다 노동 의회의 의장, 하이다 원주민 대변인이자 조각계의 거장인 구자오Gujaaw 등 원주민 원로들까지 서명 의

사를 밝혔다는 점에서, 이것은 대단히 희귀한 문서였다. 200개가 넘는 조직이 강령에 서명했다.

역풍

초기에 이처럼 열정적인 반응이 나온 걸 보면, 우리가 이 강령을 더 넓은 세상에 들이밀었을 때 벌어진 일들은 솔직히 예상하던 바였다. 순화된 표현을 쓰자면, 그야말로 〈대대적인 비난 공세〉가 벌어졌다.

우선, 전 총리 브라이언 멀로니가 정계로 복귀해서, 도약 선언은 〈저항으로 물리쳐야 할, 신종 경제 허무주의 철학〉이라고 선언했다. 신민주당은 투표를 통해 이 강령의 취지에 동의하고 구체적인 세목을 논의하겠다고 결의했지만, 각기 다른 정당 출신인 세 명의 주지사들이 이 강령을 비난하고 나섰다. 한 사람은 〈수백 개의 소도시들이 지도에서 사라질 것이다. 영화 「투모로우」에서처럼 유령 도시로 변할 것이다〉라고, 또 한 사람은 〈실존적인 위협이다〉라고, 나머지 한 사람(신민주당 출신의 전직 앨버타 주지사, 발언 당시 현직 주지사였다)은 〈반역이다〉라고 말했다.

흥미롭게도 이런 발언들은 풀뿌리 민중에게는 별 영향을 발휘하지 못한 것 같다. 많은 사람들이 강령에 서명하겠다는 의사를 밝혀 왔다. 또한 지역 단위에서 도약 선언 지부를 꾸렸다. 역풍이 최고조에 달했을 때 실시된 여론 조사에 따르면, 녹색당과 신민주당, 자유당을 지지하는 유권자 대다수가 도약 선언의 핵심 주장을 지지한다고 밝혔다. 심지어 보수당 지지자 가운데서도 무려 20퍼센트가 같은 입장을 밝혔다. 나는 이 결과가 매우 흥미로운 분할을 드러낸다고 생각한다. 서로 다른 정치적 신조를 품은 많은 사람들이 도약 선언을 읽고 그 내용이 충분히 합리적이며 심지어 바람직하다고 생각하고 있었다. 반면에 소속 정당을 막론하고 캐나다 정치계의 지도자들은 이 선언을 세상의 종말을 부르는 저주의 주문과 다름없다고 보았다.

그렇다면 우리는 이 간극을 이용해서 무엇을 할 수 있을까? 이런 격렬한 비난은 대부분 도약 선언문에 있는 딱 한 구절에서 비롯된 것이었다. 〈앞으로 수십 년 동안 화석연료 채취 급증의 결과를 낳게 될 신규 화석연료 기간 시설 건설은 용납될 수 없다.〉한 마디로 〈송유관 신설에 반대한다〉는 구절이었다.

이 구절을 조금 깊이 살펴보자. 과학적인 관점에서 보면, 논란의 여지가 전혀 없는 내용이다. 파리에서 각국 정부들은 온도 상승을 2도 이하로 억제하고 〈1.5도 이하로 억제하기 위해 노력하자〉고 약속하는 기후변화협약을 체결했다(당시 쥐스탱 트뤼도 일행은 이처럼 더 야심 찬 목표를 정하기 위해 분투했다).

이 목표를 고려하면, 인간이 산업 규모로 석탄을 태우기 이전에 비해서 지구 온도는 이미 1도가량 높아진 상태다. 따라서 1.5~2도를 목표로 삼을 경우, 우리에게 허용된 탄소 예산은 매우 제한되어 있다. 과학자들이 분명히 밝히고 있는 대로, 이 목표를 초과하지 않기 위해선 현재 파악된 탄소 매장량의 대부분을 땅속에 묻어 두어야만 한다. 앨버타의 타르샌드와 같이 특히 더러운 화석연료의 경우에는 매장량의 85~90퍼센트를 파내지 않고 땅속에 묻어 두어야 한다. 이것은 『네이처』와 여러 학술지에 발표되어 동료 학자들의 검토를 거친 연구 결과인 만큼 이론의 여지가 없는 내용이다.

프래킹 등의 기술로 화석연료의 새로운 변경을 개척하는 일 역시 중단해야 한다. 우리 정치인들은 이 점에 대해서는 이론을 제기하지 않는다. 이들은 자국이 세운 온실가스 배출량 감축 목표를 충족한다 해도 파리 회의에서 정한 목표 온도를 훨씬 웃도는 경로에 오를 수밖에 없다는 것을 인정한다. 각국 정부들이 세운 목표는 1.5~2도의 탄소 예산에 결코 부합하지 않는다. 이 목표들은 3~4도의 온도 상승으로 이어질 것이다. 하기야 3~4도 상승도 각국이 정한 목표가 제대로 이행되는 경우에나 겨우 기대할 수 있는 것이다. 그런데 그럴 가능성은 거의 없어 보인다.

이렇게 까다로운 기후 행동을 하면서까지 지구 온도 3~4도 상승을 막아야 하는가를 둘러싸고 논쟁이 벌어질 수 있다(기후학자들은 3~4도 상승이 체계적인 문명과 양립할 수 없다고 말하는데도 말이다). 그것은 더할 나위 없이 흥미로운 논쟁이 될 것이다. 하지만 지금 우리가 진행하고 있는 논의와는 거리가 멀다. 지금 민중이 요구하는 것은 과학계가 필요하다고 인정하는 기후 정책, 우리 정부가 공개적으로 밝혔던 목표를 충족하기 위한 기후 정책을 실시하라는 것이다. 그런데 민중의 귀에 들리는 것은 고작해야 입을 다물라, 나라를 망치는 짓을 그만두라는 소리뿐이다.

특이한 제약에 갇힌 논쟁

이런 상황이 모든 나라에서 벌어지는 건 아니다. 다른 나라들은 과학적인 현실을 실제로 반영하는 정책들을 일부나마 추진하고 있다. 예를 들어 독일과 프랑스는 프래킹을 금지하는 법령을 제정했다. 하지만 두 나라 역시 자국의 온실가스 배출량을 파리 협약의 목표에 부합하는 수준으로 끌어올리려면 아직도 갈 길이 멀다. 유럽에서도 역시 탄소를 땅에 그대로 묻어 두자는 주장에 대한 혐오감이 존재하긴 하지만 캐나다에서만큼 강력하진 않다. 캐나다 경제에서 석유와 가스 부문의 비중이 대단히 높고 많은 사람의 일자리가 걸려 있다는 사실만으로는, 캐나다에서 유난히 격렬한 혐오감이 나타나는 까닭이 해명되지 않는다. 우리 말고도 석유와 가스 부문의 비중이 높은 나라가 많다. 그런데도 그 나라들은 우리보다 훨씬 앞서 가고 있다. 석유가 곧 경제인 석유 국가 아랍에미리트(UAE)도 석유로 벌어들인 수익 중 수백억 달러를 재생 에너지 투자에 쏟아붓는 등 석유의 종말에 대비하고 있다.

생태계의 한계와 관련한 논쟁이 감정적으로 번져 가는 나라는 캐나다만이 아니다. 오스트레일리아와 미국에서도 마찬가지다. 상당히 많은 정치인들과 전문가들이 기후과학을 드러내 놓고 부정한다. 이런 곳들에서 기후 부정론이 심해질수록 다른 나라들의 망설임은 점점 더 커져 간다. 이처럼 지리적 위치에 따라 기후 대응의 태도에 차이가 나는 이유가 뭘까? 이야기는 다시 출발점으로 돌아간다. 이런 지리적 차이를 낳는 것은 국가적 가치에 대한 공식적인 국가적 서사와 그 서사가 양육하고 지탱해 온 권력 구조다.

자연은 무한하다는 이야기

도약 선언 운동을 시작하자마자, 우리는 아주 깊은 곳에서 흐르던 서사, 캐나다와 같은 연륜이 짧은 국가들이 세워지기 이전부터 존재했던 서사와 정면으로 충돌했다. 이 이야기는 유럽 탐험가들의 신세계 도착 시점부터 시작한다. 당시 이들의 고국은 거대한 숲이 사라지고 과도한 사냥으로 큰 짐승들이 사라지는 등 이미 심각한 생태적 위기에 직면하고 있었다.

상황이 이랬던 터라 유럽인들에게 신세계는 필요한 것만 뽑아 쓸 수 있는 예비 대륙으로 간주되었다(어째선지 이들은 이 대륙을 〈뉴〉프랑스, 〈뉴〉잉글랜드라고는 부르지 않았다).

게다가 쓸 만한 것이 얼마나 풍부한지! 수산물, 조류, 모피, 아름드리나무와 나중에는 금속과 화석연료까지, 파내도 파내도 끝이 없는 보물 창고 같았다. 북미 대륙에는 (나중에는 오스트레일리아에도) 어디까지 뻗어 있는지 가늠할 수조차 없을 만큼 거대한 땅덩어리에 엄청난 자원이 넘쳐났다. 우리는 무궁무진한 공간에 서 있었다. 실컷 퍼내 쓰다 바닥이 나기 시작할 때 변경을 서쪽으로 옮기면 그만이었다.

이런 땅이 존재한다는 것은 그야말로 생태계의 한계는 잊으라는 신의 계시 같았다. 대체용으로 쓸 수 있는 이 대륙 덕분에 풍요로운 자연 자원은 아무리 퍼내 써도 바닥나지 않을 것 같았다. 초기에 유럽인들이 후일 캐나다가 세워질 땅을 두고 했던 이야기들을 살펴보면, 당시 탐험가들과 초기 정착민들은 자원이 고갈될지도 모른다는 걱정이 완전히 사라졌다고 믿었음을 알 수 있다. 뉴펀들랜드 앞바다는 물고기로 가득해서 존 캐벗이 탄 배가 그곳을 지나갈 때 물고기를 밟고 갈 정도였다고 한다. 1720년 퀘벡의 신부 샤를부아는 〈[대구가] 강둑에 쌓인 모래알만큼이나 많아 보인다〉라고 했다. 당시에는 큰바다쇠오리도 많았다. 펭귄을 닮은 이 새의 깃털은 매트리스용으로 인기가 높았는데, 바위가 많은 섬들, 특히 뉴펀들랜드 앞바다의 섬이 이 새들의 서식지였다. 1534년에 자크 카르티에는 〈새들이 들판이나 초지를 뒤덮은 풀잎처럼 [이 섬들을] 뒤덮고 있다〉라고 했다.

〈무진장〉, 〈무궁무진〉이란 단어는 아름드리 소나무가 솟아 있는 캐나다 동부 삼림과 태평양 북서부 연안의 거대한 삼나무 숲과 온갖 종류의 물고기를 묘사할 때마다 어김없이 등장하던 단어였다. 또 하나 자주 나오던 말은 천혜의 자원이 이처럼 엄청나니 이 보물이 바닥나지 않게 관리할 방안 따위는 걱정할 필요가 없다는 것이다. 당시에는 자원이 넘쳐났고, 따라서 자원 탕진에 신경을 쓰지 않아도 된다는 참으로 영예로운 자유가 있었다. 토머스 헉슬리(〈다윈의 불독〉으로 알려진 영국의 생물학자)는 1883년 국제수산박람회에서 〈대구 어장은 (……) 무궁무진하다. 한 마디로 우리가 무슨 짓을 해도 물고기 수가 크게 줄어들 일은 결코 없다. 그러니까 대구 어업을 규제하려는 시도는 (……) 쓸데없는 짓이다〉라고 말했다.

물론 우리가 지금 눈으로 확인하고 있는 것을 고려하면, 지나치게 자신만만한 예측이었다. 1800년 무렵에는 큰바다쇠오리들이 완전히 멸종했고, 얼마 후 캐나다 동부에서는 비버의 개체 수가 크게 줄어들기 시작했으며, 무진장한 줄만 알았던 뉴펀들랜드의 대구는 1992년에 〈상업적으로 멸종〉했다. 한때 캐나다는 오랜 연륜을 가진 고갈되지 않는 숲을 자랑하던 나라였지만, 온타리오 남부의 오래된 숲은 거의 파괴되었고, 밴쿠버 아일랜드를 뒤덮었던 태고의 숲은 91퍼센트 넘게 사라졌다.

물론 자원을 탕진해 온 것은 캐나다만이 아니다. 초기 미국 경제 역시 약탈적인 자원 수탈 경제였다.[3] 그러나 두 나라 사이에는 중요한 차이점이 있다.

미국 남부의 노예 경제는 노동력의 강제 수탈에 의지했고, 산업화가 급속하게 진행되던 미국 북부는 남부의 농지 개간과 식량 경작에 투입된 노예 노동 덕분에 식량을 확보할 수 있었다. 캐나다에는 노예제가 존재하지 않았지만, 대서양을 가로지르는 노예무역에서 식량 공급이라는 핵심 역할을 떠안은 것이 바로 캐나다였다. 캐나다는 엄청난 대구 어획량의 상당 부분을 염장한 뒤 배에 실어 영국령 서인도제도(자메이카, 바베이도스, 영국령 가이아나, 트리니다드, 그레나다, 도미니카, 세인트빈센트, 세인트루시아)로 보냈다. 이렇게 공급된 대구는 부유한 플랜테이션 소유주들에게 넘어갔다. 농장 노예로 부리는 아프리카 사람들에게 먹일 수 있는 값싸고 중요한 단백질 공급원이었다.

캐나다 경제 번영의 비결은 동물과 식물 등 천연자원을 대량으로 뽑아내는 활동이었다. 건국 이전의 캐나다는 허드슨 베이 모피 무역 회사라는 자원 채취 기업이었다. 이런 본질이야말로 우리가 곧 직면하게 될 위기를 빚어낸 원인이다. 바로 여기서 우리는 도약 선언 팀이 단합된 목소리로 외친 이야기에 맹렬한 반발이 터져 나온 이유를 짐작할 수 있다. 분명히 말하지만, 우리는 지구가 감당할 수 있는 한계를 넘어서는 과도한 자원 수탈을 이어 왔다. 이제는 아무리 돈벌이가 되는 자원이라도 땅에 묻힌 채로 놔두어야 한다. 지금 우리에겐 새로운 이야기가 필요하고, 또한 새로운 경제 모델이 필요하다.

북미 대륙의 막대한 부는 야생 동물과 원시림, 땅에 묻혀 있는 금속과 화석연료를 채취하는 활동을 토대로 축적된 것이다. 우리 경제 엘리트들은 자연을 신이 선물한 보물 창고로 여기는 버릇이 들었다. 우리가 도약 선언과 관련해서 확인한 바에 따르면, 누군가(이를테면 기후과학자)가 등장해서 이런 주장에 이의를 제기할 때 반발하는 사람이 많은 것은 이것이 이해하기 어려운 진실이라서가 아니다. 앞서 확인했듯이, 이것을 실존적인 공격이라고 여기기 때문이다.

캐나다의 경제사학자 해럴드 이니스Harold Innis(그는 캐나다가 노예무역에서 중요한 역할을 했다는 점을 전혀 고려하지 않았다)는 거의 1세기 전에 이 점에 대해 경고했다. 그는 원자재 수출에 지나치게 의존하는 특성 때문에 캐나다 경제가 〈원료 수출 단계〉에 머무른 채 더 이상 발전하지 못한다고 주장했다. 미국의 대부분 지역들도 마찬가지다. 루이지애나주와 텍사스주는 원유 수출에, 웨스트버지니아주는 석탄 수출에 지나치게 의존한다. 이처럼 원료 채취에 지나치게 의존하는 경제는 독점과 경제 외적 충격에 매우 취약해진다. 〈바나나 공화국〉*이라는 용어가 칭찬으로 쓰이지 않는 것은 바로 이 때문이다.

캐나다는 자국이 바나나 공화국과 비슷한 처지라고는 전혀 생각하지 않으며, 일부 지역에서는 산업의 다각화가 진행되고 있다. 그

* 바나나 등 1차 상품의 수출에 의존해 서구 자본에 경제적으로 예속된 국가들을 일컫는다.

러나 캐나다 경제의 역사에는 우리가 귀 기울여야 할 또 다른 이야기가 있다. 수백 년 사이에 우리는 대박 경제에서 쪽박 경제로 위태롭게 치닫고 있다. 1800년대 말에 유럽 상류층의 취향이 생가죽으로 만든 정장용 모자에서 부드러운 실크로 만든 모자로 넘어가면서 캐나다의 비버 무역 산업은 순식간에 무너졌다. 마찬가지로 지난해에는 유가가 폭락하면서 타르샌드 산업에 의존해 온 앨버타 경제가 곤두박질했다. 우리 경제는 과거에는 영국 상류층의 변덕에 요동쳤고, 지금은 사우디 왕실의 변덕에 요동친다. 한 마디로 우리 경제는 답보 상태에 있다.

상품 경제가 요동치는 것 말고도 다른 문제가 있다. 상품 경제의 호황과 불황이 반복될 때마다 위험이 점점 더 커져 간다는 점이다. 대구 산업의 호황은 대구 어종의 씨를 말렸고, 타르샌드 오일 및 프래킹 가스 채취 산업의 호황은 지구 붕괴를 가속화하고 있다.

그러나 이처럼 엄청난 위험이 예상되는데도 불구하고, 우리는 이런 활동을 멈출 수 있을 것 같지 않다. 캐나다, 미국, 오스트레일리아 등 이주 정착민이 세운 나라들에서는 여전히 원자재 의존도가 높다. 이런 의존성 때문에 원주민과 화해하려는 시도들에 계속해서 제동이 걸릴 것이다. 나라 경제가 원주민의 영토에 묻혀 있는 자원에 의존하는 기본적인 역학 관계가 변함없이 유지되고 있기 때문이다. 예를 들어 북미 대륙의 북부에서 모피 무역이 중요한 소득원이던 시절에는, 원주민 문화와 원주민과 땅과의 관계는 자원 채취를 원하는 강렬한 욕망의 실현을 가로막는 심각한 위협이었다(짚고 넘어가자. 원주민의 사냥 기술과 덫 놓기 기술이 없었다면 모피를 사고파는 일자체도 생겨나지 않았을 것이다). 원주민과 땅의 관계를 끊어 내려는 조직적인 노력이 이루어진 데는 이런 배경이 있다. 원주민 아이들을 강제로 데려가 기숙학교를 세운 것 역시 이런 조직적인 노력의 일환이었다. 모피 상인과 함께 원주민 공동체를 찾아다니며 원주민의 우주관을 사악한 정령 신앙으로 몰아세우면서 새로운 신앙을 전했던 선교사들의 활동도 마찬가지였다. 또 한 번 짚고 넘어가자. 이들이 지워 버리려 했던 세계관은 한시도 쉬지 않고 자연 자원을 뽑아내는 방법이 아니라 자연을 재생시키는 방법과 관련해서 방대한 지식을 품은 세계관이었다.

오늘날 캐나다에서는 연방과 지방 정부 차원에서 이런 인권 유린 행위와 관련해서 〈진실과 화해〉를 위한 많은 논의가 진행되고 있다. 하지만 원주민 사회 밖에 있는 사람들이 인권 유린 행위가 벌어진 〈이유〉를 외면하는 한, 이런 논의는 잔인한 말장난에 그칠 것이다. 그 이유에 대해서는 진실과 화해 위원회의 공식 보고서가 분명히 밝히고 있다. 〈캐나다 정부가 문화적인 인종 말살 정책을 채택했던 까닭은 원주민 권리를 보호할 법률적·재정적 의무에서 벗어나 그들의 토지와 자원에 대한 통제권을 확보하길 원했기 때문이다.〉

한 마디로 이 정책의 목표는 아무런 제약 없는 자원 추출 활동을 가로막는 일체의 장벽을 제거하는 데 있었다. 하지만 이것은 과거의 역사로만 끝나지 않는다. 나라 곳곳에서 원주민의 토지에 대한 권리는 여전히 송유관 건설 및 대규모 산림 벌채 등 지구를 위기로 몰아넣는 자원 추출 활동을 막아서는 가장 큰 방벽 역할을 하고 있다. 우리는 여전히 그들의 땅을 차지하고 그 땅에 묻혀 있는 것들을 차지하려고 기를 쓰고 있다. 지금 이 순간에도 남부 국경 지역에서 스탠딩 록 수족이 다코타 액세스 송유관 건설에 맞서서 격렬한 투쟁을 벌이고 있다. 이런 일은 200년 전에도 벌어졌고, 지금도 벌어지고 있다.

정부가 진실과 화해를 이야기하면서도 원주민들이 반발하는 기간 시설 건설 사업을 밀어붙이려 할 때 우리는 반드시 이 점을 명심하자. 수백 년 동안 이어져 온 인권 유린과 토지 강탈 행위의 이면에 숨은 〈이유〉를 솔직히 밝히지 않는 한, 우리는 결코 진실에 다가갈 수 없다. 또한 이런 범죄가 계속 진행되는 한, 우리는 결코 화해를 이룰 수 없다.

우리가 용감하게 나서서 과거의 역사에 관해 진실을 밝힐 때에만, 새로운 이야기가 나타나 우리를 인도할 것이다. 자연과 그곳에 터를 잡고 사는 모든 생명에는 한계가 있음을 인정하는 이야기, 이런 한계 안에서 서로를 돌보고 생명의 재생을 도울 방법을 알려 주는 이야기, 자연은 무한하다는 신화를 완전히 끝장내는 이야기가 우리를 인도할 것이다.

---

1 앨버타에서 멕시코만 연안까지 타르샌드 역청을 수송할 계획으로 추진되는 송유관 건설 사업. 도널드 트럼프는 행정명령으로 80억 달러 규모의 송유관 사업을 밀어붙이기 위해 온갖 시도를 했지만, 이 책이 출간 준비 중인 현재까지도 이 사업은 법정 소송에 묶여 있다.

2 도약 선언은 여러 측면에서 볼 때 흔히 말하는 그린 뉴딜 계획의 원형이었다. 대대적인 기후 행동을 공정성과 포용성이 훨씬 강화된 경제로의 전환 과정에 연계시키려는 시도였다. 그린 뉴딜 모델이 다른 여러 나라에서 시도되고 있는 만큼, 우리의 실험에서 확인된 강점과 약점은 유익한 정보가 될 수 있을 것이다.

3 역사학자 그레그 그랜딘Greg Grandin이 최근 저서 『신화의 종말: 미국의 개척 정
   신에서부터 국경 장벽에 이르기까지』에서 지적한 바에 따르면, 미국 정치인들이
   사회적·생태적 갈등을 해결하는 데 동원했던 주요한 방법은 변경의 끊임없는 확
   장 정책을 계속 이어 가겠다고 약속하는 것이었다. 무분별한 농사로 토양이 황폐
   화되거나 가난한 (백인) 이주민들이 평등한 대우를 요구할 때마다, 미국 정치계
   가 취한 대응 방식은 원주민에게서 더 많은 토지를 강탈해 영토를 넓히는 것이었
   다. 하지만 이제는 구조적인 한계에 도달했고, 지리적으로나 재정적으로나 대기
   의 능력으로나 더 이상 넓혀 갈 개척지가 남아 있지 않다. 그랜딘은 트럼프와 그
   가 세운 국경 장벽은 개척 신화의 붕괴에 대응하는 방식으로 이해해야 한다고 지
   적한다. 다시 말하면 넓혀 나갈 개척지가 바닥나자 트럼프는 자신이 선택한 그룹
   만을 위해서 미국의 부를 비축해 두고, 국외자들의 접근을 차단하는 일에 전력을
   기울이고 있다. 이런 등쌀에 구태의연한 국가적 서사가 조용히 사라지지 못하고
   다시 활개를 치는 것이다. 따라서 우리는 우리의 지식이 어떻게 발전해 왔고, 우
   리가 어떤 가치를 지향하는가를 담은 새로운 이야기들을 구축하여 구태의연한
   국가적 서사에 맞서 저항을 전개해야 한다. 이런 새로운 이야기의 도전이 없다면,
   구태의연한 국가적 서사는 갈수록 유독해지고 갈수록 더 위험해질 것이다.

10

벼락치기로 쓴 뜨거운 지구 이야기

우리 문화는 아무런 한계도, 아무런 파급력도 없다는 듯이 쉴 새 없이 뽑아내는 문화다. 이처럼 앞뒤 가릴 것 없이 원하는 대로 챙겨 넣으면 그만인 문화는 결국 필연적인 결론에 도달했다. 지구상에서 가장 강력한 나라가 도널드 트럼프를 최고 권력자의 자리에 앉힌 것이다.

2016년 11월

시드니 평화상 수상 연설

이 강연을 위한 원고를 고민하는 지난 몇 주 동안 나는 〈힐러리 당선〉 대비 원고와 〈트럼프 당선〉 대비 원고를 따로 준비하겠다고 생각했다.

그런데 아무리 애를 써도 〈트럼프 당선〉 대비 원고는 쓸 수 없었다. 자판 위에서 손가락이 움직이질 않았다. 미국 대선 결과가 확정되고 딱 48시간 만에 강연장에 서야 하는 입장에서 당연히 해야 할 일을 하지 않은 것이다. 죄송한 말이지만, 강연문이 벼락치기로 준비되었다고 느끼는 분이 있을지도 모르겠다. 솔직히 벼락치기로 쓴 게 맞다. 그러니까 이 강연은 벼락치기로 쓴 뜨거운 지구 이야기다.

트럼프 당선에서 얻은 중요한 교훈을 하나만 꼽으라면, 〈증오의 힘을 과소평가하지 말아야 한다〉는 것이다. 우리는 이주민과 무슬림, 혹인, 여성 등의 〈타자〉를 힘으로 제압하자는 직접적인 호소가 발휘하는 위력을 과소평가하지 말아야 한다. 경제적으로 어려운 시기에는 특히나 그 위력을 얕잡아 봐서는 안 된다. 이런 시기에는 많은 백인 남성들이 자신감을 잃고 불안감에 휩싸인 자신의 모습을 확인하게 되는데, 이들은 백인 남성을 가장 우월한 존재라고 여기는 사회 시스템에서 성장한 탓에 밖으로 울분을 터뜨리는 경우가 많다. 울분을 터뜨리는 것 자체는 잘못이 아니다. 울분이 치밀게 하는 일이 너무나 많으니 말이다.

하지만 누군가의 목숨을 타자의 목숨보다 우위에 놓는 문화 속에서는 울분이 특별한 파급력을 발휘한다. 이런 울분을 품은 많은 사람들이 눈앞에서 펼쳐지는 온갖 선동에 쉽게 넘어간다. 비록 일시적이긴 하지만 우월감을 충족시켜 주기 때문이다. 장벽을 쌓아라. 감금하라. 내쫓아라. 적당한 데로 끌고 가서 본때를 보여 줘라.

딱 이틀 전에 닥친 현실, 트럼프가 대통령이 된 세상에서 살아야 하는 현실에서 또 어떤 교훈을 얻을 수 있을까?

첫 번째 교훈: 경제적 고통이 심각하며 전혀 개선되지 않을 것이다. 40년 동안 진행되어 온 민영화와 규제 완화, 무역 자유화, 긴축 등의 신자유주의 정책이 빚어낸 결과다.

두 번째 교훈: 합의를 이뤄 내지 못한 지도자들은 자신들이 그 합의를 무너뜨린 장본인이라고 공언하는 선동가나 신파시스트들을 당해 낼 방법이 없다. 이런 지도자들은 확실한 것을 내놓지 못하고, 지금의 경제적 혼란에 상당 부분 책임이 있다.

과감하고 공평한 소득 재분배 정책만이 경제적 고통을 바로잡고 그 고통을 유발한 자에게 책임을 물을 수 있는 길이다. 정치인들을 매수하면서 공공 자산을 헐값에 넘겨받아 토지, 공기, 물을 오염시키고 금융 규제를 없애 가며 막대한 수익을 챙긴 엘리트들을 겨냥해야 한다.

하지만 트럼프의 당선을 보며 시급히 깨우쳐야 할 더 중요한 교훈이 있다. 트럼프 같은 부류의 사람은 어느 나라에나 있다. 만일 이런 부류와 맞붙어 승리하길 원한다면, 우리는 지체 없이 우리 문화와 우리 운동, 우리 자신 안에 깃든 인종 차별주의와 여성 혐오에 맞서 싸워야 한다. 이 문제는 나중에 해결할 수 있는 문제도 아니고, 부차적인 문제도 아니다. 트럼프 같은 사람이 대통령에 당선될 수 있었던 핵심 원인이 바로 여기에 있다. 많은 사람들이 무례하기 짝이 없는 트럼프의 인종 차별, 성 차별 발언에 불쾌감을 느끼면서도 그에게 표를 주었다. 무역과 제조업의 부흥을 약속하면서 자신은 〈워싱턴 정가의 내부자〉가 아니라는 트럼프의 말에 이끌렸다.

유감스럽게도 그것만으론 충분한 해명이 안 된다. 인종, 성별, 신체적 능력과 관련해서 공공연히 혐오감을 부추기는 걸 큰 문제라고 보는 사람이라면 결단코 그런 언행을 하는 자에게 표를 줄 리 없다. 자신에게 이익이 될 거라는 기대감에서 〈타자〉를 희생시키는 걸 문제시 할 사람이라면, 결단코 그런 행동을 하는 자에게 표를 줄 리 없다.

하지만 모든 걸 트럼프에게 표를 준 사람들, 그리고 그들이 가진 생각 탓으로만 돌릴 수 없다. 우리가 이처럼 위험한 순간을 맞게 된 또 다른 이유는 정치적 스펙트럼에서 진보의 편에 선 사람들까지도 〈타자〉에 관한 이야기에 영향을 받고 있기 때문이다. 이를테면 우리 가 전쟁과 기후 변화와 경제적 불평등에 맞서 싸운다면, 현 제도의 가장 큰 피해자인 흑인과 원주민이 가장 큰 혜택을 볼 거라고 생각 하는 경우다.

실제로는 그렇지 않다. 경제 정의를 외쳐 온 진보 운동의 역사에 는 유색인 노동자와 원주민, 그리고 여성의 노동을 무시해 온 너무 나 길고도 가슴 아픈 기록이 있다.

진정으로 포용력 있는 운동을 구축하려면, 가장 참혹하게 유린당 하고 가장 심하게 배척당해 온 사람들의 참여와 주도 아래 포용력 있 는 비전을 구축하는 과정이 선행되어야만 한다. 몇 달 전에 캐나다의 위대한 저술가이자 지식인인 리날도 월컷Rinaldo Walcott은 자유주의 와 좌파를 지지하는 백인들에게 도전적인 문제 제기를 했다.

피부가 검다는 이유만으로 많은 사람들이 우리 도시 안에서 죽어가 고, 바다를 건너다 죽어가고, 자원 전쟁에서 죽어가고 있다. (……) 세 계 전역에서 흑인들의 목숨은 흑인이 아닌 사람들과는 완전히 상이한 방식으로 일회용품처럼 쓰이다 버려진다.

이처럼 타자화가 만연한 냉혹한 현실을 감안할 때, 나는 북미에서 제안되는 새로운 정책들은 예외 없이 블랙 테스트를 통과해야 한다는 주장을 하고 싶다. 블랙 테스트는 간단하다. 그 정책이 흑인들의 열악한 생활환경을 개선하는 데 필요한 요건을 충족하는가를 점검하는 것이다. (……) 이 테스트를 통과하지 못한다면, 애당초 함량 미달인 정책이다.

적극 검토해야 할 내용이다. 내가 하는 활동도 이 테스트를 통과하지 못하는 경우가 많았던 것 같다. 그러나 이제 평화, 정의, 평등을 외치는 우리는 그 어느 때보다 이런 도전에 응해야 할 때다.

이 문제를 기후 행동에 적용해 보자. 인종과 성별, 경제와 관련한 정의를 탄소 배출 감축 정책의 중심에 놓지 않는다면, 승리를 이끌어 내는 데 필요한 힘을 구축하지 못할 것이다. 흑인 페미니스트 법학자인 킴벌리 크렌쇼가 만든 〈교차성intersectionality〉 개념이야말로 우리가 선택할 수 있는 유일한 전진 경로다. 우리에겐 〈내가 처한 위기가 당신이 처한 위기보다 더 절박하다〉는 식의 갑론을박을 벌일 겨를이 없다. 전쟁이 기후보다 먼저다, 기후가 계급보다 먼저다, 계급이 여성 문제보다 먼저다, 여성 문제가 인종 차별보다 먼저다, 이런 식으로 으뜸 패 가리기 게임을 하다 보면 우리도 영락없이 트럼프 같은 부류가 되는 거다.

모든 사람의 미래가 될 세상을 만들기 위한 싸움을 펼쳐 나가고자 한다면 우리는 부당한 대우와 배척 때문에 가장 혹독한 고통을 겪는 사람들과 함께 앞장서서 싸워야 한다. 이런 경로를 따르지 않는다면 우리는 번번이 싸움에 질 것이다. 우리는 그럴 만한 시간적 여유가 없다. 기후, 자본주의, 식민주의, 백인 우월주의, 여성 혐오 등 여러 가지 문제들 사이의 연관성을 찾고 나면 안심이 되기도 한다. 모든 문제가 빠짐없이 연결되어 있는 동일한 이야기의 일부분이니 말이다.

나는 지난주에 오스트레일리아 그레이트배리어리프에 갔을 때 이것을 절감했다. 『가디언』과 함께 해양 온난화로 인해 대규모 폐사 현상을 겪고 있는 이 경이로운 생명체에 관한 단편영화를 찍으러 나선 길이었다.[1] 방대한 규모의 산호초가 백화되고 폐사한 것을 관찰하는 동안, 내 머릿속에 맴돌던 건 아직 수영도 제대로 하지 못하는 네 살배기 아들 토마 생각, 그 아이가 평생 건강하게 번성하는 산호초를 못 보고 살겠구나 하는 것이었다.

기후 위기와 관련해서 내가 품은 강렬한 감정들은 두말할 것 없이 토마와 그 또래 세대, 그리고 현재 진행 중인 엄청난 규모의 세대 간 도둑질과 관련된 것이다. 우리 때문에 아이들 세대가 꼼짝없이 겪게 될 극단적인 기상을 생각할 때마다 나는 머리칼이 쭈뼛 서는 것 같은 공포를 느낀다. 이 공포감보다 훨씬 더 강렬한 감정은 아이들 세대가 많은 생명체를 접하지 못한 채 살아갈 거라는 생각에 치밀어 오르는 슬픔이다. 대량 멸종의 시대에 자라나는 우리 아이들은 빠르게 사라져 가는 수많은 생명체들을 평생 만나지 못하고 살아갈 것이다. 생각만으로도 외로움이 뼛속 깊이 스며든다.

그때 내 머릿속으로 파고든 생각이 또 하나 있었다. 포트더글러스 앞바다에서 배를 타고 움직이는 동안, 희한하게도 제임스 쿡 선장 생각이 났고, 다음에는 그가 인데버호를 타고 그 바다에 왔을 무렵에 등장한 여러 세력들에 대한 생각으로 이어졌다.

제임스 쿡은 1770년에 퀸즐랜드에 도착했다. 그로부터 6년 뒤인 1776년에 와트가 산업혁명을 급진전시킬 주역이 될 상업용 증기기관을 시장에 내놓았다. 식민지의 노예 노동력과 증기기관, 그리고 석탄의 강력한 조합은 산업혁명을 태동시킨 동력원이었다. 역시 같은 해인 1776년에 애덤 스미스가 현대 자본주의의 근간을 이루는 문헌인『국부론』을 출간했고, 같은 해에 미국이 영국으로부터의 독립을 선언했다.

그 6년 사이에 식민주의, 노예제, 석탄, 자본주의가 긴밀하게 결속해 낳은 결과가 바로 현대 세계다.

오스트레일리아라는 나라가 탄생한 때는 화석연료를 기반으로 한 자본주의가 태동하던 시점이었다. 우리는 이 사건들 사이의 연관성을 짚어 내야 한다. 토지 강탈과 기후 변화의 단초를 제공한 화석연료, 이런 활동에 정당성을 부여한 경제 이론과 사회 이론은 긴밀히 연관되어 있다. 엄밀히 따지면 우리 모두는 제임스 쿡 선장이 만들어 낸 기후 안에서, 그의 운명적인 해양 탐사가 결정적인 계기가 되어 탄생한 기후 안에서 살아간다.

이 강연문을 쓰기 위해 자료를 찾던 중에, 놀라운 사실을 발견했다. 인데버호는 진수 당시 해군 함선이 아니었다. 별의 움직임과 생물학적 신비를 푸는 임무를 맡은 과학 탐사선도 아니었다. 원주민의 동의 없이 방대한 영토를 영국 왕실의 영토로 편입시키는 것 역시 애초의 임무가 아니었다. 인데버호는 1764년에 영국 영해를 오가며 석탄을 운반할 용도로 건조되었다. 이 배는 해군에게 팔린 뒤, 제임

스 쿡 대위와 자연과학자 조지프 뱅크스의 탐사 항해용으로 거액을
투입해 대대적인 개조 작업을 거쳤다. 석탄 운송의 임무를 띠고 태
어난 배가 지금의 오스트레일리아 영토인 뉴사우스웨일스와 퀸즐
랜드를 영국령으로 확보하는 성과를 올렸으니, 절묘한 운명이다.

  이제 오스트레일리아 정부가 석탄과 유난스러운 애정 행각을 벌
이는 이유가 이해되는가? 세계적인 불가사의인 그레이트배리어리
프가 백화 현상에 시달리는데도 퀸즐랜드 정부가 세계 최대 석탄지
라는 오명을 벗으려 하지 않는 이유는 뭘까?

  6년 전에 반다나 시바가 이 상을 받으러 왔을 때 말했듯이, 지금의
위기를 초래한 근원은 〈생태계의 한계와 윤리적 한계를 전혀 고려
하지 않는 경제〉에 있다. 우리 경제 시스템은 이런 한계를 골칫거리
로 여긴다. 우리 문화는 아무런 한계도, 아무런 파급력도 없다는 듯
이 쉴 새 없이 뽑아내는 문화다. 앞뒤 가릴 것 없이 원하는 대로 챙겨
넣으면 그만인 문화다.

  앞뒤 가릴 것 없이 원하는 대로 챙겨 넣으면 그만인 문화는 결국
필연적인 결론에 도달했다. 지구상에서 가장 강력한 나라가 트럼프
를 최고 권력자의 자리에 앉힌 것이다. 상대의 동의를 얻지 않고 여
성을 추행한 일을 공개적으로 떠벌리는 인간을, 국제법 위반이라는
비난을 받는 이라크 침공을 두고 〈우리가 그곳의 석유를 차지했어
야 한다〉고 주장하는 인간을 말이다.

  물론 이처럼 걷잡을 수 없이 뻗어 나가는 강탈 행위는 트럼프만이
벌이는 일이 아니다. 강탈 행위는 우리 사이에서 급속히 확산되고
있다. 토지를 강탈하고, 자원을 강탈하고, 심지어는 가난한 나라들

266

이 발전을 이루는 데 필요한 대기 공간조차 남아나지 않을 만큼 대기 중에 막대한 오염 물질을 내뿜음으로써 하늘까지 강탈하고 있다.

이제 우리는 강탈할 수 있는 최대 한계에 부딪혔다. 바로 이것이 기후 변화가 전하는 메시지, 우리가 끝없이 벌여 온 전쟁이 전하는 메시지, 트럼프의 선거 승리가 전하는 메시지다. 이제 쉴 새 없이 뽑아내는 문화에서 동의를 구하고 보살피는 문화로 바꾸는 데 총력을 기울여야 할 때라는 뜻이다.

· 지구를 보살피고 서로를 보살피는 문화로 바꿔야 한다.

기후 관련 활동과 관련해서 시드니 평화상 수상자로 선정되었다는 소식을 들었을 때, 나는 이루 말할 수 없이 큰 영광이라고 생각했다. 아룬다티 로이, 놈 촘스키, 반다나 시바, 데즈먼드 투투까지, 내가 개인적으로 존경하는 영웅들이 받았던 상이라서 더 그렇다. 이 수상자 대열에 끼는 것은 더없는 영예다.

그래서 처음 전화를 받은 순간, 몹시 마음이 설렜다. 그런데 흥분이 조금 가라앉자 이런저런 의문이 솟아올랐다. 내가 선정된 이유가 뭐지? 내 저술은 세계 전역의 수많은 기후 정의 운동가들의 저술을 바탕으로 한 것이고, 그중에는 나보다 훨씬 더 오래 활동해 온 사람이 많은데. 훨씬 더 현실적인 의문도 솟았다. 내가 쓴 저술이 탄소 배출 감축에 얼마나 도움이 되었을지 모르지만, 이 상을 받으러 갈 때 타야 하는 비행기의 탄소 배출을 정당화할 수 있을까? 솔직히 말하면, 아직도 이게 정당화할 수 있는 일인지 확신이 들지 않는다.

그래서 오스트레일리아의 친구와 동료들에게 의견을 물었다. 그들은 오스트레일리아가 세계 최대의 석탄 수출국으로 온실가스 배출량이 급속하게 늘고 있는 나라들에게 석탄을 팔고 있으며, 액화천연가스 수출 1위로 이어지는 경로를 걷고 있다는 점도 지적했다.

그렇다. 다른 나라들이 석탄 생산량을 동결하고 감축하는데도, 오스트레일리아 총리는 오히려 기세등등해서 석탄 정책을 〈앞으로 수십 년 동안〉 계속 유지할 계획이라고 말한다. 앞으로 수십 년이라면, 파리 기후변화협약의 목표에 부합하기 위해서 전 세계가 화석연료 사용을 완전히 중단해야 하는 시점을 훌쩍 뛰어넘는 기간인데도 말이다. 이번 주 초에 나는 오스트레일리아가 세계를 향해 검댕이 잔뜩 묻은 중지를 치켜 올리며 골탕을 먹이는 일에서 갈수록 독보적인 존재가 되고 있다고 말한 바 있다. 유감스럽게도 지금 이 자리에서 이 말을 바로잡아야 할 것 같다. 트럼프가 대통령에 취임하는 1월부터는 맬컴 턴불에게도 동행이 생길 것이다.

의견을 구했던 오스트레일리아 친구들은 나더러 이 상을 수상하면 수상 연설을 하는 기회를 이용해 자신들의 활동을 지원해 줄 수 있을 거라고 말했다. 이들은 왕안과 자갈링구 원주민의 영토에 계획 중인 카마이클 탄광 같은 신규 화석연료 사업과 노던테리토리주의 방대한 땅을 넘보는 가스 수송관 건설 사업을 저지하는 활동에 주력하고 있다.

이런 저항은 전 세계적으로 중요한 의미를 지닌다. 이 대규모 사업들은 우리가 〈태워서는 안 되는 탄소〉라고 명명한 이산화탄소와 메탄이 대량으로 묻힌 매장지들을 겨냥하고 있기 때문이다. 만약 이곳에 묻혀 있는 화석연료들이 채취되어 연소된다면 오스트레일리아가 내놓은 보잘것없는 탄소 배출 감축 약속은 당장 물거품이 되고 전 세계의 탄소 예산까지 날아가 버릴 것이다. 탄소 예산과 관련한 셈법은 아주 분명하다. 파리 기후 회의에서 캐나다 정부도 오스트레일리아 정부도 온도 상승을 2도 이하로 유지하되 〈1.5도로 억제하기 위한 노력〉을 추진한다는 목표에 동의했다.

이 야심 찬 목표를 이루기 위해서는 인류 전체가 탄소 예산의 한계 안에서 움직여야 한다. 탄소 예산이란 우리가 그 목표를 달성하고자 할 경우에 배출해도 되는 탄소의 총량이다. 워싱턴에 있는 〈오일 체인지 인터내셔널〉의 획기적인 연구에 따르면, 만일 세계가 기존 유전과 광산에서 이미 생산된 석유, 가스, 석탄을 모두 태운다면 1.5도 상승은 당연하고 2도까지 넘어설 가능성이 높다.

그런데도 지금 화석연료 산업은 절대로 해서는 안 되는 일, 즉 새로운 탄광과 새로운 프래킹 유전을 조성하고 새로운 해상 시추 시설을 건설하는 일을 추진하고 있으며, 오스트레일리아 정부는 이 산업의 계획 실행을 돕기 위해 열중하고 있다. 이 모든 게 캐내지 말고 땅속에 그대로 묻어 두어야 하는 것인데도 말이다.

우리가 결단코 해내야 하는 일은 명확하다. 기존의 화석연료 사업들을 단계적으로 축소하는 일을 신중하게 추진하면서 동시에 재생 에너지를 신속하게 늘려 전 세계 배출량을 이번 세기 중반까지 제로 수준으로 낮추는 것이다. 다행히도 우리는 현존하는 기술로 이 일을 해낼 수 있다. 다행히도 우리는 탈탄소 경제로 전환하는 과정에서 세계적으로 수백만 개의 좋은 일자리를 만들어 낼 수 있다. 재생 에너지와 관련해서도, 공공 운송과 관련해서도, 효율성 향상과 관련해서도, 기존 설비의 성능을 보강하는 일과 관련해서도, 오염된 땅과 물을 정화하는 일과 관련해서도 많은 일자리를 창출할 수 있다.

더 좋은 소식은 에너지 생산 방식과 이동 방식, 식량 생산 방식, 거주 방식을 바꿔 나가는 과정에서 우리는 모든 방면에서 더 공정한 사회, 그리고 모든 사람이 존중받는 사회를 건설할 역사적인 기회를 갖게 된다는 것이다. 이를 이룰 방안도 이미 나와 있다. 지역 사회가 관리하는 공급자와 협동조합으로부터 재생 에너지를 얻고, 토지 사용에 대한 결정을 민주적으로 진행하고, 에너지 생산에서 얻는 이윤이 가장 필수적인 서비스의 공급에 투입되도록 보장하는 것이다.

지난 수백 년 동안 더러운 에너지에 집단적으로 의존해 온 우리의 과거는 가장 가난하고 가장 약한 사람들(이들 가운데 압도적인 다수가 유색인이고, 원주민도 상당수를 차지한다)에게 가장 큰 피해를 입히고 있다. 채취 산업은 이들의 땅을 빼앗고 이들의 땅에 오염 물질을 흘려 왔고, 거주지 인근에 가장 오염이 심한 정유소와 발전소가 들어선 도시 빈민 공동체 역시 고통에 시달리고 있다.

따라서 우리는 원주민 공동체를 비롯해서 오염 산업의 최전방에 위치한 공동체들이 자립적인 녹색 에너지 사업을 소유하고 관리할 수 있도록 이에 필요한 공적 자금을 우선적으로 투입하고, 이로써 이 사업이 창출하는 일자리와 수익, 기술이 이 공동체 안에 머무를 수 있도록 해야 한다. 이것이 유색인 공동체가 주도하는 기후 정의 운동의 핵심적인 요구다. 그런데 이런 사업들이 이미 사전 계획 없이 즉흥적으로 시작되면서 재원 조달의 부담이 가난한 공동체에게 떠넘겨진다. 이것이야말로 완전히 거꾸로 된 형국이다. 기후 정의를 실현하려면, 이들 가난한 공동체들에게 공적 자금을 우선적으로 지원해야 한다. 이들이 오염 산업 때문에 입은 막대한 피해를 고려하면 이 정도는 바다에 떨어진 물 한 방울에 불과하다.

기후 정의를 실현하려면 탄소 배출이 많은 산업 부문의 노동자들(이들 중에는 탄광과 정유 시설에서 일하느라 건강이 나빠진 사람이 많다)을 정의로운 전환 과정에서 온전한 권한과 민주적인 의사 결정을 누리는 참여자로 세워야 한다. 전환 과정에서 배제되는 노동자가 없도록 하는 것이 우리의 기본 원칙이다.

캐나다의 사례를 몇 가지 소개하겠다. 앨버타 타르샌드 산업의 석유 노동자들이 만든 〈철과 지구〉라는 모임이 있다. 이들은 정부를 상대로 해고된 석유 노동자들에게 새로운 직업 교육을 실시하고, 학교 같은 공공건물 등에 태양광 전지를 설치하는 일자리를 제공할 것을 요구한다. 아주 멋진 제안이다. 이 제안을 들은 거의 모든 사람이 지지한다는 뜻을 밝혔다.

한편 캐나다 우편 노동자 조합은 우체국을 폐업하거나 우편 배달 업무를 축소하고 페덱스에 공공 우편 서비스를 매각하려는 움직임에 노출되어 있다. 늘 보아 온 긴축 논리다. 이들 노동자들은 이 실패한 논리를 전제로 최대한 많은 것을 따내는 것을 협상 목표로 삼지 않고, 전국 각지의 우체국을 녹색 전환을 위한 지역 사회의 중추로 세운다는 통찰력 있는 계획을 세웠다. 우체국에 주민들이 전기 자동차를 충전할 수 있는 충전소를 마련하고, 에너지 협동조합을 시작하려는 주민들이 대형 은행에 의존하지 않고 우체국에서 대출을 받을 수 있게 하고, 우편 노동자들이 우편 배달 이외에도 현지에서 생산된 농산물을 배달하고 노인들의 안부를 확인하는 업무를 담당하게 하고, 이런 업무를 하는 우편 노동자들에게 전기를 동력으로 움직이는 캐나다산 교통수단을 제공하자는 것이다.

이 계획은 공정성을 근간으로 화석연료에서 벗어나는 전환을 이뤄 가기 위해 민주적 절차를 거쳐서 아래에서부터 입안된 것이다. 우리는 이런 계획이 모든 부문에서 개발되고 세계 전역에서 펼쳐지도록 해야 한다.

돈이 많이 들겠다고? 다행히도 우리는 사적인 자산이 전례 없는 규모로 축적된 시대에 산다. 가장 먼저, 우리는 죽음이 임박한 화석연료 산업이 올린 수익을 가져다 기후 정의 전환에 지출할 수 있고, 또한 지출해야만 한다. 예컨대 우리는 무료 대중 교통수단과 적정한 가격의 재생 에너지 전력에 보조금을 지원해야 한다. 또한 가난한 나라들이 화석연료를 거치지 않고 곧바로 재생 에너지로 도약할 수 있도록 도와야 한다. 석유 전쟁과 불공정한 무역 협상, 가뭄, 점점 더 악화되는 기후 변화의 영향 때문에 삶의 터전에서 밀려났거나, 캐나다와 오스트레일리아 같은 부유한 나라를 거점으로 삼은 채광 기업들의 독성 물질 때문에 삶의 터전이 오염되어 고향에서 밀려난 난민들을 지원해야 한다.

요컨대 우리는 탄소 배출을 줄이면서 동시에 정의를 실현해야 한다. 무엇보다도 탄소 배출을 줄이면서도 동시에 토지 강탈, 대량 학살, 노예제 등 우리 같은 나라들이 건국 과정에서 저지른 죄악의 피해자들에 대한 배상을 시작해야 한다. 물론 대단히 어려운 일이다. 그런데 일이 어려워진 것은 우리가 늑장을 부린 탓이다. 우리는 지금껏 기후 행동을 주저하며 꾸물거렸다. 우리가 망설이며 꾸물거린 것은 기후 행동만이 아니다. 우리는 지금껏 정의 실현과 배상이라는 가장 기본적인 의무조차 주저하며 차일피일 미뤄 왔다. 그렇게 우리는 모든 전선에서 시간을 허비해 버렸다.

우리는 이 모든 일을 반드시 해내야 한다. 그렇게 하는 게 옳고 공정할 뿐 아니라 현명한 길이다. 불편한 진실을 짚어 보자. 환경 운동만으로는 온실가스 배출량 감축을 위한 싸움에서 이길 수 없다. 누구를 무시해서 하는 소리가 아니다. 혼자 지기에는 짐이 너무 버겁다는 이야기다. 이런 변혁을 이루기 위해서는 우리의 생활 방식, 일하는 방식, 그리고 소비 방식을 바꿔야 한다.

이처럼 전면적인 변화를 이루기 위해서는 노동조합, 이주민의 권리, 원주민의 권리, 주거권, 운송 부문, 교사, 간호사, 의사, 예술가 등 진보적인 연합체의 모든 부문과 강력한 동맹을 구축해야 한다. 모든 것을 바꾸기 위해서는 모든 사람을 일으켜 세워야 한다.

또한 이런 연합체를 구축하기 위해서는 정의를 핵심에 두어야 한다. 경제 정의, 인종 정의, 젠더 정의, 이주민 정의, 그리고 역사적 정의까지. 정의는 나중에 인심 쓰듯 얹어 주는 선물이 아니라 살아 움직이는 원칙이어야 한다. 가장 큰 피해를 입은 사람들 속에서 진정한 지도자를 찾아낼 때에만 이런 연합체가 구축될 수 있다. 무라와 존슨은 카마이클 광산 반대 투쟁의 주역으로 활약하는 대단한 원주민 청년 지도자인데, 그는 며칠 전에 이곳 시드니에서 이런 말을 했다. 「사람들은 남을 지도자로 앞세우는 법을 배워야 합니다.」

〈정치적으로 옳아서〉 정의의 원칙을 세우자는 게 아니다. 정의만

이 전심전력을 기울여 투쟁에 나설 수 있도록 대중운동의 의욕을 불러일으켜 온 유일한 요인이기 때문이다. 지금 내가 말하는 투쟁은 행진에 동참하거나 탄원서에 서명하는 활동이 아니다. 물론 그것도 의미가 있지만 내가 말하는 투쟁은 사회 변혁을 이루기 위해 필요한 지속적이고 일상적이며 많은 시간과 노력이 드는 활동이다. 이런 운동은 정의를 이루고자 하는 간절한 열망, 정의를 이루고자 하는 필사적인 〈욕구〉로만 꾸릴 수 있는 운동이다.

우리는 이 싸움에 나설 전사가 필요하다. 그런데 전사는 대기 중에 탄소가 쌓이는 걸 〈저지하는 것〉, 그것 하나만을 위해서 투쟁에 나서지는 않는다. 전사들은 깨끗한 물과 좋은 학교, 절망적인 실직 상태에서 벗어나 적절한 임금을 받을 수 있는 일자리, 보편적인 의료보험을 〈따내기 위해〉 투쟁에 나선다. 전사는 전쟁과 잔혹한 이민 정책 때문에 뿔뿔이 흩어진 가족이 다시 함께 살 수 있는 조건을 따내기 위해 투쟁에 나선다.

다들 알겠지만, 정의 없이는 평화도 없다. 나는 이것이 시드니 평화 재단의 핵심 원칙이라고 알고 있다. 그런데 우리가 알아야 할 또한 가지는 정의 없이는 기후 변화를 돌파할 방법이 없다는 것이다.

평화를 기리는 행사에서 이런 식의 투쟁 이야기를 해서 미안하다. 그러나 우리는 이것이 투쟁이라는 확신, 전사의 정신이 절실히 필요한 투쟁이라는 확신으로 무장해야 한다. 이 투쟁은 인류에게 많은 것을 얻을 수 있는 기회를 제공하고, 한편으로는 화석연료 회사들에게서 많은 것을 빼앗을 수 있는 기회를 제공한다. 화석연료 회사들에게는 〈태워서는 안 되는〉 탄소에 수조 달러의 돈이 걸려 있다. 이들은 이미 확보한 매장지와 새로 확보한 매장지에서 탄소를 찾아내는 일에 해마다 수백억 달러를 쏟아붓고 있으니 말이다.

이런 이익집단에게 자기 운명을 걸어 온 정치인들 역시 잃을 것이 많다. 선거 자금 후원은 물론이고 선출직 공직에서 채취 산업의 중역으로 옮겨 갈 기회도 사라질 것이다. 무엇보다도 중요한 것은 머리를 쥐어짜거나 계획을 세울 필요 없이 〈그냥 파내기〉만 하면 생기는 돈이다. 지금 이 순간에도 오스트레일리아는 중국에 석탄을 팔아 막대한 돈을 벌어들인다. 물론 석탄 수출이 유일한 국고 수입원은 아니지만, 가장 편한 수입원인 것만은 사실이다. 성가신 산업 계획을 세울 필요도 없고, 공격적인 정치 광고를 1년 내내 내보낼 수도 있어 조심히 다루어야 하는 기업과 최상층 부자에게서 더 많은 세금이나 사용료를 받아낼 필요도 없으니 말이다.

이런 정치인들은 그저 채취 허가를 내주고, 환경법 규제를 풀어주고, 시위를 엄격하게 제한하는 법 조항을 만들고, 합법적인 법정 소송을 〈녹색 법정 싸움〉이라고 부르고, 머독 소유의 언론사를 통해서 쉬지 않고 대드는 환경 보호주의자들을 비난하고, 이렇게만 하면 충분하다.

이런 점을 고려하면, 유엔 인권 특별 보고관 마이클 포스트가 지난달에 오스트레일리아를 방문해 목격한 인권 활동가들의 상황과 관련해서 혹독한 평가를 한 것은 그리 놀랄 일이 아니다.

몹시 충격적인 일이지만, 나는 오스트레일리아 시민운동을 압박하는 강도 높은 조치들이 다방면으로 전개되고 있다는 증거들이 크게

늘고 있음을 확인했다. (……) 고위 공무원들이 인권 활동가들을 공공
연히 비방하는 일이 빈번히 일어나는데, 이는 이들의 신망을 훼손하
고 정당한 활동을 하는 이들을 위협해 활동을 포기하게 만들려는 의
도로 보인다.

위기에 처한 생태계와 가장 취약한 사람들을 산업계의 맹렬한 공
격으로부터 보호하는 활동을 펼치는 많은 사람들이 이른바 더러운
전쟁*에 직면해 있다니 그야말로 충격적이다. 정치와 미디어의 전
장에서 펼쳐지는 이런 종류의 전쟁이 실제로 인명 손실을 낳는 물리
적 전쟁으로 변하는 건 순식간이라는 것을 우리는 너무나 잘 안다.

우리는 세계 전역에서 이런 일이 진행되고 있다는 걸 안다. 온두
라스와 브라질 등에서는 광산과 대규모 댐 건설, 산림 벌채를 저지
하러 나선 토지 보호 활동가들이 더러운 전쟁의 희생양이 되고 있
다. 자신들의 삶의 터전인 물과 습지를 위협하는 석탄 발전소 저지
활동을 펼쳐 온 인도와 필리핀의 여러 지역 공동체도 마찬가지다.
이곳에서 벌어지는 것은 비유적인 전쟁이 아니라, 불도저의 전진을
막기 위해 몸을 던진 사람들을 향해 치명적인 실탄을 발사하는 진짜
전쟁이다.

국제 인권 단체 〈글로벌 위트니스〉에 따르면, 세계 곳곳에서 이런
전쟁이 갈수록 극악무도해진다고 한다. 〈2015년 어느 한 주에만 파
괴적인 산업들로부터 자신들의 땅과 숲, 강을 지키러 나섰다가 살해

* dirty war. 전쟁의 규칙을 따라야 하는 통상적인 전쟁 방식이 아니라 납치, 고문,
암살 등 은밀한 방식으로 민간인의 인권을 유린하는 행동.

된 사람이 세 명이 넘는다. (……) 이 수치는 충격적일 뿐 아니라, 환경 문제가 인권 탄압을 부르는 새로운 전장으로 부상하고 있음을 입증한다. 산업은 세계 곳곳으로 점점 더 깊숙이 파고들어 새로운 땅을 찾아낸다. (……) 이를 저지하러 나선 공동체들은 기업에 고용된 사설 경비대와 공권력, 또한 날로 수요가 늘어나는 청부살인이 자신들을 겨냥하고 있음을 점점 더 분명하게 깨닫는다.〉 이 단체의 추정에 따르면, 희생자의 약 40퍼센트가 원주민이다.[2]

이런 일이 개발도상국에서나 일어난다고 생각하면 오산이다. 모두 알겠지만, 지금 이 순간에도 미국 노스다코타주에서는 지구를 둘러싼 전쟁이 점점 확대되고 있다. 이곳에서는 이라크 팔루자 공격에 가담했다가 온 것으로 보이는 경찰과 사설 경비대가 물을 지키러 나선 원주민들의 비폭력 운동을 잔인하게 진압한다.

지금 스탠딩 록 수족 원주민 공동체는 송유관 저지 투쟁을 벌이고 있다. 송유관이 건설되면 물을 이용할 권리에 심각한 위협이 될 뿐 아니라 전 지구적 위기를 초래하는 심각한 온난화 경로를 열게 될 것이기 때문이다. 이곳에서는 비무장 상태의 토지 보호 활동가들이 고무탄, 최루가스, 음향 대포와 개를 동원한 공격에 시달릴 뿐 아니라, 알몸 수색과 체포, 개집 같은 공간에 감금당하는 등 극심한 고통을 받는다.

지금 이곳 오스트레일리아에서는 미디어를 통해 원주민에 대한 인종 차별적인 비난을 공공연히 퍼뜨리고 혹독한 공안 정국을 조성하고 더 결정적으로는 대의의 정당성을 훼손하려는 다양한 시도들을 반복하는 등, 토지 보호 활동가들을 향한 비방 공세가 갈수록 심해진다. 이런 극심한 비방 공세가 앞서 말한 물리적 공격을 위한 예비 단계가 아닐까 싶어서 나는 몹시 걱정이다.

이곳까지 비행기를 타고 오느라 탄소를 내뿜은 걸 생각하면 아직도 마음이 편치 않지만, 그래도 오길 잘했다는 생각이 든다. 제대로 상황 파악도 하지 못하면서 오지랖을 떠는 외국인 역할을 한 것만으로도 나는 만족한다. 내가 외국인이라서 〈잠깐만 멈춰 봐요. 우리는 이 길이 어디로 이어지는지 알고 있어요. 이 길은 당신을 나락으로 끌어내리는 위험한 길이에요〉라는 말밖에는 할 수 없는 게 안타깝다. 이 아름다운 나라, 아름다운 다양성을 품고 있는 이 나라는 더 나은 길을 걸어야 한다.

여러분은 오스트레일리아가 생산한 석탄이 가난한 인도 사람들에게 선물이 될 거라고 생각하는가? 오스트레일리아는 인도에 대한 석탄 수출을 당장 멈춰야 한다. 인도는 석탄으로 인한 오염과 석탄 연소가 부채질하는 기후 변화 때문에 지구상 어떤 나라보다 가장 큰 고통을 받는다. 몇 달 전 델리에서는 유례없는 고온이 덮쳐 도로가 녹아내리기까지 했다. 2013년 이후 폭염으로 사망한 인도 사람은 4천 명이 넘는다. 이번 주에는 비상사태를 선포해야 할 정도로 대기 오염이 심해져서 델리의 모든 학교가 휴교에 들어갔다.

반면에 태양광 발전 장비의 가격은 무려 90퍼센트나 하락했다. 태양광 발전은 많은 기반 시설이 필요치 않고 지역 사회가 운영하기에도 적합하다는 점에서 석탄 발전보다 실효성이 있는 방법이다. 많은 지역 사회가 태양광 발전을 도입하려 한다. 하지만 다른 곳에서도 그렇듯이, 인도에서 이를 가로막는 가장 큰 장벽은 거대 정부와 거대 탄소 기업의 유착이다. 사람들이 자기 집 지붕에 태양광 전지를 설치해 전기를 자급하고 남은 전력을 소규모 전력망으로 보낼 수 있게 되면, 거대 전력 회사 입장에서는 고객이 줄고 경쟁자가 늘어나는 셈이다. 그래서 기업들은 그 길에 수많은 바리케이드를 늘어놓는다. 기업의 입장에서는 전속 시장*을 유지하는 것이 가장 유리하기 때문이다.

하지만 이제는 원주민 권리 운동과 기후 정의 운동이 이 안락한 기반을 뒤엎으려 한다. 물론 우리는 기필코 이 기반을 뒤엎을 것이다. 평화를 기리는 이 자리를 빌려서 분명히 짚고 넘어가자. 그것이야말로 우리의 일생일대의 싸움이 될 것이다.

* captive market. 고객이 선택의 여지없이 특정 상품을 살 수밖에 없는 시장.

1 2016년과 2017년에 그레이트배리어리프에서는 해양 온도 상승으로 인해 대규모 백화 현상이 나타났다. 한때 보석처럼 화려한 빛을 내뿜는 생명체로 뒤덮였던 산호초는 섬뜩하고 괴기스러울 만큼 하얗게 탈색된 거대한 무덤으로 변했다. 2년 사이에 이 거대 산호초를 이루는 산호의 절반가량이 폐사했다. 2019년 4월에 출간된 새로운 보고서는 이곳의 산호초가 복원되지 않고 있다고 밝혔다. 『뉴 사이언티스트*New Scientist*』의 보도에 따르면, 〈2018년 이 산호초에 서식하는 산호 유충의 개체 수가 89퍼센트나 줄어 사상 최악의 상황이 되었다. 이 연구의 책임자인 오스트레일리아 제임스 쿡 대학의 테리 휴즈는《죽은 산호는 번식을 하지 않는다》라고 말했다〉.

2 자이루 보우소나르가 브라질 대통령으로 선출되면서, 이 전쟁은 훨씬 치명적인 새로운 단계로 진입했다. 보우소나르는 아마존 지역의 무제한 개발을 최우선 과제로 삼고 원주민의 토지 권리를 유린하고 있으며, 심지어는 〈모든 농민에게 소총을 지급하고 총기 소지를 허가할 계획이다〉라는 불길한 발언까지 했다.

11

연무의 계절

산불의 위험을 피해 가는 게 얼마나 어려운 일인지 새삼 실감이
난다.

2017년 9월

요즘 자연 현상에 관한 뉴스는 대부분 물과 관련되어 있다. 그리
고 당연히 그럴 수밖에 없는 상황이다.

허리케인 하비가 휴스턴을 비롯한 멕시코만 연안 도시들에 쏟아부
은 기록적인 홍수에 석유 화학 물질이 섞여 엄청난 오염과 피해를 낳
고 있다. 방글라데시와 나이지리아 등지에서는 엄청난 홍수로 수십
만 명의 이재민이 발생했다. 또 역사상 최강의 허리케인 중 하나로 꼽
히는 어마가 카리브해 연안을 초토화시킨 뒤 플로리다로 돌진하면서
폭우와 바람이 엄청난 피해를 낳고 있다.

그러나 북미, 유럽, 아프리카의 대부분의 지역에서 올여름 초미의

관심사는 홍수가 아니라 가뭄이었다. 찌는 듯한 고온까지 겹치면서 말라붙은 토양과 산림이 활화산처럼 뿜어내는 엄청난 양의 연기였다. 산불은 맹렬한 위력을 발산하며 컬럼비아강을 뛰어넘어 포위망을 좁혀 오는 적군처럼 순식간에 로스앤젤레스 외곽을 환한 빛으로 물들이며 빠르게 번져 갔고, 방대한 지역으로 뻗어 나가며 가장 높은 키에 가장 오래된 세쿼이아 숲이 있는 요세미티 국립공원과 글레이셔 국립공원 같은 천혜의 자연 유산을 위협하고 있다.

캘리포니아, 그린란드, 오리건, 포르투갈, 브리티시컬럼비아, 몬태나, 시베리아, 남아프리카공화국에 사는 수백만 사람들에게, 2017년 여름은 불의 계절이었고, 온 천지를 뒤덮고 있어서 도저히 벗어날 길이 없는 연무의 계절이었다.

아주 오래전부터 기후학자들은 온난화된 세계란 곧 극단적인 세계라고 경고해 왔다. 수천 년 동안 연약한 생명들이 평형 상태를 유지할 수 있게 지켜 주었던 중요한 요소들이 위태로운 과잉과 극심한 결핍으로 동시에 요동치면서 인간 세계를 뒤집어 놓을 거라고 경고해 왔다. 2017년 여름의 끝자락, 주요 도시들이 물에 잠기거나 화염에 휩싸여 있는 지금, 우리는 실제로 자연의 극단 상황이 사회적·인종적·경제적 극단 상황과 중첩되면서 형성된 극단적인 세계에서 살아가고 있다.

#가짜 날씨

브리티시컬럼비아의 선샤인코스트로 떠나기 전에 기상 예보를 확인했다. 이곳의 들쑥날쑥한 해안은 검푸른 상록수 숲으로 뒤덮인 바위 절벽과 표류목이 해변 곳곳에 흩어져 있는 모습이 특징적이다. 이 표류목들은 수십 년 동안 계속되어 온 벌채 작업이 남긴 부산물이다. 여객선이나 수상 비행기를 타야만 갈 수 있는 이곳은 내 부모님의 거주지이자 내 아들의 출생지이자 내 조부모님이 묻힌 곳이다. 나는 이곳을 늘 고향처럼 여기지만, 사실 우리가 이곳에서 보내는 시간은 기껏해야 1년에 2~3주다.

캐나다 정부의 기상 사이트는 다음 주 이곳 날씨가 매우 맑을 거라고 예보했다. 거칠 것 없이 내리쬐는 태양과 청명한 하늘, 평균보다 높은 기온이 예상된다고 했다. 나는 태평양 바다에서 파도를 즐기는 뜨거운 오후와 짙은 정적 속에 별이 총총한 밤을 기대했다.

막상 8월 초에 도착해서 보니, 해안이 탁한 흰 장막에 뒤덮여 있고 스웨터를 입어도 될 만큼 기온이 서늘하다. 기상 예보가 어긋나는 일은 자주 있다. 하지만 여기엔 기상 예보보다 훨씬 복잡한 요인이 작용한다는 게 문제다. 하늘 저 위쪽, 희뿌연 물질 위쪽의 하늘은 구름 한 점 없이 맑고 햇볕이 굉장히 따가운 게 사실이다. 그런데 이런 진실에 기상 예보관이 고려하지 않았던 요인이 끼어들었다. 바로 엄청난 양의 연무다. 600여 킬로미터나 떨어진 브리티시컬럼비아주 내륙에서 130여 건의 산불이 걷잡을 수 없이 번지면서 뿜어내는 연무가 이곳까지 몰려온 것이다.

엄청난 양의 연무가 원래 밝은 파란색이던 하늘의 색깔을 조금의 빈틈도 허용하지 않는 희뿌연색으로 바꾸어 놓았다. 그리고 태양열의 일부를 우주로 반사시켜 인공적인 온도 하강 효과를 일으켰다. 태양마저도 기이한 햇무리를 두른 보잘것없는 붉은 불덩이로, 하늘을 가득 메운 연무를 태워 없앨 기력조차 없는 불덩이로 바꾸어 놓았다. 짙은 연무는 별빛도 덮어 버렸고 저녁노을도 삼켜 버렸다. 날이 저물 때면 붉은 공이 돌연 사라지고 기이한 느낌을 내뿜는 칙칙한 오렌지빛 달이 나타난다.

이 연무는 자기 나름의 강력한 기상 시스템을 창조해 내고, 우리가 있는 이곳뿐만 아니라 거의 26만 제곱킬로미터에 이르는 광대한 영토의 기후를 변화시킬 만큼 강한 위력을 발휘한다. 인공위성 사진에서 보면 거대한 얼룩이 경계를 뛰어넘어 방대한 면적을 뒤덮고 있다. 브리티시컬럼비아주의 약 3분의 1을 뒤덮고 시애틀, 벨링햄, 오리건주 포틀랜드 등 태평양 북서부의 상당히 넓은 지역까지 덮고 있다. #가짜 뉴스가 성행하는 시대인데 #가짜 날씨마저 극성인 셈이다. 하늘을 가득 메운 이 오물을 만들어 낸 주역은 바로 치명적인 무지와 정치권의 직무 태만이다.

정부는 선샤인코스트 전역에 대해 대기 오염 경고를 발령하면서 사람들에게 격렬한 활동을 피할 것을 권했다. 대기 중 미세 물질이 특정한 기준을 넘으면 건강에 유해한 영향을 미칠 수 있다. 밴쿠버 일부 지역의 대기 중 미세 물질 농도는 안전 기준보다 세 배나 높고, 작은 해안 도시들의 상황은 훨씬 더 심각하다. 노인을 비롯해서 미세먼지에 민감한 사람들은 실내에 머물거나 강력한 공기 정화 시스템을 갖춘 곳으로 가라는 권고까지 나온다. 어떤 지방 공무원은 대형 쇼핑몰에 가는 것을 추천하기도 한다.

내륙의 대화재

화염의 기세가 점점 강해지고 있는 재앙의 진원지, 이곳의 대기 질은 훨씬 더 나쁘다. 미세먼지 농도가 1세제곱미터당 25마이크로그램을 넘으면 인체에 유해한 영향을 미칠 수 있다고 하는데, 지금 많은 이재민들이 대피해 있는 캠루프스 시의 미세먼지 평균 농도는 1세제곱미터당 684.5마이크로그램이다. 베이징 최악의 미세먼지 상황과 비슷하다. 항공사들은 항공편을 취소하고, 병원 응급실은 호흡 장애를 겪는 사람들로 만원이다.

적십자 기구에 따르면, 이 재앙이 벌어진 시점부터 지금까지 840여 건의 산불이 났고, 현재 약 5만 명이 집을 떠나 대피 중이다. 7월 초 주 정부는 전례 없는 대응으로 비상사태를 발령했다. 우리가 이곳에 도착할 당시에는 비상사태가 두 차례나 연장된 상태였다. 수백 개의 구조물이 파괴되고 원주민 보호구역을 비롯한 몇몇 공동체가 거의 잿더미로 변해 가고 있다.

지금까지 숲, 농장, 초원을 합쳐서 약 4,680제곱킬로미터의 땅이 불길에 휩쓸렸다. 이번 재앙은 피해 면적으로 보면 브리티시컬럼비아 주 역사상 두 번째로 큰 화재로 이미 기록되었고, 여전히 강한 기세를 유지하고 있기 때문에 곧 사상 최대로 기록이 바뀔 것이다.

캠루프스에 있는 친구에게 전화를 하니, 그 친구가 말한다. 「형편이 되는 사람들은 서둘러 자녀들, 특히 어린아이들을 데리고 먼 곳으로 떠나고 있어.」

이 말 덕분에 우리는 객관적인 관점에서 상황을 파악할 수 있었다. 이곳 역시 연무의 영향이 있긴 하지만, 우리는 그나마 해안에 와 있으니 굉장히 운이 좋은 거다.

말끔히 걷힐 거야

신년 초부터, 특히 미국에 새 행정부가 들어선 뒤부터, 나는 단 하루도 심지어는 주말에도 쉬어 본 적이 없다. 같은 처지인 사람들이 많겠지만, 발에 물집이 생길 지경으로 많은 회의와 행진에 참여했다. 나는 급하게 책을 썼고, 그 책을 들고 순회 강연을 했다. 그리고 남편 아비와 함께 새로운 정치 조직 〈도약〉의 설립을 도왔다. 겨울 내내, 그리고 봄 내내, 우리 가족은 〈8월에는 브리티시컬럼비아에 간다〉는 말을 주문처럼 외웠다. 우리는 8월 여행을 결승선(최종 결승선은 아니지만)으로 삼았고, 그때가 되면 무조건 떠나기로 만반의 계획을 세웠다. 다섯 살짜리 아들 토마까지 이 게임의 참여자로 끌어들여 어르고 달랬다. 동부에서 지내던 우리는 추운 겨울밤이면 휴가 때 하게 될 숲길 산책과 카누 타기와 수영에 대한 이야기를 나눴다. 블랙베리를 따고 과자를 굽고 할머니, 할아버지와 이모, 외삼촌, 사촌, 오랜 친구를 만나러 가는 장면을 상상했다.

이번 휴가(나보다 어린 동료 활동가가 쓰는 말로는 〈자기를 스스로 돌보기〉)는 우리 집에서는 일종의 신화였다. 내가 화재의 심각성과 연무의 심각성을 재빨리 간파하지 못한 것은 그래서였는지도 모른다.

이곳에 도착한 첫날, 나는 한낮이 되면 햇빛이 강해져서 연무가 사라질 거라고 마음을 달랜다. 저녁에는 다시, 자고 일어나면 연무가 말끔히 걷혀서 진짜 하늘이 보일 거라고 장담한다. 첫 주 동안 나는 아침에 눈을 뜰 때마다 커튼 사이로 보이는 희뿌연 빛을 보며 한낮이 되면 없어질 아침 안개일 뿐이라고 마음을 다독인다. 하지만 날마다 내 기대는 어그러진다.

여기에 오기 전까지는 기분 좋은 소리로 들리던 태평한 기상 예보가 저주가 된다. 화창하고 바람이 없는 날이라는 예보가 나오면 연무가 완전히 고정된 천장처럼 우리 머리 위를 꼼짝 않고 차지하고 있을 거라는 뜻이다. 그렇게 하루, 또 하루, 다시 또 하루가 지나간다.

나는 알레르기 증상이 심해진다. 인공 눈물로 눈을 씻어 내고 권장량보다 많은 항히스타민 안약을 넣는다. 토마는 몸에 심한 두드러기가 나서 스테로이드를 써야 한다.

나는 시도 때도 없이 안경을 벗어 물로 씻은 다음, 처음에는 셔츠로, 다음에는 극세사 천으로, 나중에는 렌즈 세정제로 세 번씩 닦아 낸다. 말짱 헛일이다. 무슨 짓을 해도 뿌연 얼룩은 사라지지 않는다.

파란 하늘이 그립다

희뿌연 연무에 갇힌 채 일주일을 보내니 세상이 작아 보이기 시작한다. 연무 너머의 삶이 뜬소문처럼 여겨지기 시작한다. 평소에는 해변 끄트머리에 서면 샐리시해 너머 밴쿠버섬이 눈에 들어온다. 지금은 해변에서 수십 미터 떨어진 곳에 솟아 있는 바위도 겨우 보인다.

나는 이곳에서 해를 한 번도 보지 못하고 겨울 한철을 다 보낸 적이 있다. 그때는 산줄기에 끌로 파낸 듯 드리워진 잿빛 그림자, 그 서

슬 어린 웅장한 아름다움과 낮게 깔린 하늘과 안개의 움직임이 좋았다. 하지만 지금은 다르다. 연무에는 생기가 느껴지지 않는다. 꼼짝도 하지 않고 아무 움직임도 없이 도사리고 있을 뿐이다.

베이징, 뉴델리, 상파울루, 로스앤젤레스 등 오염이 심한 대도시에서는 많은 사람들이 하늘을 뒤덮은 스모그와 함께 사는 일에 익숙해져 있다. 하지만 산불에서 나오는 연기는 이것과는 조금 다르다. 내가 지금 들이마시는 건 발전소가 내뿜는 오염 물질이나 자동차 배기가스가 아니라, 방금 전까지도 살아 있던 나무가 타면서 내뿜는 연기다. 숲 속에서 연기를 들이마시고 있다니.

내가 보기엔 동물들도 침울해진 것 같다. 바다표범도 수면 위로 고개를 불쑥 내밀기는 하지만 호흡을 하고 나면 곧바로 회색 수면 아래로 사라질 뿐 수면 가까이에서 노는 법이 없다. 독수리도 꼭 필요할 때만 날아다닐 뿐 즐거움을 누리려고 날지는 않는 것 같다. 빠른 속도로 수직으로 솟아오르거나 날개를 활짝 펴고 바람을 타는 모습을 볼 수가 없다. 이 모든 게 나의 상상이고 추측이고 감정이입이라는 것 또한 의심할 여지가 없다. 물론 나쁜 습관이다.

나는 시애틀에 사는 유명한 환경 운동가 친구에게 이메일을 보내서 연무가 심할 텐데 어떻게 지내고 있느냐고 묻는다. 친구는 새들이 노래를 하지 않고, 자기는 늘 부아가 치민다고 답한다. 그러니까 나만 그런 건 아니군.

우리가 다음 차례라면?

산불의 위험을 피해 가는 게 얼마나 어려운 일인지 새삼 실감이

288

난다.

브리티시컬럼비아주에서도 온대우림 지역인 이곳은 일종의 화약고다. 올여름에 내린 비는 지금까지 1센티미터 이하다. 예전에는 습기를 머금어 질척거리던 숲의 토양 표면이 이제는 누렇게 말라붙어 밟으면 버석거리며 부서진다. 불이 붙기 딱 좋은 상태라는 직감이 든다.

도로에는 야외에서의 불 사용을 금지한다는 내용의 노란 표지판이 늘어서 있다. 라디오에서도 야외에서의 불 사용 금지, 자동차 밖으로 담배꽁초 던지는 행위 금지, 폭죽놀이 금지를 알리는 경고 방송이 갈수록 극성스러워진다. 어떤 남자는 자기 집이 간발의 차이로 산불을 모면한 사실을 자축하며 술김에 폭죽을 터뜨렸다가 구류 1일, 약 1천여 달러의 벌금형을 받았다. 하기야 폭죽 하나가 대형 산불을 일으키는 불씨가 될 수 있다.

번개 한 방만 내리쳐도, 야영객 두어 명의 조심성 없는 실수만으로도, 이곳은 잿더미로 변할 것이다. 이곳은 예전에 대형 산불을 간신히 모면한 적이 있다. 2년 전에 이곳에서 20분 거리에 있는 해안 지역에서 산불이 번지기 시작했는데, 그때 불길을 잡으러 나섰던 인근 주민 한 사람이 목숨을 잃었다. 나는 이곳에서 여러 해 동안 시간을 보냈지만, 산불을 진압하지 못하면 어떤 일이 벌어질지 이제껏 생각해 본 적이 없다. 그런데 지금 돌아보니 등골이 서늘해지는 일이다. 선샤인코스트에는 여객선 선착장으로 이어지는 고속도로 딱 하나뿐인데 연간 이용 인원이 3만 명에 이른다. 긴급 대피 상황이 닥쳤을 때 도로를 이용해 빠져 나갈 수 없으면 어떻게 되는 거지?

내가 이곳에 사는 친구들에게 묻자, 친구들은 불안한 낯빛으로 누가 어떤 종류의 낚싯배를 가졌다고 말해 준다.

블루베리 밭에서 사람이 죽다

희뿌연 연무에 갇힌 지 9일째 되는 날 무서운 뉴스를 들었다. 미국 워싱턴주에서도 연무가 잔뜩 내려앉은 수마스(캐나다 국경에서 1.6킬로미터도 채 떨어지지 않은 곳)에서 농민 한 명이 시애틀 병원에서 사망했다. 스물여덟 살의 멕시코 청년 호네스토 실바 이바라는 수확철 일을 하려고 임시 H-2A 비자를 받아 미국으로 왔다. 캘리포니아에 본사가 있는 멍거팜스 소유의 사르바난드 농장에서 블루베리를 따는 일을 했고, 작업 중에 몸이 아픈 걸 느꼈다.

동료들은 실바의 죽음이 장시간 노동, 휴식 시간 부족, 부실한 음식과 식수 등 열악한 노동 환경에다 브리티시컬럼비아주에서 유입된 짙은 연무까지 겹친 탓이라고 말한다. 노동자 지원 조직 〈커뮤니티 투 커뮤니티 디벨롭먼트〉의 소장 로잘린다 퀼렌은 〈노동자들이 과로와 영양 부족, 탈수 증상에 시달리고 있다. 이런 생활을 여러 주 동안 이어 가고 있다〉라고 말했다. 일부 노동자들은 취재를 나간 기자들에게 일을 하다 기절한 경험이 있다고 말했다.

멍거팜스의 어느 직원은 실바의 경우는 당뇨약이 다 떨어진 탓에 죽은 것이고, 고온과 산불로 인한 연무는 이 일과 〈아무 관련이 없다〉고 주장한다. 실바를 구하기 위해 최선을 다했다는 게 회사 측의 주장이다.

실바의 사망 원인을 젖혀 놓더라도, 실바의 동료들이 토로한 불만 사항에 대한 이 회사의 대응 방식을 보면 미국이 맞아들인 수천 명의 계절노동자들이 얼마나 위태위태하게 목숨을 이어 가는지 실감이 나면서 가슴이 먹먹해진다. 실바가 입원하자, 노동자들은 회사 측의 답변과 노동 조건 개선을 요구하며 단 하루 파업을 했다. 파업 참가자 중 66명이 업무 지시 불이행을 이유로 곧바로 해고되었다. 멕시코로 돌아갈 교통비도 없고 마지막 임금도 받지 못한 상태였다. 이들은 농성장을 설치하고 회사 사무실을 향해 시위행진을 벌이면서 현지 언론의 관심을 끌어 모은 끝에 간신히 밀린 임금을 받아 낼 수 있었다. 회사 측은 〈계약이 끝난 모든 노동자들에게 집으로 돌아갈 안전한 교통편을 무료로 제공한다〉라고 밝혔다.

그러나 이들은 생계를 이어 가기 위해 꼭 필요한 일자리를 돌려받지는 못했다. 멍거팜스의 농산물은 월마트와 홀푸즈, 세이프웨이, 코스트코 등에 들어간다.

국경 너머 캐나다에서도, 농장에서 일하던 계절노동자 여러 명이 실신을 하고 병을 앓고 있는데, 그 원인이 연무로 추정된다는 보도가 나온다. 노동자 지원 활동가들은 고용주들이 아픈 사람들을 돌보기보다는 불량품 취급을 하며 여차하면 집으로 돌려보낸다고 지적한다. 캐나다 방송협회의 보도에 따르면, 고온과 연무에 휩싸인 브리티시컬럼비아주에서는 열 명이 넘는 노동자들이 〈건강이 너무 나빠 일을 할 수 없을 것으로 여겨진다〉는 이유로 멕시코와 과테말라로 돌려보내졌다.

일상화된 재앙의 양극화

여기서 우리는 이미 깨달은 교훈을 다시 한번 확인한다. 인종의 단층선을 따라서 불공정이 깊이 새겨져 있는 극심한 불평등 사회에서는, 재난을 계기로 모든 사람이 한 가족처럼 단합하는 일은 결코 일어나지 않는다. 재난은 오히려 기존 갈등을 더욱 심화시키고 강화한다. 따라서 재난 이전에 이미 심한 고통을 겪던 사람들은 재난의 와중에도, 재난이 지나간 뒤에도 훨씬 더 극심한 고통을 짊어져야 한다.

우리는 카트리나, 샌디, 하비, 어마 등의 허리케인이 닥쳤을 때 어떤 일이 벌어졌는지에 대해선 꽤 안다. 그런데 산불에 대해서는 아는 게 별로 없었다. 이제는 달라지고 있다. 우리는 많은 것을 알게 되었다. 예컨대 캘리포니아주가 끝없이 이어지는 산불에 대응하는 과정에서 수감자들의 노동에 심하게 의존하고 있고, 이들이 산불을 진화하는 극도로 위험한 작업을 하고 받는 임금이 고작 시간당 1달러라는 사실을 안다. 2016년에 앨버타에서 발생한 포트맥머리 화재 때는 남아프리카공화국 출신 노동자 수백 명이 화재 진압에 투입되었다. 그런데 이들은 자신이 받는 임금이 같은 일을 하는 캐나다 노동자의 임금보다 훨씬 낮을 뿐 아니라, 언론을 통해 자신들이 받는 임금이라고 보도된 액수보다도 낮다는 것을 알고서는 집단 파업을 불사했다. 그러나 돌아온 건 본국으로 돌아가라는 통보였다.

우리가 알게 될 사실은 또 있다. 홍수 때도 마찬가지지만, 언론은 인도네시아와 칠레에서 산불 때문에 많은 사람이 죽거나 다쳤다는 이야기보다 미국과 캐나다의 산불 속에서 구조된 반려동물들의 이야기를 훨씬 더 많이 다룬다. 2012년의 어느 연구에 따르면, 산불로 인한 연기와 대기 오염 때문에 해마다 30만 명이 사망하는데, 이들은 대부분 사하라 이남 아프리카와 동남아시아에 사는 사람들이다.

올여름에 브리티시컬럼비아주를 휩쓸고 있는 산불이라는 재난 상황 속에서 불평등이 어떻게 심화되어 가는지에 대해 훨씬 많은 것을 배울 수 있었다. 몇몇 원주민 지도자들은 우려 섞인 목소리를 냈다. 원주민 공동체가 비상사태 기간 중에 산불 진압 과정과 피해 복구 과정에서 비원주민 공동체와 같은 수준의 신속한 공적 지원을 받지 못한다는 것이었다. 이 부실한 조치에 대한 우려 때문에, 산불에 휩쓸릴 위험이 높은 몇몇 원주민 공동체가 대피를 거부하고 나섰고 일부 공동체들은 직접 산불 진압을 하겠다며 마을을 떠나지 않았다. 어떤 곳에서는 화재 진압 장비와 훈련받은 원주민들로 구성된 화재 방재단이 꾸려졌지만, 일상용 호스와 스프링클러 등 빈약한 장비만으로 버텼던 곳도 있었다. 대피에 동의하지 않았던 어느 보호구역에서는 경찰이 마을까지 들어와 아이들만이라도 강제로 대피시키겠다고 위협했는데, 이 위협적인 언사는 그리 오래지 않은 과거에 원주민 아이들을 조직적으로 가족과 분리시켰던 정부 정책 때문에 원주민들의 마음 깊이 새겨진 정신적 외상을 심하게 자극했다.

결국 원주민의 집은 단 한 채도 산불에 파괴되지 않았다. 자체 조직한 화재 방재단 덕분에 많은 집들이 피해를 모면했다. 산불의 위협을 받았던 〈보나파르트 인디언 밴드〉의 추장 라이언 데이는 〈그때 우리가 전부 대피했다면 이 보호구역에는 집이 하나도 남아 있지 않았을 것이다〉라고 말했다.

태양이 두 개인 세상

연무로 덮인 세상에 들어온 지 일주일이 다 되어 가고, 달이 보름달에 가까워지고 있다. 이곳 사람들은 보름달을 중요하게 생각한다. 숲에서는 술김에 댄스파티를 벌이기도 하고 충만한 달빛을 받으며 늦은 밤 카약 나들이를 하기도 한다.

이번 8월 초 보름 무렵에, 나는 잠깐 동안 달을 태양으로 착각한다. 모양도, 불타는 듯한 색깔도 영락없이 태양이다.

사나흘 동안은 다른 행성에 와 있는 것 같은 느낌이 든다. 붉은 태양만 두 개가 있고 달은 없는 행성에 말이다.

시큼한 과일

연무 속으로 들어온 지 2주째, 드디어 블랙베리가 익었다. 온 가족이 블랙베리를 따러 간다. 공기는 탁하고 뉴스에서는 음울한 소식만 들리는데 태평하게 이런 나들이를 하려니 찝찝하긴 하지만, 어쨌든 강행하기로 한다. 토마는 쉴 새 없이 먹으면서 걷는 걸 아주 좋아하니까.

그런데 엉망이 되었다. 비가 충분히 오지 않고 햇볕도 뜨겁지 않아서인지 블랙베리는 신맛이 강하다. 토마는 열매 몇 개를 따먹고는 금세 흥미를 잃고 더 이상 열매를 딸 생각을 하지 않는다. 우리는 정강이 여기저기에 긁힌 흉터를 남기고 빈 양동이를 들고 집으로 돌아온다.

하지만 우리는 산책만큼은 포기하지 않는다. 날마다 이끼로 뒤덮인 삼나무와 미송나무 군락을 몇 시간씩 걸어 다니며 깨끗한 공기를 들이마신다. 나는 이곳의 숲을 사랑한다. 이 숲의 원초적인 아름다움은 늘 나를 매혹한다. 이제는 숲에 대해 숭배에 가까운 감정을 품게 되었다. 공기를 정화하고 그늘을 제공하고 탄소를 격리해 주는 것(학계의 용어로는 〈생태계 서비스〉)도 고맙지만 지칠 줄 모르는 에너지를 발산하는 것도 고맙다. 불길에 휩싸인 동족이 간 길을 따라가지 않은 것도, 갖은 실수를 반복하는데도 우리 곁을 떠나지 않고 지켜 주는 것도 고맙다. 언제까지 우리 곁을 지켜 줄지는 모르겠지만.

우리 구면이지?

나는 전에도 똑같은 연무를 경험했던 적이 있다. 물론 똑같은 공기 입자 속에 있었다는 건 아니고, 같은 산불에서 뿜어 나온 연무를 전에도 만난 적이 있다. 그것도 이곳에서 동쪽으로 900킬로미터 이상 떨어진 다른 주에서였다.

나는 7월 중순에 앨버타주 밴프 예술 창의성 센터에서 환경 기자 양성 강좌 진행을 돕고 있었다.

이때도 역시 일기 예보는 더할 나위 없이 좋았다. 화창하고 맑고 따뜻한 날씨가 될 거라는 예보였다. 첫날부터 연무가 자욱하게 끼어 밴프 국립공원의 웅장한 산들의 위용을 가렸다. 대기 오염 경고가 잇달았고 두통과 목이 따가운 증상이 느껴졌다. 그때나 지금이나 똑같은 #가짜 날씨였지만 그때가 훨씬 심했다.

이때는 바람이 동쪽으로 불어서 로키 산맥이 그 연무를 고스란히 들이마시고 있었다. 캘거리는 캐나다의 석유 산업 중심지로 꼽히는 곳이라 셸, BP, 선코, 트랜스캐나다 등의 로고와 유리벽이 인상적인 고층 빌딩들이 하늘을 떠받치고 있다. 그런데 이때는 스카이라인이 보이지 않을 정도로 연무가 짙었다. 게다가 연무는 계속해서 이동했다. 동쪽으로 동쪽으로 대륙의 중심부를 향해 계속 이동해 서스캐처원과 매니토바까지, 남쪽으로는 노스다코타와 몬태나까지 퍼져 갔다(미국 항공우주국은 연기 기둥이 800킬로미터에 걸쳐 뻗어 있는 놀라운 사진을 공개했다).

그런데 우리 가족이 브리티시컬럼비아 해안을 향해 갈 무렵에, 갑자기 바람의 방향이 바뀌면서 연무가 서쪽으로 몰려가기 시작했다. 연무는 로키 산맥이라는 거대한 테니스 라켓에 막혀 태평양으로 몰려갔다.

같은 산불에서 발생한 연무를 여름 한철 사이에 두 번이나 마주쳤다고 생각하니 등골이 오싹해진다. 거리로는 약 960킬로미터를 이동했는데도 벗어나질 못하다니, 마치 영화 「로스트」에 나오는 연기 괴물처럼 나를 골탕 먹이려고 졸졸 따라다니는 것 같다.

전 세계에서 치솟는 불길

이런 오싹한 느낌이 솟는 것은 이 재앙이 펼쳐지는 시간과 공간의 엄청난 규모 때문이다. 하비 같이 막강한 파괴력을 발휘했던 허리케인도 그 영향력은 대부분 특정 지역에 집중된다. 후일 이어지는 파급 효과는 어떨지 모르지만 이 기상 사건 자체는 비교적 짧은 기간에 끝난다.

하지만 몇 달 동안 맹위를 떨치는 대형 산불은 완전히 차원이 다르다. 첫째는 직접적인 충격이다. 방대한 면적의 땅이 잿더미가 되고, 대피령이 내려지면서 수만 명의 생활이 파탄 나고, 많은 사람들이 집과 농장과 가축을 잃는다. 관광업, 제재업 등의 산업들도 문을 닫는다.

다음으로 종잡을 수 없이 퍼져 가는 산불 연기가 빚어내는 약간 덜 직접적인 충격도 있다. 7월과 8월 두 달 동안, 이 대형 산불이 뿜어낸 연기는 약 180만 제곱킬로미터에 이르는 지역을 뒤덮었다. 프랑스, 독일, 이탈리아, 스페인, 포르투갈을 합친 것보다 더 넓은 면적이다. 빠른 속도로 이동하는 단 한 건의 재난이 이 넓은 땅을 공격한 것이다.

그런데 이런 상황은 산불 시즌이 훨씬 더 길어질 때 벌어질 재앙의 예고편에 지나지 않는다. 여름 막바지에 미국 서부의 여러 지역에서 불이 솟구쳤다. 로스앤젤레스 화재는 도시 역사상 최대 규모의 화재였다. 워싱턴주에서는 모든 카운티들이 산불의 위협에 비상사태를 선포했다. 몬태나주에서 발생한 산불 로지폴 콤플렉스는 약 680제곱킬로미터의 지역을 태워 주 역사상 세 번째로 큰 대형 화재로 기록되었다. 기후 센트럴Climate Central에 따르면, 미국에서는 산불 발생 건수가 크게 늘었을 뿐 아니라 산불 시즌도 훨씬 길어졌다. 1970년대 이후 미국의 산불 시즌은 105일이나 더 길어졌다.

유럽에서는 이번 산불 시즌에 불에 탄 면적이 평균적으로 세 배로 늘어났다. 게다가 산불 시즌은 아직 끝나지 않았다. 포르투갈 중부 지역에서는 6월 페드로강그란드 근처에서 발생한 화재로 60명 넘는 사람이 목숨을 잃는 등 치명적인 피해를 입었다.[1] 시베리아에서는 수백 채의 가옥이 불에 탔다. 칠레에서는 올여름에 역사상 최대 규모의 산불이 일어나 수천 명이 피난을 떠났다. 6월에 남아프리카공화국을 강타한 강력한 폭풍은 케이프타운에 홍수를 일으켰고 인근 도시들을 불바다로 만들었다. 심지어는 얼음의 나라 그린란드에서도 올여름에 유례없는 대형 산불이 발생했다. 그린란드 빙상을 전문적으로 연구하는 기후과학자 제이슨 박스는 이렇게 지적한다. 〈그린란드는 지난 800년 세월을 통틀어 가장 높은 온도를 기록했다.〉

기후 변화 탓이 맞다

더 따뜻하고 더 건조해진 날씨가 잦은 산불 발생의 유일한 원인은 아니다. 우리가 인간보다 훨씬 더 강력한 자연의 힘을 우리 필요에 맞게 고쳐 쓰려는 오만한 시도를 한시도 쉬지 않고 계속하는 데도 원인이 있다. 불은 삼림 순환에 중요한 기능을 한다. 인간이 손대지 않고 그대로 놓아두면 숲은 주기적으로 불에 탄다. 새로운 생명이 자라날 공간이 마련되고 인화성이 높은 덤불과 늙은 나무(소방관들의 표현으로는 〈연료〉)가 감소한다. 많은 원주민 공동체들이 아주 오랜 옛날부터 불을 이용해 땅을 돌보아 왔다. 그러나 북미 대륙에서 널리 채택되는 현대적인 산림 관리 방법은 순환적인 산불의 발생을 계획적으로 억제한다. 목재로 쓸 수 있는 수익성 좋은 나무를 보호하려는 목적도 있지만, 산불이 거주 지역(거주 지역은 점점 더 넓어진다)으로 확산될 수 있다는 불안감을 덜려는 목적도 있다.

자연적인 산불이 주기적으로 발생하지 않으면 숲은 연료가 빼곡들어찬 화약고가 되고, 일단 불이 붙으면 걷잡을 수 없이 번져 간다.

나무좀이 왕성하게 번식하면서 연료의 양은 더욱더 늘어난다. 숲이 나무좀에 잠식되면 건조하고 잘 부서지는 죽은 나무만 남기 때문이다. 기후 변화와 관련된 고온과 가뭄 탓에 나무좀이 더욱 왕성하게 번식하고 있음을 입증하는 설득력 있는 증거도 나온다.

이 모든 것을 뒷받침하는 것은 더 뜨겁고 더 건조해진 날씨(이는 기후 변화와 직접적인 관련이 있다)가 산불이 일어나기 쉬운 최적의 조건을 만든다는 간단명료한 사실이다. 여러 가지 요인들이 얽히면서 숲은 완벽하게 준비된 야영장의 모닥불로 둔갑한다. 마른땅은 둥글게 뭉친 신문지 역할을, 죽은 나무는 불쏘시개 역할을, 더 더워진 날씨는 성냥 역할을 한다. 앨버타 대학에서 산불을 연구하는 마이크 플래니건은 단도직입적으로 말한다. 〈캐나다에서 산불 발생 면적이 넓어진 것은 인간이 초래한 기후 변화의 직접적인 결과다. 여러 사건들 사이의 연관성을 찾기는 조금씩 더 어려워진다. 하지만 캐나다에서 산불 발생 면적이 1970년대 이후로 두 배로 늘어난 것은 기온이 상승한 탓이다.〉 2010년의 어느 연구에 따르면, 이번 세기 말에는 캐나다의 화재 발생 건수가 무려 75퍼센트나 증가할 것이라고 예상한다.

놀라운 일은 또 있다. 2016년에 캘리포니아 남부와 앨버타 북부에서 맹위를 떨친 대형 화재의 주요 원인으로 흔히 엘니뇨 현상을 꼽는다. 주기적으로 찾아오는 자연적인 온난화 현상인데, 2017년에는 엘니뇨 현상이 없었는데도 산불이 훨씬 격렬해졌다.

산불 빈발을 엘니뇨 탓으로 돌릴 수 없게 되자, 일부 언론사들은 어정쩡한 입장에서 물러서고 있다. 독일 방송사 도이체 벨레는 이렇게 보도했다. 〈기후 변화가 세계 곳곳에 불을 놓고 있다.〉

동화와 되먹임 경로

「눈이 오는 것 같아요.」 토마가 창유리에 얼굴을 바짝 들이댄 채 희뿌연 창밖 공기를 바라보며 자못 진지한 말투로 말한다.

우리 가족이 앨버타를 떠난 이후로, 다섯 살짜리 토마의 어린 마음은 자신의 여름을 망치고 있는 이 연기가 대체 어디서 온 건지 몰라 애를 끓인다. 아이는 내가 늘 달고 사는 기침과 한창 극성을 부리는 자기 몸의 피부 발진이 대체 어디서 온 건지 알 수가 없다. 무엇보다도 주변의 어른들이 나누는 걱정스러운 대화를 이해할 수 없어 답답해한다.

아이의 반응은 여러 가지 유형으로 표출된다. 밤에 악몽에 놀라 깨기도 하고 〈왜 모든 것이 나빠지지?〉 같은 노래를 지어내 흥얼거리기도 한다. 상황에 어울리지 않게 웃음을 터뜨릴 때도 많다.

처음에 산불 이야기를 들었을 때 아이는 신이 난 표정이었다. 산불과 모닥불 놀이를 혼동했고 모닥불 곁에서 먹는 스모어 간식을 떠올리기까지 했다. 할아버지가 태양이 이상한 붉은 점처럼 보이는 건 숲이 불타고 있기 때문이라고 설명해 주었다. 아이는 바짝 애가 달았다. 「그럼 동물들은 어떡해요?」

우리는 마음을 안정시키는 법을 개발했다. 처음에 개발한 것은 심호흡인데, 우리는 하루에 서너 차례 심호흡을 한다. 그러나 문득 이곳의 특별한 공기를 한껏 들이마시는 게 결코 좋은 일이 아니라는 생각이 머리를 스친다. 평소에도 감염되기 쉬운 아이의 작은 폐에는 더 나쁘지 않을까.

나와 남편은 토마에게 기후 변화 이야기를 하지 않는다. 나는 기후 변화에 관한 책을 쓰고, 남편은 기후 변화에 관한 영화를 만든 사람이다. 두 사람 모두 기후 위기에 맞서 변혁적인 대응 방안을 찾는 일에 많은 시간을 쓰고 있으면서 아이에게는 기후 변화 이야기를 하지 않는다니 의외라고 여길지도 모르겠다. 우리가 토마에게 해주는 건 오염 이야기다. 물론 그것도 토마가 이해할 수 있는 범위까지만 해준다. 예를 들면, 플라스틱은 동물들을 아프게 하기 때문에 분리 배출해야 하고 사용을 줄여야 한다고 얘기해 준다. 자동차와 트럭은 배기가스를 내뿜는데 태양과 바람의 힘을 이용해 전기를 얻고 그걸 배터리에 저장해서 쓰면 오염 물질을 내뿜지 않고도 자동차가 달릴 수 있다고 설명해 준다. 어린아이도 이런 개념은 충분히 이해할 수 있고, 어떤 일이 벌어질지 정확히 이해할 수 있다(아이도 이해하는 사실을 어른들이 이해하지 못하는 게 문제다). 하지만 지구가 높은 고열에 시달리고 있어서 지구에 사는 많은 생명체가 멸종할지도 모른다는 이야기는 어린아이가 감당하기 어렵다고 생각했다.

이렇게 토마를 보호하려는 시도는 올여름을 계기로 중단되었다. 내가 아이에게 사실을 알리기로 마음을 바꿔서 그런 게 아니다. 여러 어른들이 하늘이 연무로 뒤덮이고 산불이 점점 심해지는 이유와 관련해서 걱정하는 이야기를 곁에서 들었을 뿐인데도, 토마는 그 조각들을 완전히 맞춰 냈다.

연기가 자욱한 놀이터에서 만난 한 젊은 엄마는 내게 불안해 하는 아이들을 안심시킬 수 있는 방법을 알려 준다. 자신은 아이들에게 산불이 생태계의 생명 순환에 도움이 된다고, 산불이 지나간 자리에서는 새로운 식물들이 자라나고 이 식물들이 곰과 사슴의 먹이가 된다는 이야기를 들려준다고 했다.

괜찮은 방법이군. 내가 엄마 노릇을 제대로 못하는 게 아닐까 하
는 생각이 들기도 한다. 하지만 그 엄마가 아이에게 한 말은 거짓말
이다. 산불이 자연스러운 생명 순환 과정의 일부라는 말은 맞지만,
지금 태양을 완전히 가릴 정도로 짙은 연기를 뿜어내는 태평양 북서
부의 산불은 자연스러운 생명 순환의 정반대다. 지구 전체를 죽음으
로 몰아가는 악순환의 일부다. 이곳의 산불은 지나치게 높은 고열을
뿜어내면서 모든 것을 남김없이 태워 버려 검게 그을린 흙덩이만 남
긴다.[2] 게다가 소방 헬기에서 대량 살포된 선홍색 약품이 강물처럼
흐르다 물길로 스며들어 어류의 생존을 위협한다. 그리고 내 아들
토마가 걱정하는 것처럼, 숲이 불타 사라지면서 동물들이 깃들어 살
던 서식지가 사라진다.

그러나 가장 큰 위험은 숲이 탈 때 방출되는 탄소다. 연무가 선샤
인코스트 해안을 덮친 지 3주 뒤에 확인한 사실에 따르면, 산불 탓에
브리티시컬럼비아주의 연간 온실가스 배출량이 세 배로 늘어났고
지금도 여전히 증가하고 있다.

산불에 의한 온실가스 배출량의 급격한 증가는 기후과학자들이
경고해 온 되먹임 경로다. 산불이 나면 탄소가 많이 배출된다. 그 탓
에 기온이 더 오르고 비가 내리지 않는 기간이 더 길어진다. 그 탓에
더 많은 산불이 일어난다. 그 탓에 더 많은 탄소가 대기 중에 배출된
다. 그 탓에 기온이 훨씬 더 높아지고 날씨가 훨씬 더 건조해진다. 그
탓에 다시 훨씬 더 많은 산불이 일어난다.

그린란드에서 일어나는 산불은 또 다른 치명적인 되먹임 경로다.

불이 탈 때 나오는 검댕(흔히 하는 말로는 〈블랙 카본〉)이 얼음 위에 내려앉는다. 그 탓에 얼음 표면이 흰빛에서 잿빛이나 검은빛으로 변한다. 그 탓에 얼음이 더 많은 열을 흡수한다(하얀 얼음은 열을 반사하는 힘이 강하지만, 어두운 색의 얼음은 더 많은 열을 흡수한다). 그 탓에 얼음이 더 빨리 녹아내린다. 그 탓에 해수면이 상승하고 엄청난 양의 메탄이 배출된다. 그 탓에 기온이 훨씬 더 높아지고 더 많은 산불이 일어난다. 그 탓에 더 많은 검댕이 얼음 위에 내려앉는다. 그 탓에 얼음이 더 빨리 녹아내린다.

그래서 나는 토마에게 산불이 생태계의 생명 순환에 도움이 된다는 말을 하지 않을 작정이다. 대신 토마의 악몽을 잠재우기 위해 반쪽짜리 진실을 이야기해 준다. 「동물들은 불을 피해 달아날 줄 알아. 강으로, 개울로, 다른 숲으로 달려가지.」

아이에게 동물들이 다시 돌아올 수 있도록 더 많은 나무를 심어야 한다고 이야기한다. 아주 약간이긴 하지만, 이야기한 보람이 있다.

경보음을 들은 사람들

내가 자주 방문했던 세크웨펨 사람들의 땅 역시 이번 산불로 막대한 피해를 입었다. 브리티시컬럼비아주 내륙에 세크웨펨족의 방대한 영토가 있는데, 그중 상당 부분이 산불에 시달리고 있다. 지금은 고인이 되었지만 세크웨펨 추장으로 활동했던 아서 매뉴얼은 생전에 나의 절친한 친구였고, 나를 여러 번 그곳에 초대했다. 2017년 나는 그곳에 두 번 다녀왔다. 한 번은 매뉴얼의 장례식이 있어서 갔고, 또 한 번은 그가 심장마비로 쓰러지기 전까지 준비해 온 회의에 참석하려고 갔다.

이 회의는 킨더모건 사의 74억 달러 규모의 트랜스 마운틴 송유
관 연장 사업을 승인하겠다는 트뤼도 총리의 결정에 대응해 꾸려졌
다. 이 송유관은 탄소 함유량이 높은 앨버타의 타르샌드 원유를 브
리티시컬럼비아주를 관통해 수송하는데, 이 사업이 완공되면 이 송
유관의 수송량이 지금보다 세 배가량 늘어난다. 이번에 연장이 추진
중인 구간은 세크웨펨 영토의 수십 개 수로를 관통할 예정이어서 조
상 대대로 그 땅을 물려받은 많은 주민들이 크게 반발하고 있다. 아
서 매뉴얼은 이 투쟁이 〈북쪽의 스탠딩 록〉*으로 발전할 수 있다고
믿었다.

올여름 산불이 시작되었을 때, 매뉴얼의 친구와 가족들은 곧바로
세계 곳곳에서 산불이 일어나고 있는 상황에서 화석연료 기반 시설
을 추가로 건설하는 것은 비합리적이고 무모한 일이라고 주장했다.
이들이 꾸린 〈원주민의 식량 주권 보호를 위한 세크웨펨 워킹 그룹〉
은 성명서를 통해 송유관 연장 승인을 당장 철회하고, 산불과 기름
이 만나는 끔찍한 재앙을 막기 위해 기존의 송유관도 즉시 폐쇄할
것을 요구했다.

세크웨펨의 교사인 돈 모리슨은 이렇게 말했다. 〈우리는 기후 변
화의 충격에 대처해야 하는 중대한 비상사태에 처해 있다. 야생 연
어와 깨끗한 식수는 우리 가족과 공동체의 건강한 존속에 필수적인
조건인데, 킨더모건 송유관이 파열되거나 화재의 영향을 받는다면

---

* 스탠딩 록은 앞서 9장과 10장에서 언급한 미국 사우스다코타 지역의 대형 송
유관 건설 계획에 맞선 스탠딩 록 원주민의 격렬한 투쟁을 이른다.

우리는 이 두 가지를 모두 잃을 위험이 있다.〉

지당한 말이다. 초강력 폭풍이나 휴스턴 홍수 같은 사고로 석유 굴착 시설이 파괴되는 경우를 상상해 보라. 석유 및 가스 관련 기반 시설이 화석연료 대량 연소의 누적적인 파급력을 더욱 부추기려고 할 때, 우리는 세크웨펨 사람들의 선례를 따라 그 재앙을 더 안전한 사회를 더 신속히 건설하라는 경보음으로 받아들여야 한다.

무슨 일이 있어도 석유 이야기는 하지 마라

그러나 우리의 정치적·경제적 시스템은 이런 지당한 상식을 따르는 것이 아니라 생존의 위협에 대처하는 상식적인 대응을 철저히 무시하는 방향으로 움직인다. 킨더모건 사 역시 세크웨펨 공동체의 우려를 철저히 무시하는 것을 넘어서서, 화재가 맹위를 떨치는 지금도 연장 공사를 시작할 만반의 태세를 갖춰 가고 있다.

더 큰 위험은 일부 채취 기업들이 비상사태를 이용해 평상시에는 불가능했던 일을 밀어붙인다는 것이다. 예를 들어 타세코 광산 회사는 요즘 산불 피해가 심각한 브리티시컬럼비아의 일부 지역에서 환경 오염의 우려가 큰 노천 금광과 구리 광산을 건설하기 위해 수년에 걸쳐 갖은 방법을 동원해 왔다. 지금까지는 칠코틴 원주민들이 강력하게 저항해 몇 가지 중요한 규제 조치를 따냄으로써 이 위험한 프로젝트를 막아 냈다.

그러나 올 7월, 산불 피해에 직면한 몇몇 칠코틴 공동체가 정부의 대피 명령에 따라 대피를 하거나 직접 화재 진압을 하고 있던 시점에, 곧 물러날 예정인 브리티시컬럼비아주 정부는 정치권 뇌물 수수의 〈무법천지〉라는 오명을 얻은 정부답게 어처구니없는 일을 벌였다. 선거에서 굴욕적인 패배를 당해 정부를 떠나기 일주일 전에, 타세코가 신청한 여러 건의 광물 탐사에 대해 허가증을 내준 것이다. 칠코틴 주민 대표인 러셀 마이어스 로스는 〈우리 주민들이 집과 생계 터전을 지키기 위해 싸우고 있는 사이에, 우리 땅의 더 많은 부분을 망쳐 놓게 될 허가증을 내준 주 정부의 행위는 결코 용서할 수 없는 만행이다〉라고 말했다. 곧 물러나는 주 정부의 대변인은 〈여러분의 일부 공동체가 산불 피해에 시달리고 있는 어려운 시기에 이 결정이 내려진 점은 인정한다〉라고 대답했다. 산불의 위협에 시달리면서도 칠코틴 사람들은 이 처분을 두고 법정 소송을 벌이고 있고, 타세코 회사는 다른 법률적인 문제 때문에 부득이하게 광물 탐사를 중단한 상태다.

하지만 계속되는 산불을 계기로 트뤼도 총리가 진지한 기후 행동에 나서기를 바랐던 사람들은 크게 실망하고 있다. 캐나다 총리는 브리티시컬럼비아주의 웅장한 자연을 만끽하는 자신의 모습(그것도 상의 탈의 장면)이 카메라에 잡히는 걸 좋아하는 데다, 그의 아내 소피 그레구아르는 최근에 밴쿠버 섬 앞바다에서 파도타기를 즐기는 사진을 SNS에 올려 엄청난 양의 이모티콘 세례를 받았다(산불이 여전히 진행 중이고, 하늘은 연무가 끼어 흐릿한 때였다).

쥐스탱 트뤼도는 브리티시컬럼비아의 숲과 그 앞바다에 대해 진한 애정을 표현하면서도 송유관과 타르샌드 오일 생산 확대와 관련해서는 거침없이 가속 페달을 밟아 댄다. 2017년 3월, 텍사스주 휴스턴에 모인 석유 및 가스 산업 중역들의 환호를 받으며 연설에 나선 그는 〈자기 나라 땅속에 1730억 배럴의 석유가 묻혀 있는 걸 알면서도 파내지 않고 그냥 내버려 둘 나라는 지구상에 없을 것이다〉라고 말했다. 지금까지 그는 이 입장을 굽히지 않고 있다. 그 후에 전례 없는 폭풍 때문에 휴스턴이 물바다가 되고, 나라의 3분의 1이 불바다가 되는 일을 겪었는데도 말이다. 이번 달에 트뤼도 정부의 한 장관은 킨더모건 송유관 연장 승인 건에 대해 이렇게 말했다. 〈그 후에 일어난 일들 때문에 결정을 번복할 생각은 없다. 이건 현명한 결정이다.〉 트뤼도는 화석연료 자동 조종 장치에 몸을 싣고 있고, 어떤 상황이 닥쳐도 결심을 바꾸지 않을 것 같다.

도널드 트럼프 미국 대통령도 마찬가지다. 그가 저지른 기후 범죄는 너무나 포괄적이고 다층적이어서 여기서 일일이 다 밝힐 수 없다. 한 가지만 짚어 두자면, 그는 하필이면 홍수와 화재가 맹위를 떨쳤던 올여름에 기후 변화가 미국에 미치는 영향을 평가하는 연방 자문단을 해체하고 보퍼트해의 북극 시추를 승인했다.[3]

두 번이나 집을 잃은 남자

자연이 보내는 요란스러운 경보음에 귀를 닫기로 작심한 사람들은 정치인들만이 아니다. 브리티시컬럼비아주에서 산불로 인한 비상사태가 진행되고 있던 와중에, 캐나다 방송협회는 휴먼 스토리를 다룬 기사로 대성공을 거두었다. 그들이 찾아낸 사람은 1년 전에 포트맥머리 산불로 집을 잃고, 브리티시컬럼비아주 산불로 또다시 집을 잃은 제이슨 셔먼이었다. 한 남자가 산불을 두 차례나 겪고 집을 두 차례나 잃었다니 얼마나 기가 막히는 일인가. 이 기사에는 잿더미가 된 그의 집 두 채(1,290킬로미터나 떨어져 있는)의 사진이 나란히 실렸다. 두 채 모두 벽난로와 굴뚝만 남은 모습이었다.

산불 때문에 삶이 파탄 난 사람을 다룬 이 기사에는 여러 가지 안타까운 사연이 들어 있다. 끝도 없이 이어지는 서류 작업과 깊은 상처로 새겨진 기억, 그리고 가족 간의 갈등 이야기도 나온다. 하지만 이 기사에는 기후 변화 이야기는 나오지 않는다. 이 점이 눈길을 끄는 것은 셔먼의 직업이 앨버타 타르샌드의 현장 감독이기 때문이다. 기자는 셔먼에게 두 번이나 집을 잃고 하마터면 아들까지 잃을 뻔했으니 자신이 몸담은 타르샌드 산업(캐나다나 미국에서 생산직 노동자에게 중산층의 생활을 할 수 있을 만큼의 임금을 주는 흔치 않은 산업이다)과 관련해서 의문이 들지 않느냐고 묻지 않았다. 그저 〈산불 때문에 두 번이나 집을 날려 버린〉 남자의 이야기를 안타깝고 특이한 사연으로만 다루었다. 산불 사태의 와중에 결혼한 소방관의 이야기도 마찬가지였다.

미국의 뉴미디어 기업 바이스Vice가 이 매혹적인 이야기를 다루었을 때, 기자는 셔먼과의 인터뷰에서 기후 변화 문제를 꺼냈다. 셔먼은 기후 변화가 이 산불 사태를 야기한 요인 중 하나일 수 있다는 걸 시인했다. 하지만 이 기사의 대부분은 바이스 특유의 방식으로, 이 석유 산업 노동자가 바로크 패턴의 문신을 하면서 상실감을 극복한다는 이야기에 초점을 맞추었다. 〈문신을 하는 동안 이어지는 고통 역시 (……) 모든 것을 잃었다는 상실감을 깨끗이 씻어 준다.〉

곧 익숙해져요

지금 우리는 현실을 외면한 채 파국을 향해 걸어가는 잘못을 저지르고 있는 건 아닐까? 이곳에서의 생활은 연무 때문에 부드럽게 뭉개져 보이는데, 이처럼 무뎌진 현실감각 때문에 우리의 집단적 부인이 더욱 강화되는 것 같다. 8월의 이곳 해안에서 지내는 사람들은 모두 몽유병자처럼 움직인다. 우리는 시끄럽게 울리는 경보음을 못 들은 체 외면하고 짙은 연무 속에서 서투르게나마 일을 하고 심부름을 하고 휴가를 보낸다.

연무는 어쨌든 불이 아니다. 홍수도 아니다. 연무는 사람들에게 초미의 관심사가 아니고 달아나야 한다는 위기감을 불러일으키지도 않는다. 삶의 질이 다소 떨어지긴 하겠지만, 연무쯤이야 거뜬히 견디고 살아갈 수 있다. 연무 속에서 사는 게 익숙해진다.

우리도 그렇게 익숙해진다.

우리는 연기 속에서 바다에 나가 파도타기를 하고 연무가 아니라 안개인 것처럼 행동한다. 맥주와 사이다를 들고 해변에 나와 앉아서는 자외선 차단제를 바르지 않아도 된다는 것만큼은 좋은 일이라고 말한다.

우윳빛 가짜 하늘이 드리워진 해변에 앉아 있으니, 불현듯 어떤 장면이 떠오른다. BP사의 딥워터호라이즌 참사 직후에 기름이 스며든 해변에 앉아 일광욕을 하던 어떤 가족의 모습이다. 그러다 정신이 번쩍 든다. 지금 우리 모습이 딱 그거네. 기록적인 산불이 맹위를 떨치고 있어도 가족의 휴가만큼은 단념할 수 없다고 버티는 게 그 사람들과 다를 게 하나 없잖아.

재난의 와중에는 인간의 회복력을 칭송하는 이야기를 많이 듣게 된다. 사실 우리는 대단한 회복력을 갖춘 종이다. 그러나 그게 항상 좋은 건 아니다. 너무나 많은 사람들이 거의 모든 상황에, 심지어는 우리 삶의 터전이 계속해서 망가져 가는 것에도 익숙해질 수 있을 것처럼 보인다.

지구를 해킹하려는 시도

〈연무에 갇힌 날들〉은 선샤인코스트의 어느 지역 신문이 처음 쓴 표현이다. 우리의 〈연무에 갇힌 날들〉이 시작되고 일주일 뒤에 『애틀랜틱』에 「지구 온난화를 멈추려면 인류는 하늘을 침침하게 만들어야 하나?」라는 제목의 발랄한 기사가 실렸다.

이 기사는 성층권에 이산화황을 분사해서 지구와 태양 사이에 장벽을 만들어 인위적으로 기온을 낮추는 태양 복사열 관리라는 방법을 집중적으로 다룬다. 이 기사는 트럼프가 파리 협정을 탈퇴하면서 태양빛을 차단하는 방법을 진지하게 검토하는 정부들이 늘어난다고 말한다.

이 방법이 안고 있는 위험에 대한 이야기는 스무 번째 단락에서 처음 나온다. 이 단락에서 기자는 이런 지구 해킹이 〈가뭄, 홍수 등등을 유발할 수 있다〉는 어느 기후과학자의 말을 인용한다. 그렇다. 무시무시한 부작용이 나타난다. 동료들의 검토를 거친 수많은 연구들이 이런 방식의 지구공학이 실행되면 아시아와 아프리카의 몬순에 영향을 주어 수십억 인구의 식량과 물 공급이 위태로워질 수 있음을 밝히고 있다.

상상해 보라. 트럼프나 인도의 나렌드라 모디 총리, 북한의 최고 지도자 김정은 같은 사람들이 기후를 개조하는 이런 기술을 사용할 힘을 손에 넣게 되면 선전포고 없는 기후 전쟁 시대가 열릴 것이다. 예컨대 한 나라가 자국의 곡물 생산에 필요한 비를 얻기 위해서 다른 나라에 가뭄을 안기고, 피해를 입은 나라 역시 상대 나라에게 앙갚음을 하려고 엄청난 규모의 홍수를 일으킬지도 모른다.

지구를 조작하는 해커가 되고자 하는 사람들 가운데 일부는 이런 극단적인 위험을 충분히 관리할 수 있다고 큰소리를 친다(물론 어떻게 관리할 수 있는지에 대해선 결코 설명하지 않는다). 하지만 그만큼 강력하진 않아도 작은 부작용이 따른다는 점만큼은 어느 누구도 부인하지 않는다. 성층권에 이산화황을 분사하면 영원히 걷히지 않는 우윳빛 연무가 형성되고, 지구 어느 곳에서도 맑고 푸른 하늘을 볼 수 없게 될 것이다. 천문학자들은 연무 때문에 별과 행성을 정확히 관측할 수 없을 것이고, 햇빛이 약해진 탓에 태양광 발전 설비의 에너지 생산량이 줄어들 것이다.

머리로만 생각한다면, 온실가스 배출 억제를 위해 〈전열을 가다듬을 시간을 벌 수 있다면〉(『애틀랜틱』 기사에 나오는 말이다) 이 정도의 부작용은 충분히 감수할 만한 작은 희생처럼 보일 수도 있다. 하지만 온 천지를 뒤덮은 듯 모든 일상에 스며든 연무와 그 때문에 어두워진 인공의 하늘을 직접 체험하는 입장에서 인공적인 이물질 투입으로 하늘을 어둡게 하는 기술의 가능성을 다룬 기사를 읽는다면, 우리의 판단은 완전히 딴판으로 달라질 수 있다.

하늘을 잃는 것은 사소한 희생이 아니다. 아무리 인구 밀도가 높은 도시에서도 사람들은 고개를 들면 우리가 도달할 수 없는 세계가 보이는 걸 당연하게 여긴다. 비행기가 다니고 인공위성이 떠 있는 곳 그 너머에 하늘, 미지의 세계, 완전히 딴 세상이 있다는 걸 안다. 올 8월, 태평양 연안 북서부의 거의 모든 곳에서 사람들의 눈에 보이는 것은 탁 트인 하늘이 아니었다. 우리는 머리 저 위쪽에서 우리 자신을 보았고, 우리가 망쳐 놓은 시스템이 만들어 낸 쓰레기가 점점 늘어가는 것을 보았다. 연무가 이불처럼 덮여 있으니, 우리 머리 위에 있는 그것은 하늘이 아니라 천장이었다. 마치 가능성 자체의 숨을 틀어막는 뚜껑처럼 느껴졌다.

얼결에 나는 남편에게 맑은 하늘을 볼 수 있을 때까지 자동차를 타고 북쪽으로 가보자고 졸라 댄다. 그러고는 곧바로, 만일 그랬다간 우리는 빠르게 녹아내리는 영구 동토층을 만나게 될 거라는 사실을 떠올린다. 그래서 그냥 그 자리에 있기로 한다.

바람이 방향을 바꾸면

희뿌연 연무에 뒤덮인 세상에 들어온 지 거의 2주 만에야 뭔가 변화가 보인다. 처음에는 귀로, 그다음에는 눈으로 나뭇가지가 흔들리는 걸 확인한다. 바람이 불고 있다. 갑자기 기온이 떨어진다. 정오 무렵, 구름 사이사이로 진짜 푸른 하늘이 드문드문 보인다. 이제껏 구름과 연무가 다르다는 걸 잊고 지냈는데, 이제 보니 구름은 연무보다 더 높은 곳에 있고, 여러 가지 정교한 모양과 움직임이 있다.

연무가 말끔하게는 아니지만 상당히 많이 걷혀서 갑자기 세상이 선명하게 보이기 시작한다. 맑고 산뜻하다. 오래 열병을 앓다 열이 떨어졌을 때 밀려드는 충만감이랄까? 딱 그런 느낌이 든다.

다음 날은 비가 온다. 많은 양은 아니지만 고된 진화 작업에 지친 2,400명의 산불 진화 대원들의 부담을 조금이나마 덜어 줄 것 같다. 나는 알레르기 증상이 말끔히 걷히고, 토마는 예전처럼 밤에 한 번도 깨지 않고 단잠을 자기 시작한다.

그러나 뉴스로 들은 내륙의 상황은 처참하다. 바람이 해안 지역을 이불처럼 덮고 있던 연무를 걷어 냈지만 산불 중심지에서는 불길을 부채질해 산불이 더욱 거세진다. 꽤 오랫동안 이곳에 연무를 가둬 놓았던 정지 상태는 진화대의 마지막 버팀목이었다. 이제 그 정지 상태는 깨어졌고, 비도 도움이 될 정도로 충분히 내리지 않는다.

이어지는 주 내내 브리티시컬럼비아의 산불이 기록적인 수준으로 맹렬히 불타올랐다. 8월 중순 현재, 브리티시컬럼비아 역사상 산불 피해 최대 면적 8,980제곱킬로미터의 기록을 넘어선다.[4] 그로부터 며칠 뒤에는 몇 개의 다른 발화 지점에서 시작한 불들이 합쳐지면서 브리티시컬럼비아 역사상 최대 규모의 산불로 확대된다.

일식의 충격

일식이 시작될 시간이 다가오면서 나는 마음이 점점 불안해진다. 이제는 하늘도 맑고 멀리까지 거의 완벽하게 보인다. 일식이 자연의 경이로운 현상이라는 건 잘 알지만 태양이 뭔가에 가려 보이지 않는 상황을 다시 맞게 된다는 게 영 께름칙하다. 단 몇 분 동안이라지만 벌써 이런 일을 겪어야 한다니, 태양을 돌려받은 지가 얼마나 되었다고.

일식이 진행되는 동안 나는 밖에 혼자 앉아 수평선을 바라보면서 차츰 옅어지는 빛을 끝까지 눈에 담는다. 일주일 전에 버지니아주 샬러츠빌에서 백인 우월주의자들의 횃불 행진이 있었고 세계 곳곳에서 대형 산불이 기세를 올리고 있다는 생각을 하니, 세상이 이렇게 갑자기 어두워지는 게 몹시 불쾌하다.

고장 난 세계 화재 경보 시스템

노동절이 낀 주말에도 브리티시컬럼비아에서는 160여 건이 넘는 산불이 계속되고 있다. 날이 몹시 덥고 건조한 데다 바람까지 강해서, 산불이 새로 시작되거나 이미 진행되는 산불이 기하급수적으로 영역을 넓혀 가기에 완벽한 여건이다. 재난대책본부는 날마다 새로운 대피 명령을 발표한다. 최종 집계에 따르면, 올여름 한 철 동안 약 6만 명이 적십자 기관에 이재민 등록을 했다. 비상사태는 네 번째 연장되었다.

하지만 캐나다 국내로 한정한다고 해도, 이런 피해 규모는 허리케인 하비가 몰고 온 엄청난 피해에 비하면 새 발의 피에 불과하다. 남아시아와 나이지리아에서는 기록적인 홍수가 발생해 수십 명이 사망하고 수백만 명이 피해를 입고 있다. 허리케인 어마도 기세가 한창이다. 로스앤젤레스에서는 뉴스가 온통 산불 이야기고, 워싱턴주에서는 비상사태가 선포되었다. 글레이셔 국립공원과 노던매니토바에는 새로운 대피 명령이 속속 발령된다. 9월 초에 촬영된 위성사진에는 태평양 연안에서부터 폭풍이 요동치는 대서양 연안까지 북미 대륙 전체가 연무라는 #가짜 날씨에 덮여 있다.

나는 쉴 새 없이 이어지는 격동의 상황을 놓치지 않고 따라가기가 벅차다. 그 일을 하는 게 내 직업인데 말이다. 이것 하나만은 분명하다. 우리 인류가 함께 사는 집이 불타고 있고, 모든 경보가 필사적으로 우리의 주의를 끌기 위해 동시에 시끄럽게 울려 댄다. 우리는 비상사태가 우리와는 무관한 것인 양 침침한 빛 속에서 비틀비틀 걷고 숨을 쌕쌕거리며 사는 삶을 계속 이어 가게 될까? 아니면 경보가 효험이 있어서 더 많은 사람들이 귀를 기울이게 될까? 연무 따위엔 아랑곳없이 산불 때문에 훼손된 자신들의 땅에 송유관이 건설되는 것을 막기 위해 몸을 던지는 세크웨펨 주민들처럼 행동에 나서는 사람이 더 많아질까?

연무로 뒤덮였던 올여름이 끝날 무렵인데도 내 마음속에는 여전히 이런 질문들이 맴돈다.

---

1 불과 1년 뒤에 이웃 나라 그리스에서는 이보다 훨씬 많은 산불 사망자가 발생했다. 아티카에서 발화되어 해안 지대를 훑고 지나간 화재가 100여 명의 목숨을 앗아 갔는데, 이는 현대 유럽 역사상 가장 많은 인명 피해를 낸 화재다. 다가오는 불길을 피해 절벽 끝까지 달아났다가 서로를 꼭 끌어안은 채 숨을 거둔 어느 대가족의 유해가 발견되기도 했다. 그리스 적십자 대표인 니코스 이코노모풀로스는 한 방송에서 〈죽음의 순간이 다가오자 본능적으로 서로를 끌어안은 것이다〉라고 말했다.

2 2018년 11월, 캘리포니아주에 있는 인구 2만 7천 명의 도시 파라다이스는 캘리포니아 역사상 가장 치명적인 산불에 휩싸여 도시 전체가 완전히 파괴되었다.

3 1년 후인 2018년, 트럼프 정부의 (지금은 퇴직한) 내무 장관 라이언 징키는 캘리포니아의 기록적인 산불을 빌미로 은근슬쩍 벌목 허용 구역을 대폭 확대했다. 이것은 결코 새로운 행동이 아니었다. 그는 2015년 하원 의원 재직 당시 국유림의 환경 보호를 위협하는 법안을 공동 발의했고, 그로부터 3년 뒤에는 산림 벌채만

이 산불을 억제할 수 있는 최선의 방책이라는 주장을 되풀이했다. 〈해마다 산불이 나고 해마다 대응책을 마련하라는 요구가 나온다. 하지만 대응책이 마련되고, 숲에서 이미 고사했거나 죽어가는 나무를 간벌하려 하거나 울창하고 불이 나기 쉬운 지역에서 지속 가능한 방식으로 목재를 생산하려고 하면, 숲과 공동체가 불타는 것은 두고 볼 수 있지만 숲에 벌목꾼이 드나드는 것만큼은 두고 볼 수 없다는 식으로, 급진적인 환경 보호주의자들의 경박한 법정 소송 공세가 시작된다.〉 캘리포니아가 더 효율적인 산림 관리와 동시에 더 현명한 토지 이용 정책을 실시해야 한다는 것은 의심할 여지가 없는 일이다. 하지만 나무는 탄소를 대기로 배출되지 않게 고정시키는 중요한 역할을 한다. 따라서 산불 예방을 구실로 벌목을 확대하는 것은 결코 용납할 수 없는 일이다.

4 이 반갑지 않은 기록은 불과 1년 후인 2018년, 역사적인 기록을 남긴 산불 시즌으로 인해 깨졌다.

12
생존과 파멸을 가르는 역사적인 순간

여러분은 이미 승리를 이뤄 낼 능력이 있음을 보여 주었다. 이제는 여러분이 승리를 이뤄 내야 할 때다.

2017년 9월

브라이턴에서 열린 노동당 전당대회

이 역사적 회합에 참여해 이곳에 넘치는 에너지와 낙관주의를 느낄 수 있다니 나로서는 대단한 영광이다.

그런데 바깥세상은 몹시 암울하다. 난장판이 되어 버린 세상 이야기를 어디서부터 해야 할까? 국가의 수장이라는 사람들이 핵 공격을 하겠다는 협박을 트위터로 날려 대고, 세계 곳곳의 많은 지역들이 기후 혼돈에 요동치고, 유럽 각지의 해안에서는 수천 명의 난민이 뭍에 오르지 못한 채 익사하고, 인종 차별을 공공연히 지지하는 정당들이 세를 넓혀 가고 있다. 특히나 최근 독일에서 이런 정당들이 놀라울 만큼 기세를 올리고 있다. 거의 날마다 머리에 담아 두기엔 너무 많은 일들이 일어난다. 그래서 나는 이런 방대한 배경 중에 얼핏 사소해 보일 수 있는 사례를 소개하면서 이야기를 시작하려고 한다.

카리브해 지역과 미국 남부 지역은 전례 없이 극심한 허리케인 시즌에 시달리고 있다. 기록적인 허리케인이 지나간 직후에 또다시 허리케인이 찾아왔다. 이 회합이 열리는 지금 이 순간에도, 푸에르토리코는 허리케인 어마와 마리아에 차례로 강타당해 정전 사태를 겪고 있는데, 이 사태는 몇 달 더 계속될 가능성이 있다. 이곳의 수도와 통신 시스템 역시 심각하게 훼손되었다. 이 섬에서는 미국 시민권자 350만 명이 미국 정부의 도움을 절실히 필요로 하는 상황에 처해 있다.*

그러나 허리케인 카트리나 때와 마찬가지로, 미국 정부의 기사도는 완전히 실종한 상태다. 이런 시점에도 트럼프는 흑인에 대한 경찰의 인종 차별적인 폭력에 항의하는 행동을 했다는 이유로 흑인 운동선수들을 비방하고 그들의 일자리를 빼앗으려고 분주히 설쳐 대고 있다.**

그래도 모자라서 이제는 독수리 떼가 푸에르토리코가 죽기만을 기다리며 주위를 맴돌고 있다. 경제 전문지에는 푸에르토리코가 전력을 되찾을 유일한 방법은 국영 전력 회사를 민간에 파는 것이라는 기사들로 가득하다. 도로와 교량에 대해서도 마찬가지 이야기가 나

* 푸에르토리코는 미국의 자치령이라서 모든 주민이 미국 시민권을 갖고 있다.
** 프로 미식축구 선수 일부가 경기장에서 미국 국가가 나올 때 무릎을 꿇는 시위를 했다.

온다.

이게 바로 내가 자주 이야기하는 쇼크 독트린이다. 재난의 위기를 이용해 공공 부문을 집어삼키고 소수 엘리트에게 부를 몰아주는 정책을 은근슬쩍 밀어붙이는 방법이다. 이 공포스러운 과정은 계속해서 되풀이되고 있다. 2008년 금융 위기 직후에도 쇼크 독트린 현상이 나타났다. 영국의 토리당은 브렉시트를 이용해 가공할 친기업 무역 협정을 적절한 논의 과정을 생략한 채 밀어붙이려 한다.

여기서 푸에르토리코의 상황을 강조하는 이유는 이곳의 상황이 너무나 긴박할 뿐 아니라 훨씬 더 큰 세계적인 위기의 축소판이라고 보기 때문이다. 똑같은 상황이 세계 곳곳에서 펼쳐지고 있다. 점점 더 심화되는 기후 혼란, 군사주의, 식민주의의 역사, 공공 부문의 약화 및 방치, 민주적 절차의 완전한 해체, 그리고 무엇보다도 눈에 두드러지는 것이 수많은 유색인의 생명을 경시하는 태도다. 이 시대는 한 위기를 다른 위기들로부터 떼어 내려야 떼어 낼 수 없는 시대다. 모든 위기가 한 몸을 이룬 채 서로를 강화하고 심화한다. 마치 다리를 질질 끌며 걷는, 머리가 여럿 달린 야수처럼 말이다. 미국의 현직 대통령을 이런 식의 어떤 상징물로 압축해 보면 좋을 것 같다.

그 사람을 한 단어로 압축하는 건 쉽지 않은 일이다. 그러니 가까운 사례를 들어보겠다. 나는 런던 하수구를 틀어막은 거대한 기름 덩어리 이야기를 들었다. 그곳 사람들은 〈팻버그fatberg〉라고 부른다고 들었다. 트럼프는 한 마디로 정치계의 팻버그다. 문화, 경제, 국가 내부에 있는 모든 유독성 요소들의 융합체, 온갖 종류의 요소들이 들러붙어 단단하게 뭉쳐진 덩어리다. 런던에서는 그걸 떼어 내는 게 몹시 어려웠다고 들었다. 실소가 터져 나올 만큼 흉측한 모습이다. 하지만 분명히 짚고 넘어가자. 트럼프는 기후 변화의 위기이건 핵 위협의 위기이건 간에, 지질 시대를 통틀어 가장 심각한 위기를 상징하는 인물이다.

하지만 오늘 여러분에게 전하고 싶은 요점은 따로 있다. 위기의 순간이 반드시 쇼크 독트린의 경로를 따라가지는 않는다는 점이다. 위기의 순간이 반드시 가뜩이나 터무니없이 큰 부를 움켜쥔 부자들이 훨씬 더 많은 것을 손에 넣을 수 있는 기회를 제공하는 것은 아니다.

위기의 순간이 정반대의 경로로 이어질 가능성은 충분히 있다.

위기의 순간은 우리가 최선의 자아를 발견하는 순간, 우리가 스스로 지녔다는 걸 깨닫지 못했던 힘과 집중력을 우리 자신에게서 찾아내는 순간일 수 있다. 우리는 재난이 닥칠 때마다 자발적인 시민들의 대응에서 이것을 확인한다. 우리는 그렌펠 타워 참사 이후에 이것을 목격했다.[1] 책임을 져야 할 사람들이 모습을 나타내지 않았을 때, 공동체가 단합해 서로를 보살피고 기부금을 모으고, (죽은 자뿐만 아니라) 살아 있는 자들을 옹호하는 일을 맡아 했다. 참사가 발생한 지 100여 일이 지난 지금도 그들은 이 일을 계속하고 있다. 지금도 그곳에선 공정한 처벌과 배상을 진행하지 않고 있으며, 어처구니없게도 극소수의 생존자들에게만 새로운 거주지를 공급하고 있는 상황이기 때문이다.

재난에 직면해서 우리 내면에 깃든 훌륭한 자질이 깨어난 역사적 사례는 자발적인 시민들의 활동 차원을 넘어서도 존재한다. 위기가 사회 전체 차원에서의 진보적 변혁을 촉발하는 결정적인 계기가 된 자랑스러운 역사는 아주 오랜 옛날부터 찾을 수 있다. 미국은 대공황 시기에 뉴딜을 통해 위기를 극복하고 공공 주택과 노령 연금이라는 성과를 올렸다. 영국은 제2차 세계 대전의 참혹함을 겪은 뒤 국민 보건 제도를 채택했다.

이런 사례에서 보듯이, 심각한 위기와 위험의 순간이 닥친다고 해서 반드시 우리가 무너져 내리는 것은 아니다. 오히려 그런 순간에 우리는 도약을 이뤄 낼 수도 있다.

우리 선조들은 진보주의 활동을 통해 역사의 중요한 순간에 이런 성과를 이뤄 냈다. 모든 것이 위태로운 이 순간에, 우리도 선조들처럼 성과를 이뤄 낼 수 있다. 그러나 대공황과 전후의 역사를 통해서 이미 알고 있듯이, 우리는 작금에 펼쳐지는 폭거에 저항하는 것만으로는, 혹은 반대를 외치는 것만으로는 이러한 변혁적인 승리를 거둘 수 없다.

진짜 위기의 순간에 승리를 따내기 위해서는 어떻게 위기의 근본 원인을 바로잡고 이에 대응할 것인지 계획을 제시하는 대담하고 진보적인 비전이 필요하다. 또한 이 계획은 설득력 있고 신뢰감을 주어야 하며, 무엇보다도 매혹적이어야 한다. 우리가 해야 할 일은 피로감과 경계심에 젖은 대중이 더 나은 세상을 상상하도록 돕는 것이다.

이런 점에서 나는 오늘 여러분을 만나게 된 것을 크나큰 영광으로 생각한다. 지난 선거 때 노동당이 바로 그런 일을 해냈으니 말이다. 테레사 메이 총리는 자신의 권력을 강화하기 위해 공포와 충격을 이용하는 치졸한 선거 운동을 했다. 처음에는 부실한 브렉시트 협정이 조성한 공포를 이용했고, 나중에는 맨체스터와 런던에서 일어난 끔찍한 테러 공격이 불러일으킨 공포를 이용했다. 반면에 노동당과 노동당 지도자는 〈테러와의 전쟁〉의 실패, 경제적 불평등, 민주주의 약화라는 근본 원인에 초점을 맞추는 대응을 펼쳤다.

하지만 여러분이 한 일은 그것만이 아니다.

여러분은 유권자들 앞에 대담하고 세밀한 공약을 내놓았다. 무상 대학 교육, 의료비 전액 지원, 적극적인 기후 정책 등 수백만 명의 삶을 구체적으로 개선하기 위한 계획을 제시했다. 수십 년 동안 정치에 대한 기대감을 접은 채 지내 왔던 유권자들 앞에 마침내 지지를 표명하고 싶은 희망적이고 신명나는 비전이 제시된 것이다. 그리고 많은 유권자들이 모든 정치 전문가들의 예상을 뒤엎고 실제로 투표를 통해 이 비전을 지지했다.[2] 여러분은 중도 실용주의 전략과 어설픈 땜질 처방의 시대가 끝났음을 증명했다. 대중은 심대한 변화에 굶주려 있고 그것을 간절히 요구한다. 그런데 유감스럽게도 너무나 많은 나라에서 대중의 갈망에 호응해 나서는 건 가짜 경제 포퓰리즘과 인종 차별주의의 치명적인 조합을 동원하는 극우파뿐이다.

여러분은 우리에게 또 다른 모습도 보여 주었다. 여러분은 품위 있는 삶과 공정함이란 표현을 사용했고, 얼마나 위력이 크건 간에 지금의 난국을 초래한 책임이 누구에게 있는지 그 이름을 분명히 밝혔고, 부의 재분배와 필수적인 공공 서비스의 국유화 등 영원히 사라졌다고 알려진 아이디어들을 과감하게 채용했다. 대담한 행동을 보여 준 여러분이 고맙다. 우리 모두 알고 있듯이, 이것은 단지 도덕적인 전략이 아니라 승리를 이끌어 내는 전략이 될 수 있다. 여러분의 대담한 행동이 기층민의 열의를 일깨우고, 오래전에 투표를 단념

했던 유권자들 사이에서 움직임을 이끌어 내고 있다.

지난 선거에서 여러분은 또 하나의 중요한 면모를 보여 주었다. 여러분은 정당이 사회 운동의 창의성과 독립성을 두려워할 필요가 없으며, 사회 운동 역시 선거 정국에 참여해 얻을 수 있는 게 많다는 것을 보여 주었다.

참으로 대단한 일이다. 솔직히 말해서, 정당들은 통제에 대해 예민하게 생각하는 경향이 있다. 또 자발적인 시민운동 세력은 독립성을 중시하며, 이를 통제할 방법은 거의 없다. 그런데 노동당과 모멘텀Momentum[3]의 연계, 그리고 여러 훌륭한 선거 운동 조직들과의 특별한 연계가 이루어지는 것을 보니, 두 세계가 지닌 최상의 것을 결합시키는 게 충분히 가능하다는 생각이 든다. 서로의 주장에 귀를 기울이고 서로에게 배운다면, 우리는 정당이나 운동 조직이 단독으로 하는 것보다 훨씬 강하고 더 큰 분별력을 갖춘 세력을 형성할 수 있다.

여러분이 이 나라에서 해낸 일들이 전 세계에 반향을 불러일으키고 있다. 많은 사람이 여러분이 진행하는 새로운 정치 실험에 귀를 쫑긋 세우고 지켜보고 있다. 물론 이곳에서 일어난 일은 세계적인 현상의 일부일 뿐이다. 이 세계적인 물결의 선두에는 세계 금융 시스템이 붕괴되던 때에, 그리고 기후 붕괴가 문을 쾅쾅 두드리던 때에 어른이 된 젊은이들이 서 있다.

월가 점령 운동과 스페인의 인디그나도스* 운동 같은 사회 운동에서 많은 활동가들이 배출되고 있다. 이들은 처음에는 긴축 반대,

* 분노한 사람들이라는 뜻.

은행 구제 금융 반대, 전쟁과 경찰 폭력 반대, 프래킹과 송유관 반대를 외쳤다. 하지만 차츰 자신들 앞에 놓인 가장 큰 도전이 무엇인지 깨닫게 되었다. 우리의 집단적 상상력을 마비시켜 온 신자유주의, 자신들이 쳐놓은 음산한 울타리를 뛰어넘어 다른 가치를 추구해 나갈 우리의 능력을 짓뭉개기 위해 전쟁을 벌여 온 신자유주의의 전략을 극복하는 것이야말로 우리의 가장 큰 도전이다.

이 운동들은 함께 꿈을 꾸기 시작했고, 미래를 그리는 전혀 다른 대담한 비전과 위기에서 벗어날 수 있는 믿을 만한 경로를 제시했다. 무엇보다도 중요한 것은 이들이 정당들과 관계를 맺고 집권을 위한 노력을 기울이기 시작한 것이다. 우리는 이런 시도를 2016년 미국 민주당 예비 선거에서 버니 샌더스의 역사적인 선거 운동에서 목격했다. 샌더스의 선거 운동의 원동력은 안전한 중도주의 정치로는 안전한 미래가 보장되지 않는다는 것을 알고 있는 밀레니얼 세대*였다.

여러 사례에서 확인할 수 있듯이, 이제 선거 운동은 내가 유럽이나 북미 대륙에서 목격했던 그 어떤 변혁적인 정치 프로그램과도 비교할 수 없는 놀라운 속도로 대중의 관심을 끌어 모으기 시작했다. 하지만 그 정도로는 역부족이다. 이제 새로운 선거 국면을 앞두고 전열을 정비하면서 우리가 해야 할 일은 모든 운동의 모든 힘을 총동원할 방안을 찾는 것이다.

핵심은 계속 밀어붙이는 것이다. 계속해서 〈긍정적인 비전〉을 구축하는 것이다.

---

* 1980년대 초반~2000년대 초반에 출생한 세대. 2008년 세계 금융 위기 이후 사회에 진출해 경제적 어려움을 겪었다는 특징이 있다.

하지만 훨씬 더 폭넓은 비전을 구축해야 한다.

선거 운동의 절정기가 아닌 때라도, 다양한 이슈와 다양한 운동 간의 관계를 강화할 기회는 많이 열려 있다. 이 기회를 이용해 여러 가지 위기를 한꺼번에 해결할 수 있는 해법을 찾아내야 한다. 모든 나라에서 우리는 경제적 불평등, 인종적 불평등, 젠더 불평등 간의 연관성을 짚어 내기 위해 더 많은 활동을 펼칠 수 있으며 또한 더 많은 활동을 펼쳐야만 한다. 우리는 한 집단이 다른 집단보다 피부색, 종교, 성별, 성적 지향 면에서 우월한 지위에 있다고 주장하는 모든 종류의 사악한 시스템들이 어떤 방법을 통해서 일관되게 권력과 돈을 위해 봉사해 왔는가를 정확히 이해하고 설명해야만 한다. 그들이 동원해 온 방법은 우리를 갈라놓는 일과 자기를 방어하는 일을 한시도 쉬지 않고 계속하는 것임에 주목해야 한다.

또한 우리는 기후 비상사태에 직면해 있으며, 기후 비상사태를 빚어낸 근원은 경제적 비상사태를 빚어낸 무한한 탐욕의 시스템이라는 사실에 늘 경각심을 늦추지 말아야 한다. 다시 강조하지만, 비상사태가 귀중한 진보적 승리를 이끌어 낼 촉매제가 될 수 있다는 점만큼은 잊지 않도록 하자.

따라서 우리는 기그 경제*와 디그 경제dig economy 사이의 연관성을 명확히 짚어 내야 한다. 기그 경제의 근원은 인간을 부를 추출하고 나서 내다버리면 그만인 천연자원처럼 취급하는 교만한 태도다. 디그 경제의 근원 역시 지구를 제멋대로 부를 추출하고 나서 내다버

---

* gig economy. 산업 현장에서 필요에 따라 관련 종사자와 임시로 계약을 맺고 일을 맡기는 경제 형태. 저자는 기그 경제를 일종의 인간 수탈 경제로 보고 있다.

리면 그만인 하찮은 것으로 여기는 자원 채취 회사들의 교만한 태도다. 또한 우리는 기그 경제와 디그 경제로부터 보살핌과 복원의 원칙을 기초로 움직이는 사회로의 전환을 이룰 수 있는 방안을 명확하게 제시해야 한다. 보살핌과 복원의 원칙이 지켜지는 사회는 우리를 보살피는 사람들의 노동과 우리의 땅과 물을 지키는 사람들의 노동이 존중받고 가치를 인정받는 세상, 그리고 그 어떤 사람, 그 어떤 장소도 쓰레기처럼 버려지지 않는 세상, 어떤 사람도 비상탈출로가 없는 아파트나 허리케인으로 만신창이가 된 섬에 버려지지 않는 세상이다.

나는 노동당이 프래킹 반대와 깨끗한 에너지 지지의 입장을 확고히 천명한 것에 박수를 보낸다. 이제 우리는 목표를 더욱 높여 잡고 기후 변화 대응이야말로 공정성과 민주성이 더욱 강화된 경제를 일궈 낼 수 있는 100년에 한 번 있을까 말까 한 기회임을 분명히 보여주어야 한다. 화석연료에서 빠른 속도로 벗어난다면 부의 집중과 불공정한 시스템이 유지될 여지가 없기 때문이다. 수천억 달러의 수익을 개인들이 챙기고 엄청난 규모의 위험을 사회에 떠넘기는 석유·석탄 경제의 관행을 결코 모방할 수 없기 때문이다.

우리는 화석연료 탈출 과정에 소요되는 비용 가운데 상당히 많은 몫을 오염원을 유발한 책임이 있는 자에게 부담시키는 시스템, 또한 공공 부문과 공동체에 의한 녹색 에너지의 소유와 관리를 보장하는 시스템을 설계해야만 한다. 그렇게 할 때에만 녹색 에너지로 얻은 수익이 공동체 내부에 축적되어 아동 보육과 소방관 등 필수 서비스를 제공하는 비용으로 쓸 수 있다. 또한 그렇게 할 때에만 새로 만들어진 녹색 일자리들이 생활 임금과 노동조합 조직화가 보장되는 일자리가 될 수 있다.

우리의 모토는 〈석유와 가스는 그대로 땅에 남겨 두고 단 한 사람의 노동자도 배제되지 않게 하자〉가 되어야 한다. 게다가 더없이 좋은 여건이 있다. 여러분은 이 위대한 이행의 시작을 노동당 집권 달성 후로 미뤄 둘 필요가 없다. 지금 당장 시작하면 된다.

여러분에게는 이미 노동당 정부가 들어선 도시들을 변화시켜 새로운 세상의 이정표로 만들 기회가 열려 있다. 시민들의 연금을 화석연료 투자에서 회수해 저탄소 공공 주거와 녹색 에너지 협동조합에 투자하는 것도 좋은 출발점이 될 것이다. 이렇게 한다면, 다음 선거 전에 사람들은 새로운 경제가 제공하는 혜택을 직접 체험하고, 대안은 늘 존재하고 지금도 존재한다는 걸 실감할 수 있을 것이다.

마지막으로, 외국 연사로 이 행사에 초대받은 입장에서 강조하고 싶은 말이 있다. 어느 한 나라를 진보의 박물관이나 요새로 바꾸어 놓는 것만으로는 결코 이런 전환을 이룰 수 없다. 미국이나 영국 같은 부유한 나라에서는 글로벌 사우스(아시아, 아프리카, 남미의 개발 도상국들)에게 떠넘겼던 희생을 보상하는 정책, 아주 오랜 세월 동안 가난한 국가들의 경제와 생태계를 불안정하게 만들어 온 잘못을 바로잡는 정책을 실시해야만 한다.

예를 들어 2017년 허리케인 시즌 동안에 〈영국령 버진 아일랜드〉, 〈네덜란드령 버진 아일랜드〉, 〈프랑스령 카리브해〉 등에 관한 많은 이야기가 나온다. 이런 관심이 유럽인들이 좋아하는 휴가지라는 점과 전혀 무관하다고는 말할 수 없다. 지금 우리가 보이는 관심은 제국주의 시대의 막대한 부가 인간 수탈의 직접적인 결과로 이 섬에서 추출되어 나간 사실과 깊은 관련이 있다. 유럽과 북미 대륙은 이 부를 밑천으로 산업혁명의 속도를 높였으며, 산업혁명 덕분에 온실가스 대량 배출자의 자리에 올랐다. 이로 인해서 이 섬나라들의 미래는 초강력 폭풍과 해수면 상승, 산호초 폐사의 삼중 위협에 떠밀려 심각한 위험에 직면해 있다.

지금 우리는 이 아픈 역사로부터 어떤 교훈을 얻고, 무엇을 해야 할까?

이주민과 난민을 반갑게 맞아들여야 한다. 또한 더 많은 나라들이 공정성 보장에 역점을 둔 녹색 전환 과정을 직접 추진할 수 있도록 돕는 일에 합당한 기여를 해야 한다. 트럼프가 심술을 부리고 있다고 해서 그것이 영국과 캐나다, 그 밖의 모든 나라의 진보 활동가들의 책임을 덜어 줄 구실이 될 수는 없다. 오히려 더 무거운 책임을 느껴야 한다. 미국이 하수구를 막고 있는 거대한 기름 덩어리를 치우기 위해 나설 때까지, 우리는 스스로를 더욱 다그쳐서 미국이 하지 못하는 부분까지 채워야 한다.

이 모든 일을 해낸다는 건 물론 대단히 어려울 것이다. 하지만 나는 확신한다. 이 모든 일은 승리를 다져 가는 과정에서 아주 중요한 부분이다. 여러분이 변화된 세상에 대한 비전을 더 야심 차고 더 일관되고 더 총체적으로 그려 낼수록, 노동당 정부에 대한 영국인들의 신임은 더욱 두터워질 것이다.

여러분은 이미 승리를 이뤄 낼 능력이 있다는 걸 보여 주었다. 이제는 여러분이 승리를 이뤄 내야 할 때다.

물론 우리 모두가 승리를 이뤄 내야 한다. 승리는 도덕적 명령이다. 어중간한 곳에 주저앉기에는 이 싸움에 걸린 것이 너무나 많고, 남은 시간은 얼마 없기 때문이다.

---

1   2017년 6월, 런던 노스켄싱턴에 있는 24층짜리 공공 임대주택 그렌펠 타워 건물에 화재가 나서 70명이 넘는 사망자를 냈다. 조사 결과 이 건물은 여러 가지 형태의 부실한 관리로 인해 화재에 취약한 상태였음이 밝혀졌다. 건물 외관을 개선할 목적으로 사용된 플라스틱 소재의 외장용 자재는 인화성이 강한 물질이었고, 소방 장비 역시 제대로 정비되어 있지 않았으며, 환기 장치는 고장이 나 있었고, 비상 탈출로도 거의 없었다.

2   2017년 총선에서 노동당은 1945년 이후 선거에서 가장 높은 득표율을 얻었다. 보수당은 과반수 의석을 잃고 아일랜드 민주연합당(DUP)과 연합해 간신히 집권했다.

3   모멘텀은 노동당과 연계를 맺은 대중 운동 조직으로 진보 후보를 지지하고 노동당이 좌파 활동을 지향하도록 견인하고 있다.

13

문제는 인간 본성이 아니라 자본주의다

경각을 다투는 위기의 순간에, 때마침 안전을 향한 세계로 이어지는 새로운 정치적 경로가 열리고 있다.

2018년 8월

이번 일요일 『뉴욕 타임스 매거진』은 단 하나의 주제를 다루는 한 편의 글로 채워질 예정이다. 너새니얼 리치Nathaniel Rich가 쓴 이 기사는 기후과학이 확립되고 정치권도 이를 지지하는 것처럼 보이던 1980년대에 지구적 차원의 기후 위기에 대응하지 못한 인류의 실패를 다룬다. 당시 기후 대응 방치의 과정을 내부자의 폭로 방식으로 쓴 이 기사를 읽으면서 내 입에서는 몇 번이나 욕이 터져 나왔다. 이런 실패가 전 세계에 막대한 영향을 미치고 있다는 점에 대해 이의를 제기할 수 없게 하려는 의도에서, 리치의 글 사이사이에는 지구 시스템의 급속한 붕괴를 입증하는 참담한 장면들을 담은 조지 스타인메츠의 항공 사진들이 페이지를 가득 채우고 있다. 그린란드 빙상이 덮여 있던 곳에서 거침없이 흐르는 급류를 찍은 사진도 있고, 중국에서 세 번째로 큰 호수를 뒤덮은 엄청난 규모의 녹조를 찍은 사진도 있다.

중편 소설 분량의 이 기사는 이미 오래전부터 기후 위기를 집중 조명해야 할 책무가 있었음에도 이를 방치해 온 언론의 모습을 상징한다. 왜 우리는 하나밖에 없는 우리의 삶의 터전인 지구가 만신창이가 되고 있는데도, 사람들의 관심을 불러일으킬 만큼 중요한 기삿거리가 되기에는 사소한 문제라고 판단해 온 걸까? 우리는 이와 관련해서 다양한 변명을 들어 왔다. 〈기후 변화는 너무나 먼 미래의 일이다.〉〈사람들이 허리케인과 산불 때문에 죽어가는 이때에 정치 이야기를 하는 것은 적절치 않다.〉〈언론인의 역할은 뉴스를 따라가는 것이지 뉴스를 만드는 게 아니다. 기후 변화는 정치인들도 입에 담지 않는 이야기다.〉 또 하나 예외 없이 나오는 이야기는 〈우리가 이 문제에 관해 대서특필을 시도할 때마다 시청률이 형편없이 떨어진다〉는 것이다.

그러나 어떤 구실을 대더라도 언론의 책임 방기를 감출 수 없다. 주요 언론 매체들의 입장에서 지구가 붕괴로 치닫고 있는 현실이야말로 우리 시대의 가장 중요한 기삿거리라고 판단하는 건 충분히 가능한 일이었다. 이들은 숙련된 기자들과 사진 기자들을 동원해 추상적인 기후과학과 현실에서 드러나는 극단적인 기상 사건들을 연결시킬 역량을 가지고 있다. 이들이 이런 일들을 일관되게 진행한다면 언론인들이 굳이 정치를 앞서 가야 할 필요도 줄어들 것이다. 언론

을 통해 기후 변화와 관련한 위협과 구체적인 해법에 관한 정보를
더 많이 얻게 될수록, 대중은 자신의 손으로 선출한 대표들에게 대
담한 행동에 나설 것을 요구하며 더 강하게 압박할 것이니 말이다.

이런 생각을 품고 있었던 터라, 나는 『뉴욕 타임스』가 리치의 기
사를 널리 알리기 위해 예고 동영상을 내보내고 타임스 센터에서 생
방송 이벤트를 개최하고 교육 자료를 제공하는 등 편집진의 총력을
동원하는 것을 보며 대단한 기대감에 들떴다. 그러나 나는 이 기사
를 세밀히 살펴본 뒤 핵심 주제 면에서 대단히 큰 문제를 안고 있음
을 확인하고 굉장히 부아가 치밀었다.

리치에 따르면, 1979년부터 1989년까지는 기초적인 기후 변화
과학이 보편적으로 수용되면서 이 문제를 둘러싼 정파 간 분열이 보
이지 않았고, 아직 화석연료 기업들이 잘못된 정보를 퍼뜨리는 활동
을 본격적으로 시작하지 않았을 뿐 아니라, 세계 정치무대에 과감하
고 구속력 있는 국제 온실가스 배출량 감축 협정을 일궈 낼 강력한
추동력이 존재하고 있었다. 리치는 1980년대 말이 이처럼 중요한
시기였음을 강조하면서 이렇게 말한다. 〈당시에는 그 어느 때보다
승리를 위한 순조로운 여건이 조성되어 있었다.〉

하지만 우리는 그 기회를 놓쳐 버렸다. 〈우리〉 인류는 지나치게 근
시안적이기 때문에 자신의 미래를 위험으로부터 지키기에는 역부족
이라는 말은 언뜻 생각하기엔 진실인 것 같다. 『뉴욕 타임스』 편집진
은 독자들이 〈만신창이가 된 지구〉와 관련해서 그 책임이 누구에게
있는가라는 논지를 제대로 파악하지 못할까 우려해서인지, 〈우리는
모든 사실을 알고 있었고, 우리를 가로막는 것은 아무것도 없었다.

우리 자신을 제외하고는)이라는 리치의 답변을 큰 활자로 전면을 할애해 인용한다.

바로 나와 여러분 탓이라는 이야기다. 이 기사에서 언급된 모든 주요한 정책 입안 회의장에 앉아 있었던 화석연료 기업들, 그들의 탓이 아니라는 게 리치의 입장이다(미국 정부가 금연 정책을 입안하는 회의를 할 때마다 담배 회사 중역들을 초청한다고 상상해 보라. 이 회의에서 내실 있는 결론이 나오지 않는다면, 우리는 금연 정책 입안 실패의 이유를 사람들이 스스로 죽기를 원하기 때문이라고 결론지을까, 아니면 정치 시스템이 부패하고 고장이 난 거라고 판단할까).

이 기사가 온라인에 올라온 이후로, 많은 기후과학자들과 역사가들이 이런 식의 원인 규명이 잘못된 판단임을 지적하고 있다.[1] 어떤 사람들은 〈인간 본성〉이라는 불쾌감을 돋우는 표현을 쓴 것과, 지극히 동질적인 구성원으로 이루어진 미국의 권력 게임 참가자 집단을 묘사할 때 〈우리〉라는 말을 쓴 것이 문제라고 지적한다. 글로벌 사우스의 정치 지도자들은 같은 인간인데도 이 중요한 시기는 물론이고 그 이후에도 줄곧 구속력 있는 행동을 요구해 왔고 미래 세대를 걱정하는 능력을 발휘했지만, 이들의 의견은 리치의 기사 어디에서도 언급되지 않는다. 그런가 하면 리치의 글에서 여성들의 의견이 언급되는 경우는 멸종 위기 종으로 지정된 상아부리딱따구리를 발견하는 것만큼이나 드물다. 또 여성이 등장하는 경우는 대개 비극의 주인공 같은 남성의 인내심 많은 아내로 그려질 뿐이다.

이런 문제점들은 충분히 보도되고 있으니, 여기서 다시 다룰 생각은 없다. 내가 집중적으로 조명하고자 하는 것은 이 기사의 핵심 전제다. 그는 1980년대 말에 과감한 기후 행동을 위해 〈그 어느 때보다 승리를 위한 순조로운 여건이 조성되어 있었다〉라고 주장한다. 실은 정반대다. 당시에는 인류 진화의 역사 가운데 그 어느 때보다 부적절한 여건이 조성되어 있었다. 결국 그때 현대 소비 자본주의가 제공하는 편리함이 지구의 거주 가능성을 지속적으로 훼손해 왔다는 불편한 진실을 직시할 기회를 놓쳐 버렸다. 이유가 뭘까? 1980년대 말은 신자유주의의 물결이 절정에 이른 때였다. 신자유주의는 삶의 모든 영역에서 〈자유 시장〉에 대한 일체의 구속을 제거한다는 미명 아래, 집단행동을 비방할 목적에서 고안된 경제적·사회적 프로젝트를 옹호하는 지배 이데올로기로 등극했다. 그러나 리치는 경제적 사고와 정치적 사고 면에서 동시에 일어난 이 대변동에 대해 전혀 언급하지 않는다.

　나 역시 몇 년 전에 기후 변화와 관련된 역사를 연구한 끝에, 과학에 기반을 둔 확고한 합의를 향한 세계적인 추동력이 형성되어 가던 결정적인 시점이 1988년이라고 결론을 내렸다. 여기까지는 리치의 주장과 동일하다. 바로 그 시점은 당시 미국 항공우주국 고다드 우주 연구소의 소장이던 제임스 핸슨이 의회에 출석해 인간 활동과 관련된 온난화가 실제로 진행되고 있음을 〈99퍼센트 확신한다〉라고 증언했던 때다. 그달 말에 수백 명의 과학자들과 정책 입안자들이 토론토에서 역사적인 〈변화하는 대기에 관한 세계 회의〉를 개최하고 온실가스 감축 목표에 관해 처음으로 논의했다. 그리고 그해 말에 유엔 IPCC(기후 변화에 관한 정부 간 협의체)가 첫 모임을 가졌다.

당시 기후 변화는 정치인과 전문가들만의 관심사가 아니었다. 사람들이 틈만 나면 나누는 이야깃거리였다. 『타임』 편집진은 1988년 올해의 인물에 〈올해의 행성: 위기에 처한 지구〉를 선정했다. 잡지 표지에는 불길한 분위기의 노을 배경 속에 노끈으로 칭칭 묶여 있는 지구의 모습이 실렸다. 언론인 토머스 생턴Thomas Sancton은 〈사람들의 상상력을 사로잡으면서 뉴스 1면 기사로 오른 것은 그 어떤 인물도 사건도 활동도 아닌, 인류의 보금자리인 지구의 바위와 흙과 물과 공기였다〉라고 설명했다.

(주목할 점은 토머스 생턴은 리치와 달리, 이런 지구 수탈 행위를 〈인간 본성〉 탓으로 돌리지 않았다는 것이다. 그는 더 깊이 파고들어, 자연에 대한 〈지배〉라는 유대교와 기독교의 개념이 오용되어 온 것과 이런 개념이 〈땅을 어머니로, 즉 생명을 주는 기증자로 여기고, 자연 — 흙과 숲, 바다 — 을 신이라고 여기고, 인간은 자연에 종속된 존재라고 여겼던〉 기독교 이전 시대의 사고를 몰아낸 것이 지구 수탈을 초래한 원인이라고 보았다.)

그 시점부터 나온 기후 관련 뉴스들을 검토해 보았더니, 실제로 심도 깊은 정책 변화가 곧 시작될 것 같은 분위기가 조성되어 있었다. 그러다가 참으로 안타깝게도 미국이 국제 협정에서 탈퇴하고 다른 나라들이 탄소 거래와 탄소 상쇄, 탄소세 등 교묘한 〈시장 메커니즘〉에 의존하는 구속력 없는 합의를 받아들이면서 이런 변화의 조짐이 일시에 사라져 버렸다. 바로 여기서 우리는 리치가 했던 것과 똑같은 질문을 던질 필요가 있다. 대체 무슨 일이 일어난 걸까? 대체 1980년대 말에 각국의 엘리트들이 모여 만든 기후 변화 관련 기구들이 품었던 절박감과 결단력에 찬물을 끼얹은 게 과연 무얼까?

리치는 사회적 증거나 과학적 증거는 일체 제시하지 않은 채 〈인간 본성〉이라는 게 작동하기 시작하면서 모든 것을 엉망으로 만들었다고 결론 내린다. 그는 이렇게 썼다. 〈국제 조직 차원에서든 민주적인 조직 차원에서든 산업 차원에서든 정당 차원에서든 혹은 개인의 입장에서든, 미래 세대가 불이익을 당하는 상황을 미연에 방지하기 위해 현재 누리는 편익을 희생한다는 것은 인간의 능력 밖의 일이다.〉 〈별 생각 없이 유독 물질을 아무데나 내버리는 것처럼, 현재에 집착하고 기껏해야 중단기적인 걱정까지는 한다 해도 장기적인 결과에는 신경 쓰지 않는 것〉이 인간의 본성이라는 것이다.

같은 시기를 살펴본 뒤 내가 내린 결론은 전혀 달랐다. 돌이켜 보면, 역사상 최악의 시기적 불일치가 생명을 구하는 기후 행동을 시작할 수 있었던 최적의 기회를 망쳐 놓았다는 게 나의 결론이다. 이 중요한 시기를 돌아보면, 여러 정부들이 화석연료 부문 규제를 진지하게 검토하기 위해 결집하고 있던 바로 그때에, 세계적으로 신자유주의 혁명이 절정으로 치닫고 있었고, 기후과학과 기업 규제라는 지상 과제가 신자유주의가 주도하는 경제적·사회적 구조 개편과 사사건건 충돌하고 있었음을 분명히 확인할 수 있다.

요컨대 1980년대 말에 세계적으로 전개되고 있던 이런 추세를 대략이라도 언급하지 않고 넘어간 것이야말로 리치의 기사가 안고 있는 중요한 맹점이다. 언론인이 그리 머지않은 과거를 돌아볼 때 얻을 수 있는 중요한 편익은 그런 격동의 사건들을 직접 겪었던 사람들과는 달리 그 사건들을 관통하는 추세와 패턴을 파악할 수 있다는 점이다. 다시 말해 1988년 당시의 기후 공동체는 지구상의 모든 주요한 경제를 개조하게 될 급격한 경제 혁명이 곧 자신들을 집어삼킬 거라는 사실을 알아차릴 길이 없었다.

하지만 이제는 분명히 알고 있다. 1980년대 말을 돌아보면, 1988~1989년은 〈그 어느 때보다 승리를 위한 순조로운 여건〉이 조성되어 있었던 게 아니라, 〈최악의 여건〉이 조성되어 있었고, 그 때문에 인류는 이윤보다 지구의 건강을 우선시하는 진지한 행동에 나서자는 결단을 내릴 수 없게 되었음을 분명히 알 수 있다.

당시 기후 공동체 밖에서는 어떤 일이 진행되고 있었는지 돌이켜 보자. 1988년 바로 그해에 캐나다와 미국은 자유무역협정을 체결했고, 이 협정은 그 뒤로 이어진 북미자유무역협정(NAFTA)과 수많은 협정들의 원형이 되었다. 곧이어 베를린 장벽이 무너졌고, 미국의 우파 이론가들은 이를 〈역사의 종말〉의 증거라고 대서특필했다. 그리고 이를 계기로 민영화와 규제 완화, 경제 긴축 같은 레이건-대처식 경제 정책이 세계 각지로 수출되기 시작했다.

기후 위기 극복을 위한 추동력(리치가 이것만큼은 제대로 짚어 냈지만)은 역사적 추세들이 이처럼 맞물리면서 완전히 힘을 잃고 말았다. 기후 변화 문제에 대처하는 활동을 전개하게 될 국제적인 기구가 출현한 바로 그 시점에, 자본을 구속하는 일체의 제약을 제거하는 훨씬 더 강력한 국제적인 기구가 출현한 것이다. 리치가 거듭 지적했듯이, 당시는 기후 위기를 극복하기 위해 온실가스를 배출하는 주체를 엄격하게 규제하면서 동시에 우리 생활에 에너지를 공급하는 방식과 거주 방식과 이동 방식의 대전환을 이루기 위해 공공 부문에 대한 대대적인 투자를 시행해야 했던 시기였다.

1980년대와 1990년대에는 이런 정책을 시행하는 것이 충분히 가능했다(물론 지금도 그렇다). 하지만 이를 위해서는 공공 부문이라는 개념 자체에 맹공을 퍼붓고 있던 신자유주의 프로젝트와 정면 대결을 해야 했다(영국의 전임 총리 대처는 〈사회, 그런 건 없다!〉라고 말했다). 반면 이 시기에 체결되고 있던 자유무역협정은 국제적인 무역 법규 위반이라는 명목으로 여러 가지 합리적인 기후 대응 조치들(현지 기반 녹색 산업에 대한 보조금 지원 및 특혜 대우와 프래킹·송유관 등 수많은 오염 유발 사업에 대한 불허 조치 등)을 불법화하는 일을 분주히 진행하고 있었다.

나의 책 『이것이 모든 것을 바꾼다』에도 밝혔듯이, 〈우리가 온실가스 감축을 위해 요구되는 행동에 나서지 않는 이유는, 그것이 근본적으로 탈규제 자본주의와 충돌하는 행동이기 때문이다. 우리가 위기에서 벗어날 길을 찾으려고 안간힘을 쓰는 내내 이러한 지배 이데올로기가 우리 목을 조이고 있었다. 파멸적인 재앙을 피할 최선의 기회를 열어 줄 행동, 그리고 지구인 절대 다수에게 혜택을 안겨 줄 행동이 우리 경제와 정치 과정, 대다수 주요 매체 위에 군림하는 소수 엘리트에게는 심각한 위협이 되기 때문에 우리는 옴짝달싹 못하고 손이 묶여 있는 것이다〉.

리치가 이러한 충돌에 대해 전혀 언급하지 않은 채 우리 운명을 결정해 온 게 〈인간의 본성〉이라고 주장하는 게 어째서 문제가 되느냐고? 만일 행동을 향한 추동력을 가로막는 힘이 〈우리 자신〉이라면, 〈만신창이가 된 지구〉라는 숙명론적 표현은 참으로 합당한 제목이다. 가까운 미래의 건강과 안전을 위해 현재의 희생을 감수할 수 없는 것이 우리의 집단적 DNA에 내장된 본성이라면, 더 늦기 전에 문제를 바로잡아 위기를 막아 낼 수 있다는 기대는 완전히 접어야 한다.

우리 인류가 1980년대에 파멸적인 온난화로부터 스스로를 구하기 위한 발걸음을 막 내딛으려는 순간에, 엘리트들이 주도하는 격렬한 자유 시장주의는 세계 전역 수백만 민중의 반대를 무릅쓰고 우리 인류를 집어삼켰다. 하지만 지금 우리에게는 이런 상황에 맞서서 실행할 수 있는 구체적인 대안이 있다. 바로 자유 시장주의 경제 질서와 맞서 싸우면서, 동시에 성장과 이윤의 추구 대신에 인간의 안전과 지구의 안전을 중심에 놓고 발전하는 경제 질서로 대체하기 위해 노력하는 것이다.

다행스럽게도 지금 미국에서는 1989년 당시와는 다른 움직임이 진행되고 있다. 이런 비전을 품은 〈민주적 사회주의자The Democratic Socialists of America〉(DSA)들을 주축으로 한 운동이 새로이 탄생해 활발하게 성장하고 있다. 이 운동은 단순히 선거 정치에 등장한 대안이 아니라 지구를 구할 수 있는 유일한 동아줄이다.

여기서 명심해야 할 것은 우리가 필요로 하는 운동이 반드시 새로운 것일 필요도 없고, 전례 없는 규모로 실행될 필요도 없다는 점이다. 『뉴욕 타임스』가 트위터를 통해 〈인류는 기후 변화 재앙에 대처할 능력이 없다〉라는 내용으로 리치의 기사에 대한 예고 광고를 올리자마자, 〈민주적 사회주의자〉 생태 정의 진영은 곧바로 이 글의 오류를 바로잡는 글을 올렸다. 〈문제는 자본주의다. 문제의 근원을 진지하게 고찰해 보면,《자본주의는 기후 변화 재앙에 대처할 능력이 없다》가 정답이다. 자본주의를 넘어서기만 한다면, 인류는 생태계의 한계 안에서 번창하는 사회를 충분히 꾸려 갈 수 있다.〉

완벽하지는 않지만 아주 좋은 지적이다. 인간이 자본주의 체제에서 살아가는 것은 결코 필연이 아니다. 우리 인간은 자율적인 활동을 통해 자본주의 이외의 다른 사회 질서, 이를테면 시간의 지평을 더 길게 설정하고 자연의 생명 부양 시스템을 훨씬 더 존중하는 사회를 구축할 능력을 갖고 있다. 실제로 인간은 인류 탄생 이후 대부분의 시간 동안 이러한 삶의 방식을 유지해 왔고, 많은 원주민 문화들은 오늘날까지도 지구 중심의 우주관을 견지하고 있다. 자본주의는 우리 인간 종이 걸어온 집단적 역사 속에 등장한 아주 작은 깜박임일 뿐이다.

그러나 책임을 자본주의에 돌리는 것만으로는 충분하지 않다. 끝없는 성장과 이윤의 추구라는 자본주의의 특징은 화석연료 경제로부터의 급속한 이행이라는 지상 과제와 정면으로 충돌한다. 단언컨대 최근 수십 년 동안 세계 온실가스 배출량의 폭증을 부추긴 주역이자 국제적인 기후 협상이 시작된 이후로 과학에 토대를 둔 기후 행동의 급진전을 가로막은 가장 큰 훼방꾼은 1980년대와 1990년대에 일체의 제약을 뿌리치고 세계적인 차원에서 맹렬한 활동을 개시한 자본주의, 일명 신자유주의다. 신자유주의는 지금도 여전히 가장 큰 훼방꾼이다. 기후 대응에 앞장서고 있다고 자처하는 나라들의 경우도 다르지 않다.

여기서 우리가 솔직히 인정해야 할 것이 있다. 전제적인 산업 사회주의 역시 환경에 재앙을 안긴 주역이라는 점이다. 1990년대 초 구소련 경제권이 붕괴했을 때 탄소 배출량이 한동안 급격히 감소하는 추세를 보였다는 사실이 이를 뚜렷이 입증해 준다. 석유 수출로 번 돈에 의지해 보편적 복지 정책을 펼쳤던 베네수엘라의 사례에서 보듯이 자칭 사회주의 사회라고 해서 모두 생태계 보전에 충실한 것은 아니다.

이 점을 인정한다 하더라도 우리는 덴마크, 스웨덴, 우루과이 등 강력한 민주 사회주의 전통을 가진 나라들이 세계에서 손꼽히는 바람직한 환경 정책을 실시하고 있다는 데 주목해야 한다. 결론적으로, 사회주의가 반드시 생태계 보전을 지향하는 것은 아니며, 현 세대는 미래 세대를 보호할 의무가 있고 모든 생명이 서로 연결되어 있음을 강조하는 원주민 문화의 가르침을 겸허하게 수용하는 새로운 형태의 민주적 생태 사회주의야말로 인류의 집단적인 생존을 보장하는 최상의 기회인 것 같다.

따라서 수십 년간의 신자유주의 득세로 빚어진 경제적 수탈과 만신창이가 된 자연계의 상태 사이의 연관성을 짚어 내고 민주적 생태 사회주의의 전망을 제시하는 정치인들과 정치 지망생들이 부상하는 지금이야말로 중요한 전기다. 이들은 하나같이 모든 이의 기본적인 물질적 필요를 충족시키고 인종·성 불평등에 대한 진정한 해법을 제공하는 한편으로, 100퍼센트 재생 에너지로의 급속한 이행을 촉진하는 정책 등을 포함하는 〈그린 뉴딜〉을 지지한다. 게다가 많은 이들이 화석연료 기업들의 정치 후원을 받지 않겠다고 서약했고, 그 기업들을 상대로 소송을 벌이겠다는 약속을 내놓고 있다.

이들 새로운 세대의 정치 지도자들은 트럼프가 밀어붙이는 자연에 대한 전면전을 거부함과 동시에, 민주당의 주류인 신자유주의 중도파가 생태계 위기에 대한 처방으로 내놓는 무성의한 〈시장 중심의 해법〉 또한 거부한다. 또한 이들은 과거에 존재했거나 지금 존재하는 자원 수탈 사회주의를 대체할 구체적인 경로를 제시한다. 무엇보다 중요한 점을 짚자면, 이들 새로운 세대의 지도자들이 추구하는 것은 〈인류〉를 희생양으로 삼아 극소수 엘리트의 탐욕과 부패를 지탱하는 것이 아니다. 이들이 추구하는 것은 인류, 그중에서도 가장 체계적인 냉대와 배척에 시달려 왔던 사람들이 집단적 목소리와 힘을 찾아 극소수 엘리트의 부당한 대우에 저항할 수 있도록 돕는 것이다.

지구를 만신창이로 만들고 있는 것은 우리가 아니다. 하지만 지구는 아주 빠른 속도로 뜨거워지고 있고, 이대로 가다가는 상당히 많은 사람들이 희생되고·말 것이다. 경각을 다투는 위기의 순간에 때마침 안전한 세계로 이어지는 새로운 정치적 경로가 열리고 있다. 지금은 잃어버린 수십 년을 한탄하고 있을 때가 아니다. 기필코 그 경로에 올라타야 할 때다.

---

1   리치는 2019년에 이 기사를 책으로 출간할 때 빠뜨린 내용을 추가했다.

14

푸에르토리코 재앙의 원인은 자연이 아니다

사회의 근간에 대한 재정적 지원을 체계적으로 차단하고 방치해서 평상시에도 제 기능을 할 수 없게 된 사회는 진짜 위기가 닥쳤을 때 이를 헤쳐 나갈 도리가 없다.

2018년 9월, 허리케인 마리아의 급습이 있고 1년 후

나는 20여 년 전부터 부와 권력을 거머쥔 사람들이 집단적인 위기(초강력 폭풍이나 경제 위기)가 주는 정신적 충격을 체계적으로 이용해서 사회의 정의와 민주주의를 더욱 약화시키는 현실을 연구해 왔다.

허리케인 마리아 상륙 이전에도 푸에르토리코는 이에 해당하는 전형적인 사례였다. 이 허리케인이 닥쳐 오기 전에도, 부채 문제(정당하지 않은 경로 또는 불법적인 경로로 형성된)는 푸에르토리코에 경제적 고통을 안기는 혹독한 정책을 밀어붙이기 위해 동원되었던 구실이었다. 위대한 아르헨티나 저술가 로돌포 월시Rodolfo Walsh는 이미 40여 년 전에 이런 정책을 일컬어 〈계획된 불행miseria planificada〉이라고 표현했다.

이 정책은 교육, 의료, 전기, 물, 교통, 통신 네트워크 등 사회를 결합시키는 중요한 시스템을 체계적으로 공격했다.

이 정책의 시행은 푸에르토리코 내에서 대대적인 반대에 부딪혔기 때문에 푸에르토리코의 선출직 대표들은 이 계획을 실행에 옮길 엄두를 내지 못했다. 결국 2016년 미국 의회는 푸에르토리코의 감독, 관리 및 경제 안정법, 일명 프로메사PROMESA를 통과시키는 강수를 썼다. 이 법은 푸에르토리코 경제를 주민에 의해 선출되지 않은 금융 감독 관리 위원회의 손에 넘겨주는 일종의 경제 쿠데타였다(푸에르토리코에서는 이 위원회를 〈라훈타La Junta〉라고 부른다).

딱 들어맞는 표현이다. 그리스의 전 재무 장관 야니스 바루파키스의 말을 빌리자면, 예전에는 정부를 무너뜨릴 때 탱크가 동원되었지만, 〈이제는 은행이 동원된다〉.

이렇듯 푸에르토리코의 모든 기관이 라훈타의 맹공으로 이미 초토화되어 있던 시점에, 때마침 허리케인 마리아의 초강력 폭풍이 섬을 훑고 지나갔다. 아무리 기반이 튼튼한 사회라도 휘청거리게 할 만큼 강력한 허리케인이었다. 그런데 푸에르토리코는 단순히 휘청거리는 데서 그치지 않고 완전히 주저앉았다.

완전히 주저앉은 것은 푸에르토리코 사람들이 아니었다. 이미 붕괴 직전의 위기에 있던 시스템 전체가 무너져 내렸다. 전력, 건강, 물, 통신, 음식까지 모든 시스템이 마비되었다. 최근 어느 연구가 밝힌 바에 따르면 허리케인 마리아로 인한 사망자 수는 약 3천 명이다. 지금은 푸에르토리코 주지사도 이 수치를 사실로 인정한다. 단언컨 대 이 모든 사람들을 죽음으로 몰아넣은 것은 마리아가 아니다. 수 많은 이들의 귀중한 생명을 앗아 간 것은 고강도의 긴축 정책과 초 강력 허리케인의 〈협동 작전〉이었다.

정작 바람과 물 때문에 목숨을 잃은 사람은 소수였다. 하지만 엄 청나게 많은 사람이 목숨을 잃은 원인은 따로 있다. 사회의 근간에 대한 재정적 지원을 체계적으로 차단하고 방치해서 평상시에도 제 기능을 할 수 없게 된 사회는 진짜 위기가 닥쳤을 때 이를 헤쳐 나갈 도리가 없다. 트럼프는 대수롭지 않다는 듯 부인하고 있지만, 이런 현실은 여러 연구들에 의해서 분명히 입증된다. 허리케인 마리아로 인한 사망 피해의 주요 원인들을 조사한 연구들에 따르면, 허리케인 으로 파괴된 뒤 몇 달 동안 전력망이 복구되지 않아 필수적인 의료 장비를 이용하지 못해 죽은 사람도 많았고, 충분히 나을 수 있는 병 인데 의료 시스템이 축소된 탓에 의료 혜택을 받지 못해 죽은 사람 도 많았고, 환경 인종주의의 유산 때문에 식수 오염 상황에 방치되 었다가 병을 얻어 죽은 사람도 많았고, 오래도록 도움을 받지 못하 고 방치된 탓에 절망감에 빠져 스스로 목숨을 끊은 사람도 많았다.

이들의 죽음은 우리가 흔히 듣는 이야기처럼 유례없이 혹독한 〈자연 재해〉나 〈신의 행위〉 때문에 일어난 게 아니다.

죽은 이들을 기리는 일은 진실을 밝히는 데서부터 시작된다. 단연 코 푸에르토리코에서 벌어진 참사는 자연적인 요인 때문이 아니다. 그리고 신의 존재를 믿는 사람이라 하더라도, 이 참사를 신이 한 일이라고 보아서는 안 된다.

마리아의 공격이 있기 아주 오래전부터 숙련된 전기 기술자 수천 명을 해고하거나 전력망을 기본적으로 유지·보수해야 할 필요성을 무시한 것은 결코 신이 한 일이 아니다. 필수적인 구호 업무 및 피해 복구 계약을 정치적 인맥을 가진 회사들에게 맡기고 일부 회사들이 본연의 업무를 내팽개치는 걸 방치한 것도 결코 신이 한 일이 아니다. 푸에르토리코를 식량의 85퍼센트를 수입하는 나라로 만든 것은 결코 신이 아니다. 오히려 푸에르토리코 군도에 속한 일부 섬들은 세계에서 가장 비옥한 토양이라는 천혜의 선물을 받은 곳이다. 푸에르토리코를 에너지의 98퍼센트를 수입 화석연료에 의존하는 나라로 만든 것은 결코 신이 아니다. 오히려 이 섬들은 강렬한 햇빛과 풍부한 바람, 파도로 둘러싸인 덕에 값싸고 깨끗한 재생 에너지를 쓰고도 남을 만큼 풍족하게 생산할 수 있는 곳이다.

이런 결정을 내린 주체는 강력한 이권 세력을 위해 일하는 사람들이었다.

푸에르토리코와 푸에르토리코 사람들은 500년 전부터 지금까지 단 한 번의 예외도 없이, 세계 경제 안에서 값싼 노동력과 값싼 자원의 공급처이면서 동시에 수입 식품과 수입 연료의 영구적인 수요처로서 다른 사람들을 부유하게 만드는 역할을 담당해 왔다.

식민지 경제는 본질적으로 의존적인 경제, 중앙 집중형 경제, 불평등한 경제, 왜곡된 경제다. 또한 여기서 살펴본 바와 같이 굉장히 취약한 경제다.

그리고 허리케인 마리아를 〈자연 재해〉라고 부르는 것은 온당치 않다. 허리케인 어마와 마리아, 카트리나와 샌디, 하비, 플로렌스, 태풍 하이옌, 슈퍼 태풍 망쿳 등 기록적인 위력을 발휘하는 폭풍들은 이제는 더 이상 자연적으로 발생하는 폭풍이 아니다. 폭풍이 번번이 기록을 갱신하며 위력이 강해지는 이유는 바다가 점점 따뜻해지고 해수면이 점점 상승하기 때문이다. 이것 역시 신의 잘못이 아니다.

푸에르토리코가 겪고 있는 재앙은 허리케인이 아니라 여러 정책들의 치명적인 조합이 야기한 결과다. 수백 년 동안 이어진 식민 수탈과 10여 년의 혹독한 긴축으로 오랫동안 공공 부문의 계획적인 약화가 진행되고 있던 사회에 기후 변화로 더 강력해진 폭풍이 들이닥친 데다 구호 노력조차 부실했기에 빚어진 결과다. 적절한 구호 노력의 부재는 우리의 세계화 시스템 내부에서 가난한 사람들의 생명이 하찮게 취급받고 있다는 사실을 감추려고도 하지 않는 현실을 반영한다.

허리케인 마리아는 거센 바람이 나무에 달린 잎을 죄다 훑어 날려 버리듯이 이 잔혹한 시스템에 씌워져 있던 고상한 가면을 남김없이 벗겨 냈고, 결국 그 적나라한 모습이 전 세계 사람들 앞에 고스란히 드러났다. 허리케인 마리아와 미국 연방재난관리청의 지속적인 부실 대응은 벼랑 끝에 몰려 있던 푸에르토리코를 완전히 밀어내 벼랑 아래로 떨어뜨렸다. 여기서 우리는 푸에르토리코가 애초에 그처럼 벼랑 끝에서 위태롭게 허청거리는 처지가 된 까닭에도 주목해야 한다.

우리는 이런 시스템 붕괴의 원인이 무능함에 있다고 단정 짓는 태도 역시 버려야 한다. 무능함이 실패의 원인이라면, 이런 실패를 야기한 근본적인 시스템을 바로잡으려는 노력이 시행되어야 한다. 공공 부문을 재건하고, 식량과 에너지의 안정적인 공급을 강화하는 시스템을 설계하고, 폭풍의 위력을 더욱 강화하는 결과를 낳게 될 탄소 배출을 앞으로 수십 년 이내에 완전히 중단하기 위한 노력이 시행되어야 마땅하다.

그러나 푸에르토리코의 상황은 완전히 거꾸로 돌아가고 있다. 폭풍이 몰고 온 충격을 이용해서 교육 재정이 대폭 감축되고 수백 개 학교가 문을 닫고 수많은 주택이 압류되고 중요한 공공 자산의 민영화가 추진되고 있다. 이곳에서 진행되고 있는 것은 더욱 강화된 재난 자본주의의 도발뿐이다. 트럼프는 푸에르토리코에서 수천 명의 사망자가 발생했다는 현실을 부정할 뿐 아니라 기후 변화의 현실까지도 부정한다. 그래야만 자신의 행정부는 기후 위기를 더욱 악화시키는 수십 건의 유독성 정책을 추진할 수 있기 때문이다.

이런 현대판 재앙에 대한 당국의 공식적인 대응은 마치 이런 식인 것 같다. 재앙이 계속해서 반복될 수밖에 없도록 모든 방법을 동원하라. 우리 아이들이 희생자를 애도하기 위한 추도식을 하는 것조차 엄두도 못 낼 호사라고 여기게 될 만큼 기후 재앙이 강력하고도 빈번하게 반복될 수밖에 없도록 모든 방법을 동원하라. 만일 그렇게 되면 우리 아이들은 다음번 재앙이 언제 닥칠지 몰라 두려움에 쫓기며 살게 될 것이다. 노스캐롤라이나와 사우스캐롤라이나, 인도 남부, 필리핀 제도의 주민들이 허리케인 마리아의 급습 이후 꼭 1년 만에 같은 재앙을 다시 겪고 있는 것처럼 말이다.

이에 대응하여 푸에르토리코 주민들이 꾸린 수십 개의 조직들은

〈훈테 젠테Junte Gente〉(단결한 민중이라는 뜻)의 기치 아래 〈점진적인 개선에 그치지 말고 급진적인 개혁을 이루라〉며 다른 모습의 미래를 요구하며 나서고 있다. 이들의 메시지는 간단명료하다. 〈이번 폭풍은 경보음이다. 이를 공정한 복구와 새로운 경제로의 공정한 전환을 이끌어 낼 역사적인 기폭제로 삼아 지금 당장 움직여야 한다.〉

우선적으로 해야 할 일은 푸에르토리코의 부채에 대한 회계감사를 실시하고 불법적으로 형성된 부채를 말소하고 라훈타를 해체하는 것이다. 라훈타의 존재 자체가 푸에르토리코 정부의 자치권이라는 가장 기본적인 원칙에 대한 모독이다. 이 일이 먼저 이루어져야만, 실패를 거듭해 왔던 식량, 에너지, 주택, 교통 시스템을 개조해 진정으로 푸에르토리코 주민의 복지 향상에 기여하는 정치적인 공간이 열릴 것이다.

정의로운 복구를 지향하는 이 운동은 푸에르토리코의 비옥한 토양을 최대한 활용할 줄 아는 현지의 현인들과 토착 지식에 의지해서 식량 자립을 달성하는 방안과, 태양광과 풍력에 의지해서 이 섬에 필요한 에너지를 공급하는 방안에 주목한다.

언젠가 푸에르토리코 농업 생태 운동의 위대한 지도자인 달마 카르타헤나에게서 들은 말이 생각난다. 〈마리아 때문에 우리는 만신창이가 되었다. 그러나 그 덕에 우리의 확신은 더욱 굳어졌고, 무엇이 올바른 길인지 알게 되었다.〉 그는 이 섬이 수입 식품에 더 이상 의존하지 말고 전통적인 농업 관행을 되살려 회복력을 키워야 한다는 주장을 펼쳐 온 핵심 인물이다.

예정된 불행과 고의적으로 설계된 의존적인 경제의 시대는 곧 막을 내릴 것이다. 이제는 행복을 누리기 위한 계획을 세우고 독립을 이루기 위한 설계를 해야 할 때다. 다음번 폭풍이 닥칠 때는, 휘몰아치는 바람에 나무가 꺾이는 일은 있어도 푸에르토리코가 무너지는 일은 결코 있을 수 없다는 걸 전 세계 사람들에게 보여 줄 수 있도록 말이다.

15

그린 뉴딜의 성패는 운동의 힘에 달렸다

우리가 안고 있는 여러 가지 문제들이 별개의 사안이라고 보게 된 건 그렇게 훈련받은 탓이다. 이 문제들은 애초부터 따로따로 떨어진 게 아니었다.

2019년 2월

〈내가 진짜로 싫어하는 게 자동차를 타지 마라, 비행기를 타지 마라, 캘리포니아에 갈 때는 기차를 타라, 이제부터 소의 소유를 일체 불허한다는 식의 정책이다!〉

텍사스주 엘파소에서 트럼프 대통령은 첫 선거 유세 때 하던 방식으로 이렇게 고함치면서 알렉산드리아 오카시오코르테스 하원 의원과 에드 마키 상원 의원이 발의한 그린 뉴딜 결의안을 공격했다.

그의 말은 반드시 짚고 넘어갈 필요가 있다. 이 말은 눈앞에 임박한 생태계의 붕괴와 점점 심화되는 경제적 불평등(인종 간, 남녀 간

부의 격차도 포함된다), 날로 거세지는 백인 우월주의 등 삼중의 위기에 직면해 변혁적 행동을 요구하는 대중의 열망을 무도하게 깎아내리다가 결국에는 재선에 실패한 대통령의 호언장담이 될 수도 있다.

그런가 하면 이 말은 생명체가 거주할 수 있는 기후의 종언을 알리는 묘비명이 될 수도 있다. 트럼프의 거짓말과 공포 전술이 절실히 요구되는 변혁 행동을 짓밟는 데 성공하도록 놓아둔다면, 이 말은 트럼프의 재선 성공의 디딤돌이 되거나, 고작해야 전면적인 변혁을 추진하려는 용기도 없고 민주적인 사명감도 없는 소심한 민주당 후보가 백악관에 입성하는 걸 돕는 결과를 낳을지도 모른다. 지구온도가 재앙적인 수준에 이르는 걸 막기 위해서는 몇 년 안에 꼭 필요한 전환을 추진해야 하는데, 이 둘 중 어느 시나리오로 간다면 우리는 소중한 시간을 고스란히 날려 버리게 될 것이다.

2018년 10월에 IPCC(기후 변화에 관한 정부 간 협의체)가 발표한 획기적인 보고서에 따르면, 세계는 12년 안에 온실가스 배출량을 절반으로 줄여야 한다. 그런데 이것은 경제 대국들이 주도적으로 나서서 대대적인 변화를 일으키지 않는 한 결코 달성할 수 없는 목표다. 2021년 1월에 미국에 이 역할을 담당할 채비를 갖춘 새 정부가 들어설 경우에는, 여전히 막대한 난관이 따르긴 하겠지만 과학계의 요구대로 따라가기만 한다면 이 목표를 충분히 달성할 수 있다. 특히 대도시들과 캘리포니아, 뉴욕 등의 주들이 온실가스 감축 목표를 꾸준히 높여 가고 그린 뉴딜 논쟁이 한창 진행 중인 유럽연합 역시 이 길을 걷는다면, 목표 달성은 충분히 가능하다. 하지만 다음 미국 재선에서 공화당 출신이나 기업의 후원을 받는 민주당 출신에게 백악관을 넘겨줄 경우, 그 정부의 4년 임기가 끝나는 해는 벌써 2026년이다. 그때 가서 전환을 시작하자는 것은 터무니없는 소리다.

결국 길은 두 갈래다. 하나는 트럼프의 작전이 통해서 그린 뉴딜이 실패로 끝난 정치 이슈가 되는 길이다. 다른 하나는 트럼프의 작전이 어그러져서, 그린 뉴딜을 핵심 강령으로 삼은 정치인이 민주당 경선에서 당선되고 다시 대선에서 트럼프를 이기고 대통령에 당선된 뒤, 취임 첫날부터 전시 수준의 투자를 총동원해 우리가 처한 삼중의 위기를 돌파하겠다는 확고한 민주적 사명감을 실천에 옮기는 길이다. 미국이 이런 길을 걸으면 다른 나라들 역시 과감한 기후 정책을 실시하는 길로 따라올 것이고, 이로써 우리는 이 험난한 싸움에서 성공을 거둘 기회를 손에 쥐게 될 것이다.

다행스럽게도 이 글을 쓰는 현재, 화석연료 기업들과 이들에게 돈을 대준 금융권 등 가장 강력한 그린 뉴딜 저지 세력에 맞서 온 이력을 갖추었을 뿐 아니라 그린 뉴딜을 지지한다는 입장을 밝힌 사람들이 민주당 경선에 나서고 있다. 버니 샌더스와 엘리자베스 워런을 비롯한 지도자들(그리고 그들을 만든 운동)은 우리가 필요로 하는 전환과 관련된 중요한 내용을 이해하고 있다. 그린 뉴딜은 결코 〈누이 좋고 매부 좋고〉가 될 수 없다. 그린 뉴딜이 진행되면, 수십 년 동안 막대한 이윤을 챙겨 온 화석연료 기업들은 손실을 보기 시작할 것이고 오랫동안 누려 온 세금 우대 혜택과 보조금 외에 더 많은 것을 잃게 될 것이다. 새로운 시추 및 채광 면허를 따낼 기회를 잃게 될 것이고, 그토록 짓고 싶어 하는 송유관과 수출 기지 건설 허가도 받

을 수 없을 것이고, 확인된 화석연료 매장분 수조 달러어치를 땅속
에 그대로 묻어 두어야 할 것이다. 게다가 그나마 남은 이윤마저 문
제가 될 줄 알면서도 만들어 낸 쓰레기를 처리하는 비용으로 돌려야
할 것이다. 이미 이와 관련해 여러 건의 소송이 진행되고 있다.

　뿐만 아니라 지붕형 태양광 발전기 설치를 대대적으로 권장하는
현명한 정책이 시행될 경우, 거대 전력 회사들은 막대한 수익 상실
을 볼 것이다. 자사의 전력을 사서 쓰던 고객이 전력 발전 사업자의
위치에 서게 될 테니 말이다. 이를 통해 경제의 평등성을 강화하고
궁극적으로는 전력 요금 부담을 낮출 막대한 기회가 열릴 것이다.
이렇게 되면 일부 강력한 이권 세력들은 또다시 손실을 보게 될 것
이다. 거대 전력 기업이 독점 공급하는 전력에 의존할 수밖에 없었
던 고객들이 직접 생산한 전력을 전력망을 통해 되파는 사업상의 경
쟁자가 되면서, 석탄을 연료로 쓰는 거대 전력 기업들 역시 상당한
손실을 입게 될 것이다.

　화석연료 기업들과 그 협력자들에게 이런 손실을 떠안길 의지가
있는 정치인들은 단순히 적극적인 부패에 휩쓸리지 않는 것을 넘어
서서 세기의 싸움에 나서야만 한다. 그리고 어느 쪽이 이겨야 하는
지 분명히 밝혀야 한다. 또 하나, 우리가 결코 잊어서는 안 될 부분이
있다. 그린 뉴딜을 추진하고자 하는 행정부들은 반드시 자신들을 지
지하고 더 많은 일을 하도록 재촉하는 강력한 사회 운동의 뒷받침을
받아야 한다.

　그린 뉴딜을 위한 역량을 총동원해 기후 벼랑 끝에서 내려서느냐
마느냐는 향후 몇 년 동안 사회 운동이 어떤 행동을 이뤄 내느냐에

달려 있다. 이 싸움에 나설 의지가 있는 정치인을 대통령으로 선출하는 것도 중요한 일이지만, 선거만으로는 정치적 세력화를 이룰 수 없다. 문제의 핵심은 향후 가능성에 관한 셈법을 바꿀 수 있을 만큼 정치적인 힘을 키우는 데 있다.

우리는 부유한 나라의 정부들이 경제를 구성하는 토대에 현격한 변화를 도입하기로 합의했던 몇 안 되는 역사적 사례들에서 중요한 교훈을 얻어야 한다. 프랭클린 루스벨트 대통령이 뉴딜을 채택했던 때는 역사적 규모의 노동 운동 물결이 휩쓸던 때였음을 잊지 말아야 한다. 1934년에는 팀스터 봉기와 미니애폴리스 총파업이, 같은 해에 83일에 걸친 웨스트코스트 항만 노동자들의 항만 봉쇄가, 1936년과 1937년에는 플린트에서 자동차 노동자들의 연좌 농성이 있었다.

이 기간 동안 대중 운동은 대공황이 몰고 온 고통에 대응해 사회 보장 제도와 실업보험 등 전면적인 사회 복지 제도를 요구했고, 사회주의자들은 버려진 공장의 소유와 경영을 노동자들에게 넘겨 협동조합 형태로 운영되도록 해야 한다고 주장했다. 『정글*The Jungle*』의 작가로 사회 고발 문학에 주력했던 업턴 싱클레어는 1934년의 어느 강연에서, 가난을 끝낼 수 있는 열쇠는 노동자 협동조합 사업에 대한 정부의 전면적인 재정 지원이라고 주장했다. 그는 캘리포니아 주지사 선거에서 90만 표 가까이 얻었으나, 우파의 맹렬한 공격과 민주당 주류의 제지 탓에 끝내 주지사가 되지 못했다. 루이지애나주 상원 의원 휴이 롱은 모든 미국인이 연소득 2,500달러를 보장받아야 한다고 주장했는데, 이 사람에게 주목하는 미국인의 수 역시 계속 증가하는 추세였다. 1935년에 루스벨트 대통령은 뉴딜에 더 많은 사회 복지 혜택을 추가한 이유를 설명하면서 〈휴이 롱이 받고 있는 국민의 관심을 가로채고〉 싶었다고 말했다.

요컨대 루스벨트가 뉴딜 정책을 채택한 시점은 진보 진영과 좌파가 대단히 전투적인 활동을 펼치던 때였으며, 당시에는 이 프로그램이 전면적 혁명을 저지할 수 있는 유일한 방법으로 여겨졌다는 점에 주목해야 한다.

1948년 미국이 마셜 플랜을 채택하기로 결정했을 당시에도 이와 비슷한 역학 관계가 형성되어 있었다. 유럽의 기간 시설이 파괴된 상황이라, 미국 정부는 서유럽의 상당 부분이 사회주의가 제시하는 평등 사회의 약속을 최선의 희망으로 여겨 소련의 영향력 아래로 들어갈지도 모른다는 불안감을 품고 있었다. 실제로 너무나 많은 독일인들이 전쟁 직후에 사회주의에 경도되어 있었기 때문에, 연합국은 소련에게 모두 빼앗기는 위험을 감수하기보다는 독일을 동서로 분할하기로 결정했다.

미국 정부가 서독을 재건할 때 서부 개척 방식의 자본주의Wild West capitalism에 의지하지 않기로 결정한 데는 이런 배경이 있다(50년 뒤 소련이 붕괴했을 때도 같은 시도를 했지만, 그 결과는 좋지 않았다). 결국 독일은 지역 기반의 산업화, 강한 노동조합, 탄탄한 복지 정책을 추구하는 사회 민주주의 혼합형 모델로 재건된다. 뉴딜 실시 의도와 마찬가지로, 마셜 플랜의 목적은 사회주의적 요소가 접목된 시장 경제를 건설해 혁명적인 접근 방식에 쏠려 있는 대중의 관심을 돌리는 것이었다. 마셜 플랜의 역사를 다룬 저서로 극찬을 받은 캐럴린 아이젠버그는 이 접근법이 이타주의적 동기에서 비롯된 것이 아니라고 강조한다. 〈소련은 장전된 총이나 다름없었다. 독일 경제가 위태로웠고 독일 좌파의 영향력이 막강한 상황이라, 서구권은 하루빨리 독일 국민의 환심을 사야 했다.〉

요컨대 뉴딜과 마셜 플랜의 가장 진보적인 요소들을 낳은 것은 바로 전투적인 운동과 정당 활동의 형태로 진행되었던 좌파의 압박이었다. 이 점은 반드시 명심해야 할 교훈이다. 지금 북미와 유럽의 정당들이 내놓은 그린 뉴딜 계획은 중요한 약점을 가지고 있다. 1930년대에 시행된 뉴딜이 시간이 흐름에 따라 강화되고 확대되었듯이, 이계획 역시 더욱 강화되고 확대될 필요가 있다.

오카시오코르테스와 마키가 제출한 그린 뉴딜 결의안은 느슨한 골조일 뿐이다. 언론은 너무 많은 것을 담았다고 비판하지만 실제로는 아직도 빠진 부분이 많다. 예를 들어 그린 뉴딜은 탄소를 파내지 않고 땅속에 그대로 묻어 두는 문제를 더 명료하게 다루어야 한다. 또한 미군이 온실가스 배출량을 증가시키는 데 큰 몫을 한다는 점과 핵과 석탄은 결코 〈청정에너지〉가 아니라는 점, 그리고 미국 같은 부유한 나라들과 셸이나 엑슨 같은 강력한 기업들이 아무 잘못도 없이 기후 위기의 충격에 시달리는 가난한 나라들에게 갚아야 할 부채 문제를 더 명료하게 다뤄야 한다.

무엇보다 중요한 점을 꼽자면, 그린 뉴딜이 성공하려면 질 좋은 녹색 일자리에서 나오는 봉급이 과도한 소비로 곧바로 빨려들어 배출량 증가로 이어지는 걸 방지할 구체적인 계획이 마련되어야 한다는 것이다. 이를테면 모든 사람들이 좋은 일자리를 얻는다 해도 그 덕에 생긴 넉넉한 가처분소득을 값싼 중국산 제품(몇 번 쓰고 나면 쓰레기 매립지로 가게 되는)을 사는 데 몽땅 써버린다면 온실가스 배출량이 늘어날 수밖에 없다.

바로 이것이 최근에 등장한 이른바 〈기후 케인스주의〉의 문제점이다. 제2차 세계 대전 이후의 경제 호황은 침체된 경제를 되살리긴 했지만, 한편으로는 무계획적인 도시 팽창을 촉진하고 소비 급증을 낳았으며, 이런 소비 관행이 세계 구석구석에까지 확산되었다. 사실 기후 정책을 입안하는 사람들은 월마트 건물 지붕에 태양광 전지를 설치하는 것이 온실가스 감축에 도움이 되는지, 또 쇼핑을 정체성과 공동체와 문화를 형성하는 주요한 방법으로 여기는 생활 양식이 안고 있는 문제점을 대중적으로 논의해야 할 시점인지에 대해서는 여전히 갈팡질팡한다.

이런 논의는 그린 뉴딜의 투자 우선순위에 관한 결정과 밀접하게 연결되어 있다. 지금 우리에게 필요한 것은 가용 자원에 한계가 있음을 인정하는 일이다. 또한 삶의 질을 향상시키는 동시에 끝없는 소비 관행 밖에서 즐거움을 얻을 새로운 기회(공공 재원으로 공급되는 예술 작품 및 도시 내 오락 시설이나 개발되지 않은 자연에 대한 새로운 보호 방침에 입각한 자연과의 교류)를 제공하는 전환이다. 여기서 핵심은 노동 시간을 단축해 여가를 즐길 시간을 보장하고, 패스트푸드와 생각을 마비시키는 오락거리에라도 의지하지 않고는 견뎌 내기 힘든 과중한 노동의 부담을 덜어 주는 것이다.

우리는 이런 생활 방식의 변화와 여가 활동이 행복감과 성취감을 높인다는 것을 알고 있다. 하지만 특히 미국 같은 곳에서는 기후 행동과 관련한 논의가 여전히 개인적인 번영과 부의 축적이 곧 행복이라고 여기는 관점에서 벗어나지 못한다. 그린 뉴딜을 가로막는 정치적 장벽을 허물기 위해서는 이런 관점을 반드시 무너뜨려야 한다.

『가디언』의 조지 몬비오트George Monbiot의 말을 빌리자면, 지구의 자원은 우리에게 〈개인에게는 넉넉함을, 공공에게는 호화로움〉을 제공할 수 있다. 대표적인 예가 〈아름다운 공원과 놀이터, 공공 스포츠 센터와 수영장, 전시관, 텃밭, 공공 교통망 등〉이다. 만인이 개인적 사치를 누리는 세상은 실현 불가능한 꿈이고, 지구는 결코 이 꿈을 지탱할 능력이 없다. 경제학자 케이트 레이워스 역시 저서 『도넛 경제학』에서 〈지구의 한계 내에서 만인의 요구를 충족시키는〉 경제, 〈성장은 없어도 만인이 부족함 없이 살게 해주는 경제〉가 필요하다고 말한다.

이런 점에서 볼리비아와 에콰도르에서 원주민의 주도로 전개되는 운동으로부터 배울 점이 많다. 이 운동은 생태적인 전환을 요구하는데, 그 핵심 개념이 〈부엔 비비르Buen vivir〉(좋은 삶이라는 뜻)다. 이들은 소비의 확대와 계획적 진부화와 같은 더 많은 소유를 목표로 하는 삶 대신에 좋은 삶을 누릴 수 있는 권리에 초점을 맞춘다.

그린 뉴딜을 반대하는 사람들은 그린 뉴딜이 그리는 미래는 끊임없는 물자 부족과 정부의 통제에 시달리는 궁핍한 미래라는 공포감을 지속적으로 유포하는 방법을 동원할 수 있다. 그렇다고 해서 세계 인구 중 상위 소득 10~20퍼센트 계층의 생활에 변화가 생길 거라는 점을 부인할 수는 없다. 이들의 삶에는 당연히 변화가 있을 것이다. 또한 이 범주에 속하는 우리 같은 사람들은 항공 여행, 육류 소비, 과도한 에너지 사용을 의무적으로 줄여야 할 것이다. 하지만 한편으로는 새로운 즐거움과 정신적 충만함을 기를 수 있는 새로운 공간도 생겨날 것이다.

이처럼 어려운 논의를 할 때 반드시 명심해야 할 점이 있다. 우리 행성의 건강이야말로 우리 삶의 질을 좌우하는 가장 중요한 요소라는 것이다. 나는 카트리나, 샌디, 마리아 등 허리케인과 초강력 폭풍의 피해를 입은 지역들을 일부러 찾아다녔고, 여러 지역에서 동시에 진행되는 산불이 뿜어내는 짙은 연기가 섞인 공기를 질리도록 들이마셔 보았기에 자신 있게 말할 수 있다. 기후가 붕괴된 미래는 암울하고 궁핍한 미래다. 아니, 그 정도가 아니라 우리가 소유하는 모든 물질이 눈 깜빡할 사이에 잔해나 재로 변해 버릴 수도 있다. 누군가는 지금의 상태가 아무런 변화 없이 미래에까지 지속되는 일상이 우리 앞에 놓인 선택지 중 하나라고 상상할지도 모른다. 하지만 그것은 환상이다. 어떤 방향으로든 변화는 오게 마련이다. 우리 앞에 놓인 선택지는 딱 두 가지다. 만인이 최대의 편익을 누릴 수 있도록 변화를 이끌어 나가느냐, 아니면 수동적으로 기다리다가 기후 재앙과 물자 부족, 그리고 〈타자〉에 대한 공포감에 떠밀려 완전히 다른 모습으로 변하느냐, 이 두 가지뿐이다.

앞서 말한 모든 점을 고려할 때, 모든 국가의 그린 뉴딜에는 엄격한 견제와 균형의 원칙이 구축되고 그 일환으로 정기적인 탄소 배출량 감사가 실시되어야 한다. 이를 통해서 각국이 과학적 근거를 바탕으로 제시된 온실가스 배출량의 급격한 감축 목표를 충족하고 있는지 꼼꼼히 점검해야 한다. 재생 에너지로의 전환과 주거 에너지 효율 개선만으로도 목표 달성이 가능할 거라는 소박한 생각에 머무른다면, 그린 뉴딜의 시작과 동시에 온실가스 배출량이 급증하는 역설적인 상황을 맞이할 수 있다.

요컨대 그린 뉴딜은 항상 현재 진행형이어야 한다. 약속한 목표를 지키도록 사회 운동과 노동조합들, 과학자들, 지역 사회들이 감시하고 이끌 때에만 그린 뉴딜은 강력한 힘을 유지할 수 있다. 1930년대 뉴딜 시대에는 강력하고 조직화된 시민운동이 있었기에 대단히 중요한 양보를 여러 건 받아 낼 수 있었지만, 현재의 시민운동은 1930년대만큼 강력한 힘이나 조직화 수준에 이르지 못한 상황이다. 물론 시민운동 강화의 조짐은 곳곳에서 확인된다. 대규모 구금과 강제 추방에 반대하는 운동, #미투 운동, 교사 파업, 원주민의 송유관 저지 운동, 화석연료 투자 회수 운동, 여성 행진, 기후를 위한 등교 거부 시위, 선라이즈 무브먼트, 의료 개혁 운동, 그 밖에도 많은 움직임이 결집되고 있다.

그러나 변혁적인 그린 뉴딜을 실현하고 보호할 수 있을 만큼 강력한 외연의 힘을 구축하기까지는 아직도 갈 길이 멀다. 따라서 이미 확보된 기반을 이용해 이런 힘을 구축하는 것이야말로 우리 앞에 놓인 중요한 과제다. 요컨대 우리는 아직까지 연결되지 않은 운동들을 한데 묶어 줌과 동시에 각 운동의 대중적 기반을 크게 넓힐 수 있는 비전을 한시바삐 정립해야 한다.

여기서 핵심은 좌파의 〈세탁 목록〉 혹은 〈희망 사항 목록〉이라고 눈총을 받는 제안들을 도저히 거부할 수 없을 만큼 매력적인 미래의 이야기로 바꾸는 것이다. 따라서 우리는 의료 보험과 고용, 보육 문제와 수감 문제, 깨끗한 공기와 여가 시간 등 일상생활의 수많은 부분들 사이의 연관 관계를 짚어 내는 비전을 정립해야 한다.

아직도 대부분의 사람들이 그린 뉴딜을 서로 관련이 없는 사항들을 한데 모아 놓은 주머니라고 여긴다. 이들이 이런 관점을 갖게 된 것은 자본주의에 대한 체계적이고 역사적인 분석을 외면하도록 훈련받아 온 탓이고, 지금의 시스템이 야기하는 모든 위기(경제적 불평등, 여성에 대한 폭력, 백인 우월주의, 끝없이 이어지는 전쟁, 생태계 파괴)를 별개의 사안으로 생각하도록 훈련받아 온 탓이다. 이처럼 경직된 관점에 갇혀 있으면, 그린 뉴딜과 같이 전면적이고 교차성을 강조하는 비전을 보고서도 좌파가 요구하는 모든 사안에 녹색 분칠을 한 〈세탁 목록〉일 뿐이라고 일축하기 쉽다.

따라서 가장 시급한 과제는 우리가 겪는 중첩되는 위기들이 실제로는 서로 떼어 놓을 수 없는 관계에 있음을, 따라서 사회적·경제적 변혁을 지향하는 총체적인 비전을 가져야만 이 위기를 극복할 수 있음을 입증하는 것이다. 예컨대 우리는 온실가스 배출량 감축을 아무리 빠른 속도로 추진한다 해도 지구 기온이 점점 더 상승하고 폭풍이 점점 더 강력해질 거라는 점을 지적해야 한다. 수십 년 동안의 긴축 정책 때문에 부실해진 의료 시스템을 강력한 폭풍이 강타하면, 수많은 사망자가 발생한다. 실제로 허리케인 마리아에 강타당한 푸에르토리코가 바로 이런 비극을 맞았다. 따라서 그린 뉴딜에 보편적인 의료 보장을 포함시키는 문제는 나중에 여유 있을 때 처리해도 되는 부차적인 사안이 아니라, 앞으로 다가올 험난한 미래에 우리 인류의 존속을 보장하는 데 필요한 핵심 전제다.

우리는 이것 말고도 훨씬 많은 사안들 사이에서 연관 관계를 짚어내야 한다. 기후 문제와 무관한 무상 보육과 무상 중등 교육이라는 요구 때문에 기후 정책이 더 큰 부담을 안게 된다고 불평하는 사람들이 있다. 하지만 그렇지 않다. 이런 돌봄 직업들(대부분 여성들이 담당한다)은 상대적으로 탄소를 덜 배출한다. 또 현명한 계획과 결합한다면 탄소 배출을 훨씬 더 줄일 수도 있다. 따라서 이런 일자리들은 〈녹색 일자리〉로 간주되어야 한다. 다시 말해서 이런 돌봄 일자리에 대해서는 남성들이 주로 담당하는 재생 에너지, 효율성 향상, 대중교통 부문의 일자리에 제공되는 것과 같은 수준의 노동 보호와 투자, 생활 임금이 제공되어야 한다. 또한 여성들이 재생 에너지, 효율성 향상, 대중교통 부문으로 진입할 수 있도록 하려면 가족 돌봄 휴가와 동등한 임금의 보장이 필수 요건이다. 그래서 이 두 사항도 그린 뉴딜 결의안에 들어 있다. 우리가 안고 있는 여러 가지 문제들이 별개의 사안이라고 보게 된 건 그렇게 훈련받은 탓이다. 이 문제들은 애초부터 따로따로 떨어져 있는 게 아니었다.

이러한 연관 관계를 짚어 내는 비전으로 대중의 상상력을 사로잡으려면 대중이 참여 민주주의를 현실에서 체험할 기회를 가질 수 있어야 한다. 이를 위해서는 먼저 모든 분야(병원, 학교, 대학, 전문 기술, 제조, 미디어 등)의 노동자들이 탄소 배출을 신속하게 줄여 나가는 계획을 직접 세움과 동시에, 빈곤 퇴치와 좋은 일자리 창출, 인종 간·남녀 간 소득 격차 해소 등 그린 뉴딜의 사명을 진척시킬 필요가 있다. 그린 뉴딜 결의안은 이런 종류의 민주적이고 분권화된 지도력의 구축 필요성을 대담하게 요구한다. 이처럼 민주적이고 분권화된 지도력이 구축된다면, 그린 뉴딜에 반대하는 전열을 가다듬고 있는 강력한 엘리트 세력들에 맞서는 광범위한 지지 기반을 갖추는 데 큰 도움이 될 것이다.

　이것 말고도 우리가 짚어 내야 할 연관 관계는 무수히 많다. 일자리 보장은 기후 대응과 무관한 사회주의의 부속물이 아니다. 신속하고 정의로운 전환을 달성하기 위해 반드시 필요한 요소다. 일자리가 보장되어야만, 먹고살기 위해 지구를 망가뜨리는 일자리라도 마다할 처지가 아니라는 압박감을 완화하는 즉각적인 효과가 나타날 것이다. 또한 기후 대응을 위해서는 수많은 분야의 일자리들이 급격히 늘어나야 하는데, 일자리가 보장되어야만 모든 노동자가 새로운 일자리로 옮기는 데 필요한 재교육과 구직 활동에 충분히 시간을 투자할 수 있을 것이다.

　이런 생존권 보장(일자리 보장, 의료, 보육, 교육, 주거)은 우리 시대에 만연한 경제적 불안을 원천적으로 해결할 수 있는 환경을 조성한다는 점에서 중요하다. 또한 기후 붕괴에 맞서는 우리의 역량에도 큰 영향을 미칠 수 있다. 예컨대 자기 가족이 음식과 의료, 주거와 관련해서 곤경을 겪지 않을 거라고 확신하는 사람이라면, 급격한 변화에 대한 공포감을 먹고 자라는 인종주의적 선동에 쉽게 흔들리지 않을 것이다. 다시 말해서 생존권 보장이야말로 우리가 온난화 세상에서 마주치기 쉬운 타자화 문제를 해결하는 방법이다.

　마지막으로 짚고 싶은 것은 〈복원〉과 관련된 것이다. 그린 뉴딜 결의안은 〈파괴될 위기에 놓인 취약한 생태계를 복원하고 보호하며〉, 〈위험한 폐기물과 파괴된 채로 방치된 지역들을 깨끗이 청소하고, 그 지역의 경제 발전과 지속 가능성을 보장하는〉 업무를 하면서 적절한 보수를 보장받는 일자리를 창출할 것을 요구한다.

미국 전역에는 프래킹 유전이나 광산, 유정으로 쓰이다가 채산성이 없다는 이유로 버려진 지역들이 많이 있다. 이런 문화에서는 사람도 똑같은 대접을 받는다. 우리는 자신이 소유한 물건도 이런 식으로 취급하도록, 다시 말해 한 번만 쓰고 버리거나 함부로 다루다가 깨지면 얼른 내다버리고 더 많은 물건을 사서 쓰도록 훈련받아 왔다. 신자유주의 시대에는 수많은 노동자들이 이와 똑같은 대접을 받는다. 고된 노동에 혹사당하다가 쓸모가 없어졌다고 내쫓기고 방치된 탓에 중독과 절망의 구렁텅이로 떨어지는 노동자들이 많다. 이는 〈감옥 도시carceral state〉 개념과도 관련이 있다. 요즘에는 상당히 많은 인구를 교도소에 가두어 놓는 도시들이 많다. 여기에는 이들이 교도소 안에서 노동을 하거나 민영 교도소의 수감자로 인원을 채우는 편이 사회에서 자유로운 노동자로 일하는 것보다 경제적 편익이 더 크다는 계산도 작용한다.

복원 의무와 관련해서 한 가지 더 짚어야 할 이야기가 있다. 우리는 인간과 지구의 관계뿐만 아니라 인간 상호 간의 관계도 복원해야 한다. 기후 변화는 온실가스가 대기 중에 과도하게 쌓이면서 빚어진 위기이지만, 그 뿌리를 더 깊이 파보면 채취주의 사고방식이 낳은 위기다. 다시 말해 자연계와 여기에 깃들어 살아가는 수많은 생명을 이용 가치가 떨어질 때까지 써먹은 다음에 내버리면 그만인 자원으로 여기는 사고방식이 낳은 위기다. 나는 이것을 〈기그 앤드 디그gig and dig〉 경제*라고 부른다. 단언컨대 우리가 모든 수준에서 세계관의 변화,

* 본문 325~326면 참조.

즉 돌봄과 복원의 정신으로의 전환을 이루어 내지 못하면 이 위기에서 벗어날 수 없다. 우리는 땅을 복원해야 한다. 우리는 물건을 보수해서 써야 한다. 우리는 자신이 몸담은 나라 안에서, 그리고 나라와 나라 사이에서 우리가 맺고 있는 여러 가지 관계를 복원하는 일에 두려움 없이 나서야 한다.

우리는 화석연료 시대가 폭력적인 〈도둑 정치kleptocracy〉에서 시작되었음을 명심해야 한다. 사람들을 강제로 빼앗아 오고 땅을 강탈하는 두 가지 중요한 도적 행위가 무한한 팽창의 새 시대를 열어 놓은 토대였음을 잊지 말아야 한다. 사람과 땅에게 생명을 되돌려 주는 길은 청산과 복원을 통해야만 열린다. 우리는 과거를 청산하고 1차 산업혁명 때 가장 큰 희생을 치렀던 사람들과의 관계를 바로잡아야 한다.

불편한 진실을 인정하지 않았던 과거 때문에 집합의 의미를 가진 〈우리〉라는 개념은 오랜 세월 조롱의 대상이 되어 왔다. 이런 과거를 청산할 때에만 우리 사회는 모든 제약에서 벗어나 집단적 목적을 찾아낼 수 있을 것이다. 공통의 목적을 제시하는 것이야말로 그린 뉴딜이 해야 할 가장 중요한 약속이다. 지금은 지구의 생명 유지 시스템만이 아니라, 우리 사회의 기본적인 토대 역시 굉장히 많은 전선에서 한꺼번에 무너지는 상황이니 말이다.

도처에서 균열의 조짐이 나타난다. 가짜 뉴스와 제어할 길이 없는 음모론이 끊임없이 고개를 들고, 우리 사회의 중요한 동맥들에서 경화 현상이 나타나고 있다. 이런 상황을 고려할 때, 그린 뉴딜은 포괄성과 개혁성, 긴급성을 반영하고 있다는 점에서 이런 분열을 극복하는 데 기여하는 집단적인 목적이 될 수 있다.

　그린 뉴딜은 인종주의나 여성 혐오, 동성애 혐오, 혹은 성 전환 혐오를 말끔히 없앨 수 있는 마법의 치료제가 아니다. 우리는 여전히 이런 문제들에 맞서야만 한다. 하지만 설사 반대 세력이 총결집하고 나선다 해도, 일단 그린 뉴딜이 법제화된다면 많은 사람들이 자기 자신보다 더 큰 세상을 이루기 위해 함께 협력하고 있다는 느낌, 우리 모두가 이런 세상을 창조해 가는 일원이라는 느낌을 받게 될 것이다. 우리는 공통의 목적지를 갖게 될 것이다. 지금 우리가 살아가는 세상보다 훨씬 더 나은 세상이라는 목적지를 말이다. 지금 이 순간 후기 자본주의 시대에 결여되어 있는 것이 바로 이런 사명감의 공유다.

　만약 고통당하는 사람들과 뜨거워지는 지구 사이의 뿌리 깊은 연관 관계를 짚어 내는 일이 정책 결정자들의 역량만으로는 버거운 일처럼 보인다면, 뉴딜 시대에 예술가들이 맡았던 핵심적인 역할을 떠올릴 필요가 있다. 당시 극작가, 사진작가, 벽화가, 소설가들은 어떤 세상이 가능한가를 그려 내는 일에 동참했다. 마찬가지로 그린 뉴딜이 성공하기 위해서는 예술가와 심리학자, 종교 지도자, 역사학자 등 다양한 분야에 몸담은 이야기꾼들의 기량과 전문성에 의지할 필요가 있다.

　그린 뉴딜의 골조가 모든 사람이 그 속에서 자신의 미래를 볼 수 있을 만큼 내실을 갖추게 되기까지 가야 할 길이 멀다. 이미 여러 가지 실수가 있었고, 앞으로도 더 많은 실수가 일어날 것이다. 그러나 무엇보다 중요한 것은 이처럼 빠르게 성장하는 정치적 프로젝트가 추구하는 목표다. 그 어떤 실수도 이 목표에 견주면 대수롭지 않은 것이다.

그린 뉴딜은 과학계가 요청하는 만큼 빠른 속도로 온실가스 배출량을 낮추기 위해서 어떤 대책이 필요한지 정확히 알고 있는 전문가들, 그리고 수십 년 동안 환경 오염과 엉터리 기후 해법에 맞서 싸워온 사회 운동의 지속적인 감시와 압박을 거리낌 없이 수용해야만 할 것이다. 그러나 우리는 감시의 눈길을 유지하면서도 총체적인 시야를 잃지 않도록 주의를 기울여야 한다. 그린 뉴딜은 우리 모두를 구할 생명의 동아줄이 될 힘을 가지고 있다. 이 동아줄을 놓치지 않는 것이야말로 우리 모두의 막중한 도덕적 의무임을 잊지 말아야 한다.

그린 뉴딜에 대한 관심을 불러일으키는 데 크게 기여해 온 선라이즈 무브먼트 소속 젊은 활동가들은 우리가 집단적으로 직면하고 있는 순간이 〈가능성과 위험성〉, 이 두 가지로 가득 채워져 있다고 이야기한다. 지당한 말이다. 여기서 일어나는 모든 일은 가능성과 위험성, 둘 다를 품고 있다.

16
그린 뉴딜의 예술

〈우리는 기간 시설의 변화만 이뤄 낸 게 아니다. 우리의 모든 행동 방식에서 변화를 일구어 냈다. 우리 사회는 현대적이며 풍족할 뿐만 아니라 품위 있고 인도적인 사회로 변모했다.〉

2019년 4월

이따금 어떤 일이 그것을 계획한 사람이 예상했던 바를 훌쩍 뛰어넘어 강력한 힘을 불러일으키기도 한다. 「알렉산드리아 오카시오코르테스와 함께하는 미래에서 온 메시지」라는 제목의 7분짜리 동영상이 바로 그랬다. 이 동영상은 내가 총괄 프로듀서로 참여하고, 화가 몰리 크래배플과 함께 구상한 것이다.

코르테스 의원이 내레이션을 맡고, 크래배플이 삽화를 그린 이 동영상은 지금으로부터 20년 후를 시대 배경으로 한다. 동영상은 앞머리 부분이 하얗게 센 오카시오코르테스가 뉴욕발 워싱턴 D.C.행 고속 열차 안에 앉아 있는 장면으로 시작된다. 창문 너머로 보이는 것은 그린 뉴딜의 성공적인 실행이 빚어낸 미래다.

이 동영상 제작은 그린 뉴딜이 미국에서 주목을 받기 시작한 직후에 내가 크래배플(훌륭한 일러스트레이터이자 작가이자 영화 제작자)과 나눴던 대화에서 시작되었다. 우리는 어떻게 하면 그린 뉴딜 운동에 더 많은 예술가들을 참여시킬 수 있을지를 두고 자유롭게 의견을 나누었다. 대부분의 예술은 탄소를 상당히 적게 배출한다. 프랭클린 루스벨트 대통령이 시행한 뉴딜은 공공 재원에 의한 예술의 르네상스를 열었고, 모든 분야의 예술가들이 시대적 변혁 과정에 직접 참여할 수 있었다.

우리는 예술가들이 이런 종류의 사회적 활동에 참여할 수 있는 기회를 열어 주고 싶었다. 그린 뉴딜이 연방 차원에서 법제화된다면 오래지 않아 이런 기회가 열릴 것이다. 하지만 우리는 그린 뉴딜의 성공 여부를 좌우하는 것이 사람들의 지지인 만큼, 지금 당장 예술가들이 사람들의 지지를 끌어모으는 데 참여하는 길을 열고 싶었다.

크래배플은 그린 뉴딜에 관한 동영상을 만들자고 제안하면서, 내레이션은 오카시오코르테스가 맡고, 삽화는 자신이 맡는 게 좋겠다고 말했다. 그런데 문제가 있었다. 아직 일어나지 않은 일을 이야기하려면 어떤 방법을 써야 하는지가 막막했다.

우리는 이런저런 의견을 주고받은 끝에, 일반적인 〈해설식〉 동영상은 적합하지 않다는 결론을 내렸다. 그린 뉴딜이 제안하는 근본적인 변혁을 가로막는 가장 큰 걸림돌은 사람들이 그린 뉴딜의 내용을 이해하지 못한다는 데 있지 않다(대단히 많은 거짓 정보가 떠돌고 있는 건 사실이지만). 가장 큰 걸림돌은 인류가 이처럼 대대적인 규모와 급속한 속도로 무언가를 해내는 건 불가능하다고 확신하는 사람이 대단히 많다는 데 있다. 게다가 너무나 많은 사람들이 암울한 미래가 필연적인 결론이라고 믿는 지경에 이르게 되었다.

이런 회의감은 충분히 이해가 간다. 대부분의 사람들은 기후 붕괴를 막기 위해 요구되는 전면적인 변화, 즉 교통, 주거, 에너지, 농업, 임업 등의 급격한 근본적 변화를 수용하자는 집단 결정을 내릴 수 있다는 생각 자체를 해본 적도 없고 그런 사례를 접해 본 적도 없다. 우리는 지구를 위태롭게 만들고 사회 상층부에 엄청난 부를 몰아주는 형편없는 시스템을 감수하는 것 말고는 다른 대안이 없다는 메시지의 융단폭격을 받으며 자랐다. 대부분의 경제학자들로부터는 인간이 본성적으로 이기적이며 만족을 추구하는 존재라는 말을 듣고, 역사학자들로부터는 모든 사회 변화를 이끄는 것은 위대한 인물이라는 말을 듣는다.

할리우드 영화 역시 별 도움이 되지 않는다. 막대한 예산이 투입된 공상과학 영화들이 제시하는 미래에 대한 비전은 거의 대부분 생태계 붕괴와 사회의 붕괴를 당연하게 여긴다. 마치 미래가 현재보다 여러 가지 측면에서 더 나아질 수 있다는 생각도, 우리 앞에 미래가 열려 있다는 생각도 집단적으로 접어 버린 것처럼 말이다.

하지만 모든 예술이 이처럼 붕괴를 당연하게 여기지는 않는다. 주류 예술계 밖에서는 이미 오래전부터, 미래가 현재의 판박이가 되거나 지금보다 훨씬 더 나빠져서 섹스 로봇이 등장하는 세상이 될 거라는 생각에 도전하는 활동을 펼쳐 온 예술가들이 있다. 아프로퓨처리즘* 예술가들과 페미니즘 판타지 예술가들도 여기에 포함된다. 유명한 공상과학 소설가 어슐러 K. 르 귄은 통찰력 있는 미래를 그려 내는 작가였다. 르 귄은 사망 4년 전인 2014년에 미국 국립도서 재단 메달을 수상하는 자리에서 낯선 연설을 했다. 그는 〈어려운 시기가 다가온다〉라면서 이렇게 말했다.

그때가 되면 우리는 지금까지 살아온 세상과는 다른 대안 세상을 볼 수 있는 작가, 공포에 휩싸인 우리 사회와 강박감을 자아내는 과학 기술의 영향력을 떨쳐 내고 다른 삶의 방식을 볼 수 있는 작가, 희망이 깃들 수 있는 진정한 토대를 상상으로 그려 낼 역량을 가진 작가의 목소리를 간절히 원하게 될 것이다. 그때가 되면 우리는 자유의 기억을 떠올릴 수 있는 작가, 시인, 비전을 그려 내는 작가, 더 원대한 현실을 그려 내는 리얼리즘 작가를 원하게 될 것이다. (……) 우리는 지금 자본주의 사회에 살고 있고, 자본주의의 힘은 결코 떨쳐 낼 수 없는 것처럼 보인다. 하지만 신의 위임을 받은 왕의 권위 역시 마찬가지였다. 무릇 사람이 만든 권력에 저항하고 이를 변화시킬 수 있는 주체는 사람이다. 저항과 변화는 대개 예술에서 시작된다.

변혁에 필요한 영감을 불어넣는 예술의 힘은 가장 오래도록 지속되는 뉴딜의 유산 중 하나다. 덧붙여 강조하자면, 1930년대 당시에는 이 변혁적인 정책 역시 언론의 집중포화를 받았다. 하지만 이런

* Afrofuturism. 현대적 과학 기술에 아프리카의 역사와 판타지, 과학, 우주론 등을 융합한 예술 사조.

공격 속에서도 전진 속도를 늦추지 않았다.

처음부터 엘리트 계층의 성원들은 루스벨트 대통령의 계획에 대해서 〈숨어 다니는 파시즘〉이라는 둥, 〈가면을 쓴 공산주의〉라는 둥 갖은 비방을 해댔다. 웨스트버지니아주 출신 공화당 상원 의원 헨리 햇필드는 동료에게 이렇게 썼다. 〈이건 전제주의다. 폭압 정치다. 자유의 말살이다. 결과적으로 평범한 미국인이 로봇 신세로 전락하고 있다.〉 한 마디로 〈저들은 당신의 햄버거를 빼앗으러 오고 있다!〉라는 논리의 1933년 버전이다. 듀퐁 사의 어느 전직 임원은 보수가 넉넉한 일자리를 제공하는 정부 정책에 대해 이런 불평을 쏟아 냈다. 〈올봄에 사우스캐롤라이나의 내 사유지에서 일하던 흑인 다섯이 일을 그만두었고 (……) 포트마이어스의 내 거주용 선박에서 일하던 요리사도 그림 그리는 일을 하면 정부로부터 시급 1달러의 임금을 받는다면서 일을 그만두었다.〉

극우 민병대가 조직되었고, 루스벨트 정부를 전복하려는 은행가들의 엉성한 모의가 진행되기도 했다.

자칭 중도주의자들은 훨씬 영리한 방침을 택했다. 이들은 신문 사설과 논평 기사를 통해서 루스벨트에게 변화의 규모와 속도를 줄이라고 경고했다. 『보이지 않는 손: 뉴딜에 맞서는 기업가들의 반대 운동』을 쓴 역사학자 킴 필립스페인은 오늘날 『뉴욕 타임스』 등의 매체에 실리는 그린 뉴딜에 대한 공격과 유사한 대응이 당시에도 진행되었다고 내게 말했다. 〈이들은 대놓고 반대하지는 않았다. 다만 이들은 그처럼 많은 변화를 한꺼번에 진행하는 건 바람직하지 않다고, 변화의 규모가 지나치게 크고 변화의 속도가 지나치게 빠르다고, 정부가 좀 더 시간을 두고 연구를 더 많이 해야 한다고 주장했다.)

숱한 반발과 배척에도 불구하고, 뉴딜의 인기는 계속 치솟았다. 결국 여당이던 민주당은 중간 선거에서 의석을 더 늘렸고, 루스벨트는 1936년에 압도적인 표를 받아 재선에 성공했다.

엘리트 계층의 공격에도 불구하고 대중이 뉴딜 반대로 돌아서지 않았던 핵심적인 이유 중 하나는 많은 사람들이 뉴딜 정책의 혜택을 보고 있었다는 것이다. 하지만 여기에는 무궁무진한 예술의 힘도 한 몫을 했다. 예술의 힘은 당시 변혁 과정의 거의 모든 측면에 깊이 배어들어 있었다. 뉴딜 정책 입안자들은 예술가들을 일반 노동자와 똑같은 노동자로 보았다. 대공황이 계속되는 동안 예술가들은 정부의 지원을 받지 않고서는 본업을 계속할 수 없는 처지에 몰려 있었다. 미국 공공사업진흥국 국장 해리 홉킨스Harry Hopkins의 말을 빌리면, 〈허참! 예술가들도 다른 사람들과 마찬가지로 먹을 게 있어야 살지.〉

연방 미술 프로젝트, 연방 음악 프로젝트, 연방 극장 프로젝트, 연방 작가 프로젝트를 비롯한 여러 가지 프로그램(모두 공공사업진흥국의 산하 프로그램이다)과 재무부 산하 회화 및 조각 부서 등의 기관을 통해서 수만 명에 이르는 화가, 음악가, 사진작가, 극작가, 영화 제작자, 배우, 작가, 공예가 들이 의미 있는 일자리를 찾았고, 아프리카계 미국인과 원주민 예술가들에게 전례 없는 규모의 지원이 시행되었다.

그 결과 예술가들의 창의성이 봇물 터지듯 터져 나왔고, 엄청난 양의 예술 작품이 쏟아져 나왔다. 연방 미술 프로젝트 하나만 따져도 포스터 2천여 점, 벽화 2,500여 점, 공공장소 비치용 회화 10만 점 등 47만 5천여 점의 시각예술 작품이 생산되었다. 예술가 목록에는 잭슨 폴록, 빌렘 드 쿠닝도 들어 있었다. 연방 작가 프로젝트에 참여한 작가들 가운데는 조라 닐 허스턴, 랠프 엘리슨, 존 스타인벡도 있었다. 연방 음악 프로젝트는 22만 5천 건의 공연을 열어, 약 1억 5천만 명의 미국인을 공연장으로 끌어들였다.

뉴딜 정책의 지원을 받아 창작된 예술 작품은 대부분 우울증으로 피폐해진 사람들에게 기쁨과 미적 체험을 제공하는 데 주력하면서, 예술이 부자들의 전유물이라는 통념에 도전했다. 루스벨트 대통령은 1938년에 작가 헨드릭 빌럼 반 룬에게 이런 편지를 보냈다. 〈나에게도 꿈이 있다. 내 꿈은 작은 마을뿐만 아니라 뉴욕시 변두리 등 외딴곳에 사는 사람들이 (……) 진짜 그림과 판화, 동판화를 직접 보고, 진짜 음악을 들을 수 있게 하는 것이다.〉

일부 뉴딜 예술은 산산조각 난 나라를 거울에 비춰 보여 주면서, 뉴딜 실업 해소 프로그램이 반드시 필요한 이유에 대해서 반박의 여지가 없을 만큼 확고한 정당성을 제공해 주었다. 그 결과 중요한 작품들이 탄생하여 시대의 상징으로 자리 잡았다. 도로시아 랭은 먼지 구름에 휩싸여 마지못해 피난을 떠나는 더스트볼 지대의 가족들의 모습을 조명한 사진 작품을 내놓았고, 워커 에번스는 소작농 가족의 비참한 모습을 담은 화보집 『이제 훌륭한 사람들을 찬양하자 Let Us Now Praise Famous Men』(1941)를 출간했고, 고든 파크스는 할렘에 거주하는 사람들의 일상을 기록한 획기적인 사진 작품을 내놓았다.

그런가 하면 유토피아를 그리는 훨씬 낙관적인 작품을 생산하는 예술가들도 있었다. 이들은 그래픽 아트와 단편 영화, 대규모 벽화를 이용해서 뉴딜 정책의 진행에 따른 변모 과정과 새로운 기간 시설을 건설하고 나무를 심고 흔들리는 나라를 복원하는 강건한 신체들을 기록했다.

크래배플과 내가 뉴딜의 유토피아 예술에서 영감을 받아 그린 뉴딜에 관한 단편 영화의 제작을 궁리하던 즈음에, 『인터셉트 *The Intercept*』지에 그린 뉴딜이 법제화된 뒤인 2043년을 배경으로 한 케이트 아로노프의 기사가 나왔다. 이 기사는 그린 뉴딜 정책을 통해 탄생한 세계에서 성장한 지나라는 허구 인물의 삶을 그린다. 〈그는 비교적 안정된 어린 시절을 보냈다. 그의 부모는 1년간의 유급 가족 휴가 중 일부를 이용해 딸을 보살폈고, 그 후에는 무상 보육원에 딸을 맡겼다.〉 무상 대학 교육을 받은 후, 〈지나는 6개월 동안 습지를 복원하는 일을 했고, 다시 6개월 동안 자신이 다녔던 보육원과 거의 비슷한 보육원에서 봉사자로 일했다.〉

우리는 바로 이거다 싶었다. 이 글이 그리는 미래가 인육을 먹는 우두머리를 따라 유랑하는 무장 집단에 맞서 싸움을 벌이는 매드맥스 전사류의 이야기가 아니라는 점이 우리를 매혹시켰다. 크래배플과 나는 비슷한 미래를 그리되 오카시오코르테스의 관점에서 미래를 그리기로 결정했다. 이 영화를 통해 우리 사회가 체념 대신에 과감한 행동을 선택해야 한다는 메시지를 전하고, 오카시오코르테스가 지지하는 그린 뉴딜이 실제로 시행된 후의 세계를 그려 내기로 했다.

이렇게 해서 탄생한 것이 7분 분량의 영상 「미래에서 온 메시지」

다. 제작 과정에는 오래전부터 크래배플과 호흡을 맞춰 온 킴 보크바인더와 짐 배트가 공동 연출로 참여했고, 대본은 오카시오코르테스와 영화 제작자이자 기후 정의 활동가로 일하는 아비 루이스(나의 남편)가 함께 썼다. 이 이야기는 인류의 운명이 경각에 달린 아슬아슬한 순간에 지구에서 경제 규모가 가장 큰 나라에서 의식이 깨어 있는 사람들이 어떻게 해서 인류에게 희망이 있다는 믿음을 가지게 되었는가를 설명한다.

크래배플은 붓으로 익숙하면서도 전혀 새로운 나라를 묘사한다. 도시와 도시는 고속 열차로 연결되어 있고, 젊은이들은 원주민 원로들의 조언을 받아 습지를 복원하고, 수백만 명이 비용이 적게 드는 주택이 딸린 일자리를 찾고, 초강력 태풍 때문에 주요 도시들이 물에 잠겼을 때 주민들은 자경주의와 질책으로 대응하는 것이 아니라 협력과 연대로 대응한다. 이렇게 경쾌한 그림들 위로 오카시오코르테스의 내레이션이 흐른다.

홍수와 화재, 가뭄과 싸울 때, 우리는 그때 행동을 개시한 것이 얼마나 다행인지 깨닫게 되었다. 게다가 우리는 기간 시설의 변화만 이뤄낸 게 아니다. 우리의 모든 행동 방식에서 변화를 일구어 냈다. 우리 사회는 현대적이며 풍족할 뿐만 아니라 품위 있고 인도적인 사회로 변모했다. 의료 및 의미 있는 일자리 등의 보편적 권리가 모든 사람에게 보장되는 덕분에, 우리는 미래에 대한 두려움을 내려놓았다. 우리는 타인에 대한 두려움을 잊었다. 또한 우리는 공동의 목적을 발견했다.

이 영상에 대한 반응은 우리의 예상을 완전히 뛰어넘었다. 4월 17일에 이 영상이 온라인에 공개되었고, 48시간 만에 조회 수가 600만 회를 넘었다. 72시간이 지나기 전에 이 영상은 그린 뉴딜의 동력을 구축하기 위해 선라이즈 무브먼트가 조직한 전국 순회 프로그램의 일환으로 자리 잡아, 1천 명이 넘는 사람들이 모인 여러 장소에서 상영되고 있었다. 집회장에 모인 사람들은 한 대목이 넘어갈 때마다 환호와 갈채로 호응했다. 일주일쯤 지나자, 여러 선생님들(초등학교부터 대학교까지)이 수업 시간에 학생들에게 보여 주었다는 소식을 전해 주었다.

「우리 학생들은 희망을 갈구하고 있어요.」 선생님들의 일반적인 반응이다. 수백 명이 영상을 보는 동안 이미 잃어버린 것들과 아직 달성할 가능성이 있는 것들을 생각하며 눈물을 흘렸다는 내용의 편지를 보내 왔다.

이 동영상의 탄생 과정과 그것이 세계 곳곳으로 퍼져 나간 속도를 돌이켜 보면서 문득 떠오른 생각이 있다. 역사적 비유로 든 뉴딜이 숱한 한계를 갖고 있긴 하지만, 기후 변화에 대한 우리의 집단적 대응을 〈그린 뉴딜〉로 자리매김한 결정의 진정한 위력이 드디어 빛을 보고 있다는 것이다. 약 1세기 전에 루스벨트가 현실 세계에서 실행에 옮긴 산업적·사회적 변혁을 돌아보면서 반세기 후에 펼쳐질 우리 세계를 상상하고 있으니, 우리가 누리는 시간의 지평이 점점 확장돼 가는 셈이다.

우리는 더 이상 소셜 미디어 게시 글에 갇혀 영원히 끝나지 않는 현재를 살아가는 포로가 아니다. 우리는 길고도 복잡한 집단적인 이야기의 일부다. 이 이야기 속에서 인간은 결코 변하지 않는 다양한 속성들의 조합이 아니라, 아직 끝나지 않은 급격한 변화까지도 수용할 수 있는 존재다. 수십 년의 과거와 수십 년 후의 미래를 동시에 고찰하고 있는 만큼, 우리는 더 이상 다가오는 막중한 역사적 순간을 혼자 힘으로 감당할 필요가 없다. 우리 뒤에는 자신들도 해냈으니 우리 역시 우리 시대가 요구하는 일을 감당할 수 있다고 귀띔해 주는 앞 세대들이 있고, 우리 앞에는 자신들도 행복을 누릴 자격이 있다고 외치는 미래 세대들이 있다.

이 영상에 대한 뜨거운 호응은 그린 뉴딜이 제시하는 희망 찬 미래의 비전에 대한 기대뿐 아니라 이처럼 확장된 시간의 범위에 대한 공감대에서 비롯하는 것이라고 생각한다. 자신이 과거에도 미래에도 뿌리내리지 못한 채 시간 속을 부유하고 있다고 느낄 때, 우리는 완전히 방향 감각을 잃는다. 우리가 어떤 과거에 뿌리내리고 있고 우리가 원하는 미래가 어떤 모습인지 파악하고 있을 때에만, 우리는 위태롭게 흔들리지 않고 발을 디딜 수 있는 견고한 토대를 확보하게 될 것이다.

이 동영상 속에서 오카시오코르테스가 말하는 것처럼, 미래는 아직 백지 상태이며, 〈우리가 미래를 그려 낼 용기를 낸다면 그 미래는 우리의 것이 될 수 있다〉.

그린 뉴딜의 골자

그린 뉴딜을 비판하는 사람들은 이것이 실패할 거라고 보는 논거를 숱하게 제시한다. 워싱턴의 정치적 마비 상태는 현실이다. 설사 기후 변화를 부정하는 공화당 정치인들이 권좌에서 밀려난다고 해도, 많은 중도파 민주당 정치인들은 여전히 유권자들이 급진적인 변화를 원치 않는다고 생각할 것이다. 게다가 급진적인 변화를 위한 계획들은 비용이 많이 들고, 예산 승인을 따내는 데도 엄청난 노력을 기울여야 한다고 생각할 것이다.

기후 정책의 더 나은 행동 경로는 발전원을 석탄에서 원자력으로 전환하는 방식이나 모든 시민에게 〈배당〉의 형태로 세금 수입을 돌려주는 소액의 탄소세 방식 등 우파에 속하는 많은 사람들이 반기는 경로라는 주장도 나온다.

이런 점진적 접근법이 안고 있는 핵심적인 문제는 그것만으로는 급진적인 변화를 이끌어 낼 수 없다는 데 있다. 화석연료 산업의 돈에 취해 있는 공화당 정치인들의 지지를 얻으려고 탄소 배출에 너무 낮은 가격을 매기는 접근법은 큰 효과를 발휘할 수 없다. 원자력은 재생 에너지에 비해 비쌀 뿐 아니라 변화 속도 역시 더디다. 무엇보다도 원자력은 우라늄 채굴 및 폐기물 처리와 관련해 큰 위험을 안고 있다.

요컨대 산업과 기반 시설을 전면적으로 재정비하지 못하는 한, 우리는 지금 내달리는 위태로운 궤도에서 벗어나기 위한 전제인 급격하고 신속한 배출량 감축을 달성할 방도가 없다. 다행히 그린 뉴딜은 많은 비평가들이 주장하는 것처럼 대단히 비효율적이거나 비현실적인 계획이 아니다. 나는 이를 입증하는 논거를 이 책 곳곳에서 제시했다. 여기서는 그린 뉴딜의 성공 가능성이 높다고 보는 논거 아홉 가지를 추가로 제시하려고 한다. 우리가 추가로 논거를 제시할 때마다 성공 가능성은 점점 더 높아질 테니 말이다.

1. 그린 뉴딜은 대량의 일자리를 만들어 낸다

재생 에너지와 효율성 향상 부문에 대대적인 투자를 해온 곳들은 예외 없이 이 부문들이 화석연료 부문보다 훨씬 더 강력한 일자리 창출 효과를 낸다는 것을 확인하고 있다. 뉴욕주가 2030년까지 에너지 수요의 절반을 재생 에너지로 충당하겠다는 약속을 내놓자마자(이 정도는 결코 빠른 감축 속도가 아니다), 이 주에서는 새로운 일자리가 급격히 늘어났다.

미국이 그린 뉴딜을 속도를 높여 추진한다면, 그린 뉴딜은 일자리를 만들어 내는 기계로 변신할 것이다. 연방 정부의 지원이 없이도, 오히려 백악관이 적극적으로 방해하고 있는데도, 녹색 경제는 이미 석유와 가스보다 더 많은 일자리를 창출하고 있다. 2018년 미국 에너지 및 고용 보고서(USEER)에 따르면, 풍력 부문, 태양 에너지 효율성 부문을 비롯한 청정에너지 부문의 일자리는 화석연료 부문의 일자리보다 더 많았다. 두 부문의 일자리 비율은 3 대 1이었다. 주와 시 등 지자체 차원의 인센티브 제공과 재생 에너지 비용의 급락이 결합하면서 빚어진 결과다. 그린 뉴딜은 재생 에너지 산업을 폭발적인 파급력을 가진 산업으로 변모시키는 한편으로, 이 부문의 일자리가 석유·가스 부문 일자리와 비슷한 임금과 혜택을 받을 수 있도록 보장할 것이다.

이 예측의 타당성을 입증하는 연구는 아주 많다. 예를 들어 2019년의 한 연구는 콜로라도주에서 시행된 그린 뉴딜 방식의 어떤 프로그램이 고용에 미친 효과를 연구한 결과, 없어지는 일자리보다 더 많은 일자리가 창출된다는 사실을 확인했다. 매사추세츠-에머스트 대학의 〈경제와 정치 경제 연구소〉가 발표한 이 연구는 콜로라도주가 2030년까지 배출량 50퍼센트 감축 목표를 달성하려면 어떤 경로를 밟아야 하는지 조사했다. 이 연구는 관리직이 아닌 일자리가 약 585개가 없어지지만, 매년 145억 달러의 청정에너지 부문 투자가 이루어지면 〈콜로라도주에서는 매년 약 10만 개의 일자리가 창출될 것〉임을 확인했다.

이외에도 이와 비슷하게 놀라운 예측 결과를 제시하는 연구들이 많다. 미국의 노동조합과 환경 보호 활동가들의 연합 조직인 〈미국 블루그린 얼라이언스U. S. BlueGreen Alliance〉가 내놓은 한 계획서는 공공 교통과 고속 철도에 6년 동안 매년 400억 달러씩 투자하면 370만 개가 넘는 일자리가 창출될 것으로 추산했다. 또한 유럽 운송 노동자 연맹에 제출된 보고서에 따르면, 운송 부문 배출량을 80퍼센트까지 줄이는 포괄적인 정책을 실시할 경우 유럽 전역에서 새로운 일자리 700만 개가 생겨나고, 여기에 유럽 청정에너지 부문에서 새로운 일자리 500만 개가 추가로 생겨나면 전력 생산에 따른 탄소 배출량을 90퍼센트 줄일 수 있다고 한다.

2. 그린 뉴딜에 돈을 투입하면 더 공정한 경제가 만들어진다

2018에 IPCC가 지구 온도 상승을 1.5도 이하로 억제하자는 주제로 발표한 보고서가 분명히 밝히고 있듯이, 변혁적인 행동을 통해 탄소 배출량을 줄이지 않을 경우 인류가 치러야 할 비용은 천문학적 규모가 될 것이다. 이 기구는 지구 온도가 2도(1.5도가 아니라)까지 치솟을 경우 세계적으로 무려 69조 달러의 경제적 피해가 발생할 거라고 예상했다.

물론 그린 뉴딜 정책을 시행하는 데도 그에 못지않게 많은 비용이 들어갈 것이다. 그런데 그린 뉴딜을 지지하는 사람들은 여러 가지 재원 조달 방안을 제시한다. 알렉산드리아 오카시오코르테스는 미국이 과거 비상 상황 때 재정 지출을 시행했던 방식으로 그린 뉴딜의 재원을 조달해야 한다고 주장한다. 미국 의회가 재정 지출을 승인하고, 비상시에는 세계 통화의 최후 보루인 재무부가 지원하는 방식으로 말이다. 오카시오코르테스의 정책 제안에 깊이 관여하는 싱크탱크인 뉴컨센서스에 따르면 〈그린 뉴딜은 새로운 상품과 서비스를 창출함으로써 새로운 지출에 투입된 재원을 흡수할 것이다. 재원 조달이 어렵다는 이유로 전쟁을 멈추거나 세금 축소를 중단한 적이 없었던 것처럼 재원 조달 문제 때문에 전진을 멈춘다는 것은 말이 되지 않는다〉.

그런가 하면 그린 뉴딜과 관련하여 활동하는 유로피언 스프링 European Spring은 세계 각지의 애플과 구글이 현재 초국가적 운영 체계를 이용해 회피하고 있는 조세 수입을 확보하기 위해 글로벌 최소 법인세율을 적용할 것을 요구한다. 또한 이 제안은 전통적인 화폐 이론을 완전히 뒤집어서, 중앙은행의 지원을 받아 녹색 채권을 발행하는 공적 투자를 시행할 것을 요구한다. 〈지금 우리가 직면한 실존적 위협에 대처하기 위해서는 우리를 이런 벼랑 끝으로 몰아온 경제 정책을 거꾸로 돌려야만 한다. 긴축은 곧 절멸이다.〉 크리스티안 파렌티 같은 분석가들은 연방 정부들이 구매 정책을 통해 전환을 주도할 수 있다고 강조한다.

요컨대 재원을 조달할 방법은 도처에 널려 있다. 옹호할 여지가 없을 만큼 과도한 부의 집중을 공격하고, 기후 오염의 책임이 가장 큰 주역에게 경제적 부담을 지우는 방식도 있다. 누가 책임을 져야 하는지 찾아내기는 어렵지 않다. 클라이미트 어카운터빌리티 인스티튜트의 연구 덕분에, 우리는 1988년 이후 배출된 세계 온실가스 총량 가운데 무려 71퍼센트가 100개의 민영 및 국영 화석연료 거대 기업, 흔히 말하는 카본 메이저스Carbon Majors에서 나온 사실이라는 것을 알게 되었다.

이에 비추어 볼 때, 이 위기를 빚어낸 주범들로부터 전환에 필요한 재원을 최대한 끌어낼 수 있는 것이 바로 〈오염자 부담 원칙〉이다. 이 원칙을 기반으로 법적인 피해 배상, 사용료 인상, 보조금 삭감

등 다양한 조치를 채택할 수 있다. 화석연료에 대한 직접 보조금은 세계적으로는 연간 무려 7750억 달러, 미국 한 나라에서만 연간 200억 달러에 이른다. 가장 먼저 취해야 할 조치는 이 보조금을 재생 에너지와 에너지 효율 개선에 대한 투자로 전환하는 것이다.

수십 년 동안 인류의 안전보다 자신들의 초대형 이윤을 우선시해 온 것은 화석연료 기업들만이 아니다. 이런 위험을 충분히 알고 있으면서도 이 기업들에 투자한 금융 회사들도 마찬가지다. 따라서 정부는 화석연료 보조금을 없애는 방법 외에도 금융 거래세를 부과해 금융 부문이 올리는 막대한 수익 가운데서 더 많은 몫을 세금으로 거두는 방법도 쓸 수 있다. 이런 방법으로 세계적으로 6500억 달러를 조달할 수 있다고 한다.

다음으로 군대가 있다. 스톡홀름 국제평화연구소는 군사비 지출 상위 10개국의 군사비 지출을 25퍼센트씩 줄이면 연간 3250억 달러의 여유 재원을 마련할 수 있다고 밝혔다. 이 재원 역시 에너지 전환과 극단적인 날씨에 대비해 지역 사회들을 준비시키는 용도로 쓸 수 있다.

한편 유엔은 10억 달러 자산가들에게 1퍼센트씩 세금을 거두면 연간 450억 달러를 조달할 수 있을 뿐 아니라, 조세 피난처 폐쇄를 위한 국제적 노력을 통해서도 많은 돈을 조달할 수 있다고 밝혔다. 영국에 본사를 둔 〈조세 정의 네트워크〉의 선임 고문 제임스 S. 헨리에 따르면, 2015년 세계 전역의 조세 피난처에 은닉해 둔 부유층의 개인 자산은 24조에서 36조 달러에 이르는 것으로 추정된다. 이런 조세 피난처 가운데 일부를 폐쇄하는 것만으로도 절실히 필요한 산업 전환의 재원을 충당하는 데 큰 도움이 될 것이다.

3. 그린 뉴딜은 비상사태의 힘을 이용한다

그린 뉴딜 접근법은 기후 위기를 주요 안건 목록에 있는 한 가지 사안으로 취급하지 않는다. 오히려 〈자기 집에 불이 났을 때처럼 행동하라. 정말로 집이 불타고 있다〉라는 그레타 툰베리의 호소에 주의를 기울인다. 과학계는 전면적인 변혁을 이루어야 하는 최종 시한을 대단히 촉박하게 잡는다. 앞으로 30년 동안 지속적으로 급격한 온실가스 감축을 시행하지 않는다면 파국적인 온난화를 막을 희박한 가능성마저 잃게 될 것이다. 우리는 비상사태를 비상사태처럼 다루어야 한다. 그래야만 모든 에너지를 행동에 쏟아부을 수 있다. 지금 우리는 기껏해야 행동하지 않으면 안 된다고 외치는 일에 에너지를 투입하고 있을 뿐이다.

우리는 심각한 위기가 존재하는 현실을 부인하는 문화 속에서 살아가기 위해 어쩔 수 없이 인지부조화에 의지해 왔다. 비상사태를 비상사태로 다룰 때, 우리는 이런 인지부조화에서 벗어날 수 있을 것이다. 그린 뉴딜은 우리 모두를 비상사태 대응의 길에 올려 세운다. 이 때문에 새파랗게 질릴 사람도 있겠지만, 다른 많은 사람들, 특히 젊은 사람들은 이 때문에 카타르시스와 안도감을 느낄 것이고 이를 강력한 에너지원으로 삼아 대응 행동에 합세할 것이다.

4. 그린 뉴딜은 책임 회피를 허용하지 않는다

어떤 사람들은 미국이 10년 안에 화석연료에서 완전히 벗어나야 한다는 그린 뉴딜 결의안을 격렬히 비판한다. 과학자들은 2050년까지 세계가 순제로 배출에 도달해야 한다고 말하는데, 대체 왜 그렇게 서두르는 거냐고 반발한다. 첫 번째 답은 그것이 〈정의로운 전환〉이기 때문이다. 요컨대 아무런 제약 없이 온실가스를 배출한 덕에 부를 이룬 나라들은 최대한 빨리 화석연료에서 완전히 벗어나야 한다. 그래야만 깨끗한 물과 전기 등 필수 자원의 부족에 시달리는 가난한 나라들이 점진적인 전환을 이룰 기회를 더 충실하게 누릴 수 있다.

두 번째 답은 그것이 전략적으로 유용하기 때문이다. 10년이 최종 시한이라면 우리는 더 지체할 여유가 없다. 그린 뉴딜이 부상하기 전까지 정치권이 기후 위기와 관련해 내놓은 정치적 대응은 앞으로 수십 년 뒤를 겨냥해 아주 야심 찬 목표를 제시하는 것뿐이었다. 그런데 앞으로 수십 년 뒤라면 이런 약속을 내놓은 정치인들이 이미 공직을 떠난 뒤일 것이다. 게다가 이 정치인들이 맡겠다고 자청한 과제는 기껏해야 탄소 배출권 거래제 도입이나 노후 석탄 발전소 폐쇄 및 천연가스 발전으로의 전환 등 비교적 손쉬운 것들이었고, 화석연료 산업의 사업 모델과 정면으로 대치되는 까다로운 일은 계속해서 후임자들에게 떠넘겨졌다.

10년 안에 화석연료에서 벗어나자는 목표를 수용한다고 해서 반드시 10년 안에 모든 것을 끝내야 한다는 뜻은 아니다. 이 결의안은 최대한 바람직한 최종 시한을 설정하면서도 〈기술적으로 실현 가능한 범위에서〉라는 단서를 반복해서 덧붙인다. 한 마디로 더 이상 해야 할 일을 뒤로 미루지 않겠다는 뜻이다. 지금 그린 뉴딜을 제안하는 정치인들은 이런 말을 자주 한다. 〈우리가 직접 나서서 그 일을 감당할 것이다. 결단코 다른 어느 누구에게도 책임을 미루지 않겠다.〉

책임을 미루고픈 유혹이 이제껏 우리 행성에 끼쳐 온 피해를 생각하면, 아주 중요한 결단이다.

5. 그린 뉴딜은 경기 후퇴의 영향에 위축되지 않는다

지난 30년 동안 기후 행동의 지속적인 진전을 가로막아 온 장애물로 꼽히는 것이 시장의 변동성이다. 경제 호황기에는 가스, 전기 및 〈친환경〉 제품의 비용이 약간 더 늘어나더라도 환경 정책을 기꺼이 수용하겠다는 의지가 어느 정도는 살아 있다. 하지만 경제가 심각한 침체로 접어들 때마다 이런 의지는 온데간데없이 사라지는 일이 반복된다.

프랭클린 루스벨트의 뉴딜을 본보기로 삼아 입안된 기후 정책은 바로 이런 점에서 가장 큰 장점을 지닌다. 뉴딜은 현대 역사상 최악의 경제 위기 속에서 탄생한 유명한 경기 부양책이다. 세계 경제가 또다시 침체나 위기에 빠진다고 해도(이런 일은 틀림없이 일어난다), 과거 경기 침체기에 중요한 탄소 감축 행동과 제안에 대한 지지가 후퇴했던 것처럼 그린 뉴딜에 대한 지지가 곤두박질치는 일은 없을 것이다. 아니, 어쩌면 지지가 상승할지도 모른다. 수백만 개의 일자리를 창출할 수 있는 대대적인 경기 부양책이야말로 사람들이 겪고 있는 경제적 고통을 해결하는 최선의 방책이라는 점에서 말이다.

6. 그린 뉴딜은 대중적 반발에 부딪힐 일이 없다

정치인들이 다양한 경제 정의 문제와의 연관성을 고려하지 않고 기후 정책을 도입하는 경우, 그 정책이 안고 있는 심각한 불공평성 때문에 대중적 반발을 사는 경우가 많다. 예컨대 프랑스 대통령 에마뉘엘 마크롱이 〈부자들을 위한 대통령〉이라는 비난에 시달리게 된 것은 바로 이런 실책을 빚었기 때문이다. 이전의 여러 정권들이 이미 오랫동안 긴축 조치를 시행해 왔음에도 불구하고, 마크롱은 부유층과 기업의 세금을 내리고, 지난한 과정을 거쳐 확보된 노동 보호 조치를 철회하고, 고등교육에 대한 접근성을 축소하는 등 고전적인 〈자유 시장〉 경로를 추구해 왔다.

2018년에 마크롱이 도입한 유류세 역시 이런 방침의 일환이었다. 그는 자동차 이용 부담을 높여 연료 소비를 줄이고 기후 정책에 필요한 재원의 일부를 조달할 계획이었다.

그러나 그의 계획은 통하지 않았다. 시장을 기반으로 한 이런 식의 기후 대응 정책은 이미 마크롱이 채택한 다른 정책들 탓에 심한 경제적 타격을 받고 있던 프랑스 노동자들에게는 그야말로 직격탄이었다. 억만장자들이 전용 비행기를 타고 조세 피난처를 드나드는 건 규제하지 않으면서, 왜 일터에 가느라 차를 타야 하는 우리에게는 더 많은 세금을 물리는가? 수만 명의 사람들이 분노해 거리로 뛰쳐나왔고, 많은 사람들이 노란 안전 조끼(질레 존gilets jaunes)를 입고 시위를 벌였으며, 몇 차례의 시위가 대규모 폭력 사태로 변했다.

이 시위에서는 많은 사람들이 〈정부는 세상의 종말을 걱정하지만, 우리는 이달 말이 걱정이다〉라는 구호를 외쳤다. 마크롱은 위기를 만회하기 위해 유류세 철회와 최저 임금 인상 등 여러 가지 양보를 하는 한편으로 노란 조끼 시위대를 폭력적으로 진압했다.

그린 뉴딜 접근법의 장점 중 하나는 이런 대중적 반발에 부딪힐 일이 없다는 것이다. 그린 뉴딜은 사람들에게 세상의 종말에 대한 걱정과 이달 말에 대한 걱정 중에서 하나를 선택할 것을 강요하지 않는다. 여기서 핵심은 모든 사람들이 두 가지 모두를 걱정하고 챙길 수 있는 정책, 즉 온실가스 배출량을 줄이면서 동시에 노동자들의 경제적 부담을 줄이는 정책을 설계하는 것이다. 따라서 모든 사람이 새로운 경제에서 좋은 일자리를 얻을 수 있고, 의료·교육·보육 등의 기본적인 사회 보호를 받을 수 있게 해야 한다. 녹색 일자리는 노동조합 활동이 보장되며, 복지와 휴가 등 가족을 부양할 수 있는 품위 있는 일자리가 되어야 한다. 탄소를 배출하면 돈을 물리는 제도는 필수적이다. 하지만 그 비용을 부담해야 하는 사람들이 벼랑 끝에 매달려 있는 처지가 아니라야만 이 제도의 생존 가능성은 높아질 것이다.

7. 그린 뉴딜에는 수많은 지지자들이 있다

그린 뉴딜이 부상한 이후로 가장 자주 등장하는 비난은 이런 것이다. 그린 뉴딜이 경제적·사회적 정의에 너무 치우치다 보니 탄소 배출량 감축에만 초점을 맞춘 계획에 비해서 사람들을 기후 행동에 나서게 하는 효과가 훨씬 떨어진다는 것이다. 토머스 프리드먼은 『뉴욕 타임스』에 이렇게 썼다. 〈내 마음은 녹색 정책을 지지한다. 하지만 내 머리는 에너지 시스템과 사회·경제 시스템을 한꺼번에 변화시키는 건 불가능하다고 말한다. 우리는 에너지와 기후 문제를 먼저 해결해야 한다. 환경에 관한 한, 나중으로 미루면 때를 놓치기 때문이다. 나중이란 말은 공식적으로 끝이라는 말이다.〉

이런 의견은 그린 뉴딜에 포함된 사회적·경제적 사항들이 오히려 그린 뉴딜을 옥죄고 있다고 주장한다. 실제로는 이런 사항들이 그린 뉴딜의 발걸음을 가볍게 만들어 주는 요인이다.

전환에 따르는 부담을 노동자들에게 전가하는 접근법과 달리, 그린 뉴딜은 탄소 배출량 감축과 가장 취약한 노동자들과 가장 소외된 지역 사회에 대한 우선적인 지원을 결합한다는 목표를 분명히 밝힌다. 이런 결합은 생활 임금을 보장받는 일자리와 깨끗한 공기와 물을 쟁취하기 위한 노동 계층의 싸움을 통해 지지를 확보한 활동가들이 하원에 진출할 수 있게 만든 결정적인 전환점이다. 예컨대 하원의원 라시다 틀라입은 디트로이트에 유독한 석유 코크스를 산처럼 쌓아 둔 코크 산업을 상대로 한 싸움을 도와 승리로 이끌었던 여성이다.

경제적으로 풍족한 계층에 속할 뿐 아니라 더 큰 부자들로부터 자금을 지원받는 정치인들은 기후 법제화와 관련된 활동을 할 때, 가능한 한 현재의 상황에 도전하지 않는 수준으로 변화의 폭을 최소화해야 한다고 생각하기 쉽다. 하지만 이런 현상 유지를 통해 덕을 보는 것은 그런 정치인들과 그들의 재정적 후원자들뿐이다. 오바마 대통령 시절에 탄소 배출권 거래제가 상원을 통과하지 못한 것도, 최근에 프랑스 대통령 마크롱이 타격을 입은 것도 이런 접근법을 택한 결과다.

반면에 현재의 시스템 때문에 혹독한 고통을 겪는 지역 사회에 기반을 둔 지도자들은 자유롭게 완전히 다른 접근법을 선택할 수 있다. 이들은 심도 깊고 체계적인 변화를 수용하는 기후 정책을 제안할 수 있다. 심도 깊은 변화야말로 이들의 기반인 지역 사회가 번창하기 위해서 반드시 필요한 것이기 때문이다.

수십 년 동안 기후 법제화의 성공을 가로막아 온 가장 큰 장벽은 대중의 힘이 결집되지 못한 데 있다. 화석연료 기업들의 활동을 막기 위한 대중적 반대 운동은 격렬하고 독창적이고 집요했다. 하지만 시장에 기반을 둔 허약한(그리고 불공평한 경우가 많은) 기후 정책이 정치적 의제로 떠올랐을 때, 대중의 지지는 맥이 빠져 있었다.

하지만 그린 뉴딜은 서로 연결된 여러 부문의 대중 운동을 하나로 이끌어 낼 힘을 지니고 있음을 입증하고 있다. 그린 뉴딜의 원대한 목표는 대중적 지지를 가로막는 걸림돌이 아니라, 대중적 지지를 결집시키는 원동력이다. 기후 정의 단체들이 이미 여러 해 전부터 주장해 왔던 바와 같이, 변화를 통해 가장 많은 이득을 얻게 될 지역 사회들이 기후 운동을 주도하면 이들은 승리를 따낼 때까지 싸운다.

8. 그린 뉴딜은 새로운 동맹을 구축하고 우파의 힘을 약화시킨다

그린 뉴딜에 퍼부어지는 혹평 중 하나는 기후 행동을 진보적인 정책 목표들과 연계하는 방식이 보수주의자들에게 지구 온난화가 사회주의의 트로이의 목마라는 확신을 심어 주어 정치적 양극화를 심화시킨다는 것이다.

워싱턴의 공화당 의원들은 앞으로도 계속해서 그린 뉴딜이 미국을 베네수엘라로 만들기 위한 꼼수라고 주장할 것이다. 의심할 여지가 없는 일이다. 하지만 이러한 우려는 대규모 기간 시설과 토지 재생 사업 등의 기후 위기 대응 접근 방식이 지닌 중요한 장점을 간과한 데서 비롯한 것이다. 고통을 겪는 지역 사회에 일자리와 자원을 제공하는 구체적인 사업이야말로 이데올로기 갈등을 가장 빨리 치유할 수 있는 비결이다.

이 사실을 꿰뚫어 보았던 사람이 바로 프랭클린 루스벨트였다. 예를 들어 그는 자연보호단 지역별 캠프 네트워크를 꾸릴 때 의도적으로 신경을 써서 대통령 선거에서 자신에게 투표하지 않은 농촌 지역 사람들을 대거 끌어들였다. 결국 4년 뒤 대선 때는 뉴딜의 혜택을 직접 체험한 농촌의 지역 사회들이 사회주의자에게 정권이 넘어갈 거라는 공화당의 선전 공세에 예전만큼 흔들리지 않았고, 많은 지역 사회가 민주당에 표를 주었다.

지금 상황에서도 일자리를 창출하는 녹색 기간 시설과 토지 재생 사업을 대대적으로 진행하면 비슷한 효과를 거둘 거라고 기대해도 좋을 것이다. 물론 기후 변화가 눈속임일 뿐이라고 믿는 사람은 여전히 존재할 것이다. 하지만 좋은 일자리를 만들어 내고 파괴된 환경을 복원하는 성과를 내기만 한다면, 그걸 마다할 사람이 있을까? 다른 방향으로의 경제 발전이 베푸는 유일한 혜택이 슈퍼맥스 교도소*뿐인 지역에 사는 사람이라면 더더욱 그럴 것이다.

---

* 최고 수위의 보안 경비를 갖추고 중범죄자를 수감하는 교정 시설.

9. 우리는 이 순간을 위해 태어났다

단연코 우리 앞에 놓인 가장 큰 장벽은 〈이미 너무 늦었어. 손 쓸 수 있는 시간을 넘겨 버렸어. 상황을 바로잡기에는 시간이 부족해〉라는 식의 무력감이다.

생판 빈주먹으로 전환 과정을 시작해야 한다면, 이런 생각이 옳다. 하지만 우리는 생판 빈주먹이 아니다. 우리에게는 수십 년에 걸쳐서(이런 생활 방식을 보호해 온 원주민 공동체들의 경우에는 수백 년에 걸쳐서) 그린 뉴딜과 같은 방식의 돌파구를 준비해 온 수만 명의 사람과 많은 조직이 있다. 이들은 묵묵히 지역 차원의 모델을 만들어 내고, 기후 대응(숲을 보호하고 재생 에너지를 생산하고 대중교통을 설계하는 것을 포함한 수많은 일들)의 핵심에 정의 실현을 놓는 정책들을 현실에 적용하는 과정을 밟아 왔다.

1987년 당시 영국 총리 마거릿 대처는 사회 복지 제도에 맹공을 퍼붓는 자신의 행위를 정당화하기 위해 〈사회? 그게 뭔데?〉라고 따져 물었다. 〈사회, 그런 건 없다! 개인으로서의 남자가 있고 여자가 있고 가족이 있을 뿐이다.〉

인간에 대한 이런 암울한 시각은 아주 오랜 시간 동안 대중의 상상력을 옥죄어 왔다. 인간은 원자화된 개인과 핵가족의 집합체 그 이상도 이하도 아니며, 전쟁 말고는 그 어떤 가치 있는 일도 해낼 능력이 없다는 관점이 만연해 있는 현실을 생각하면, 인간은 기후 변화에 대처할 수 없다는 생각이 사람들 사이에 널리 퍼져 있는 것도 무리는 아니다.

하지만 30년 넘는 세월이 흐른 지금, 빙하가 녹아내리고 빙상이 무너져 내리는 것만큼이나 확실하게 〈자유 시장〉 이데올로기 역시 무너져 내리고 있다. 그 빈자리에 인간에게서 가능성을 찾는 새로운 비전이 부상하고 있다. 거리에서, 학교에서, 일터에서, 심지어는 정부 청사 안에서도 새로운 비전이 솟아오른다. 이 비전은 우리 모두는 서로 연결되어 사회 구조를 이룬다고 선언하고 있다.

더구나 생명의 미래가 경각에 달려 있는 이때, 우리가 해내지 못할 일은 아무것도 없다.

감사의 말

사이먼 앤드 슈스터 출판사의 조너선 카프는 이 책의 구상부터 출판까지 빠짐없이 도움을 주었다. 나를 신임해 준 것도, 편집과 관련해서 여러 가지 유용한 조언을 해준 것도, 우리 세계가 긴박한 상태에 놓여 있음을 이해해 준 것도 고맙다. 레이크 벙클리는 모든 단계에서 도움을 주었고, 제나 돌런은 꼼꼼히 편집을 맡아 주었다. 내 책의 편집가이자 협력자이자 사랑하는 벗, 또한 많은 소중한 조언을 해준 펭귄 랜덤하우스 캐나다 지사의 루이스 데니스와 다시 함께 일하게 되어 기쁘다. 펭귄 랜덤하우스 영국 지사의 헌신적인 편집 팀과 함께 일하게 된 것은 우리 모두의 기쁨이다.

나의 벗 앤서니 아르노브는 세계 곳곳으로 연락을 해가며 이 책 번역본이 탄생할 행복한 집들을 찾는 일을 맡아 주었을 뿐 아니라 편집과 관련해 귀중한 조언을 해주었다. 재키 조이너는 웹사이트 개설부터 순회 북 토크 계획까지 작은 퍼즐 조각들을 섬세하게 조율해 주었다. 그의 도움이 없었다면 나는 혼란에 빠졌을 것이다. 우리 두 사람은 줄리아 프로서, 쇼나 쿡, 애너벨 헉슬리, 그 밖의 많은 사람들에게 큰 도움을 받았다.

『이것이 모든 것을 바꾼다』를 쓸 때부터 나의 소중한 조력자 역할을 해준 라지브 시코라는 이 책에 실린 많은 글들을 위한 자료 조사를 맡아 주었다. 섀런 라일리는 「연무의 계절」과 「도약의 해: 무한의 이야기를 끝내자」에 관한 자료 조사를 맡아 주었다. 제니퍼 나톨리와 니콜 웨버는 새로운 자료와 업데이트를 맡아 큰 도움을 주었다. 『포렌식 아키텍처*Forensic Architecture*』에 실린 건조 경계선에 관한 지도를 쓸 수 있게 도와준 예얄 와이즈만에게 감사한다.

조핸 해리는 이 책의 첫 번째 독자로서 꼼꼼히 읽어 준 자상한 벗이다. 이 책에 실린 글들을 편집해 준 분들, 특히 나의 오랜 동료이자 친구인 벳시 리드, 로저 호지, 리처드 킴, 캐서린 비너에게 고마움을 전한다. 쿄 매클리어, 빌 맥키번, 이브 엔슬러, 낸시 프리드랜드, 안드레아 슈미트, 애스트라 테일러, 키앙가야마흐타 테일러, 하르샤 왈리아, 몰리 크래배플, 재니스 파인, 시우마스 밀네, 제러미 스카힐, 세실리 서라스키, 멜리나 라부칸마시모, 보니 클라인, 마이클 클라인, 세스 클라인, 미샤 클라인, 크리스틴 보일, 미첼 랜즈버그, 불굴의 스티븐 루이스를 비롯해서 많은 친구들과 가족의 지혜와 지원이 없었다면 나는 이 길을 걸을 수 없었을 것이다. 코트니 버틀러와 파티마 리마는 내가 일할 공간을 보호해 주었다.

조너선 포터, 다프나 레미시, 후안 곤살레스, 메리 차이코, 리사 헷필드, 특히 카일리 데이비드슨을 비롯해서 러트거스 대학교의 새로운 동료들은 내가 이 글을 쓰는 내내 지원을 아끼지 않았다. 글로리아 스타이넘에게는 큰 빚을 졌다. 그분이 일군 평생의 업적이 지금 내가 딛고 있는 자리를 만들어 주었다. 『인터셉트』에서 용감하게 탐사 저널리즘을 진행하면서 내 활동을 뒷받침해 준 모든 사람들에게 고마움을 전한다. 내가 연구원으로 소속된 타이프 미디어 인스티튜트Type Media Institute(전신은 네이션 인스티튜트The Nation Institute다)도 고마울 따름이다. 도약 선언의 킥-애스 팀은 이 책에 밝힌 비전을 우리 모두가 살아갈 생생한 현실로 바꾸기 위해 온종일 노고를 아끼지 않고 일할 뿐 아니라, 내게 무한한 영감을 주고 있다. 우리 총괄 팀의 레아 헨더슨, 케이티 매케나, 비앙카 무첸이는 지칠 줄 모르는 야망과 자신감을 가지고 우리를 이끌고 있다.

친구이자 스승으로서 나를 이끌어 준 아서 매뉴얼에게 이 책을 바친다. 그분의 부재는 내 삶뿐 아니라 기후 정의와 원주민 주권을 위한 국제적인 운동에 메울 수 없는 구멍을 남겼다. 그분의 유지를 꿋꿋이 지켜 내면서 진정한 지도력의 면모를 우리에게 보여 준 매뉴얼의 모든 가족에게 감사드린다.

이 책뿐 아니라 내가 쓴 모든 책 뒤에는 별처럼 중요한 조언을 해준 남편 아비 루이스가 있다. 그이는 분주하게 뛰어다니며 그린 뉴딜에 관한 영화를 만들고 일국을 넘어서는 새로운 그린 뉴딜 연합체의 기반을 닦는 일에 손길을 보탰다. 우리 아들 토마는 날마다 우리에게 실패는 용납되지 않는다는 걸 일깨워 준다.

출판 크레디트

이 책에 수록한 글 가운데 일부는 다음과 같은 타이틀로 소개되었다.

"Gulf Oil Spill: A Hole in the World," *The Guardian*, June 18, 2010.

"Capitalism vs. the Climate," *The Nation*, November 9, 2011.

"Geoengineering: Testing the Waters," *New York Times*, October 27, 2012.

"How Science Is Telling Us All to Revolt," *New Statesman America*, October 29, 2013.

"Climate Change Is the Fight of Our Lives—Yet We Can Hardly Bear to Look at It," *The Guardian*, April 23, 2014.

"Climate Change Is a Crisis We Can Only Solve Together," College of the Atlantic 2015 Commencement Address, Bar Harbor, ME, June 6, 2015.

"A Radical Vatican," *The New Yorker*, July 10, 2015.

"Let Them Drown: The Violence of Othering in a Warming World," 2016 Edward W. Said London Lecture, April 5, 2016. Published in the

London Review of Books, June 2, 2016.

"We Are Hitting the Wall of Maximum Grabbing," 2016 Sydney Peace Prize Acceptance Speech, November 11, 2016. Published in *The Nation*, December 14, 2016.

"Season of Smoke: In a Summer of Wildfires and Hurricanes, My Son Asks 'Why Is Everything Going Wrong?'" *The Intercept*, September 9, 2017, Research assistance: Sharon J. Riley.

"Speech to the 2017 Labour Party Conference," 2017 Labour Party Annual Conference, Brighton, UK, September 26, 2017.

"Capitalism Killed Our Climate Momentum, Not 'Human Nature,'" *The Intercept*, August 3, 2018.

"There's Nothing Natural About Puerto Rico's Disaster," *The Intercept*, September 21, 2018. Piece based on remarks given September 20 at "One Year Since Maria," a rally in Union Square Park in New York City, organized by UPROSE and OurPowerPRnyc.

"The Battle Lines Have Been Drawn on the Green New Deal," *The Intercept*, February 13, 2019.

찾아보기

가르자, 앨리샤 178
게이츠, 빌 146, 150
그랜덤, 제러미 153
그랜딘, 그레그 258
그레이, 루시 58
기그 경제 325, 326, 367
「기후 변화의 경제학에 관한 스턴 보고서」
    134
기후 부채 66
기후 붕괴 11, 13, 18, 24, 25, 33, 53, 55,
    58, 65, 69, 70, 216, 227, 244, 323, 366,
    373
기후 야만주의 69, 70
기후 전쟁 311
기후 파업 8~11, 14, 15, 34, 38, 58, 59,
    62, 63
깅리치, 뉴트 87, 104

나오트, 예후디트 207
네베스, 카트자 94
『노 로고』 47, 171, 179, 180, 181

던랩, 라일리 129, 130
데이, 라이언 293
데일리, 허먼 119
도약 선언 236, 238, 239, 242, 244, 245,
    247, 248, 250, 253, 254, 257
드크리스토퍼, 팀 137, 138
디그 경제 325, 326, 367
딥워터호라이즌 참사 77, 85~88, 92, 171,
    309

라미레즈, 데브라 90
랜드, 아인 125, 128
레녹스 조 버클리 184
레이건, 로널드 57, 338
로빈슨, 세드릭 31
로빈슨, 메리 194, 199
로스차일드, 리처드 99, 102
루스벨트, 프랭클린 34, 45, 49, 50, 357,
    358, 372, 375~377, 380, 391, 396
르 귄, 어슐러 K. 374
리치, 너새니얼 331

ㅁ

마블, 케이트 55
마셜 플랜 42, 50, 53, 56, 65, 241, 358, 359
마키, 에드 44, 85, 353
맥라이트, 에런 129
맥키벤, 빌 146, 161
머천트, 캐럴린 84, 93
메이어, 닐 49
멸종 저항 운동 34
모리슨, 돈 304
모턴, 티머시 171

ㅂ

바스트, 조지프 102, 108, 125, 126
바우스, 앨리스 155~158
박스, 제이슨 12, 154, 298
백인 학살 60
베이컨, 프랜시스 84
벨, 래리 101, 130
『변조된 기후』 101
『보이지 않는 손』 375
『분쟁의 해안선』 218
브레이빅, 안데르스 66
비야세뇨르, 알렉산드리아 15
빅터, 피터 119

ㅅ

사이드, 에드워드 203~205, 207~211, 217, 226
살비니, 마테오 68
샌더스, 버니 45, 324, 355
생태적 회심 32, 200
생턴, 토머스 336
서덜랜드, 미아 63
『선택할 자유』 128
『성장 없는 번영』 119
세크웨펨 303~305, 315

쇼크 독트린 51, 133, 319, 320
슈나이더만, 질 83
스케멜, 로지 189
스타이너, 릭 89
스탠튼, 에드 78
스턴, 니컬러스 157
스페스, 거스 119
시민자연보호단 52, 56
시장 근본주의 73, 113
싱클레어, 업턴 357

ㅇ

앤더슨, 케빈 155, 156, 158, 159
야노스, 앙헬리카 나바로 41, 42
어브램, 데이비드 172, 173
엔칼레이드, 바이런 89
오리엔탈리즘 211, 215, 217
오바마, 버락 30, 79, 80, 88, 91, 95, 100, 139, 394
오염자 부담 122, 387
오카시오코르테스, 알렉산드리아 43, 44, 52, 353, 371, 372, 378, 379, 381, 386
와이즈만, 예얄 218, 219
왓슨, 로버트 12
우와족 94
『움츠린 아틀라스』 128
워너, 브래드 151~154, 161
워런, 엘리자베스 45, 355
윌시, 로돌포 346
윌컷, 리날도 262
유엔 기후 변화에 관한 정부 간 협의체 (IPCC) 36~38, 40, 42, 44, 45, 48, 53, 102, 189, 211, 335, 354, 386
『이것이 모든 것을 바꾼다』 41, 339, 400
이니스, 해럴드 254
인종 자본주의 31

『자연의 뉴딜』 49
『자연의 죽음』 84
자연자원보호협회(NRDC) 97
잭슨, 웨스 114
잭슨, 팀 119, 120
징키, 라이언 315

「찬미받으소서」 187, 188, 190, 191,
    193~195, 199, 200
칠코틴 305, 306

카세레스, 베르타 216
캐럴런, 패트릭 196, 198
커리, 존 89
컬버슨, 존 91
케이헌, 댄 127, 136
콕스, 리엄 226, 227
콕스, 스탠 105
쿠닌, 스티븐 95
크레츠만, 스티븐 73
크렌쇼, 킴벌리 263
클라우스, 바츨라프 110

탄소 상쇄 111, 133, 167, 206, 207, 336
턱슨 추기경 194, 195
턴불, 맬컴 221
토머스, 래리 78
툰베리, 그레타 15~23, 25~27, 37, 56,
    62, 74, 289
트럼프, 도널드 14, 32, 67~69, 221,
    257~262, 266, 267, 310, 311, 315,
    318~320, 328, 343, 347, 350,
    353~355
트뤼도, 쥐스탱 14, 30, 215, 248, 304,

306, 307
트뤼도, 피에르 232
틀라입, 라시다 43

파레하, 노스라트 11
펠로시, 낸시 34, 36, 43, 104
포스트, 마이클 275
프란치스코 교황 187~194, 200, 201
프레슬리, 아야나 43, 52
프리드먼, 밀턴 128
프리드먼, 토머스 118, 393
프릴라, 오마르 139
필립스페인, 킴 375

하든, 모니크 92
핸슨, 제임스 106, 153, 209, 335
헤이워드, 토니 79, 83, 85, 88, 89, 96, 171
호너, 크리스 100, 102, 110
홉킨스, 케이티 221
홉킨스, 해리 376
후세인, 무르타자 68

옮긴이의 말

나오미 클라인은 오래전부터 세계적인 환경 운동의 선봉에서 실천가로 활약하고 있다. 그는 젊은 시절부터 사회의 이면을 꿰뚫어보고 분석하여 책으로 출간해 왔고, 그의 책들은 연이어 세계적인 베스트셀러로 자리 잡았다.

클라인은 1999년, 29살 때 『슈퍼 브랜드의 불편한 진실: 세상을 지배하는 브랜드 뒤편에는 무엇이 존재하는가』(원제 *No Logo*)라는 책을 냈다. 기업들이 지역 공동체에서 얻은 부를 사유화하고 공공장소, 안전한 직장까지 빼앗아가고 정치를 쥐고 흔드는 행태를 고발하는 내용이었다. 2007년에는 『쇼크 독트린: 자본주의 재앙의 도래』를 출간했다. 여기서는 국가와 기업들이 전쟁과 자연 재해 등으로 혼란에 빠진 사람들을 먹잇감으로 삼아 자신에게 유리한 정책을 밀어붙이는 재난 자본주의라는 개념을 구체화하여 제시했다.

2009년 이후로 클라인은 기후 변화 문제의 심각성을 인식하고 실천 현장에 나서면서 깊이 있는 연구를 계속했다. 2014년에 나온 그의 대표작 『이것이 모든 것을 바꾼다: 자본주의 대 기후』는 기후 운동의 바이블로 평가받는다. 이 책은 유엔 기후변화 정상회담에 맞춰 예정된 대규모 시민 기후 행진을 일주일 앞두고 발간되었다. 무엇보다 이 책은 방대한 자료 조사와 현장 답사, 다양한 분야의 전문가 인터뷰를 기반으로 현실을 생생하게 묘사하고 그 본질을 파헤친다. 2017년에는 『노No로는 충분하지 않다』를 출간하여 트럼프가 대선에서 승리한 이유를 분석하고 트럼프의 충격 요법 정치(쇼크 독트린)에 저항하고 이에 맞서 민중이 단합해야 함을 역설했다.

이 책 『미래가 불타고 있다On Fire』의 내용은 대부분 클라인이 기후 변화와 관련해서 10년 동안 써 온 장문의 기사와 논평 그리고 대중 강연 원고로 구성되어 있고, 새로 쓴 서문과 후기가 실렸다. 서문에는 스웨덴의 십대 청소년 그레타 툰베리의 걸음을 따라 기후 파업을 벌이는 학생들의 이미지가 강렬하게 묘사되어 있다. 그는 그레타 툰베리의 활동에서 희망을 읽는다. 본문에서는 선라이즈 무브먼트의 의사당 연좌 농성, 알렉산드리아 오카시오코르테스의 하원 당선, 그린 뉴딜이라는 핵심적인 요구의 부상을 통해 시민운동이 건설하는 새로운 희망을 다룬다. 또한 BP 기름 유출 사건, 키스톤 XL 송유관과 다코타 액세스 송유관 반대 시위, 그리고 브리티시컬럼비아의 산불 등 지난 10년간 기후 변화 논의에서 기념비적인 전환이 되었던 사건들을 꼼꼼히 녹여 낸다. 이 모든 것은 기후 변화와 관련하여 근본적인 변화가 시급히 필요하다는 논증으로 수렴된다.

이 책은 2019년에 출간되었다. 2020년 미국 대통령 선거를 앞두고 캠페인이 한창 뜨겁게 진행 중이던 때였다. 공교롭게도 이 책에는 2016년 미국 대선을 분석한 글이 있다. 클라인은 이 글에서 많은 사람들이 기대를 배반하고 트럼프를 승자의 자리에 앉혔던 2016년 미국 대선 결과와 관련해서 편 가르기 습성이 얼마나 고약한 독성인가를 파헤친다. 다음은 그중 한 대목이다.

인종과 성별, 경제와 관련한 정의를 탄소 배출 감축 정책의 중심에 놓지 않는다면, 승리를 이끌어내는 데 필요한 힘을 구축하지 못할 것이다. (중략) 우리에겐 〈내가 처한 위기가 당신이 처한 위기보다 더 절박하다〉는 식의 갑론을박을 벌일 겨를이 없다. 전쟁이 기후보다 먼저다, 기후가 계급보다 먼저다, 계급이 여성 문제보다 먼저다, 여성 문제가 인종 불평등보다 먼저다, 이런 식으로 으뜸 패 가리기 게임을 하다 보면 우리도 영락없이 트럼프 같은 부류가 되는 거다. - 본문 중에서

클라인은 이 책에서 지난 30년 동안 이어져 온 세계 자본주의 발전과 좌파 운동을 되짚으면서 그 어떤 주류 정치 평론가들보다 훨씬 더 명확하게 세계를 분석한다. 특히 기후 변화와 경제적 불평등, 소수자 혐오와 같은 우리 시대 최대의 긴급한 문제들을 해결하기 위한 대담한 해결책을 제시한다. 이 책은 지난 십여 년 동안 기후 정치의 진화 과정을 추적하는 데서 머물지 않고, 한 걸음 더 나아간다. 한마디로 기후 운동을 비롯한 사회 운동이 이뤄 낸 결실을 〈그린 뉴딜〉로 종합한 책이다. 『미래가 불타고 있다』는 2020년에 번역 출간된 제러미 리프킨의 『글로벌 그린 뉴딜』과 함께 최근 그린 뉴딜 논의의 중요한 자료로 평가받는다.

기후 변화에 관한 클라인의 기본적인 시각은 2014년에 쓴 『이것이 모든 것을 바꾼다』에 이어 2019년에 쓴 이 책에서도 변함없이 유지된다. 그는 『이것이 모든 것을 바꾼다』에서 제시했던 주장을 이 책에서는 그린 뉴딜과 연결시킨다. 그가 오랫동안 견지해 왔던 바람직한 기후 대응책에 대한 주장이 〈그린 뉴딜〉이라는 이름을 입었다고 할까. 그린 뉴딜은 친환경 산업 투자를 통해 이산화탄소 배출량 증가에 따른 기후 위기에 대응하는 동시에 경기 부양과 일자리 확대를 꾀하는 정책이다. 유럽 연합은 적극적으로 그린 뉴딜 정책을 추진하고 있고, 미국도 2019년부터 민주당을 중심으로 그린 뉴딜 정책 도입 확대를 위해 활동하고 있다.

그런데 문제는 기후 위기가 재앙으로 치닫는 지금, 자본주의 생산이 초래하는 희생을 누가 부담할 것인지를 놓고 편 가르기 싸움이 벌어질 위험이 크다는 것. 클라인은 〈쇼크 독트린〉 개념을 기후 위기에도 적용한다. 중앙 정부가 통제하는 기후 위기 대응 방식을 따르게 놔둔다면, 정부는 대중의 공포심과 공황을 이용해서 어렵게 획득한 대중의 권리에 족쇄를 채우고 권력과 부를 몇몇 거물들의 손에 더욱 집중시켜 부패한 정책들이 발흥하고 조직적인 인권 탄압이 일어날 가능성이 높다고 본다.

따라서 클라인은 기후 변화의 가장 큰 피해자이자 자본주의의 희생양으로 살아 온 사람들이 기후 변화로 인해 가장 큰 피해를 입고 있음을 강조한다. 그리고 기후 위기의 재앙에서 이들을 보호할 방안에 초점을 맞춘다. 이것이 그린 뉴딜의 핵심이다. 이 핵심이 빈 계획이라면 그것은 진짜 그린 뉴딜이 아니다.

클라인이 요구하는 그린 뉴딜의 핵심 골자는 다음과 같다. 재생에너지 전환, 에너지 효율 향상, 청정 운송 수단에 대한 대대적인 투자를 실시한다. 녹색 산업으로 이직하는 노동자들에게 적정한 임금과 복지 혜택을 보장하고 일자리를 원하는 모든 사람에게 일자리를 보장한다. 오염 산업이 배출하는 독성 물질 때문에 피해를 입은 지역 사회에게 전환 과정에서 혜택을 제공하고 지역 차원에서 민주적인 절차를 거쳐 전환 과정을 입안할 수 있도록 돕는다. 그리고 무상 의료, 무상 보육, 무상 대학 교육을 보장한다. 클라인의 전작 『이것이 모든 것을 바꾼다』가 역설하고 있듯이, 기후가 모든 것을 바꾸고 있다. 기후 위기에 제대로 대응하기 위해서는 이 모든 근본적인 변화를 밀고 나가야만 한다.

우리나라는 어떨까? 우리나라는 코로나 극복을 위한 한국판 뉴딜 정책 수립 과정에서 디지털 뉴딜과 그린 뉴딜을 함께 추진한다는 목표를 세웠다. 그런데 그린 뉴딜을 향해 용솟음치던 기대에 찬물을 끼얹은 일들이 벌어지고 있다. 안타깝게도 최근 그린 뉴딜 정책으로 거론되는 내용 중 상당수는 이명박 정부가 내건 녹색성장 정책에서 논의되고 정부 계획으로 도입되었던 것들이다.

10여 년 전 이명박 정부는 과감한 온실 가스 감축 목표를 세우고, 저탄소 녹색성장기본법을 제정하고, 녹색성장위원회를 만들었다. 2020년까지 온실가스를 5억 4300만 톤으로 줄이겠다고 국제 사회에 약속했다. 하지만 요란스레 떠벌리던 녹색 성장의 구호는 부끄러운 결과로 이어졌을 뿐이다. 줄이겠다던 온실가스 배출량은 오히려 지속적으로 늘었고 화석 연료에 대한 의존도는 더욱 심화되었다. 결국 대표적인 기후 악당 국가라는 오명까지 얻었다. 2017년 우리나라 온실가스 배출량이 7억 톤을 넘겼고 2018년에는 7억 2천만 톤이 넘었다. 중국, 미국, 인도, 러시아, 일본, 독일에 이어 세계 7위다. 우리나라 온실 가스 배출량은 우리보다 GDP가 두 배나 많은 독일의 배출량을 곧 넘어설 거라고 한다.

그런데 한국판 뉴딜은 온실가스 감축에 초점이 맞춰져 있지 않다. 정부는 한국판 뉴딜이 포스트 코로나 시대 미래 성장 동력을 확보하고 경제 · 사회 패러다임을 전환하는 전략이라고 주장한다. 하지만 명색은 뉴딜이지만 새로운 알맹이는 전혀 없다는 비판의 목소리가 높다. 화석 연료 위주의 경제 산업 구조를 탈탄소로 전환하고 그 과정에서 새로운 일자리를 창출하여 사회 불평등을 해소하는 그린 뉴딜의 핵심이 빠져 있어서다. 게다가 민간 쪽에서는 어이없게도 한국판 뉴딜 정책 수립 과정에서 경제가 망하는 꼴을 보지 않으려면 각종 규제를 없애고 민간 중심 구조로 바꿔야 한다는 주장까지 나오고 있다. 그야말로 쇼크 독트린의 전형적인 행동이다. 지금 우리나라에서 수립 중인 경제 개편 정책은 진짜 그린 뉴딜이 되어야 한다. 십년 전의 녹색 성장과는 달라야 한다.

코로나 위기로 거리가 비고 가게들이 문을 닫고 대면 활동을 기피하며 지내는 모습 속에서 갈수록 많은 사람들 사이에서 앞으로 심각한 기후 위기가 닥치면 어떤 상황이 펼쳐질까 두려움이 커져 간다. 우리는 흔히 기후 위기로 인한 강력한 바람과 홍수 때문에 집이 무너지고 학교와 가게가 문을 닫고 식품이 동나고 일터도 사라지는 상황을 상상한다. 하지만 여기서 우리는 그레타 툰베리가 2019년 7월 프랑스 의회 연단에서 한 말을 되새겨 볼 필요가 있다.

저는 우리의 무대응이 가장 큰 위험이라고 생각하지 않습니다. 진짜 큰 위험은 기업들과 정치인들이 실질적인 대응이 진행되고 있는 듯이 위장하고 있다는 점입니다. 약삭빠른 수지타산과 비범한 여론 조작 말고는 실제로 이루어진 것은 거의 없다는 점입니다.

그레타 툰베리 말대로 진짜 큰 위험은 대다수 국민이 진실을 보지 못하고 기업들과 정치인들이 원하는 대로 이끌려 다니는 〈걸어 다니는 돈〉, 〈걸어 다니는 투표용지〉가 되는 것이다. 그런데 대응에 나서지 않으면 우리는 그 위험을 막을 길이 없지 않은가.

우리는 무대응의 껍질을 까고 나와 행동해야 한다. 툰베리를 비롯한 각국의 청소년들이 하고 있듯이, 당장 효과적인 정책을 마련하고 적극적으로 실행하도록 정부를 압박해야 한다. 미래 세대 모두가 우리를 주시하고 있다. 우리가 미래 세대의 기대를 저버리는 길을 선택한다면 미래 세대가 결코 용납하지 않을 것이다.

2021년 2월 이순희 씀

옮긴이 **이순희** 서울대학교 영어영문학과를 졸업했고, 현재 전문번역가로 활동하고 있다.『불평등의 대가』,『거대한 불평등』,『나쁜 사마리아인들』, 『가난한 사람이 더 합리적이다』 등 경제서와『세계의 도서관』,『아프리카 의 운명』,『제국의 미래』 등 역사서,『행복의 정복』,『러셀 북경에 가다』, 『나는 무엇을 보았는가』,『사람들은 왜 싸우는가』 등 버트런드 러셀의 책 그리고『희망의 불꽃』,『나에게는 꿈이 있습니다』,『집단지성이란 무엇인 가』,『가난은 어떻게 죄가 되는가』,『글래머의 힘』,『이것이 모든 것을 바 꾼다』,『노로는 충분하지 않다』 등을 옮겼다.

미래가 불타고 있다 기후 재앙 대 그린 뉴딜

발행일 **2021년 3월 25일 초판 1쇄**

지은이   나오미 클라인
옮긴이   이순희
발행인   홍예빈 · 홍유진
발행처   주식회사 열린책들

경기도 파주시 문발로 253 파주출판도시
전화 **031-955-4000** 팩스 **031-955-4004**
www.openbooks.co.kr